TRADITION
in deutschen Streitkräften

Entwicklung deutscher militärischer Tradition

Herausgegeben
vom Militärgeschichtlichen Forschungsamt

Band 1

TRADITION
in
deutschen Streitkräften
bis 1945

mit Beiträgen von
Gustav-Adolf Caspar,
Ullrich Marwitz
und Hans-Martin Ottmer

VERLAG E. S. MITTLER & SOHN · HERFORD UND BONN

Bildnachweis

Den nachstehend genannten Institutionen und Behörden sowie den Inhabern der Publikationsrechte an den folgenden Bildern ist für die freundliche Genehmigung des Abdrucks zu danken:

Bayerisches Armeemuseum, Ingolstadt, S. 49 (unten), 50, 185 (oben), 187

Bundesarchiv, Koblenz, S. 164

Bundesarchiv-Militärarchiv, Freiburg, S. 179, 191, 212, 221 (unten), 227, 229, 231, 238, 240, 242, 244, 246, 248, 253, 260, 263, 265, 266, 273, 279, 281, 295

H.-P. Cordes, Barlach-Archiv, Hamburg, S. 220

Verlag E. S. Mittler & Sohn, Herford, S. 216

Otto Quenstedt, Historischer Bilderdienst, Pinneberg, S. 49 (oben), 51 (beide), 52 (beide), 88, 89, 95, 96, 118, 121, 124, 152–154, 169 (beide), 181–184, 185 (unten), 186 (unten), 188, 198 sowie die Abbildungen des Bucheinbandes

Theo Rohrssen, Hannover, S. 90

Verteidigungs-Bezirks-Kommando/Standort-Kommando, Hamburg, S. 221

Wehrgeschichtliches Museum, Rastatt, S. 83, 141, 144, 145, 193, 194

Abb. S. 92 entnommen aus: Die deutschen Befreiungskriege. Deutschlands Geschichte von 1806–1815. Von Hermann Ritter-Bohn veranlaßt und hrsg. von Paul Kittel, Bd 1, Berlin (o. J.)

Abb. S. 109 entnommen aus: Das Leben des Feldmarschall Grafen Yorck von Wartenburg. Von Joh. Gust. Droysen, Leipzig ⁹1884

Abb. S. 147 entnommen aus: Friedrich Meinecke, Das Leben des Generalfeldmarschalls Hermann von Boyen, 1. Bd, Stuttgart 1896

CIP-Kurztitelaufnahme der Deutschen Bibliothek

Tradition in deutschen Streitkräften bis 1945/
[neunzehnhundertfünfundvierzig]/ mit Beitr.
von Gustav-Adolf Caspar, Ullrich Marwitz u.
Hans-Martin Ottmer. – Herford; Bonn: Mittler, 1986.
  (Entwicklung deutscher militärischer
  Tradition; Bd. 1)
  ISBN 3-8132-0217-8
NE: Caspar, Gustav-Adolf [Mitverf.]; Marwitz, Ullrich
[Mitverf.]; Ottmer, Hans-Martin [Mitverf.]; GT

ISBN 3 8132 0217 8, Warengruppe Nr. 21

© 1986 by Verlag E. S. Mittler & Sohn GmbH, Herford
Alle Rechte, insbesondere das der Übersetzung, vorbehalten
Einbandgestaltung: Ernst A. Eberhard, Bad Salzuflen,
unter Verwendung der o. g. Abbildungen
Produktion: Jörn Heese
Gesamtherstellung: Brühlsche Universitätsdruckerei, Gießen
Printed in Germany

Inhalt

Zweiter Teil:
Ursachen und Hintergründe zur Entwicklung deutscher militärischer Tradition vom Ende des 18. Jahrhunderts bis 1914 67
(Hans-Martin Ottmer)

6

Dritter Teil:
Die militärische Tradition in der Reichswehr und in der Wehrmacht
1919–1945 209
(Gustav-Adolf Caspar)

Einführung

Tradition und *Geschichte* sind untrennbar miteinander verbunden. So beeinflußten die Folgewirkungen der bedingungslosen Kapitulation der Deutschen Wehrmacht und der Zusammenbruch des Deutschen Reiches im Jahre 1945 das Denken und die Einstellungen der Deutschen entscheidend. Das Jahr 1945 bildet aus dieser Sicht und aus der Notwendigkeit einer völligen politischen Neuordnung Europas eine *Epochengrenze*[1].

Das politische, soziale und ethische Gefüge der jungen Bundesrepublik Deutschland wurde in den ersten Nachkriegsjahren in starkem Maße von dem leidvollen Eindruck der Ereignisse im NS-Staat und des Krieges bestimmt. Der Wille zu wirtschaftlichem und politischem Neuaufbau, aber auch eine deutliche »Ohne-mich-Bewegung« bei dem Erfordernis der Wiederbewaffnung der Bundesrepublik waren bestimmende handlungsleitende Motive vieler Bürger.

Die Frage, ob es noch eine staatliche und militärische Tradition geben könne, die über das Ende des Zweiten Weltkrieges hinausreicht, war eine der Wirkungen des tiefen und epochalen historischen Einschnitts in das Denken der Menschen in Deutschland.

Die Diskussion bewegte sich letztlich um die Berechtigung eines Rückgriffs auf Wertvorstellungen der Vergangenheit, der auch von einer starken gefühlsmäßigen Komponente bestimmt sein würde.

Tradition ist nach der Definition des Philosophen Josef Pieper die emotionale Übernahme von Wertvorstellungen aus der Vergangenheit[2]. Die Ursachen dafür liegen im Bestreben nach Nutzung von Erfahrungen und stellen sich zunächst als ein Kontinuitätsproblem dar, denn jedes Handeln setzt Erfahrung voraus. Darüber hinaus soll auch eigenes Tun durch den Rückgriff auf »Geschichte« im Sinne von vergangenem Geschehen und auf Bewährtes möglich und anerkannt werden.

Voraussetzung für diesen Prozeß ist, daß es hinsichtlich der zu übernehmenden Wertvorstellungen einen Konsens der Gesellschaft gibt[3]. Läßt sich der Traditionsbegriff nach der positiven Seite als *Anpassung* von Bewährtem an die Forderungen der Gegenwart und nach der negativen Seite als *Erstarrung* im Vergangenen abgrenzen, so ist in dem Hinweis auf den Konsens der Gesellschaft die Gefühlskomponente mitenthalten. Aus dem letzten Gedanken ergibt sich, daß Traditionen nicht willkürlich gesetzt werden können.

Auch *Tradition* und *Kultur* stehen in einem engen Wechselverhältnis. Alle Völker und Volksgemeinschaften pflegen ihre alten Traditionen und schöpfen daraus Gemeinschaftssinn und Zusammenhalt. Die Tradition und ihre Pflege ermöglicht die Vergegenwärtigung der Geschichte und Kultur eines Volkes. Sie verbindet so die Generationen und schafft die Voraussetzungen für Identität und Kontinuität – und schlägt so eine Brücke zwischen Vergangenheit, Gegenwart und Zukunft. *Tradition hat also Anteil an der Entwicklung der moralischen Kräfte eines Volkes, Herausforderungen zu meistern.*

Trotz dieser historischen Erfahrung glaubten viele in Deutschland, die »Stunde Null« als Chance für einen unbelasteten Neuanfang staatlichen Lebens verstehen und nutzen zu können. Das Bestreben, beim Wiederaufbau des Staates und der neuen Streitkräfte auf Wissen, Können und Erfahrung der Generationen zu verzichten, die vor 1945 bereits Verantwortung getragen hatten, ließ jedoch sehr schnell den Gedanken einer »Stunde Null« als Irrtum erkennen.

Tradition und *Traditionspflege* sollen gemeinschafts- und leistungsstärkende Kräfte entwickeln. Für die junge Bundesrepublik bedeutete dies, aus der Vergangenheit zu übernehmende Wertvorstellungen mit humanistischen, christlichen und naturrechtlichen Überzeugungen – und damit mit dem Wertekodex des Grundgesetzes – in Übereinstimmung zu bringen. Für die neuen Streitkräfte der Bundesrepublik hieß das, einen Einklang von Tradition und Traditionsverständnis mit der Leitidee vom »mündigen Staatsbürger« und dem aus Einsicht dienenden »Staatsbürger in Uniform« anzustreben.

Angesichts der politischen und gesellschaftlichen Umbrüche nach dem Zweiten Weltkrieg erwies sich die inhaltliche Definition der Tradition und die Anknüpfung an die Tradition deutscher Streitkräfte als überaus schwierig[4]. In solchem Prozeß ist es Aufgabe des Militärhistorikers, zunächst die Befunde darzustellen, die die Entstehung und die Wirkungskräfte der Tradition *aus den Zeitumständen heraus* erklären. Die Frage, ob und in welcher Weise eine Tradition für die Gegenwart noch Gültigkeit besitzt, richtet sich primär danach, inwieweit die durch sie vermittelten soldatischen Wertvorstellungen mit der gegenwärtigen Rechtsordnung, das heißt für uns mit dem Grundgesetz, in Einklang zu bringen sind.

Erst 1965 war die Debatte um den Wert und die Notwendigkeit militärischer Tradition so weit gediehen, daß der Bundesminister der Verteidigung den Erlaß »Bundeswehr und Tradition«[5] herausgeben konnte. Diesem folgten 1982 »Richtlinien zum Traditionsverständnis und zur Traditionspflege in der Bundeswehr«[6]. Gleichwohl sind die Auseinandersetzungen über die militärische Tradition auch heute noch im Gange.

Kernfrage dieser Auseinandersetzungen ist das Problem, inwieweit soldatische Tugenden, welche im Zeitalter der Monarchie und des Feudalismus gewachsen sind und am augenfälligsten in Symbolen und Zeremoniell deutlich werden, für eine Armee, deren Aufgabe die Verteidigung einer freiheitlichen demokratischen Grundordnung ist, notwendig und vertretbar sind. Diese Kontroverse wurde durch den Schock verstärkt, daß das nationalsozialistische Regime den patriotischen Idealismus und die überkommenen soldatischen Haltungen einer ganzen Generation mißbraucht hatte. Daher glaubten nicht wenige, darauf verweisen zu müssen, daß die neuen Streitkräfte keine Berufsgruppe »sui generis« sein dürfe. Auch wenn es – dem Gerhard von Scharnhorst zugeschriebenen Satz folgend – Tradition der Streitkräfte sein soll, an der »Spitze des Fortschritts zu marschieren«[7], so haben die vergangenen 30 Jahre seit Gründung der Bundeswehr gezeigt, daß der Soldatenberuf kein Beruf wie jeder andere ist – und gleichwohl seine Integration in die Gesellschaft möglich war. Das dem Soldaten Eigentümliche wurde bereits im Weißbuch 1970 beschrieben: »Diese Eigentümlichkeiten soldatischen Dienstes sind funktionsbedingt und deshalb nicht aufhebbar[8].« Der große Parlamentarier Fritz Erler sagte in diesem Zusammenhang: »Die Demokratie funktioniert durch Diskussion und Abstimmung; die Armee hingegen beruht auf Befehl und Gehorsam. Es gibt dann auch keine demokratische Armee; es gibt nur eine Armee in der demokratischen Gesellschaft: eine Armee als treue Dienerin der demokratischen Regierungen[9].« Militärische Traditionen, die sich in der Vergangenheit entwickelt haben, können daher auch in der Bundeswehr gepflegt werden. Die geistige Auseinandersetzung, ihre Tiefe und ihre Schwierigkeiten bei der Übernahme oder dem Verwerfen von Überlieferungen, kann an einem Gedanken Arnold Bergstraessers gemessen werden, der beim Kriterium des Vorausdenkens auf das Erfordernis verweist, »die Momente des Beharrens von denen der Bewegung zu unterscheiden und die Zeitmaße voraussetzbarer Umwandlungen abzuschätzen«[10].

Der Verlauf der Geschichte zeigt, daß es schwer ist, Einsicht in die Wandlungen und damit in das Erfordernis des Fortschritts zu gewinnen, ohne einem Fortschrittskult als der alleinigen Triebkraft der Umgestaltungen anheimzufallen. Rückblickend schienen oftmals die Kräfte des Beharrens stärker als die Konsequenzen der Analyse eines neuen Zeitgeistes oder der Technik: Die Ritterheere des Mittelalters verzichteten zu spät auf ihre schweren Rüstungen und unterlagen den beweglich und zu Fuß kämpfenden Landsknechtsheeren. Am Ende des 19. und am Anfang des 20. Jahrhunderts hatte man sich noch nicht wirklich zu der Einsicht durchgerungen, daß der Einsatz von Kavalleriemassen Schlachten nicht mehr entscheiden konnte. Nicht einmal die Verluste an Soldaten und Pferden in den Gefechten von Mars la Tour und Gravelotte (16. und 18. August 1870) vermochten es, die Gültigkeit Jahrtausende alter Überzeugungen zu überwinden. Ernst Jünger beschreibt die für die Soldaten des Ersten Weltkrieges dann endgültige schmerzliche Erfahrung: »Wir waren noch zwei, drei Mal geritten auf den Ebenen, auf denen sich seit der Völkerwanderung immer wieder bewaffnete Reiter bewegt hatten. Bald sollten wir erfahren, daß es nicht mehr möglich war. Wir hatten noch die schönen, bunten Uniformen getragen, auf die wir stolz waren und die weithin leuchteten. Doch sahen wir keinen Gegner mehr. Wir wurden von unsichtbaren Schützen auf große Entfernung aufs Korn genommen und aus dem Sattel geholt. Wenn wir sie erreichten, fanden wir sie in Drähte eingesponnen, die den Pferden die Fesseln zerschnitten und über die kein Sprung hinwegführte. Das war das Ende der Reiterei. Wir mußten absitzen[11].«

Die Steigerung der abstoßenden Wirkung des Artillerie- und Infanteriefeuers durch die Technik schränkte die Bewegung und damit den Erfolg des Angriffs ein. Aber auch das neue Element der Bewegung und Stoßkraft – die Panzerwaffe – mußte sich mühsam gegen das erstarrte traditionelle Denken einflußreicher Militärs seinen Weg bahnen.

Das Militärgeschichtliche Forschungsamt (MGFA) hat Ende der siebziger Jahre die Weisung des Bundesministeriums der Verteidigung erhalten, zunächst »soldatische Feiern« aus historischer Sicht zu beschreiben. Daran schloß sich der Auftrag an, eine erweiterte Darstellung »der deutschen militärischen Tradition« zu erarbeiten.

Daraus entstand im MGFA das Konzept einer dreibändigen Reihe *»Entwicklung deutscher militärischer Tradition«*. Allen drei Bänden gemeinsam war die Überzeugung, die Darstellung historischer Befunde deutscher Militärgeschichte könne den Zugang zur deutschen militärischen Tradition erleichtern. Dies ergab auch die Möglichkeit, die Auffassung zu überprüfen, daß es für die Motivation des Soldaten unverzichtbar sei, militärische Tradition in sich aufzunehmen und ihre Bedeutung für sein auf den Schutz von Staat und Volk gerichtetes Denken und Handeln zu erkennen. Des weiteren galt es, unter einer weitgespannten historischen Perspektive der Frage nachzugehen, ob bei allem gesellschaftlichen Wandel *Tugenden* nachweisbar sind, deren *überzeitliche* Geltung sowohl unbestritten als auch für die Lebensfähigkeit demokratisch verfaßter Staaten von existentieller Bedeutung ist. Vor diesem Erkenntnisinteresse wurden Antworten auf folgende Fragen gesucht: Was können Historiker in dieser Lage leisten? Lassen sich aus ihrer Darstellung und ihrem Urteil über die Wirksamkeit bestimmter Traditionen in der Vergangenheit unmittelbare Folgerungen ziehen über ihre Eignung und formende Kraft für unsere Gegenwart? An welchen Erscheinungen der deutschen Geschichte konnte man anknüpfen? Mußte völlig neu begonnen werden, weil nach einer weit verbreiteten Auffassung alle bisherige Geschichte in verhängnisvoller Weise auf Hitler, auf das »Dritte Reich« hingeführt hatte? Und letztlich, an welchen Werten hatte sich das staatliche Leben zu orientieren und welche Erscheinungen der deutschen Militärgeschichte konnten als richtungweisende Beispiele für die Bundeswehr, als die Haltung des Soldaten bestimmende Elemente ihres inneren Gefüges, dienen?

Die in der Reihe *»Entwicklung deutscher militärischer Tradition«* nunmehr vorliegenden Bände

Tradition in deutschen Streitkräften bis 1945 (Band 1) und

Tradition und Reform in den Aufbaujahren der Bundeswehr (Band 2)

sollen zeigen, unter welchen historischen Bedingungen *militärische Tradition und ihre Wertbezüge entstanden*, wie Traditionspflege geregelt und Traditionsinhalte verwirklicht wurden. Dabei erwies es sich oft, insbesondere für den Zeitabschnitt von 1789 bis 1914, als erforderlich, den militärgeschichtlichen Hintergrund anzusprechen. Den sehr unterschiedlichen Phasen entsprechend setzten die Verfasser in

ihren Zeitabschnitten jeweils eigene Schwerpunkte; eine durchgehende Schilderung der deutschen Militärgeschichte war nicht beabsichtigt und auch nicht möglich. Heereskundliche Details der Traditionspflege im jeweiligen Zeremoniell oder
für die Traditionen einzelner Truppenteile wurden mit Absicht nur beispielhaft
erwähnt, um die Bände nicht mit der Aufzählung von Einzelheiten zu überfrachten.
Der heereskundlich interessierte Leser ist hierzu auf die zahlreichen älteren und
neueren Truppengeschichten oder auf das jährlich erscheinende »Soldatenjahr-
buch« zu verweisen – dort sind auch Anekdoten und biographische Angaben zu
finden, die bei der Traditionspflege durchaus ihren Platz haben können.
Zur Erläuterung des Inhalts der Bände sei auf einige Kernpunkte der einzelnen
Beiträge verwiesen:
– Die mit der Errichtung der Stehenden Heere nach dem Dreißigjährigen Krieg
  einsetzende Darstellung des Bandes 1 greift notwendigerweise auf die Einwirkungen der Antike, des mittelalterlichen Rittertums und des Söldnertums des
  16. Jahrhunderts zurück. Die Heere im Zeitalter des Absolutismus wiesen
  deshalb in Europa große Ähnlichkeiten, gerade auch in ihren Wertorientierun-
  gen, auf – eine Gemeinsamkeit, die bis in die Gegenwart nachwirkt.
– Die Folgen der Französischen Revolution und die Herausforderungen durch
  das Heerwesen Napoleons führten in Preußen mit der Niederlage von 1806 zu
  einem Traditionsbruch, in Österreich und im Rheinbund zu militärischen Neu-
  orientierungen. Während der Restaurationszeit verfielen jedoch mehrere Ansätze zu einer modernen militärischen Tradition. Mit der Roonschen Heeresorganisation in Preußen und nach den erfolgreichen Einigungskriegen 1864–
  1871 in Deutschland verstärkte sich zusätzlich die Bindung der Streitkräfte an
  die Monarchie.
– Trotz des politischen Umbruchs in den Jahren 1918/19 kam es in Deutschland
  zu keinem vollen Bruch der militärischen Tradition. Die fehlende Bereitschaft,
  die militärische Niederlage ganz einzugestehen, erhöhte die Bedeutung der
  überkommenen Werte. Aus dem Kriegserlebnis und aus der Frontkameradschaft entwickelten sich jedoch erweiterte Traditionsinhalte wie die Idee der
  Volksgemeinschaft sowie der Gedanke von Führertum und Gefolgschaft. Hitler
  nutzte, mißbrauchte und verfälschte die militärische Tradition zur Durchsetzung seiner Ziele. Im Zweiten Weltkrieg führte die Überforderung der Wehrmacht sogar teilweise zu einem Verfall traditionsbewußten Verhaltens.
– In der Vorbereitungs- und Aufstellungszeit der Bundeswehr, angesichts einer
  grundlegend veränderten völker- und staatsrechtlichen Lage wie eines durch
  neue Waffen veränderten Kriegsbilds, wird die Spannung deutlich, in der Tradition und Reform in Zeiten des Umbruchs stehen; viele Reforminhalte sind
  inzwischen zur bundeswehreigenen Tradition geworden. So steht die Wertbezo-
  genheit der soldatischen Verhaltensnormen zum Grundgesetz seit dem Aufbau
  außer Frage.
Ein dritter Band ergänzt die historisch angelegten Untersuchungen der beiden
ersten Bände durch eine exemplarische Darstellung:

Symbole und Zeremoniell in deutschen Streitkräften vom 18. bis zum 20. Jahrhundert.

Da Gebrauch und Mißbrauch von Symbolen sich an der Zeit des Nationalsozialismus besonders deutlich zeigen lassen, erscheinen Symbole des Dritten Reichs in zahlreichen Abbildungen. 40 Jahre nach dem Zusammenbruch der nationalsozialistischen Herrschaft dürfte das Mißverständnis einer positiven Wertung ebenso ausgeschlossen sein wie bei der nüchternen Beschreibung mancher in der Nationalen Volksarmee fortlebenden Äußerlichkeiten der preußischen Armee und ihrer Wirkungen.

Das Grundgesetz der Bundesrepublik Deutschland ist der konstruktive Rahmen der Gültigkeit und der Bewahrung von Freiheit, Würde und Recht.

Das Soldatengesetz der Bundeswehr knüpft bewußt an diese Menschen- und Naturrechts-Postulate an. Das *Eintreten* für das Grundrecht *Freiheit und Recht* ist also »eine der in der abendländischen Geschichte entwickelten Denk- und Rechtsfiguren«[12], mit der nicht nur die Position des Menschen innerhalb seiner Umwelt rechtlich geordnet werden soll, sondern die auch verbindlichen Charakter für die Stellung des Soldaten in Staat, Gesellschaft und in den Streitkräften hat. Hieraus entwickelt sich die Maxime des freiwillig, weil aus Überzeugung und Einsicht geleisteten Gehorsams. Diese Leitidee schlägt die Brücke zu den Vorstellungen der preußischen Heeresreformer, deren Überzeugungen über lange Zeiträume das Denken und Handeln deutscher Soldaten bis in die deutsche Wehrmacht hinein prägten. Das soldatische Ethos, die Anerkennung der Menschenrechte, das Eintreten für Staat und Volk, Verantwortungsbewußtsein und eigenständiges, sittlich gebundenes Verhalten waren immer *überzeitlich* gültige soldatische Haltungen.

Führen durch Auftrag ist daher ein altes bewährtes Prinzip preußisch-deutscher militärischer Tradition. Es setzt den selbständig denkenden und handelnden Soldaten voraus.

»*Viel leisten und wenig hervortreten, mehr sein als scheinen*«, dieser Wahlspruch des Generalfeldmarschalls Graf von Schlieffen weist nicht nur auf alte Generalstabstradition zurück. Er knüpft an eine humanistische Tradition an, die bis in das 16. Jahrhundert zurückreicht. Tycho Brahe, der Lehrer Johannes Keplers faßte diese Geisteshaltung bereits in die Worte »non haberi, sed esse«.

»*Generalstabsoffiziere haben keine Namen*«, schrieb Generaloberst von Seeckt, der inneren Substanz dieser traditionellen Auffassung folgend. Die Überzeugung von der Notwendigkeit übergeordneter und wertgebundener Einstellungen setzt einer Jahrhunderte alten Erfahrung folgend die *Einheit im Denken* als Grundlage der Einheit des Handelns voraus. Das bedeutet die Übereinstimmung des Führerkorps sowohl in den ethischen Fragen des Soldatenberufes als auch in den militärischen Führungsgrundsätzen. In diesem wertgebundenen Sinne hat die maßgerechte Forderung nach der »Einheitlichkeit im Denken und Handeln des Führerkorps«[13] ihre traditionelle Begründung.

Führen durch Beispiel ist das herausragende Merkmal langer soldatischer Überlieferung. Über Jahrtausende war diese Maxime die innere Klammer der Gefolg-

16

schaft[14]. Vorbild und Beispiel der Führer waren schon immer die Voraussetzung für Haltung, Leistung, Moral und Kampfkraft.

Vor diesen historischen Gegebenheiten begreift die Bundeswehr die ethischen Motive des militärischen Widerstandes gegen Hitler und das NS-Regime als Vermächtnis. Als eines »Aufstands des Gewissens«, der im überkommenen soldatischen Ethos begründet ist, gedenkt die Bundeswehr traditionell am 20. Juli des Opfers der Männer und Frauen, die für die Wiederherstellung einer sittlich begründeten Ordnung ihr Leben gaben.

Diesem Ethos verpflichtet ist auch die Idee der *Freiheit des Handelns* auf militärisch-operativer Ebene. Sie gründet sich auf die Überlieferung von 200 Jahren deutscher Militärgeschichte vom Siebenjährigen Krieg bis zum Zweiten Weltkrieg, auf die Vorbilder eines Seydlitz, eines Yorck, eines Hoepner.

Der polnische Philosoph Leszek Kolakowski stellte fest: »Es gibt zwei Umstände, deren wir uns immer gleichzeitig erinnern sollen: Erstens, hätten nicht die neuen Generationen unaufhörlich gegen die ererbte Tradition revoltiert, würden wir noch heute in Höhlen leben; zweitens, wenn die Revolte gegen die ererbte Tradition einmal universell würde, werden wir uns wieder in Höhlen befinden. Der Kult der Tradition und der Widerstand gegen Tradition sind gleichermaßen unentbehrlich für das gesellschaftliche Leben; eine Gesellschaft, in der der Kult der Tradition allmächtig wird, ist zur Stagnation verurteilt; eine Gesellschaft, in der die Revolte gegen die Tradition universell wird, ist zur Vernichtung verurteilt[15].« Dieser Gedankengang kann auch auf die »*Entwicklung deutscher militärischer Tradition*« übertragen werden.

Tradition und Traditionspflege sind nichts Statisches. Im Gegenteil, lebendige Tradition ist gerade wegen ihrer unablässigen Bewährung im Gegenwärtigen und im Blick auf die Gestaltung des Zukünftigen eine anspruchsvolle Aufgabe und ein höchst dynamischer Prozeß. Je weniger das Wort selbst dabei im Munde geführt wird, desto mehr werden Inhalte durch *Vorleben und Beispiel* vermittelt. Zeitgeist und Trends einer offenen, pluralistischen Gesellschaft bewirken stetigen Wandel und müssen am Prüfstein der überkommenen Wertvorstellungen und ihren Wirkungen in der Gesellschaft gemessen werden.

Die Reihe »*Entwicklung deutscher militärischer Tradition*« soll einen Beitrag leisten zur Beantwortung der Frage, welche *die innere Haltung prägenden* und *gemeinschaftsbildenden Kräfte* durch die militärische Tradition in der Vergangenheit erweckt und wirksam geworden sind. Aber nicht nur dies. Zugleich wurde der Versuch unternommen, durch ausgewählte exemplarische Darstellung der Epoche der deutschen Militärgeschichte Nachweise überzeitlicher soldatischer Tugenden wie Opferbereitschaft, Dienen, Ritterlichkeit, Kameradschaft, Tapferkeit und eigenverantwortlichem, initiativem Verhalten zu erbringen und anschaulich zu beschreiben. Es geht damit um die Frage, ob die Bundeswehr trotz des zeitweiligen Mißbrauchs dieser Traditionen auf geistige und moralische Kräfte, die in Jahrhunderten erwachsen sind, verzichten kann. Auch heute besitzt offensichtlich die Erfahrung noch Gültigkeit, daß Haltung und Verhaltensweisen, die von bewährten Traditionen bestimmt sind, die moralischen Kräfte entwickeln, die zur Bewältigung der Herausforderungen in Gegenwart und Zukunft unverzichtbar erscheinen.

Die Reihe liegt nunmehr in drei Bänden abgeschlossen vor. Ich danke den Verfassern der Beiträge für ihre Arbeit, die sie auf bisher meist unerschlossenem Gebiet zu leisten haben. Herrn Oberstleutnant a. D. Dr. Caspar danke ich zugleich für die Betreuung des Gesamtprojekts. Eine wichtige Ergänzung des Textes stellen die zahlreichen Abbildungen dar. Das Militärgeschichtliche Forschungsamt ist den Verlagen und Institutionen, die sie zur Verfügung gestellt haben, zu besonderem Dank verpflichtet.

Dr. Günter Roth
Oberst i. G.
Amtschef
des Militärgeschichtlichen Forschungsamtes

1 Michael Stürmer, Die deutsche Frage muß offen bleiben, in: FAZ, Nr. 170, 26. 7. 1985, S. 6.

2 Josef Pieper, Tradition in der sich wandelnden Welt, in: Ders., Tradition als Herausforderung. Aufsätze und Reden, München 1963, S. 11–35.

3 Jürgen Habermas, Legitimationsprobleme im Spätkapitalismus, Frankfurt ⁵1979.

4 In der »Himmeroder Denkschrift« von 1950 empfahlen ehemalige Generale und Stabsoffiziere einen Aufbau der neuen Streitkräfte sogar ganz »ohne Anlehnung an die Formen der alten Wehrmacht« (Abdruck in: MGM 21 [1/77], Zitat S. 185).

5 Erlaß BMVg vom 1. 7. 1965 (gez. v. Hassel).

6 Erlaß BMVg vom 20. 9. 1982 (gez. Apel).

7 Gerhard v. Scharnhorst wird dieser Ausspruch fälschlicherweise zugeschrieben; s. Gerhard von Scharnhorst. Ausgewählte Schriften. Zusammengestellt von Ursula v. Gersdorff, Osnabrück 1983 (= Bibliotheca rerum militarium, Bd 49), S. X.

8 Weißbuch 1970. Zur Sicherheit der Bundesrepublik Deutschland und zur Entwicklung der Bundeswehr. Im Auftrage der Bundesregierung hrsg. vom Bundesminister der Verteidigung, Bonn 1970, S. 115.

9 Fritz Erler, Demokratie in Deutschland, Stuttgart 1965, Kapitel Bundeswehr und Demokratie, S. 130-151.

10 Arnold Bergstraesser, Krieg und Frieden in der modernen Staatenwelt, Gütersloh 1966, S. 489.

11 Ernst Jünger, Gläserne Bienen, Stuttgart ²1957, S. 55.

12 Zit. nach Theodor Eschenburg, Elemente des Grundgesetzes, in: Hans-Peter Schwarz, Die Ära Adenauer. Gründerjahre der Republik, 1949–1957, Stuttgart und Wiesbaden 1981 (= Geschichte der Bundesrepublik Deutschland, Bd 2), hier S. 14; s. auch Ulrich de Maizière, Bekenntnis zum Soldaten. Militärische Führung in unserer Zeit. Reden, Vorträge, Ansprachen, 2. erw. Aufl. von: Soldatische Führung heute, Hamburg 1971, S. 61.

13 HDv 100/1, Truppenführung Okt. 1962, unveränderter Nachdruck 1965, S. 30.

14 Xenophon, Kyropaideía, III. Buch, 3. Kap. § 58–64; de Maizière, Bekenntnis, S. 11.

15 Leszek Kolakowski, Der Anspruch auf selbstverschuldete Unmündigkeit, in: Vom Sinn der Tradition. Zehn Beiträge von B. d'Astorg, E. Bloch, W. v. Cube, S. Ichii, L. Kolakowski, R. Panikkar, I. Silone, E. Simon, A. Toynbee, H. U. v. Balthasar. Hrsg. von Leonhard Reinisch, München 1970, S. 1–15, hier S. 1.

Erster Teil:

Die Grundlagen deutscher militärischer Tradition im Zeitalter des Absolutismus

von Ullrich Marwitz

I. Die Voraussetzungen für den Aufbau Stehender Heere und ihrer Tradition

1. Kennzeichen der Epoche

Das landläufige Bild von der Epoche zwischen dem Dreißigjährigen Krieg und der Französischen Revolution wird von den politischen und kulturellen Verfallserscheinungen bestimmt, die der nationale Liberalismus im 19. Jahrhundert an diesem Zeitalter bemängelte und als bezeichnend für den Fürstenabsolutismus hielt. Gemeint war, wie in diesen 140 Jahren sich die staatliche Macht und Wehrkraft im Reich aufspalteten und vervielfältigten, sich die landesherrliche Souveränität und Autorität mittels Stehender Heere offenbar willkürlich durchsetzten und eine langanhaltende, politische Entmündigung der Untertanen bewirkten. Dieses Urteil gründete vor allem auf der vermeintlichen Wirkungslosigkeit überlieferter Institutionen und der ihnen innewohnenden Wertvorstellungen, Sitten und Gebräuche. Bei näherer Betrachtung hat es jedoch ein geschlossenes, gegenüber der alten feudalstaatlichen Ordnung unabhängiges und rücksichtslos durchgreifendes monarchisches Machtsystem im Zeitalter des Absolutismus nicht gegeben. Vielmehr bestanden damals ständisch-korporative Ordnungselemente lebendig neben modernen staatlichen Einrichtungen fort. So verfügten die Territorialstaaten, die im 18. Jahrhundert ein Stehendes Heer unterhalten konnten, weiterhin über milizähnliche Organisationen, die auf der mittelalterlichen Landfolge aufbauten.

Eher schon charakterisiert »das Verhältnis von Tradition und Neuordnung«[1] den Wiederaufbau deutschen staatlichen Lebens nach dem Dreißigjährigen Krieg und wurde dessen politisches Kernproblem. Beispielsweise änderten sich erst nach Jahrzehnten und regional verschieden stark ausgeprägt die rechtlichen und ideellen Beziehungen zwischen Truppe und fürstlichem Kriegsherrn in dem Maße, wie es diesem gelang, den Obristen die Eigentumsrechte an ihren Regimentern zu entziehen und die Truppe dauerhaft zu unterhalten. Auch jetzt noch lebte das alte Kriegsunternehmertum in Duodezfürsten fort, die mit eigenen Truppen bezahlten Kriegsdienst bei mächtigeren Landesherren annahmen. Auch wenn sich das europäische Söldnertum im Dreißigjährigen Krieg nochmals von einer verrohten Seite zeigte und hinter das seit der Oranischen Heeresreform maßgebliche sittliche Niveau zurückfiel, so änderte doch seine staatliche Disziplinierung im Verlauf des 18. Jahrhunderts grundsätzlich nicht die überkommenen kriegerischen Wertvorstellungen und soldatischen Tugenden. Vielmehr gewannen diese, als sie sich im Dienste fürstlicher Machtrepräsentation nach innen und außen bewährten, an höherem öffentlichen Ansehen gegenüber dem Wertekodex der bürgerlichen und bäuerlichen Gesellschaft.

Die Bewährung im Fürstendienst sicherte die Kontinuität der militärischen Formationen, stärkte ihr Selbstbewußtsein und förderte die Bildung neuer Gewohnheiten, Sitten und Gebräuche. Aber auch eine gegenläufige Entwicklung provozierte dieser Vorgang traditionsmäßiger Stabilisierung, indem er im Zeichen der Ideale des aufgeklärten Absolutismus im letzten Drittel des 18. Jahrhunderts eine als überfällig empfundene Neuordnung der inneren Verfassung der traditionellen Söldnerheere einleitete. Nun wurden dem Landesherrn die Eigentumsrechte an seinen Regimentern öffentlich bestritten, Offiziere übten in Publikationen Kritik an dem maschinenmäßig verrichteten Dienst und der oft menschenunwürdigen Behandlung der Soldaten. Wo dies geschah, wurde jedoch der Boden der absoluten Monarchie und ihrer Militärverfassung nicht verlassen, erneut ging es dabei darum, beides zu stärken und in ihrer Wirkung und Leistung zu steigern. Dieser Weg war wie schon nach 1648 vorgegeben: denn damals wie diesmal blieben die alten militärischen Traditionsträger – die Dynasten und ihre Offiziere – wirksam, und so konnte es zunächst nur darum gehen, verfallende und damit geschichtlich werdende Einrichtungen traditionsgemäß noch länger zu erhalten und das vorhandene Traditionsgut vor allen Einflüssen einer politisch-sozialen Umwälzung ungebrochen zu sichern.

Die Darstellung der vorstehend umrissenen Epoche, die die bis 1945 und darüber hinaus gültige deutsche militärische Tradition begründete, setzt nach einem Rückblick auf mittelalterliche Traditionsstränge in der zweiten Hälfte des 17. Jahrhunderts ein.

Der Reichsabschied von 1654 verpflichtete erstmals die Untertanen der Reichsstände dazu, die erforderlichen finanziellen Mittel für die Landesverteidigung aufzubringen. Seit 1670 durften die Untertanen auch zur Erfüllung aller Pflichten aus Militärbündnissen besteuert werden, die der absolute Fürst einging. Die somit rechtlich gesicherte Finanzierung der Truppen bewirkte, daß in den größeren deutschen Territorien das Militär als ständiges macht- und sicherheitspolitisches Instrument der Staates, als Organisation und als gesellschaftliche Gruppe nach den Normen entstand, die der Landesherr setzte. Die dem Militär vorgegebenen staatlichen Normen und Leitbilder für Führung, Ausbildung und Erziehung der Truppen, aber auch deren eigene Wertvorstellungen, Sitten und Gewohnheiten konnten sich von nun an zur Tradition verfestigen.

2. Mittelalterliche Leitbilder

Auch wenn die Armee als Institution vor dem Dreißigjährigen Krieg nirgendwo im Reich eine konstante Größe und insoweit kein Traditionsträger war, so gab es doch bereits feste soldatische Leitbilder und Wertvorstellungen, die bis zu den Überlieferungen aus der Zeit der Landnahme der germanischen Stämme zurückreichen[2]. Die Gefolgschaften freier Waffenträger, aus denen der germanische Heerbann im wesentlichen bestand, beruhten auf einem Verhältnis zwischen Herrn und Mann, das auf gegenseitige Treue gegründet war und den Mann zu Rat und kriegerischer Hilfe verpflichtete. Es galt als unehrenhaft, den Herrn vor und während des Kampfes oder im Unglück, z. B. in der Verbannung, zu verlassen. Zum Treueverhalten gehörte die Todesbereitschaft des Gefolgsmannes; bei den in England einwandernden Germanen galt es als Ehrenpflicht, den Herrn im Kampf nicht zu überleben. Dafür erwartete der Gefolgsmann sehr reale Gegengaben, vor allem seinen Anteil an der Beute. Das Gabenmotiv trat erst im Hochmittelalter deutlich hinter das Treuemotiv zurück, ohne jedoch gänzlich zu verschwinden, wie beispielsweise im 11. Jahrhundert der »Ruodlieb«, der älteste deutsche Abenteuer- und Ritterroman lehrt: »Wer geizig ist und ehrenlos, vor dessen Diensten hüt dich blos[3].«

Mit den Reichsgründungen der Völkerwanderungszeit und der Entstehung eines Großkönigtums in diesen Reichen wurde die Selbsthilfe eingeschränkt und der Gefolgschaftsgedanke verlor seinen zunächst kriegerischen Charakter. Die militärischen Operationen nahmen zwangsläufig an Reichweite zu; das setzte eine andere Waffentechnik sowie einen ständig wachsenden Bedarf an berittenen und für die längeren Heerfahrten abkömmlichen Krieger voraus. Die Bauern und Pächter waren hierfür nicht brauchbar, da sie ihre Güter bewirtschaften mußten. Viele Freie mußten daher auf das damals wesentliche Freiheitsmerkmal – die Funktion als Krieger – verzichten und sich unter den Schutz eines Mächtigeren begeben; ihr ehemals eigenes Land erhielten sie von diesem als Leihgut unter festgelegten Dienstverpflichtungen zurück.

Der Besitz von Land und Leuten wurde eine entscheidende wirtschaftliche und politische Grundlage adliger Herrschaft. Die Adligen, deren Beruf es wurde, die Kriege zu führen, ließen sich ihrerseits für ihre Dienste in der Königsgefolgschaft mit Herrschaftsrechten und Verfügungsgewalt über Grund, Boden und menschliche Arbeitskraft entlohnen. Für die Königsgefolgschaft galt der sogenannte Treuevorbehalt, der besagte, daß die dem König von allen Reichsangehörigen, insbesondere aber allen Kronvasallen geschuldete Treuepflicht jeder anderen Treuepflicht vorging. Diese Treue wurde durch einen persönlichen Treue- und Mannschaftseid beschworen, dessen Wortlaut bis zum Jahr 634 belegt ist. Der Dienst als Königsgefolgsmann in der Reichsverteidigung besaß höchstes Ansehen, gerade wegen der Nähe zum König und seines Treuecharakters. Hingegen stand bei den unfreien Dienstmannschaften der Kronvasallen nicht der Aspekt der Treue auf Gegenseitigkeit, sondern der der Dienspflichtigkeit im Vordergrund. Wirtschaftliche Macht und herrschaftliche Verfügungsgewalt über abhängige Leute genügten aber nicht, um eine dauernde Anerkennung des adligen Führungsanspruches in der frühmittelalterlichen Gesellschaft zu begründen; die tiefere Legitimation lag in dem religiös gedachten Charisma, das die Mannschaften ihren militärischen Führern zuerkannten. In der nach 1071 verfaßten Vita des Heiligen Lambert sind die Gründe für die königsgleiche Stellung des Hausmeiers Pippin II. (gest. 714) genannt: Er verfügte über Ruhm und Macht, begründet durch siegreiche Schlachten, sowie über das Heil, das aus der Heiligkeit seiner Vorfahren von Mutter- und Vaterseite herrührte. Weitere Anforderungen waren etwa nach den Rechtsbüchern der Bayern und Alemannen: Eignung zum Heer- und Gefolgschaftsführer, Gewandtheit im Reiten, Geschicklichkeit im Gebrauch der Waffen und körperliche Unversehrtheit.

Mit der Erblichkeit der Lehen wurde der Weg der unfreien Dienstmannen und der Ministerialen von König, Kirche und Reichsfürsten zum ritterlichen Berufs- und Geburtsstand frei. Diese Dienstmannen, die sich durch militärische Leistungen emporgearbeitet hatten und an Dienstethos dem älteren Geblütsadel nicht nachstehen wollten, bildeten einen für das Kriegswesen traditionsgeschichtlich bedeutsamen Verhaltenskodex aus. Als Krieger sollte sich der »Miles«, wie sich die nun freien ritterlichen Grundherren seit dem ausgehenden 10. Jahrhundert nannten, tapfer und unerschrocken bis zum letzten Augenblick und gerade in aussichtslosen Situationen erweisen. Das Ehrgefühl als Ausdruck persönlichen Ehrgeizes und von Ruhmessucht spielte in seinem Leben eine wichtige Rolle; war dieses verletzt und öffentlich bloßgestellt, konnte dies nur mit Blut gesühnt werden. Im Kampf gab es dagegen immer eine ehrenvolle Alternative: entweder man kämpfte um der Ehre willen bis zum Tod oder man erhandelte sich nach allgemeinen Gepflogenheiten den ehrenvollen Abzug. Nah- und Zweikampf im Krieg waren schauspielhafte Einzelgefechte nach internationalen Regeln; noch mehr verwandelte das ritterliche Fest des Turniers im Frieden den Reiterkampf ins Spielerische, der anfangs um der Ehre willen mit stumpfen und in späterer Zeit um materiellen Lohn mit scharfen Waffen bestanden wurde. Feste und Turniere blieben ein integrierender Teil der ritterlich-höfischen Welt bis in das 17. Jahrhundert. Ende des 18. Jahrhunderts wurden Kulturformen des mittelalterlichen Ritterwesens – nun aber frühromantisch verbrämt – wieder aufgenommen.

Das weltliche Rittertum wurde in seinen Lebensformen von der Kirche nicht nur sanktioniert und kultiviert, sondern durch die Ausdeutung der Kreuzfahrt als sichtbarer Dienst an Gottes eigener Sache insbesondere durch den Papst Gregor VII. (1073–1085) überhöht. Die Gottesstreiterschaft erhielt durch das Papsttum von Anfang an eine in Wahrheit ausgeprägte machtpolitische Zielsetzung. So sollte im Investiturstreit, dem Streit um die Unterordnung der weltlichen Gewalt unter die geistliche, die Bezeichnung »milites sancti Petri« die Parteigänger Gregors VII. gegenüber der Königspartei Heinrichs IV. (1056–1106) religiös stärken. Um 1140 sind die verschiedenen Zeugnisse der kirchlichen Lehre über den

Krieg in einem Dekret zusammengefaßt worden, womit die Kirche für die kommenden Jahrhunderte ihr Verhältnis zur staatlichen Gewalt als Kriegsherr absteckte. Hierfür galt folgendes[4]:

1. Das Recht zum Krieg steht nur der Landesherrschaft und der Kirchenführung zu. Ein privates Kriegsrecht ist nicht gegeben, die Selbsthilfe ist nur im Fall unmittelbarer Bedrohung statthaft.
2. Der Krieg hat die Rechtswahrung nach außen und die Rechtssicherung nach innen zum Ziel und ist ein Mittel der Friedenssicherung.
3. Das Kriegführen findet auf Befehl des Herrschers statt, sein Befehl legitimiert die Kriegsteilnahme. Ein unrechtmäßiger Befehl wird dem Kommandierenden, nicht dem Ausführenden als Sünde angerechnet.
4. Heerfolge muß auch dann geleistet werden, wenn Zweifel über den Kriegsgrund besteht.

Der grundlegende Gedanke der christlichen Ritterschaft und die Vorstellung von der Kreuzzugszeit wirkten über das Mittelalter hinaus. Im 16. und 17. Jahrhundert diente der Rückgriff auf das mittelalterliche Ideal des christlichen Kriegsdienstes insbesondere dazu, die Kriegszüge gegen die Türken als Dienst für Gott zu motivieren. Im Jahr 1616 erschien die »Ritterkunst«[5] des Johann Jakob Wallhausen, ein Lehrbuch, das den rittermäßigen, disziplinierten Kampf zur Richtschnur kriegerischen Verhaltens erhob; über die reine waffentechnische Lehre hinaus ging es Wallhausen um die Erneuerung der christlichen Lebensführung. Auch das typologische Denken erhielt sich über das Mittelalter hinaus. Seit seinem Eingreifen in den Dreißigjährigen Krieg wurde der Schwedenkönig Gustav II. Adolf von protestantischer Seite auf allen Schlachtfeldern als Werkzeug Gottes und Schützer der bedrängten Christenheit angekündigt und in einen heilsgeschichtlichen Zusammenhang mit dem sagenhaften König Artus, dem Kaiser Karl dem Großen und dem Kreuzritterführer im 1. Kreuzzug (1096–1099) Gottfried v. Bouillon gestellt. Die Bildlichkeit des »miles christianus« für die Idealisierung Gustav II. Adolfs war sowohl religiös als auch politisch motiviert; beide Motivationen führten in ihrer Zeit zu weitverbreiteten wehrpropagandistischen Publikationen.

Die Verwendung der komplexen Bildfigur des christlichen Ritters und Soldaten entsprang dem starken Verlangen des 16. und 17. Jahrhunderts nach traditioneller Bindung und verläßlicher Orientierung in Zeiten, in denen alte Wertmaßstäbe und Autoritäten verfielen. Man nahm die ritterlichen Lebensformen begeistert auf, losgelöst von der längst verfallenen Schicht des niederen Adels der Zeit zwischen 1100 und 1250, aus deren sozialer Wirklichkeit sie einst entstanden waren. Die ritterlichen Standes- und Ehrbegriffe gingen in dem Typus des »Gentilhomme«[6] auf, wie im 17. Jahrhundert in Frankreich Edelleute von vornehmer Gesinnung, gediegener Bildung und höfischer Lebensart bezeichnet wurden.

3. Wandlungen des Soldatenbildes
nach dem Dreißigjährigen Krieg

Die Auswahl und die Herausstellung des bewährten christlich-ritterlichen Treue-
und Dienstbegriffs, von dem man eine gesicherte historische Vorstellung zu besitzen glaubte, dienten vor allem aber dem Zweck, das seit dem 15. Jahrhundert vom
freien Söldnertum geprägte deutsche Kriegswesen sittlich und disziplinar zu festigen. Zum Leitbild dieser Bemühungen um Ordnung und Sicherheit im militärischen Bereich wurde der »Miles perpetuus«; ihre bedeutendsten Wortführer vor
dem Ausbruch des Dreißigjährigen Krieges waren der kaiserliche Kriegsoberst
Lazarus von Schwendi (1552–1584) und der Obristleutnant Johann Jacob von
Wallhausen (um 1580–1627). Schwendi, ein enger militärischer Berater Kaiser
Maximilians II., ordnete das gesamte Kriegsrecht des Reiches neu; dabei leiteten
ihn christliche und ritterliche Ideale. Teile seiner Kriegsrechtssammlungen waren
z. B. in Österreich noch 1768 gültig. Wallhausen trat in seinen noch im 18. Jahrhundert gelesenen militärtheoretischen Schriften dafür ein, das Söldnertum wei-
terzuentwickeln. Die adlige Jugend konnte dabei seiner Ansicht nach die mora-
lisch-geistige Führerschaft ergreifen, wenn sie sich wieder der ritterlichen
Tugenden und des »lebendigen Exempels«[7] ihrer Vorfahren erinnerte. Es genügte
aber nicht, sich der überlieferten Leistungen der Väter und der adligen Abkunft zu
rühmen; Nobilität sollte in den selbst erworbenen Tugenden gesucht werden.
Wallhausen stellte hierfür die Kriegsdisziplin vorbildhaft heraus, die sich der
Römer durch Übung des Waffenhandwerkes im Frieden und im Felde einst
erwarb. Aktueller Anlaß und Maßstab entsprechender eigener Bemühungen
müsse die Kriegstüchtigkeit der gegnerischen Türken und Tartaren sein, zu der
diese von Jugend auf erzogen würden. Hingegen fehle es im Reich an soldatischen
Idealen, bei den kaiserlichen Reichstruppen herrschten chaotische Zustände und
man begreife die militärische und geistige Bedrohung und Auseinandersetzung
mit dem Erzfeind des Christentums nicht.
Wallhausen wählte seine historischen Vorbilder als Mittel der militärischen Erziehung aus, »doch es zeigte sich, daß weder der Geist der mittelalterlichen Ritter-
ethik noch strengste Strafandrohungen in der Lage waren, die militärische Zucht
in den Söldnerheeren aufzurichten«[8]. In den von geschäftüchtigen Kriegsunter-
nehmern geführten Regimentern der deutschen Landsknechte, die ihren obersten
Kriegsherrn nur als zweifelhaft zahlungsfähigen Auftraggeber kannten, und die
nur auf kurze Zeit geworben waren, konnte sich schwerlich Tradition bilden.
Überdies besaß das Leitbild des christlichen Ritters und Vasallen keine echte
Verbindlichkeit mehr bei den adligen Offizieren des 17. Jahrhunderts, die mehr
den individualistischen, kavalierhaften Lebensstil der internationalen Adelsgesellschaft pflegen wollten, als sich der minutiösen Kleinarbeit des Soldatenexerzierens
zu unterwerfen. Aus ähnlichen Gründen mußten letztlich im Reich auch alle
Bemühungen scheitern, die römische Heeresdisziplin auf das Militär zu übertra-

gen, so wie das gegen Ende des 16. Jahrhunderts im niederländisch-oranischen Heerwesen teilweise gelungen war. Der Ausbruch des Dreißigjährigen Krieges machte alle dazu unternommenen Ansätze zunächst zunichte. Immerhin ist durch die Oranische Heeresreform mit ihrem Rückgriff auf die römische Überlieferung (z. B. Vegetius) neben der mittelalterlich-ritterlichen Tradition auch die antike Überlieferung wieder hervorgehoben und durch damals bedeutsame kriegswissenschaftliche Werke in der hier behandelten Epoche stets von neuem belebt worden.

Die Diskussion um den »miles perpetuus« lebte nach dem Westfälischen Frieden, der den Reichsständen die Souveränität gegenüber Kaiser und Reich verlieh, wieder auf. Der Reichsabschied von 1654 und das Wahlversprechen Kaiser Leopolds I. vier Jahre später garantierten ihnen zudem Wehrhoheit, so daß die landesherrlichen Untertanen künftig regelmäßig Heeressteuern entrichten mußten und sich darüber nicht mehr beim Reichshofrat beschweren durften. Entsprechend dieser das Territorialfürstentum weiter stärkenden staatsrechtlichen Entwicklung traten die früher mehr überlieferungsgeschichtlich begründeten ethischen Aspekte des »Soldaten auf Dauer« hinter das Ziel zurück, die landesherrliche Wehrhoheit zu verwirklichen und den Fürstenstaat militärisch zu repräsentieren. Das Leitbild dieser Bestrebungen, die von Land zu Land auf andere Voraussetzungen trafen und auch zeitlich verschieden einsetzten, wurde das »Stehende Heer«. Sobald dieses entstand, nahm es ein »Janusantlitz«[9] an, das moderne Elemente – wie die staatliche Heeres- und Finanzverwaltung – und überkommene Bestandteile aus der Epoche des freien Söldnertums wie das Regiment der Landsknechte in sich vereinigte.

Das bisherige Verhältnis von Landesherr und Landvolk auf der Grundlage gegenseitiger Treue sowie von Schutz und Hilfe änderte sich, entschied doch der Fürst künftig allein, was an diesem Herkommen rechtsverbindlich war. Die Landstände konnten von der Mitwirkung am fürstlichen Militärstaat ausgeschaltet und als reine Korporationen privilegierter Gruppen behandelt werden. Der Staat repräsentierte sich künftig in der Person des absoluten Monarchen mit den Institutionen des Stehenden Heeres und der Staatsverwaltung, die seine Macht nach außen und nach innen sicherten und mehrten. Über diese Institutionen behandelte der Staat künftig Land und Leute als ihm rechtlich gleichermaßen verpflichtete Untertanenschaften. Dementsprechend bildete sich im Heerwesen ein neuartiges, unmittelbares Bindungsverhältnis zwischen dem Landesherrn als Kriegsherr und Oberbefehlshaber zu den besoldeten Offizieren und Soldaten. Der derart gebundene Söldner entwickelte sich zum Repräsentanten landesherrlicher Macht und Ordnung und empfand sich in herausgehobener politisch-sozialer Stellung zunehmend »als ein Kontinuum in die Gesellschaft eingeordnet«[10]. Damit war eine eigene militärische Welt mit überhöhten soldatischen Werten und Umgangsformen im Keim angelegt, in der der soldatischen Tradition die Aufgabe zuwuchs, den militärischen Verhaltensweisen ihre politische wie sittliche Berechtigung zu sichern.

Mit der neuen Einordnung des Söldners änderte sich der im Spätmittelalter kodifizierte soldatische Pflichtenkatalog[11] nicht, der damit als Erbe in das Berufsbild des neuzeitlichen Soldaten einging. Neuartig war die Erziehung des Offiziers wie des gemeinen Soldaten zum verläßlichen Gehorsam gegenüber der staatlichen Obrigkeit, der sich vor allem durch korrekte Bewirtschaftung der Regimenter und Kompanien und im Verzicht auf Unrecht und Gewalt gegenüber der Zivilbevölkerung zu erweisen hatte. Bis dahin kannte der deutsche Landsknecht nur den unbedingten Gehorsam gegenüber seinen unmittelbaren Dienstvorgesetzten für die Dauer der Vertragszeit. Von den neuen Prinzipien waren im besonderen die Regimentschefs betroffen, die ihre bisherigen Anstellungs- und Beförderungsrechte Zug um Zug an die Landesherren abtreten mußten. Seit 1634 durften sie z. B. in Österreich nur noch über ein einziges Regiment verfügen; die ihnen früher ausschließlich obliegende Bewirtschaftung der Truppe mußten sie künftig mit den Kompaniechefs teilen. Diese Neuerungen setzten die Landesherren behutsam bis zum Ende des 17. Jahrhunderts durch; ihren Niederschlag fanden sie in den Beschreibungen der militärischen Ämter, die in den protestantischen Ländern vor allem nach niederländischem Muster erfolgten.

II. Die Entwicklung des Traditionsbewußtseins im deutschen Heerwesen bis zur Französischen Revolution

Die Umstellung auf stehende Regimenter war im Deutschen Reich spätestens Anfang des 18. Jahrhunderts abgeschlossen. In den zahlreichen Kriegen seit 1648 und hier vor allem in den Reichskriegen gegen das Osmanische Reich und Frankreich hatten die größeren armierten Reichsstände wie Brandenburg und Bayern diese neue Form bewaffneter Gewalt erproben können. Zugleich gewannen ihre Truppen an Kampftradition hinzu. Wie wichtig das Überlieferungsgut aus dieser Zeit wurde, läßt sich daran erkennen, daß noch im Ersten Weltkrieg beispielsweise bayerische und württembergische Infanterieregimenter mit Stolz ihre Traditionen auf das erste Aufstellungsdatum und die Bewährungsproben ihrer Stammtruppenteile in den Reichskriegen des ausgehenden 17. Jahrhunderts zurückführten. Die kaiserliche und die preußische Armee, die im 18. Jahrhundert als einzige aus ihren stehenden Regimentern ein ständig Stehendes Heer von Bedeutung bildeten, wiesen ihre Ursprünge bereits im Dreißigjährigen Krieg nach. Die deutsche militärische Tradition bildete sich demgemäß voll im Rahmen der Bestimmungen des Westfälischen Friedens aus, der den Landesfürsten zwar volle Landeshoheit und auswärtiges Bündnisrecht gewährte, sie aber auch künftig in den Wehrverband des Heiligen Römischen Reiches einband, auch wenn die größeren Reichsfürsten dem Verband gegenüber wiederholt untreu wurden und ihn durch Gegenbündnisse ersetzten.

1. Das Reichsheer

Die politische und militärische Neuordnung in den deutschen Territorien nach 1648 konnte die überlieferte Reichskriegsverfassung, die seit 1555 von den Reichskreisen getragen wurde, nicht außer acht lassen, ja nicht einmal entbehren, denn auf ihr beruhte die Sicherheit der zahlreichen kleinen Reichsstände, die nur zeitweise, teilweise oder überhaupt keine bewaffneten Kräfte unterhielten. Am 23. Mai 1681 hatte der Reichstag beschlossen, ein Reichsheer von 40 000 Mann als »Simplum« aufzustellen und es auf die Reichskreise zu verteilen. Da die größeren Reichsstände aufgrund ihres Besitzstandes zu mehreren Kreisen gehörten, hätten sie ihr Stehendes Heer im Kriegsfalle aufteilen müssen; dies aber war von ihnen nicht mehr zu erwarten, da sie selbständige Mächte geworden waren. Die Reichskriegsverfassung von 1681 blieb daher auf die »vorderen«, d. h. an Frankreich angrenzenden Reichskreise beschränkt, die sich 1697 in Frankfurt zu einer Assoziation zusammenschlossen. Diese militärische Organisation blieb bis zur Mitte des 18. Jahrhunderts bei allen Mängeln, die ihre Gefechtsstärke, Ausrüstung und Moral aufwiesen, die militärisch-politische Ausdrucksform des Reiches. Immerhin gelang es Markgraf Ludwig von Baden, der seit 1693 den Oberbefehl über die schwäbischen und fränkischen Kreistruppen am Oberrhein führte, damit diese Region längere Zeit gegen französische Übergriffe zu schützen. In den Kleinstaaten des deutschen Südwestens erhielt sich auch ein Reichsbewußtsein lebendiger als andernorts. Im 18. Jahrhundert bildete sich das Reichskriegswesen nicht fort. Soweit sich die armierten Reichsstände überhaupt an Reichskriegen beteiligten, zogen sie es vor, dem Kaiser ihre regulären Truppen gegen Soldzahlung oder Subsidien zur Verfügung zu stellen. Als schließlich in der Schlacht bei Roßbach 1757 »von 100 Gewehren des Reichsvolks kaum 20 losgingen«[12] und die eingesetzten Kreiskontingente versagten, wurden sie überall fortan als »Reißausarmee« verspottet. Die Reichsarmee verlor als ganzes den letzten Kredit, auch wenn sie bei Roßbach nur mit wenigen minderwertigen Truppen teilgenommen hatte. Die Reichsexekution gegen Preußen, die der Reichstag beschlossen hatte, weil Friedrich II. durch den Überfall auf Sachsen 1756 den Landfrieden gebrochen hatte, scheiterte und damit auch der traditionelle, Recht und Frieden sichernde Daseinszweck der Reichsarmee.

2. Veränderungen im österreichischen Militärwesen zur Zeit Maria Theresias und Josephs II.[13]

Der Übergang von den stehenden kaiserlichen Truppen zum Stehenden österreichischen Heer erfolgte gemäß den politischen und kriegsbedingten Forderungen, die an die werdende habsburgische Großmacht nach 1648 herantraten. Darin wie auch in der äußeren Form einer Haustruppe der herrschenden Dynastie glich die des Hauses Habsburg denjenigen, die die größeren Reichsstände seitdem unter den Fahnen hielten. Von der bewaffneten Macht beispielsweise der Hohenzollern unterschied sie, daß sie nicht das persönliche Werk der Herrscher war, sondern vielmehr stark von großen Feldherren geprägt wurde, unter denen Raimund Graf Montecuccolli (1609–1680), Prinz Eugen von Savoyen (1663–1736), Leopold Josef Graf v. Daun (1705–1766), Franz Moritz Graf Lacy (1725–1801) und Gideon Fhr. v. Laudon (1717–1790) herausragen.

Ihr eigenes Gesicht erhielt die habsburgische Macht durch ein national buntgemischtes Offizierkorps, das anders als das preußische sozial und ständisch nicht abgeschlossen war. Die Reichswerbung in den südwestlichen und westlichen Territorien des Reiches wie in den Reichsstädten erbrachte untergründig reichspatriotische und kaiserliche Söldner. Die Soldaten, die an der kroatischen Militärgrenze gegen die Türken dienten, verkörperten das slawische, die aus Ungarn rekrutierten Formationen das magyarische Element der österreichischen Armee. Infolge dieser vielfältigen völkischen Zusammensetzung waren ihre Traditionen nicht derart adelsständisch geprägt wie in Preußen, und viel stärker als dort waren die Mannschaften an ihrer Bildung beteiligt. Erst mit der Ausbildung einer eigenen österreichischen Staatsidee unter Kaiserin Maria Theresia (Reg. 1740–1780) bezog diese soldatische Tradition ihre höchsten Leitwerte von der Monarchie.

Zunächst aber verhinderten das Steuerbewilligungsrecht der Stände der einzelnen Länder, die ständische Rekrutierung und die Stellung der Inhaber der kaiserlichen Regimenter, die noch weit bis in das 18. Jahrhundert ihre Truppen aus eigenen Mitteln unterhielten, daß die Monarchie ungehindert Gewalt über das Heer gewann. Die militärischen Gebräuche blieben demgemäß im wesentlichen die des freien Söldnertums, wie es seit Kaiser Maximilian I. (Reg. 1493–1519) bestand. Ferdinand III. (Reg. 1637–1657) übernahm von den Wallensteinschen Soldtruppen neun Regimenter zu Fuß und zehn zu Pferd, beheimatete sie als »deutsche Regimenter« in seinen deutschen und böhmischen Erblanden und ergänzte sie aus der Reichswerbung. Das Heer Österreichs führte auf diese Regimenter künftig seine direkten Ursprünge zurück. Und auch als nach 1715 in Ungarn, Italien und den nunmehr österreichischen Niederlanden stehende Truppen aufgestellt wurden, behielten die nach ihrer Überlieferung deutschen Regimenter ihr zahlenmäßiges Übergewicht im kaiserlichen Heer.

Im übrigen wandelte sich der Begriff des kaiserlichen Heeres vom Heer des Reiches zu dem der habsburgischen Erblande. Das Stehende Heer des kaiserlichen Oberbefehlshabers Graf Montecuccolli, des Siegers über die Türken 1664 bei St. Gotthardt a. d. Raab, und des Prinzen Eugen, des Eroberers von Belgrad 1717, war bereits eine habsburgische Haustruppe, zu der Reichstruppen als Bundesgenossen des Kaisers stießen. Die eigentliche Verteidigungseinrichtung des Reiches, das Reichsheer, blieb aufgrund des fortbestehenden föderalistischen Charakters der Reichskriegsverfassung für die ihm zugedachte Rolle zu schwach und konnte daher nur bedingt vorbildhafte Traditionen von Bedeutung für das Reichsganze bilden. Dies gelang letztmals den Kaiserlichen in der Kreuzzugsstimmung ihrer Kämpfe mit den Osmanen in der zweiten Hälfte des 17. Jahrhunderts.

Seitdem bestimmte nicht mehr das emotional besetzte Leitbild des christlichen Ritters, sondern die rational und berufsmäßig verstandene Art der Kriegführung Geist und Haltung der habsburgischen Armee und ihrer Führer. Graf Montecuccoli wirkte in diesem Sinne vorbildhaft für künftige Generationen. Mit Prinz Eugen befehligte erstmals kein Unternehmertyp wallensteinscher Prägung mehr die Armee. Der Prinz wollte nach eigenen Worten vor allem dem Staat dienen und durch keinerlei eigene Interessen in seiner Pflicht ihm gegenüber wankend werden. Er bemühte sich, den zeitüblichen Kauf der Offizierstellen wo immer möglich zu unterbinden und der Armee starke Gefühlsbindungen an eine neue österreichische Kaiserlichkeit zu geben. Zu ihrem Symbol wurde im Spanischen Erbfolgekrieg die gold-gelbe, schwarzdurchwirkte Feldbinde. Die Farbe des universalen Reichskaisertums und des zuletzt von der spanischen Schule geprägten kaiserlichen Heerwesens war Rot gewesen. Das Versiegen beider Traditionsstränge im Krieg mit Frankreich um das spanische Erbe erforderte auch äußerlich den Farbwechsel zu dem später berühmten Schwarz-Gelb der kaiserlich-königlichen Armee, auch wenn das Haus Habsburg weiterhin den römisch-deutschen Kaiser stellte.

Gegen Ende des Spanischen Erbfolgekriegs suchte Österreich unter Karl VI. (Reg. 1711–1740) nach neuen Wegen, für die das aufstrebende Militär des preußischen Staates den Anstoß gab. Der Hofkriegsrat wollte 1714 ein überall gültiges Exerzier- und Dienstreglement erlassen, doch mit Rücksicht auf die Regimentsinhaber, die nach eigenen Gewohnheiten führen wollten, unterblieb ein Erlaß. Ebenso durften die persönlichen Wappen der Obrist-Inhaber weiterhin neben den kaiserlichen Initialen die Fahnen, Tücher und Beschläge der Regimenter schmücken. Beim Tod Karls VI. verfügte die Armee über etwa 108 000 Mann und lag damit 24 Prozent unter dem Sollstand, während die preußische etwa 80 000 Mann zählte und sich weiter vergrößerte. Prinz Eugen hatte bereits 1734 über Nachlässigkeiten der Offiziere nach langjährigem Friedensdienst geklagt, die den Kaiser bewogen, die Befehlsgebung und die »Kriegs-Gebräuche« in den über halb Europa verstreut liegenden Regimentern zu vereinheitlichen. Die im Reglement von 1737 niedergelegte Reform kam jedoch für den in demselben Jahr beginnenden Türkenkrieg (1737–1739) zu spät. Während des Krieges zeigte sich, daß die Armee in einer tiefen Krise steckte, erfahrene Generale fehlten, und das Führerkorps war aufgrund der Käuflichkeit der Offizierstellen voller kriegsuntüchtiger Adliger. Dazu kam, daß die Staatsfinanzen erschöpft waren, die Soldzahlungen daher weitgehend unterblieben und die Mannschaften massenweise desertierten. Da die Mannschaften durch Reichs- und Inlandwerbung sowie aus Zuweisungen durch die österreichischen Landstände aufgebracht wurden, waren die Truppenkörper äußerst heterogen und somit für Desertionen besonders anfällig.

Mit diesem Heer, das derartige traditionelle Strukturmängel aufwies, mußte Maria Theresia sofort nach ihrem Regierungsantritt im Oktober 1740 den Österreichischen Erbfolgekrieg und zwei Kriege gegen Preußen um Schlesien bestehen.

Die Anforderungen an die Kampfmoral ihrer Truppen waren beträchtlich, da seit über einem halben Jahrhundert erstmals wieder die habsburgischen Kernlande unmittelbar bedroht waren. Die Existenz des habsburgischen Erbes, das 1713 durch ein Hausgesetz, die »Pragmatische Sanktion«, für unteilbar erklärt worden war, stand auf dem Spiel. Das Haus Österreich drohte für immer aus dem Deutschen Reich verdrängt zu werden, als der Kurfürst Karl Albert von Bayern 1742 als Karl VII. die römisch-deutsche Kaiserwürde erhielt. Im Verlauf dieser Krise der Dynastie, in der für wenige Jahre im Heer die Begriffe »kaiserlich« und »habsburgisch« nicht mehr identisch waren und Maria Theresia den Truppen grüne Fahnen und Feldbinden verlieh, um sich die Kommandogewalt auch ohne den Besitz der Kaiserkrone zu sichern, trat, durch diese Vorgänge hervorgerufen, ein wesentlicher Wandel im Heer ein. Die Armee hieß nach der Kaiserwahl Franz I. (Reg. 1745–1765), des Gatten Maria Theresias, im September 1745, von nun an »kaiserlich-königlich«, obgleich sie mit dieser Wahl wieder die ursprünglichen Farben annahm. Offiziere und Soldaten gaben ihrem gewandelten Staatsbewußtsein und ihrer Verbundenheit mit dem Haus Österreich dadurch Ausdruck, daß sie in die Klingen ihrer Degen und Säbel ein »Vivat Maria Theresia« eingravieren ließen. Allgemein sprach man von ihnen jetzt als den »Österreichern« und nicht mehr von den »Kaiserlichen«. Maria Theresia bekundete ihre empfundene Verpflichtung gegenüber der Gesamtheit der Soldaten dadurch, daß sie wiederholt ihre Feldlager aufsuchte, wofür sie im Volksmund bald als »Mater Castrorum« verehrt wurde.

Damit war ein gefühlsmäßiges Fundament geschaffen worden, auf das nach dem Frieden von Aachen 1748 eine innere Reform der Armee nach dem Vorbild Preußens mit dem Ziel aufgebaut werden konnte, diese künftig beständig loyal und einsatzbereit für die Belange der Monarchie zu erhalten. Es galt, das herkömmliche, noch immer vorherrschende Kriegsunternehmertum der Regiments- und Freikorpsinhaber weiter in seinen Rechten zu beschneiden und der Zentralgewalt unmittelbar unterzuordnen. Maria Theresia beschränkte die Ausübung der Stockstrafe durch die Inhaber. Franz I. behielt sich die Inhaberwürde über das eine oder andere Regiment selbst vor oder verlieh sie an einen Erzherzog des kaiserlichen Hauses. Nach 1748 war der Regimentsinhaber nur noch in wenigen Fällen zugleich der Kommandeur des Regiments.

Bewaffnung und Ausrüstung wurden vereinheitlicht. Fahnen und Standarten, Schuß- und Blankwaffen wurden nach Mustern normiert. Die durchgreifende Normierung kam äußerlich in einer bis in das Detail festgelegten Haartracht für Offiziere und Mannschaften zum Ausdruck. Die innere Gleichrichtung erhielt das kaiserlich-königliche Fußvolk 1749 in enger Anlehnung an das preußische Reglement von 1743 durch eine neue Regimentsordnung, die auf Gottesfurcht, religiös-sittlichem Lebenswandel der Offiziere, sowie auf Eintracht und Einigkeit gegründet sein sollte. Das »Regulament« war in Fragen der Treue, des Gehorsams und der »Conduite« der Offiziere ebenso streng wie das preußische. Der Gewalt der Vorgesetzten waren noch engere Grenzen gesetzt, die die Würde des gemeinen

Soldaten durchaus berücksichtigten. Bereits 1734 hatte Feldzeugmeister Ludwig Andreas Fürst Khevenhüller in die »Observations-Puncte« seines Dragoner-Regiments aufnehmen lassen, daß Subordination keine Sklaverei sei. Subordination bestehe zwar in Gehorsam, Respekt und Höflichkeit der niederen gegenüber der höheren Charge, sie ende aber da, wo der Obere »wegen infamer Action seine Ehre verlohren hat«[14]. Das Reglement von 1769 erwartete, daß die Haupttriebfeder des Gemeinen die Ehrbegierde sein werde, wenn die Vorgesetzten durch Güte und Fürsorge darauf fördernd hinwirkten. Folglich – so wenigstens die Vorschrift – war es untersagt, Untergebenen »mit Du oder mit einem Schimpfnamen, viel weniger mit anzüglichen Reden, ungebührenden Anschreyen oder dergleichen schimpflichen Mishandlungen zu begegnen«[15].

Für Maria Theresia war es naturgemäß schwerer als beispielsweise für Friedrich den Großen, sich das Offizierkorps auf der Grundlage gleicher Lebensformen und der Schicksalsgemeinschaft im Kampf persönlich zu verpflichten, da sie als Frau keine Uniform trug und in der Schlacht nicht als Führer auftrat. Die preußisch-ostelbische enge Verbindung von landsässigem Adel und Offizier war im Bereich ihrer Monarchie nicht zu erreichen, weil die Struktur des Adels dort geschichtlich bedingt anders geartet war; infolgedessen war der Anteil des alteingesessenen österreichischen Adels an der Gesamtheit des national gemischten Offizierkorps der Armee gering. Daher schlug die Militärreform-Kommission, die Maria Theresia eingesetzt hatte, vor, das Offizierkorps in seiner Gesamtheit und unabhängig vom gesellschaftlichen Rang, den der einzelne Offizier von Geburt her bereits einnahm, der Monarchie durch Privilegien und Ehrenzeichen besonders zu verpflichten.

So durften die Offiziere seit 1751 bei Hof auch in ihrer Uniform erscheinen, womit der Offizierstand insgesamt für hoffähig erklärt wurde. Zu demselben Zweck wurde 1757 der Militär-Maria-Theresien-Orden als Berufsorden für Offiziere geschaffen, der ohne Ansehen des Ranges und der Religion des Offiziers verliehen werden sollte, und der dem nichtadligen Ausgezeichneten die Erhebung in den erblichen Ritterstand eintrug. Diese Standeserhebung sah auch eine Verordnung des Hofkriegsrats von 1757 für alle Offiziere nach dreißigjähriger, »wohlverhaltener« Dienstzeit vor. Unter Wohlverhalten verstand Maria Theresia Tüchtigkeit und Rechtschaffenheit, zu der die 1752 gegründete Wiener Neustädter Militärakademie die künftigen Offiziere – nach einer allerdings nicht belegten Direktive der Monarchin für den ersten Akademiedirektor – erziehen sollte.

Der 1756 erneut ausbrechende Krieg um Schlesien konnte erweisen, ob die vielfältigen Maßnahmen genügten, um die innere Haltung und das Leistungsniveau der Offiziere derart anzuheben, daß daraus ein kriegstüchtiges Führerkorps erwuchs. Der Sieg bei Kolin am 18. Juni 1757, der den Preußen den Verlust von 22 Fahnen, 45 Geschützen und 13 000 Mann zufügte, berechtigte zu diesbezüglich optimistischen Hoffnungen. Dieser Tag wurde von Maria Theresia später als der »Geburtstag der Monarchie« feierlich begangen und zum Stiftungstag des Theresien-Ordens bestimmt. Die katastrophale Niederlage bei Leuthen im Dezember desselben Jahres deckte dann auf, daß die eigene Generalität in der Routine ihres Metiers erstarrt war und die Stabsoffiziere an fachwissenschaftlicher Bildung den verbündeten französischen Offizieren doch noch weit unterlegen waren. Der Sieger von Kolin und Träger des Großkreuzes des am 18. Juni 1757 gestifteten Ordens, Feldmarschall Daun, löste Prinz Karl von Lothringen im Oberbefehl über die Hauptarmee ab. Daun reorganisierte sofort nach französischem Vorbild den Gehilfendienst bei den höchsten Armeeführungsstellen, in dem künftig nur noch voll belastbare, charakterlich und beruflich vorzüglich veranlagte Generalstabsoffiziere verwendet werden sollten. Bei der Kavallerie wurden nach sächsischem Vorbild Kompanien leichter Dragoner, sogenannte »Cheveauxlegers« formiert, die Jäger beim Pionierbataillon wurden zu einem eigenen, leicht beweglichen Jägerkorps zusammengefaßt. Mit diesen Maßnahmen wurden grundlegende organisatorische Veränderungen in der Armee mitten im Krieg durchgeführt und ihren Führern umfassende geistige Umstellungen abverlangt. Die anschließenden Siege bei Hochkirch (1758) und Maxen (1759) zeigten, daß die Weichen damit richtig gestellt waren; von kriegsentscheidender Bedeutung war dies alles zusammengenommen nicht. Die Entscheidung fiel nicht auf den Schlachtfeldern, sondern durch den Tod der Zarin Elisabeth am 4. Januar 1762, deren Nachfolger Peter III. sich mit Friedrich dem Großen, den er bewunderte, verbündete. Damit scheiterte das österreichische Kriegsziel, die Rückgewinnung Schlesiens. Darüber konnte auch nicht die stolze Kriegsbeute von 282 Fahnen und Standarten sowie 571 Geschützen hinwegtäuschen, womit zumindest die Waffenehre gerettet worden war.

Für Maria Theresia war nicht so sehr dieser außenpolitische Mißerfolg als vielmehr der Tod ihres Gatten Franz I. 1765 der Anlaß, ihrem Sohn und Mitregenten Joseph II. (Reg. 1765–1790) die Verantwortung für das Militärwesen zu übertragen. Diesen wohl unausweichlichen Schritt empfand die Monarchin mit eigenen Worten als schmerzlichen Abschied von der Armee. »Dieser Zweig der Staatsverwaltung war der einzige, für den ich Neigung hatte. Ich habe ihn aufgegeben, der Rest bedeutet mir nichts mehr[16].« Für die Armee und hier insbesondere für ihre Offiziere war bei diesem Führungswechsel wichtig, daß Joseph II. in der Öffentlichkeit als der erste Soldat des Staates auftrat. Bei feierlichen Anlässen legte der Kaiser den grünen Rock der Cheveauxlegers an, deren Obrist-Inhaber er war. Wie Friedrich II., sein Vorbild von Jugendzeiten an, führte er persönlich Inspektionen im Heer durch. Seine Vorliebe für martialisches Gepränge, sein persönliches Erscheinen bei der Truppe und seine Bemühungen um bessere Versorgung der Offiziere stärkten ihr noch schwach entwickeltes Standesbewußtsein, zumal es sich als unmöglich erwies, den jungen theresianischen Schwertadel mit dem alten Geblütsadel zu verschmelzen. Denn hierfür mangelte es den geadelten Offizieren zumeist an Landbesitz als der wichtigsten Voraussetzung, um standesgemäß einheiraten und ritterbürtig leben zu können. Hieran änderten die Einführung einer Heiratskaution sowie des Jagdprivilegs für Offiziere auf dem Kronbesitz des Kaisers grundlegend nichts. Die bis 1918 anhaltende Auswirkung dieses Unvermögens der überwiegenden Zahl der Offiziere war, daß sie einen exclusiven esprit de corps ausbildeten, ohne ihm indes den erforderlichen äußeren gesellschaftlichen Glanz verleihen zu können. Der unbefriedigende Ausgang des Siebenjährigen Krieges war der Anlaß, altes militärisches Brauchtum abzuschaffen, das dem aufgeklärten Zeitgeist widersprach. Hierfür fand Joseph II. in Feldmarschall Moritz Graf Lacy einen geistesverwandten Gehilfen. Lacy arbeitete auf Grund der Lehren des Siebenjährigen Krieges ein völlig neues Dienst- und Exerzierreglement aus, mit dessen Inkrafttreten im Jahr 1771 bei der Kavallerie die Bezeichnung »Kompagnie« verschwand, die Zahl ihrer Standarten auf die Hälfte vermindert, die Pauken bei den Kürassieren und Husaren abgeschafft und die Regimentspauker gestrichen wurden. Die Dragonerregimenter verloren ihre Trommeln und erhielten dafür Trompeten, und ihre Hauptleute wurden in Rittmeister umbenannt. Seit 1766 mußte auf den Säbeltaschen der Husaren wie auf den Schabracken der kaiserliche Namenszug an Stelle des Wappens oder der Initialen der Regimentsinhaber angebracht werden. 1769 erhielten die Infanterie- wie die Kavallerie-Regimenter, die bisher nach dem Namen ihrer Inhaber benannt worden waren, durchlaufende Nummern; diese Vereinheitlichung wurde in Preußen erst nach 1807 durchgeführt. Zuvor war bereits die Befugnis zur Beförderung vom Stabsoffizier aufwärts an den Hofkriegsrat übergegangen. Zielten diese Maßnahmen im wesentlichen darauf, die zahlreichen Privilegien der Regimentsinhaber abzuschaffen, so griff die Einführung des neuen Ergänzungssystems der Konskription, das dem preußischen Rekrutierungssystem nachgebildet war, in die Privatsphäre des einzelnen wie in die Interessen der Stände ein. Den Regimentern wurden territorial gegeneinander abgegrenzte Werbebezirke zugeteilt, in denen der Ersatz aber nicht mehr geworben, sondern ausgehoben wurde. Als Unterlage dafür diente ein Verzeichnis der Bevölkerung und ihres Besitzes. Da zahlreiche Befreiungen vom Militärdienst zugelassen waren, traf das Soldatenlos vorwiegend Kleinbürger, Taglöhner und Besitzlose, die im Prinzip lebenslang dienen mußten.

Nach der Einführung aller Neuerungen schrieb Joseph II. 1775 seiner Mutter mit sichtlicher Befriedigung, daß der Armee seit dem letzten Krieg »nicht das Geringste von der alten Verfassung mehr übrig geblieben ist«[17]. Darin irrte der Kaiser: Die folgenden Kriege zeigten, daß der Kriegsapparat wohl vervollkommnet worden war, die Offiziere ihn aber weiterhin nicht entsprechend wirkungsvoll einzusetzen vermochten. Wie seine Mutter hatte Joseph II. vieles von bleibendem Wert in der Armee geschaffen, aber nur sehr begrenzt den vorbildhaften preußischen Standard erreichen können, wenn dieser überhaupt jemals aufgrund der anderen sozialen und nationalen Struktur des habsburgischen Reiches erreichbar gewesen war.

3. Die friderizianische Armee als Vorbild und Sonderfall in der deutschen militärischen Tradition

a) Der Vorbildcharakter

Die mehrfach sensationellen Erfolge der preußischen Armee und ihres Königs sowie ihr Durchhaltevermögen im Siebenjährigen Krieg erregten weit verbreitetes Aufsehen. Das deshalb vorbildhafte preußische Armeemodell mit seiner zweckmäßigen Militärökonomie und Personalergänzung hat Graf Honoré Gabriel v. Mirabeau, der Friedrich II. kurz vor dessen Tod zweimal getroffen hatte, auf die ihm zugeschriebene pointierte Formel gebracht: Preußen sei kein Staat, der eine Armee, sondern eine Armee, die einen Staat habe. Dieses Bonmot enthält ähnlich hintergründige Kritik an der beherrschenden sozialen Rolle des Militärs im friderizianischen Preußen und Bewunderung für dessen Schöpfer, wie das Werk über die preußische Monarchie, das Mirabeau nach eigenen Recherchen im Jahr 1788 veröffentlichte.

Aus dem Jahr 1783 sind gleichfalls Beobachtungen eines weiteren französischen Verehrers Friedrichs des Großen überliefert, die als Beleg deshalb von besonderer Aussagekraft sind, weil sich der Zeitzeuge um ein vielseitiges und realistisches Bild von den Zuständen bei der preußischen Armee bemüht. Darin heißt es:

»Die Feldregimenter sind prächtig. [. . .] Die Dienstzeit ist auf Lebenslang. Der größte Theil der Ausländer sind französische, österreichische, holländische, sächsische Deserteure; ein [. . .] Aufraff [gemeint ist der Abschaum der Menschheit] [. . .] aus allen europäischen Nationen. Die Grenadiere werden nicht nach der Größe gewählt; sie sind sogar durchgehends ziemlich klein, aber man sucht dazu sichere robuste Leute, von reifem Alter, und gute Marschierer[18].«

Dem französischen Zeitgenossen entgingen auch nicht »unbeschreibliche Abscheulichkeiten« der Inhaber der Kompanien, die ihre Einkünfte dadurch beträchtlich steigerten, daß sie an der Ausrüstung der Soldaten sparten und sich obendrein von den Beurlaubten bezahlen ließen, die als sogenannte Freiwächter in ihren erlernten Berufen arbeiteten. Zudem fielen ihm die beruflich routinierten, aber zumeist in spärlichen Verhältnissen lebenden Offiziere auf, desweiteren die drakonischen Strafen für die Soldaten und das ausgeklügelte Bewachungssystem gegen das Desertieren der Mannschaften. Bewundernd wird schließlich vermerkt, daß der preußische Soldat bestens bewaffnet ist:

»Der Soldat thut gemächlich sechs Schüsse in der Minute. Wir mit unsern Gewehren können derer nicht mehr als drei thun[19].«

Die französische Armee hatte bereits 1764 zahlreiche Bestimmungen über Drill und Disziplin aus der preußischen Praxis in ihr Reglement übernommen. In England wurden 1754 die ersten übersetzten preußischen Ausbildungsvorschriften veröffentlicht, nach denen das Erste Garderegiment seit 1756 exerzierte. Zar Paul I. führte von 1796 bis 1801 das alte preußische Exerzierreglement ein. Die Übernahme preußischer Militärgrundsätze ging im Ausland so weit, daß alle nur denkbaren Äußerlichkeiten der friderizianischen Armee, vor allem die Uniformen und Musketierhüte, nachgeahmt und modisch verfeinert wurden. Man wollte sich damit den kriegerischen preußischen Zuschnitt zulegen. Während Potsdam über den Tod Friedrichs des Großen hinaus »das internationale Mekka des Militärs«[20] blieb, schlief die preußische Armee auf den Lorbeeren Friedrichs ein, wie dies Königin Luise, die Gemahlin Friedrich Wilhelms III., nach der Niederlage von Jena und Auerstedt 1806 gemeint hat. Der Bruch in der Kontinuität dieser Armee hielt jedoch nur wenige Jahre an. Dann rehabilitierten sich dieselben Truppen, die soeben katastrophal versagt hatten, glänzend in den Freiheitskriegen. Die alte Heeresordnung behielt »eine von ihren Gegnern weit unterschätzte Potenz«[21] und wurde als bedeutsame Entwicklungsstufe in den Gang der deutschen Geschichte eingegliedert.

Dieser Vorgang war indes weniger die Frucht des tatsächlichen geschichtlichen Verlaufs als vielmehr der späteren propagandistischen Interpretation der Geschichte der preußischen Armee durch Preußen selbst und seine Verehrer. Diese Sichtweise sah die Armee am Ende der absolutistischen Epoche auf dem Gipfel ihres Ruhmes. Daß diese Glanzzeit auch in Preußen erst durch die überzogene Ausschöpfung von Steuern und Arbeitskraft der Untertanen sowie durch die Behandlung der Soldaten als willenlose Objekte möglich wurde, paßte nicht zur Glorifizierung der friderizianischen Zeit. Die Zwiespältigkeit dieses Überlieferungsvorganges, der Ende des 18. Jahrhunderts einsetzt, wird im zweiten Teil dargelegt. Es bleibt aber zu fragen, wie die Traditionsauswahl im preußischen Absolutismus erfolgte, wer die Traditionsträger waren und inwieweit die militärischen Unterschichten an der Überlieferung teilhatten. In dieser Absicht wird in Umrissen gezeigt, wie zentrale Wertvorstellungen und Wertbezüge im preußischen Heer im Zeitraum zwischen 1640 und 1740 entstanden.

b) Das militärische Traditionsgut um 1740

Das Stehende Heer des preußischen Staates besaß, als Friedrich II. am 31. Mai 1740 den Thron bestieg, bereits eine ungefähr einhundertjährige Überlieferungsgeschichte. Friedrich der Große, wie er schon nach dem 1745 siegreich beendeten Zweiten Schlesischen Krieg genannt wurde, verfaßte anschließend Lebensbilder der einzelnen Hohenzollernfürsten in ihrer chronologischen Reihenfolge seit 1415. Sein besonderes Interesse galt den Leistungen der Herrscherpersönlichkeiten, die das Stehende Heer aufgebaut hatten, dem er seine militärische Erfolge verdankte: Friedrich Wilhelm, der Große Kurfürst (Reg. 1640–1688), Kurfürst Friedrich III., als Friedrich I. seit 1701 König in Preußen (Reg. 1688–1713), Friedrich Wilhelm I., König von Preußen (Reg. 1713–1740). Ihre Verdienste und ihr Vorbildcharakter wurden zwar pietätvoll beschrieben, aber auch kritisch bewertet. So schuf sich Friedrich der Große nicht nur eine erhabene Ahnengalerie, sondern er wählte auch die Traditionen aus, an die er anknüpfen wollte, um sie noch zu vermehren und persönlich zu übertreffen. Der Titel seines Geschichtswerkes »Denkwürdigkeiten zur Geschichte des Hauses Brandenburg«, seinem Nachfolger und »als Denkmal seiner Dankbarkeit« den gefallenen Offizieren gewidmet, enthält seinen Begriff von der Tradition und den Traditionsträgern.

Der *Große Kurfürst* (Reg. 1640–1688) war für Friedrich den Großen »der Schöpfer von Brandenburgs Macht«[22], der erste, der ein Stehendes Heer unterhielt. Den Beinamen »der Große« hatte er sich in den Augen Friedrichs des Großen vor der Geschichte durch ein »ruhmreiches Leben voll wunderbarer Taten«, vor allem in dem Gefecht bei Fehrbellin am 28. Juni 1675 gegen schwedische Truppen verdient. Dieser Sieg wurde damals nicht nur in der Mark Brandenburg, sondern auch in den Niederlanden und im Elsaß gefeiert und später am Jahrestag feierlich begangen. Die militärischen Leistungen des Großen Kurfürsten konnten künftigen Heerführern zum Muster dienen, so sein Urenkel, der dergestalt einstmals auch in die Geschichte der preußischen Armee eingehen wollte. Daß Friedrich sich fast ausschließlich des staatsmännischen und kriegerischen »Genies« seines Vorfahren erinnerte, hing offensichtlich eng mit seinen eigenen Wünschen und Zielen zusammen. Aber es war für Friedrich als Geschichtsschreiber auch leichter, seinem Urahnen zeitlich festliegende Kriegserfolge als persönliche Leistung zuzuschreiben, als der Nachwelt zu verdeutlichen, inwieweit dieser die innere Ordnung und Haltung seines Heeres bereits bleibend geprägt hatte. Wenn sich auch diesbezüglich erst seit 1688 Entscheidendes geändert hatte, so waren doch dafür in seiner Regierungszeit wichtige Voraussetzungen geschaffen worden. 1653 bewilligten die Stände der Kurmark langfristig Mittel für die Aufstellung von Regimentern, verzichteten damit auf die politische Mitsprache und ließen sich dafür vom Landesherrn ihre Herrenrechte über die Gutsuntertanen bestätigen. In der Folgezeit konnten die Landstände der übrigen brandenburgischen Territorien zu ähnlichen Bewilligungen unter diesen Bedingungen bewegt werden. Damit allein war jedoch die kontinuierliche Entwicklung der Armee nicht gesichert; diese hing in ihrer Existenz wesentlich von fremden Subsidien ab. Zwischen 1655 und 1688 mußten über 75 Regimenter aus Geldmangel zeitweilig aufgelöst werden.

Für den preußischen Militärstaat des 18. Jahrhunderts erwies sich die ökonomische und soziale Formel von 1653 als grundlegend, mit der die Landesherrschaft und die Stände ihre Interessensphären zu Lasten ihrer Untertanenschaften seitdem abgrenzten. Die bewilligte Kontribution für die Armee wurde den erbuntertänigen Bauern zusätzlich zu den Diensten und Abgaben auferlegt, die sie ihrem Grundherrn bereits schuldeten. Die Bürger der Städte wurden über die Akzise, eine Art Verbrauchssteuer, zu den militärischen Ausgaben herangezogen. Bauern und Bürger erfuhren den unnachsichtigen Zugriff der Armee in Gestalt der Kreis- und Kriegskommissare, die in Stadt und Land die Heeressteuern verwalteten. So waren sie tiefgreifende Eingriffe in ihre Privatsphäre, auch physische Gewaltanwendung durch die Steuereinnehmer, bereits gewöhnt und hatten gelernt, Bedrückung und vielfache Überforderung zu ertragen, als sie im 18. Jahrhundert für die Armee ausgehoben wurden und dort ein ähnliches Schicksal erfuhren.

Die Verdrängung des Adels aus der Politik und seine ländliche Privilegierung bewirkten, daß sich auf dem Lande das Patriarchat, adliges Standesbewußtsein und Korpsgeist verstärkt ausbildeten; dies waren die Eigenschaften, die den homogenen Landadel Preußens in den Augen der Monarchie für den Offizierdienst so wertvoll und unentbehrlich machten. Überdies mußten die zahlreichen Junker des kinderreichen, aber größtenteils nicht wohlhabenden Adels dankbar sein, einen solchen Dienst zu erlangen. Der Offizierdienst zur Zeit des Großen Kurfürsten verlangte bereits ehrliche und korrekte Einhaltung der Verpflegungsordonnanzen und Marschedikte, die Bestandteil des Kriegsrechts waren. Das Kriegsrecht von 1656 verpflichtete noch ungeschieden Offizier und Mann zur Treue gegenüber dem Kriegsherrn. Der Soldat war nicht verpflichtet, Befehlen von Offizieren zu gehorchen, die nicht dem Wohl des Landes und des Kurfürsten dienten. Auch brauchte er für sie nicht Sklavenarbeit zu leisten. Die teilweise rechtliche Gleichbehandlung der Soldaten mit den Offizieren wurde später nicht weiterentwickelt. Weiterhin begann der Große Kurfürst, die betrügerische Praxis bei den Regimentern, den Soldaten den Sold und den Proviant zu kürzen und der Bevölkerung ungebührliche Quartierlasten aufzuerlegen, durch vermehrten Einsatz von Musterkommissaren und Androhung empfindlicher Strafen zu unterbinden. Das hier geforderte Dienstethos, gegen das noch lange Zeit verstoßen wurde, wurde an der friderizianischen Armee als Bestandteil preußischer Gesinnung später bewundert und blieb über das Ende dieser Armee hinaus wirksam.

Die wichtigste Errungenschaft des Kurfürsten *Friedrich III.* (Reg. 1688–1713) für Staat und Armee war die Königswürde für das souveräne Herzogtum Preußen, die Kaiser Leopold I. dafür anerkannte, daß der Kurfürst Truppen bereit stellte, um die habsburgischen Ansprüche auf die spanische Erbfolge geltend zu machen. Friedrich der Große meinte hierzu, der Großvater habe 30 000 Untertanen geopfert, um seinen Hang für das Zeremonienwesen befriedigen zu können[23]. Doch mußte auch er einräumen, daß der Spanische Erbfolgekrieg die preußischen Truppen im Kampf erprobte, ihre Disziplin festigte und die Offiziere ertüchtigte. Der Wert der Königskrone rechtfertigte nach damaliger dynastisch bestimmter Staatsräson das große Menschenopfer, und Friedrich der Große forderte später von der Bevölkerung noch weit höhere Opfer. Denn die Rangerhöhung stärkte unmittelbar das politische Gewicht des Hauses Brandenburg im Reich und gegenüber den rivalisierenden Reichsfürsten in Nord- und Mitteldeutschland. Bereits in der Regierungszeit des ersten preußischen Königs begann die Königskrone ein einheitsstiftendes Herrschaftssymbol zwischen den immer noch heterogenen Landesteilen zu werden. Eine ähnliche Wirkung ging auch von dem Orden des Schwarzen Adlers aus, den Friedrich I. am Krönungstag, dem 18. Januar 1701, mit dem Wahlspruch »suum cuique« stiftete. An der Königskrone bildete sich auch ein gesamtstaatliches Bewußtsein aus, vor allem im Heer, wo sich unter dem preußischen Adler und den königlichen Insignien die Offiziere und die Mannschaften als »königlich-preußisch« über ihre Regimenter hinaus der Gesamtmonarchie verbunden zu fühlen begannen. Eine unmittelbare Beziehung zu den Offizieren war bereits 1688 hergestellt worden, als der Landesfürst die bisherigen

Einstellungs- und Beförderungsrechte der Obristen aufhob und mit den Offizieren neue Kapitulationen abschloß, nachdem er die alten Kontrakte zuvor aufgehoben hatte.

Aber erst »unter Friedrich Wilhelm änderte der Staat sein Gepräge fast vollständig«[24]. So empfand Friedrich II. die Regierungszeit (1713–1740) seines Vaters *Friedrich Wilhelm I.*, die eine völlige Abkehr von »bisherigen Sitten und Gebräuchen unter dem Hause Hohenzollern« brachte. Aufgrund seiner Erfahrungen im Spanischen Erbfolgekrieg (1701–1714) wollte der Monarch seinen Staat konsequent und methodisch aus der bisherigen Rolle einer zweitrangigen Subsidiarmacht zu einer Großmacht erheben; daher galt es, die Staatseinnahmen erheblich zu erhöhen, die es dann gestatteten, das Heer fortlaufend zu verstärken. Dies konnte nur dadurch gelingen, daß die Bevölkerung einer strengen Arbeitsdisziplin unterworfen wurde, der Adel vor allem seine Steuerprivilegien verlor und seine von der europäischen Adelsgesellschaft geprägten Verhaltensmuster ablegte. Der Monarch lebte diese radikal neue Lebens- und Arbeitsauffassung vor, die religiös im calvinistischen Erwählungsbewußtsein wurzelte. Für seine politisch-pädagogischen Vorhaben machte er sich auch die pietistische Reformbewegung von August Hermann Francke (1663–1727) zunutze, die breitere Volksschichten ansprach, als dies der Calvinismus der staatlichen Führungsschicht vermochte. Friedrich Wilhelm I. bevorzugte Anwärter für den Verwaltungs- und Armeedienst, die in den Franckeschen Anstalten erzogen worden waren.

Der »Stilbruch« durch Friedrich Wilhelm I. formte gleichermaßen einschneidend das äußere Erscheinungsbild der preußischen Armee wie ihr inneres Gefüge; mit ihm beginnt die lebendige Tradition dieser Armee, in die er als »Soldatenkönig« eingegangen ist. Äußerlich zeigte sich der Wandel darin, daß auch am Hof der Zopf an die Stelle der aufwendigen barocken Allongeperücke trat und die schlichte Uniform die bisherigen gold- und silberbestickten Gewänder ersetzte. »Preußische« Sparsamkeit wurde seither ein Inhalt militärischer Tradition. Der König erhöhte das Ansehen der Uniform als Staatskleid zusätzlich, indem er dem Generalfeldmarschall seit 1713 den höchsten Rang auch bei Hofe zuerkannte. Diesen Rang bekleidete seit 1712 Fürst Leopold I. von Anhalt-Dessau (1676–1747), der Held in der Schlacht von Höchstädt (1704), dessen Vorbild für das ganze Heer seitdem maßgebend war. Der »Alte Dessauer« hatte als junger Regimentschef gegen den Widerstand älterer Offiziere im Regiment und bei Hofe die niederländischen Exerziergrundsätze ständiger Übung und strenger Disziplin durchgesetzt. Der Widerstand entzündete sich vor allem daran, »daß der Fürst seine Offiziere gegen jegliches Herkommen für die genaue Ausführung der vielen Kleinigkeiten und kleinlichen Förmlichkeiten«[25] des täglichen Exerzierdienstes verantwortlich machte.

Friedrich Wilhelm machte sich die bewährten Erfahrungen mit dem drillmäßigen Einüben der Hand- und Ladegriffe am Fusil, einem nachgebauten belgischen Vorderlader, zunutze und führte das Dessauische Exerzierreglement für das ganze Heer ein. Da die Armee aufgrund des stagnierenden Bevölkerungswachstums sich nicht beliebig vergrößern ließ, mußte sie künftig wirkungsvoller ausgebildet werden. Der Monarch überzeugte sich während jährlicher Besichtigungsreisen persönlich von den Ausbildungsfortschritten, indem er die Salvenfolgen mit der Uhr in der Hand zählte. Lob oder Tadel sprach er an Ort und Stelle aus. Diese Maßnahmen bewirkten langfristig, daß die Offiziere sich gründlicher um die Ausbildung kümmerten und nicht ausschließlich ein Kavaliersleben wie die Offiziere anderer Länder führten. Durch die strenge Ausbildung wurde die Truppe in der Hand des Führers derart gefügig, »daß sie auf seinen Befehl alles tat und unterließ«[26]. Nach zeitgenössischen Berichten[27] förderten die jährlichen Überprüfungen das Selbstbewußtsein der Soldaten. Ihr hoher Ausbildungsstand erregte bald Neid und Argwohn der österreichischen Heeresleitung unter Prinz Eugen. So berichtete der Kronprinz Friedrich aus dem preußisch-österreichischen Truppenlager bei Weinsheim 1734: Prinz Eugen »exssertzieret nuhr ärger wie wihr [. . .] und fluchen die Kaiserlichen so viel auf uns, das es grausam ist«[28].

Auf der Leitlinie eines erzieherhaft gedachten Königtums und des Vorrangs des Militärischen lag es, die Söhne des Adels in die Kadettenhäuser zu stecken, sie zum lebenslangen Offizierdienst zu verpflichten, den Offizieren ein eigenes Dienstrecht zu geben und selbst ihr Privatleben dadurch zu beschneiden, daß sie beispielsweise nur mit Erlaubnis des Herrschers heiraten durften, in der Regel nur adlige Damen, damit kein bürgerlicher Geist in die Offizierfamilien eindringen konnte und die Töchter des armen Adels versorgt waren. Aus der jährlich für jeden einzelnen Offizier vorzulegenden »Conduite«[29] konnte der Monarch ersehen, wer seine Erwartungen erfüllte oder aufgrund von Nachlässigkeiten zu entlassen war. Verstöße gegen die Dienstnormen verletzten aus seiner Sicht den »point d'honneur« des einzelnen Offiziers und den »esprit de corps« des Regiments, dem dieser angehörte. Über ihre Ehrauffassung bildete die militärische Führerschaft in Gestalt des bevorzugten Adels mit der Zeit einen von den Bauern, Handwerkern und Beamten streng abgesonderten Berufsstand mit eigener Tradition. Ihr wuchs deswegen eine besondere Bedeutung zu, weil sie die Eigenständigkeit, die politische und sittliche Berechtigung des Offizierkorps betonte[30]. Die herausgehobene Stellung dieses Korps bekräftigte Friedrich Wilhelm I. selbst dadurch, daß er Chef eines Regiments war und den Offiziersrock mit den einheitlichen Rangabzeichen, der schwarzsilbernen Feldbinde und dem Ringkragen, trug.

Wer um die Mitte des 18. Jahrhunderts zur Zeit der Sommerernte durch die ländlichen Bezirke des Königreichs reiste, konnte auf den Feldern neben älteren Landarbeitern junge Männer in Gamaschen und in den Dörfern Knaben mit roten Halsbinden und farbigen Hutbüscheln erkennen[31]. Bei ersteren handelte es sich um einheimische Soldaten, die nach der Übungszeit im Frühjahr für mehrere Monate zur Landarbeit beurlaubt worden waren. Als äußeres Kennzeichen seiner Zugehörigkeit zur Armee mußte der Urlauber den Montierungsrock, Hut oder Halsbinde und am Sonntag die volle Uniform tragen; es war ihm bei strenger Strafe verboten, die einheimische Bauerntracht anzulegen. Der König befürchtete, daß die mühsam ausgebildeten Soldaten während der langen Beurlaubung sich sonst völlig der Armee entfremden und in Zivil leichter außer Lande gehen könnten. Rote Halsbinde und Büschel in den Regimentsfarben zeigten an, daß der betreffende Bursche in die Stammrolle desjenigen Regiments eingetragen war, zu dessen Kanton das heimatliche Dorf gehörte. Kanton hieß seit 1733 der Bezirk, der jedem Regiment für Aushebungen des Mannschaftsersatzes zugewiesen worden war; ihm lag der alte Defensionsbezirk zugrunde, in dem die Einwohner ehemals für die Miliz im Kriegsfall ausgehoben wurden.

Seit der »Enrollierung«, wie die Einschreibung in die Regimentsliste bezeichnet wurde, unterstanden die bäuerlichen Untertanen nicht mehr der Gerichtsbarkeit des Gutsherren, sondern der des Regiments. Der Kantonist gehörte seitdem zwei Bereichen an, der militärischen Disziplinargewalt und der Gutsuntertänigkeit, die dort in einer Person miteinander identisch sein konnten, wo der Gutsherr zugleich Kompaniechef war. Dies war in den preußischen Altprovinzen mit einem Verhältnis von ländlicher zu städtischer Bevölkerung bei 7 : 2 häufiger der Fall[32]. Den Vorteil aus dem Kantonsystem zogen die Monarchie und die Offizierjunker. Das Heer konnte aus der sozial ziemlich homogenen und völlig verfügbaren bäuerlichen Unterschicht ergänzt werden. Zugleich stellte die schollen- und kantonpflichtige Bevölkerung einen hohen und regelmäßigen Ertrag aus der Kontribution sowie an Domäneneinkünften für den Bedarf der Armee sicher. Die städtischen Steuern brachten in den ländlich strukturierten Provinzen bedeutend weniger ein, wie auch praktisch nur die zahlenmäßig geringen städtischen Unterschichten der Armee zur Verfügung standen, da für die Söhne der Beamten, Kaufleute, Fabrikanten und Handwerksmeister Befreiungen vom Wehrdienst zulässig waren.

Das Kantonreglement von 1733 stärkte die seit 1653 privilegierte Gutsherrschaft weiter, denn von nun an standen dem Gutsherrn als Kompaniechef die sehr viel schärferen Militärstrafen zur Verfügung, wenn ein ausgehobener Gutsuntertan landflüchtig oder mit Diensten und Abgaben rückständig wurde. Auch wo diese Personalunion nicht bestand, standen die »Enrollierten« wie die beurlaubten Kantonisten unter ständiger Dienstaufsicht des Regiments. So schuf der Soldatenstatus zumal im Bereich der adligen Gutsherrschaft keinen zusätzlichen persönlichen Freiraum. Den Gewinn für die Monarchie und ihre Armee wird man dahingehend zusammenfassen können, daß die Kantonverfassung die ländlichen und städtischen Unterschichten für den ersten Zweck des Staates, die Armee zu fördern, mobilisierte. Dabei kamen die »altüberlieferten Gefühle der Über- und Unterordnung«[33] auf dem Lande dem inneren Zusammenhalt und der Funktionstüchtigkeit der Regimenter zugute. Die Mentalität der Truppe wurde nicht mehr von den geworbenen Ausländern bestimmt, deren Anteil auf ein Drittel der Personalstärke sank. 1740 zählte die preußische Armee 80 000 Mann bei etwa 2,25 Millionen Einwohnern und beanspruchte zwei Drittel der Staatseinnahmen.

c) Die Rolle Friedrichs des Großen
   in der preußischen Heeresgeschichte seiner Zeit

Friedrich der Große begann seine Herrschaft »mit einem großen Schlage«[34], wie dies ein österreichischer Beobachter 1737 vorhergesagt hatte. Am 16. Dezember 1740, nur fünf Monate nach seiner Thronbesteigung, fiel er in Schlesien ein, zu einem Zeitpunkt, als die junge österreichische Thronfolgerin Maria Theresia sich schon der Erbansprüche Karl Albrechts von Bayern zu erwehren hatte. Friedrich hatte bereits 1732 schriftlich angekündigt, daß er einmal ohne völkerrechtliche Bedenken und Rücksichtnahmen sein Königsreich vergrößern wolle:

»Ich schreite von Land zu Land, von Eroberung zu Eroberung und nehme mir wie Alexander stolz neue Welten zu erobern vor[35].«

Im Jahr zuvor war er zufällig auf einen ausgearbeiteten Entwurf des Großen Kurfürsten für eine Eroberung Schlesiens gestoßen, in dem schon damals von den »Conjuncturen« die Rede gewesen war, die man nicht »ungebraucht vorbeyge-hen« lassen solle. Der junge Monarch empfand sich demnach in vollem Einklang mit der Tradition seines Hauses und vollendete einen historischen Auftrag mit einem eigens hierfür von seinen Vorfahren errichteten Heer, als er die ihm günsti-gen politischen Umstände im Frühwinter 1740 und auch später nutzte. Auf dieses Erbe hatte ihn sein Vater Friedrich Wilhelm I. erstmals 1722 testamentarisch verpflichtet:

»Kurfürst Friedrich Wilhelm hat das rechte Flor und Aufnahme in unser Haus gebracht. Mein Vater hat die Königliche Würde gebracht. Ich habe das Land und die Armee instand gebracht. An Euch, mein lieber Successor, ist, was Eure Vorfahren angefangen zu suteniren und Eure Präten-sionen und Länder herbeizuschaffen, die unserem Hause von Gott und von Rechtswegen zuge-hören[36].«

Der rasche Entschluß für eine territoriale Expansion ließ Friedrich zunächst keine andere Wahl, als sich der Armee für seine Ziele so zu bedienen, wie er sie vorgefunden hatte. Da sie sich in beiden Schlesischen Kriegen bewährte, behielt Friedrich das überlieferte System für die Ergänzung und Versorgung des Heeres grundsätzlich bei. Insofern hielt er sich innerhalb der sozialen und ökonomischen Möglichkeiten oder auch Grenzen seiner Zeit, auch dann, wenn er sie zuweilen derart überspannte, daß der Staat unterzugehen drohte. Friedrich hat aber dem Rückgriff auf die reine Macht und den dadurch ausgelösten Staatskrisen entspre-chend seine persönlichen Anforderungen an die Truppen und ihre Führer stetig verschärft. Einmal mißtraute er den Offizieren, sie könnten ihre Stellung mißbrau-chen und eigennützig handeln. Zum anderen befürchtete er, daß die Truppen nachlässig werden könnten, wenn der Fürst als ihr Heerführer nicht ständig streng über die militärische Disziplin wache. Hierin sah er die zentrale Aufgabe des »Prince-Connétable«[37]: die Offiziere auszuwählen, die fähig waren, die Operatio-nen nach den königlichen Prinzipien durchzuführen und Truppen zu strenger Unterordnung und zu blindem Gehorsam zu erziehen, so daß sie nach dem Vorbild ihrer Führer auch Wunder verrichten konnten.

Die umfassende Unterweisung seiner Offiziere unternahm Friedrich II. in einer langen Reihe von Reglements und Instruktionen sowie in theoretischen und historischen Abhandlungen. Durchgehende Absicht dieser Aktivitäten war es, den militärischen Dienst im großen wie im kleinen auf Grund der eigenen Kriegserfahrungen ständig zu verbessern. So lernten die Offiziere, effektiver im Sinne der jüngsten Absichten des obersten Kriegsherrn zu handeln und sich auf rasch verändernde Berufsanforderungen einzustellen. Friedrich wollte die Offiziere aber auch anhalten, in der Erfüllung der königlichen Forderungen ihre Ambition und Ehre zu sehen. Der berufliche Ehrgeiz umschloß: Streben nach Tüchtigkeit, Karriere und Auszeichnung, aber auch Standfestigkeit, Loyalität und vor allem strenge Subordination. Das Ehrgefühl (point d'honneur) bestand darin, alles zu vermeiden, was berufliche Tüchtigkeit ausschloß, vor allem Müßiggang, Genußsucht, Unwissenheit und Feigheit[38].

Individuelle Ehre und Ambition sollten schließlich der Ehre des Regiments, der Armee und des Staates dienen und in ihr aufgehen; eine Wiederbelebung mittelalterlicher Rittertraditionen war damit ausgeschlossen.

Nur der Adel schien Friedrich II. auf Grund des ihm bereits angeborenen Korpsgeistes fähig zu sein, nach der Tugend der Ehre zu leben. Seine natürliche Veranlagung galt es zu konservieren, nicht allein durch Auswahl und Kontrolle, sondern auch durch Absonderung der überwiegend adligen Offiziere von dem Bürgertum. Der König meinte, daß der einzelne Bürger auf Grund seiner kommerziellen Tradition unfähig sei, uneigennützig zu dienen und erforderlichenfalls um der Ehre willen sein Leben einzusetzen. Infolgedessen untersagte er den Offizieren, in bürgerlichen Kreisen gesellschaftlich zu verkehren oder sogar einzuheiraten. Soweit bürgerliche Offiziere nach dem Siebenjährigen Krieg (1756–1763) noch in Kürassier- und Dragonerregimentern oder auch Infanterie-Feldregimentern dienten, versetzte der König sie in die zweitrangigen Garnisonsregimenter. Gleichzeitig erschwerte er von nun an den Subalternoffizieren, d. h. allen Offizieren, die noch nicht Kompaniechef waren, den direkten Zugang zum Monarchen. Er unterzeichnete nicht mehr ihre Patente und ließ sie strenger als bisher beaufsichtigen. Diese Maßnahmen bewirkten, daß sich die Masse der Offiziere als »bloße Werkzeuge«[39], ohne Dankbarkeit und Anerkennung ihrer Leistungen vom König behandelt fühlten. »Immer die Bedrückungen und muthwilligen Beleidigungen, die von der rechten Seite eingehen, mit niedrigem Stolze auf der linken wieder abzugeben«[40], dies wurde ein wesentliches Kennzeichen ihrer Dienstbarkeit.

Die friderizianische »ambition«[41], als Ehrgeiz zur Höchstleistung im Dienst und gesteigerte Identifikation mit den Kriegszielen des Königs verstanden, war bei den Mannschaften nicht vorhanden, sie wurde von ihnen auch nicht erwartet. Sie dienten vor allem in Ehrfurcht, Gehorsam und aus Gewohnheit der gottverordneten Obrigkeit, so wie dies die Kirche und die königlichen Reglements von ihnen forderten. Sie sollten durch die Angst vor ihren Vorgesetzten zusammengehalten werden und bereits im Frieden lernen, ihre Offiziere mehr zu fürchten als alle denkbaren Gefahren des Krieges[42]. In schwierigen Kampflagen überwanden die Mannschaften nach überlieferten Aufzeichnungen einzelner Soldaten jedoch ihre sonst mehr niedergeschlagene Stimmung, wenn sie den Sinn ihrer Leiden, nämlich das Vaterland vor dem Feind zu bewahren, unmittelbar erkannten. In den Niederlagen und Erfolgen, beispielsweise des Siebenjährigen Krieges, bildete sich auch unter den Gemeinen ein kollektiver Regimentsgeist und ein Ehrgefühl, für ihr Regiment zu dienen, vor allem, wenn Bewunderung und Anhänglichkeit für einen heroischen und leutseligen Regimentskommandeur hinzutraten. Dennoch blieben sie in der Regel von der staatlichen Anerkennung für ihren Einsatz und von der Fürsorge für den Fall der Invalidität, wie sie für die Offiziere bestand, ausgeschlossen. Der König überging selbst in seinen Testamenten und Kriegsaufzeichnungen das Verdienst des gemeinen Mannes, der somit nicht in die offizielle Tradition der Armee einging.

Wenn nun die Wertunterschiede in der preußischen Armee derart groß waren und der emotionale Abstand zwischen Offizieren und Mannschaften aber auch insgesamt zum Monarchen bis auf wenige Ausnahmesituationen im Kampf fast unüberbrückbar war, dann bleibt zu fragen, wie Friedrich der Große dennoch eine eigenständige preußische Militärtradition gründen und zugleich zu ihrer Symbolfigur werden konnte. Zunächst wäre daran zu denken, daß Friedrich der Große sich als geschichtsschreibender Feldherr selbst ein Denkmal gesetzt hat. Seine Feldzugspläne und ihr Scheitern waren das große historische Thema des Königs; dies blieb es auch in der militärwissenschaftlichen Auseinandersetzung während des deutschen Kaiserreiches von 1871 bis 1918, die der Streitfrage galt, ob die Schlachten Friedrichs des Großen als Vernichtungs- oder Ermattungsschlachten angelegt gewesen waren. Bedeutsamer als die Einheit von Staatsmann und Geschichtsschreiber war diejenige von Kriegführung und Politik, denn sie bot Friedrich einen großen Vorsprung vor seinen Kriegsgegnern, die sich in der Koalition über eine gemeinsame Kriegführung erst verständigen mußten. Friedrichs Feldherrentum (Roi-Connétable) schloß darüber hinaus »die Identität militärischer und philosophischer Intelligenz, Fähigkeit zugleich zu praktischer Aktion und theoretischer Reflexion«[43] in sich ein.

Traditionsgeschichtlich noch wichtiger war das ausgeprägte Charisma des Feldherren Friedrich, so daß er sich nicht nur auf die Autorität traditionaler Königsherrschaft abzustützen brauchte. Seine Ausstrahlungskraft bildete sich in den Siegen, aber auch in den Niederlagen des Zweiten Schlesischen Krieges aus, nach dessen Beendigung Friedrich bekanntlich als der Große im ganzen Königreich gefeiert wurde. Seine Taten erzeugten darüber hinaus in den süddeutschen Bildungsschichten ein patriotisch-deutsches Selbstbewußtsein und »Friedrich schien auf dem Wege zu sein, eine nationale Integrationsfigur zu werden«[44]. Daß dieser Vorgang auf der Grundlage des friderizianischen Staates einsetzte und Österreich ausschloß, sollte sich für den weiteren Verlauf der deutschen Geschichte als vorbestimmend erweisen. Zunächst aber ging von der außergewöhnlich beeindruckenden Autorität Friedrichs eine abschreckende Wirkung auf den militärischen Gegner aus, der ihn wiederholt wie Feldmarschall Daun trotz numerischer Überlegenheit nicht anzugreifen wagte. Daß Friedrichs Charisma bei den eigenen

Truppen außergewöhnliche moralische Widerstandskräfte in Krisenzeiten freiset-
zen konnte, erweist das Beispiel der Schlacht bei Leuthen im Dezember 1757 nach
vorangegangener Niederlage bei Kolin. Wenn diese Wirkung Friedrichs auch auf
Ausnahmesituationen begrenzt blieb – Preußen befand sich in seinen Kriegen
allerdings durchweg in existenzieller Gefährdung –, dann bleibt daran doch
bemerkenswert, wie groß immer dann die Bereitschaft zur Leistung und zum
Einsatz bis hin zur Selbstaufopferung im preußischen Heer war, wenn der König
Entbehrungen und Gefahren mit den Truppen teilte. Zu solchen Zeiten gelang es
Friedrich, die Schranken zu den Offizieren und Mannschaften zu durchbrechen,
die er durch eine schroffe Disziplinierung und inhumane Strafpraxis im Heer
selbst errichtet hatte. Diese Art Krieg zu führen und dabei die gesamte materielle
wie auch moralische Substanz eines Volkes total zu mobilisieren und einzusetzen,
ist damals bereits vom politischen Gegner als »nicht reell und relativ zu den
inneren Kräften des Landes«[45] erkannt worden. Maria Theresia befürchtete sogar, Preußen könne auf seine Gegner einen Zwang ausüben, eine »militärische
Regierungsform auf dem Fuße der Preußischen«[46] einzuführen. Daß es soweit
nicht kam, lag an dem preußischen Militärstaatssystem selbst, das »viel zu gekün-
stelt und zu kompliziert«[47] war, um über die Regierungszeit Friedrichs hinaus
Bestand haben zu können.

»Die politische und gleichzeitig militärische Selbstherrschaft erzeugte nicht eigentlich ein Klima,
in dem stabile Traditionen gedeihen konnten, sosehr alles auf solche angelegt war. Der friderizianische Mythos hat die preußische Staatsidee zweifellos genährt, sie wohl erst geschaffen, aber
keineswegs einen für einen Nachfolger erreichbaren Standard aufkommen lassen[48].«

4. Der Traditionsbeitrag der deutschen Mittelstaaten am Beispiel Bayerns

Obwohl das preußische Vorbild im Verlauf des 18. Jahrhunderts in zahlreichen
deutschen Territorien nachgeahmt wurde, behielt deren bewaffnete Macht dennoch mannigfaltige Besonderheiten nicht nur hinsichtlich der Größe, der politischen und wirtschaftlichen Bedeutung, sondern auch hinsichtlich ihres Einflusses
auf Staat und Gesellschaft[49]. Ihre Eigentümlichkeiten spiegeln den vielgestaltigen
regionalen Absolutismus wider, wie er für Deutschland zwischen 1648 und 1786
kennzeichnend war. Sie sind in den weiteren Entwicklungsgang der deutschen
Nation und ihre landsmannschaftlich geprägten Armeekontingente eingeflossen.
Daher haben sie, wie am kurbayerischen Heerwesen beispielhaft deutlich werden
soll, historisch begründetes Anrecht darauf, hier neben denjenigen der österreichischen und preußischen Armee genannt zu werden.
Jahrzehnte vor dem brandenburgisch-preußischen erlangte das kurbayerische
Heer[50] international hohes militärisches Ansehen und vollbrachte anerkannte
Waffentaten auf allen größeren europäischen Kriegsschauplätzen des Dreißigjäh-
rigen Krieges. 1648 konnte es bereits auf die Teilnahme an 27 Feldzügen mit 20

Schlachten, 85 Treffen, 90 Gefechten und Überfällen, an 130 Belagerungen und Erstürmungen, an 83 Verteidigungen und Entsätzen fester Plätze zurückblicken. Schon in der ersten großen Schlacht dieses Krieges – am Weißen Berg bei Prag am 8. November 1620 – hatte eine Attacke der bayerischen Kavallerie den Ausschlag gegeben für den Sieg der Kaiserlichen über den pfälzischen Kurfürsten Friedrich V., den glücklosen »Winterkönig« Böhmens. Die kurbayerische Leibgarde der Hartschiere, die 1669 die Tradition der vor Prag erfolgreichen »Archibusierreiter« übernahm, führte in der Standartenspitze als Wahrzeichen dieses ruhmreichen Tages auf der einen Seite das Muttergottesbild mit der Umschrift: »Sub tuum praesidium« und auf der anderen das bayerische Wappen und die Worte: »Augustae reliquiae victoriae Pragensis«. Über diesen Einzelfall hinaus stand die militärische Überlieferungspflege im katholischen Bayern künftig ganz im Zeichen des Bündnisses von Thron und Altar. Neben dem ausgeprägt monarchischen Sinn und der katholischen Frömmigkeit gehörte ebenfalls schon sehr früh die religiöse Toleranz zur Tradition im bayerischen Heer. So entschied der Hofkriegsrat 1679 im konfessionellen Streit zwischen Katholiken und Lutheranern eines Regiments, daß die Angehörigen beider Religionen ihre berufliche Schuldigkeit erbringen und nicht Glaubenssachen erörtern sollten, die nicht ihres Amtes seien.

Diese erste militärische Blütezeit bis 1648 verdankte die kurbayerische Armee vor allem Herzog *Maximilian I.* (Reg. 1598–1651), der auf Grund seiner Kriegserfolge 1623 die pfälzische Kurwürde erhielt. Die Art, wie dieser Herrscher die traditionellen Mittel und Möglichkeiten, die seine Zeit bereitstellte, für den Aufbau eines frühmodernen Staates in Bayern nützte, erinnert an den späteren Regierungsstil des Großen Kurfürsten von Brandenburg (Reg. 1640–1688). Dies galt auch für die Reorganisation der Landesverteidigung durch eine erneuerte Landesdefension aus dem bürgerlichen und bäuerlichen Fußvolk der Landfahnen und der Lehnsreiterei des Adels, wie sie seit Herzog Wilhelm IV. (Reg. 1508–1550) bestanden. Künftig setzte sich das bayerische Defensionswerk aus dem Fußvolk ausgesuchter und regelmäßig übender Untertanen und der Landreiterei zusammen, die aus Ritterpferdgeldern besoldet wurden, wodurch der Adel seine Dienstpflicht ablöste.

Diese Militärreform mußte zwangsläufig in herkömmliches ländliches Brauchtum eingreifen, wenn beispielsweise die Musketiere sich künftig ihre langen Bärte und Haupthaare bis auf einen kurzen Schopf »auf Soldatisch« schneiden lassen mußten. Besonders das entsprechende kurfürstliche Hosenmandat, das das Tragen der an den Knien gebundenen Hosen verbot, wurde als Verletzung des für heilig gehaltenen Volksgutes empfunden. Berücksichtigt man, daß die Einheiten der Landfahnen weiterhin ihren moralischen Rückhalt verloren, wenn sie außerhalb ihres angestammten Heimatgebietes eingesetzt waren, dann wird verständlich, daß sie verzagt und lustlos bereits zu ihrem ersten Einsatz 1607 auszogen, als an der Reichsstadt Donauwörth die Reichsacht vollzogen werden sollte. Anschließend ließ Maximilian I. das Aufgebot zwar in kleinen Trupps üben, um so seinen kriegerischen Wert zu steigern. Doch hatte diese Maßnahme den entscheidenden Nachteil, daß die Landmusketiere keine größeren Einsätze in stärkeren Formationen gewöhnt und dem massierten Angriff robuster Söldnerregimenter nicht gewachsen waren. Dies sollte sich 1632 bewahrheiten, als sie die schwedischen Truppen nahezu widerstandslos auf München vorrücken ließen und die Stadt anschließend der Plünderung preisgaben. Fast wäre es damals zur völligen Auflösung des Aufgebotswesens gekommen, wenn sich die Landstände ihr nicht energisch widersetzt hätten, weil sie sonst Mittel für ein verstärktes Stehendes Heer hätten bewilligen müssen. Seit Donauwörth war es schon gebräuchlich, Teile des Landvolkes den aktiven Truppen einzuverleiben oder als ihren Nachersatz zu behandeln; später wurden daraus bedarfsweise reguläre Feldregimenter aufgestellt, ohne daß allen diesen Maßnahmen der erwartete Erfolg beschieden gewesen wäre. So zeigt die Geschichte dieses Defensionswerkes sehr eindrücklich, daß auch in Bayern die militärische Neuordnung des absolutistischen Staates sich nur in den vorgegebenen Bahnen der überlieferten Einrichtungen durchführen ließ. Keine der daran beteiligten politischen Kräfte – weder die Landesherrschaft noch die Landstände – konnten und wollten darauf verzichten, auch wenn dies aus gegensätzlichen Beweggründen geschah.

Diese generelle Beobachtung läßt sich auch auf die Entwicklung zum Stehenden bayerischen Heer seit dem ausgehenden 16. Jahrhundert übertragen, die sich ebenfalls nicht aus wilder Wurzel anbahnte. Da eine allgemeine Wehrbereitschaft kaum vorhanden und die Finanzkraft des Staates wie anderswo auch schwach war, konnten immer nur wenige aktive Regimenter für zeitlich begrenzte Aktionen unterhalten werden. Die Zeit des Dreißigjährigen Krieges, in der Maximilian I. nicht nur als Landesherr, sondern auch als Führer der Katholischen Liga gezwungen war, langfristig über Söldnerheere zu verfügen, brachte den Übergang zum Stehenden Heer, das künftig nicht mehr von Kriegszug zu Kriegszug neu aufgestellt werden mußte. Der Mannschaftsbedarf konnte weitgehend durch Landeskinder gedeckt werden; daher waren die einheimischen Regimenter für die Bevölkerung erträglicher als die im Ausland angeworbene Soldateska. Es ist auch nicht von ungefähr die Zeit, in der das vaterländische Soldatenlied in Bayern entstand. Kurfürst Maximilian wurde nicht zuletzt dank dieser willigen Truppen zur unentbehrlichen Stütze des Kaisers und konnte in dieser Stellung schließlich selbst Wallenstein verdrängen. Die ansehnliche bayerisch-ligistische Armee zog namhafte Heerführer ihrer Zeit, allen voran den Brabanter Johann von Tilly, in ihre Dienste; in ihrem Gefolge stand ein ethnisch buntgemischtes Offizierkorps vorwiegend romanischer Herkunft, das die günstige Aussicht auf persönlichen Ruhm und einträgliche Kriegsbeute zusammenführte. Viel Zeit blieb dafür oft für den einzelnen Offizier nicht, denn der Kurfürst dankte die Regimenter bis auf die notwendigsten Kader stets sofort ab, sobald Hoffnung auf Frieden bestand. In ihrem Gedenken blieb er dennoch, wie sich der »Simplicissimus« des Hans Jakob Christoffel von Grimmelshausen erinnert:

»warlich ein erfarner Feld-Herr und weiser Kriegs-Fürst, [. . .] gleichsamb unser Vatter und Versorger«[51].

Dagegen forderten die Kriege Maximilians schwerste Opfer von Land und Volk, die unmittelbar oder mittelbar tiefe Spuren der Zerstörung in Wirtschaft, Gesellschaft und Kultur Bayerns hinterließen.

Diese tief zerrütteten wirtschaftlich-sozialen Verhältnisse geboten, 1649/50 das gesamte kurbayerische Feldheer abzudanken, das teilweise anschließend in österreichische und venetianische Dienste übernommen wurde, um gegen die Türken zu kämpfen. Für Neuwerbungen, wie sie erstmals wieder 1657 anläßlich des erneute ausbrechenden Streites zwischen der kurpfälzischen und kurbayerischen Hauptlinie des Hauses Wittelsbach erforderlich wurden, standen *Kurfürst Ferdinand Maria* (Reg. 1651–1679) somit nur die Generale zur Verfügung, die zwischenzeitlich in bayerischen Hof- und Zivilstellen untergekommen waren. Nach Beendigung des Türkenfeldzuges im Herbst 1664 wurden auch diese neuerlichen Formationen aufgelöst, ohne daß jedoch alle Wurzeln zu der bayerischen Armee völlig abgeschnitten worden wären, wie sie sich seit der Neuschöpfung von 1672 bis zu Beginn des 19. Jahrhunderts kontinuierlich entwickelten.

Neuartig und traditionsbildend daran war, daß der Landesherr künftig die Soldaten durch Werbeoffiziere auf seinen Befehl und eigene Rechnung werben ließ, die damit unmittelbar in das Eigentum des obersten Kriegsherrn übergingen. Demgemäß wandelte sich der bisherige Brauch, die Truppenfahnen mit reichgestickten Sinnsprüchen und den Wappen der Obristen zu schmücken. Künftig enthielten sie vorwiegend die weiß-blauen Landesfarben, und die Spitzen der Fahnenstangen krönte der bayerische Kurhut mit den kurfürstlichen Initialen. Diese Wahrzeichen für soldatische Treue wurden den Kompanien anläßlich ihrer ersten staatlichen Musterung und kirchlichen Fahnenweihe verliehen. Den Soldaten wurde unter dem frisch angenagelten Fahnenblatt der Artikelbrief verlesen, anschließend legten sie den Eid ab. Ergänzend hierzu traten 1675 bei den Regimentern allgemein verbindliche Verhaltensnormen in Kraft, die von jedermann im Felde Tapferkeit, Unerschrockenheit und Umsicht, vom Vorgesetzten zusätzlich Sorge für gründliche Ausbildung und Fürsorge gegenüber den Mannschaften verlangten. Für die hervorragende Erfüllung dieser Dienstpflichten verlieh Kurfürst Ferdinand Maria Ehrenketten mit seinem Brustbild, aber auch Leibrenten, Zulagen und einträgliche Zivilstellen. Soldaten, die Fahnen erbeuteten, erhielten Geldgeschenke. Hingegen war die Verleihung von äußeren Zeichen der Anerkennung oder von Privilegien an ganze Regimenter wie in Österreich oder in Brandenburg-Preußen nicht üblich.

Andererseits mußten den Offizieren und Mannschaften strenge Strafen für Disziplinlosigkeiten angedroht werden. Die häufigen Fälle von Fahnenflucht und Gewalttätigkeit des gemeinen Mannes, von Betrügereien und Schuldenmacherei durch Offiziere zeigten an, wie sehr es ihnen noch an Korpsgeist, vaterländischem Bewußtsein und Achtung vor der staatlichen und bürgerlichen Rechtsordnung mangelte. Selbst unter den Offizieren bestand noch keine Einheitlichkeit der Lebensführung, noch keine Gemeinsamkeit des Denkens und der Gesittung auf Grund gleichartiger Bildung. Die soldatische Erziehung beruhte noch stark auf bruchstückhafter Überlieferung, beschränkter eigener Erfahrung und gelegentlichem Selbststudium zeigenössischer Kriegshandbücher wie des »Corpus militare« Wallhausens. Militärische Bildungsanstalten des Staates, wie sie beispielsweise bereits in Brandenburg bestanden, gab es in Bayern noch nicht.

Mit dem Tod Ferdinand Marias kurz nach Abschluß des Friedens von Nijmwegen vom 8. Februar 1679 ging in Bayern die Zeit der Neutralität zu Ende, in die er im Volksmund als Friedensspender (Pacificus), in der Sprache der Diplomaten als Zauderer einging. Sein Sohn *Max II. Emanuel* (Reg. 1679–1726) wollte dagegen nach dem Vorbild des Großvaters die volle staatliche Souveränität Bayerns herstellen, die ihm nur durch ein bayerisches Königreich angemessen repräsentiert erschien. Diesbezügliche Pläne begründete er in typisch mittelalterlicher Denkweise auf vermeintlich gute alte Rechte. Hierfür glaubte er wesensgemäße Ausdrucksformen in der Antike, in der Götterwelt der griechisch-römischen Sage, unter den Helden des Alten Testaments sowie unter den Heiligen und Königen des frühen Mittelalters gefunden zu haben, so wie sie die Renaissance stilistisch nachempfunden hatte.

Für seine persönliche Lebensführung bedeutete dies, vorbildgemäß Kriegs- und Schlachtenruhm zu erwerben. Für diese Zielsetzung, die sich ausschließlich am dynastischen Interesse orientierte, vergrößerte er seit 1682 den Kriegsapparat seines Vaters nach den Vorschlägen und den Kriegserfahrungen mit den Türken, die sein neuernannter Oberbefehlshaber *Hannibal von Degenfeld* mitbrachte. Im übrigen galten die traditionellen Vorschriften und Verfügungen der Krone fort, und auch die Truppen wurden weiterhin von französischen Instrukteuren ausgebildet, die der Vater eingestellt hatte. Wie dem obersten fürstlichen Kriegsherrn ging es seinen Offizieren und Soldaten vor allem darum, sich einen bekannten Namen zu machen und einstmals in der langen Traditionsreihe der Kämpfer gegen die Ungläubigen zu stehen. Die Türkenkriege versprachen reiche Beute und Reichtum, die Vernichtung des Glaubensfeindes, und der Tod im Kampf eröffnete Aussichten auf ein ewiges Leben. Die Emotionen der bayerischen Truppen waren durch diese grandiosen Aussichten derart entfacht, daß sie sich oftmals, den türkischen vergleichbar, gegenüber dem Gegner wie der Bevölkerung moralisch hemmungslos verhielten. In die Überlieferung sind aber nicht ihre unwürdigen Kriegsgebräuche eingegangen, die man gern nur dem Gegner anlastete, sondern beispielsweise, wie sie zweimal unter der persönlichen Führung des Kurfürsten schlachtentscheidend eingriffen, so am 12. September 1683 vor Wien und fünf Jahre später vor Belgrad.

Damals wuchs Max II. Emanuel das Charisma eines mitreißenden Truppenführers zu, als der er künftig eine ähnlich langanhaltende und zentrale Rolle in der militärischen Tradition Bayerns spielen sollte wie Friedrich der Große für Preußen. In seiner ausgeprägten Ruhmesbegierde, in seinem Drang nach ständiger militärischer Bewährungsprobe, in der Art seiner finanziell überzogenen, expansiven Außenpolitik war Max Emanuel dem Preußenkönig durchaus wesensverwandt. Für die militärischen Verhältnisse, die er 1726 hinterließ, gilt ebenfalls das für Friedrich II. Gesagte, daß sie sich in dieser Form nicht mehr fortführen ließen.

Prinz Eugen von Savoyen (1663–1736)

Entscheidungsschlacht bei Wien, 12. September 1683

Kurfürst Max II. Emanuel von Bayern (1662–1726)

Militär-Maria-Theresien-Orden

Kaiserin Maria Theresia, Königin von Ungarn und Böhmen (1717–1780)

Das preußische I. Bataillon Leibgarde bei Kolin 1757

Schlacht bei Leuthen 1757

In seiner Regierungszeit konnten immerhin abschließend feste staatliche Regelungen für die Anstellung und Beförderung der Offiziere erlassen werden. Für ihren Nachwuchs wurde 1711 in Ettal eine Ritterakademie eröffnet. Da es aber weiterhin in Bayern keine allgemein zugänglichen militärischen Kadettenschulen gab, blieb die überwiegende Anzahl der Subalternoffiziere wenig gebildet. Bei dem anhaltenden Feld- und Lagerleben unter Max Emanuel war es ihnen zudem nahezu unmöglich, Traditionen für eine höhere Lebensauffassung zu begründen. Ihre individualistischen Ideale kreisten weiterhin um die Standesbegriffe der Fahnenehre, des persönlichen Mutes und der persönlichen Tapferkeit. Ihr gesellschaftliches Ansehen im Frieden bemaß sich nach dem des Regimentes, in dem sie dienten. Den ersten Rang in der Armee nahmen die Leibgarden ein, die Kavallerie rangierte vor den Fußtruppen, und innerhalb der Waffengattungen bemaß sich die Rangfolge der Regimenter nach den Diensträngen ihrer Obrist-Inhaber.

Im 18. Jahrhundert konnte das kurbayerische Heer keine derart spektakulären Erfolge mehr an seine Fahnen heften, so wie sie letztmals in den Feldzügen von 1683 bis 1687 gegen die Türken gelangen. Dies war bis 1745 mehr die Quittung für maßlosen dynastischen Ehrgeiz, für politisches Vabanque-Spiel und unkluge Bündnispolitik der Landesfürsten als die Folge militärischen Versagens und ausbleibenden Soldatenglückes. Im wittelsbachischen Kaisertum *Karl Albrechts* (Reg. 1741–1745) wirkten diese Faktoren nochmals brennspiegelhaft zusammen und zerstörten die Hoffnung Bayerns, zu den europäischen Großmächten aufzusteigen. Zugleich entschied sich die bayerisch-österreichische Rivalität nach jahrhundertelangen vergeblichen Anläufen endgültig zuungunsten Bayerns; der preußisch-österreichische Dualismus begann das letzte beherrschende politische Thema des Alten Reiches zu werden. Die nachfolgenden Kurfürsten *Max III. Joseph* (Reg. 1745–1777) und *Karl Theodor* (Reg. 1777–1779) waren keine soldatischen Naturen. Das wittelsbachsche Erbe zu bewahren und dem Land den Frieden zu erhalten, galt ihnen mehr, als Kriegsruhm durch gewaltsame Eroberung zu erwerben.

Blieben somit der Armee Bewährungsproben mit hohem Blutzoll erspart, so fehlte ihr aber auch die Gelegenheit zu glänzen, und folglich traten die negativen Züge in ihrem äußeren Erscheinungsbild schärfer als früher hervor. Dies galt in besonderem Maße für das bereits latent vorhandene Günstlingswesen und den demoralisierenden Stellenkauf, von dem zumeist ausländische Adlige profitierten. Die Offiziere, die sich hochdienen mußten, ohne Privilegien zu besitzen, gelangten über die Dienststellung eines Hauptmannes selten hinaus, und sie bildeten die Masse der mißmutigen, kärglich besoldeten und überschuldeten Subalternen. In ihren Reihen waren Nachlässigkeit, Fernbleiben vom Dienst und Wildern an der Tagesordnung. Es kam sogar vor, daß Offiziere ihre Schärpen versetzten.

Eine vergleichbare gesellschaftlich-soziale Deklassierung und Diskriminierung war beim Mannschaftsstand zu beobachten. Noch 1734 lehnte es die Armee ab, herumstreunende Bürger- und Tagelöhnersöhne aufzunehmen, wie dies die Magistrate der Städte wünschten. Für den Türkenkrieg griff sie dann 1739 nicht nur auf jene Müßiggänger zurück, sondern auch auf sogenannte »Malefikanten« wie Jagdfrevler und Wilddiebe, solange sie noch nicht dem Scharfrichter und seinen Schergen übergeben und dadurch öffentlich entehrt worden waren. Die Gerichte und Polizeibehörden verurteilten sogar Rechtsbrecher zum drei- und sechsjährigem Dienst in der Armee. Ihr fiel somit die Rolle einer Besserungsanstalt für Straffällige zu, die das Ansehen des Heeres in der Bevölkerung weiter minderte und den Nährboden für Fahnenflucht bereitete.

Es hat seit der Mitte des 18. Jahrhunderts in Bayern nicht an Reformversuchen gefehlt, die militärischen Dienstverhältnisse von Grund auf zu verbessern. Hierunter fiel der Versuch, auf das selbständige Landesmilizwesen nach preußischem Muster ganz zu verzichten und dreitausend sogenannte Landeskapitulanten jährlich innerhalb der regulären Regimenter dienen zu lassen; auch ist kurzfristig das Gegenteil, die traditionelle Regimentseinteilung abzuschaffen, erprobt worden. Hingegen bewährte sich die Gründung des Kadettenkorps in München 1756, für das hervorragende Lehrkräfte gewonnen werden konnten, die ihm von Anfang an ein hohes Ansehen verschafften. Karl Theodor machte sich die Erfahrungen seines Leibadjutanten, Sir Benjamin Thompson, des späteren Grafen Rumford zunutze, die dieser in Amerika mit der Erziehung der Söldner zu Bürgern in Uniform gesammelt hatte. In vergleichbarer Absicht entstanden in Bayern nach 1788 Militärschulen, Militärarbeitshäuser und Lehr- und Arbeitsschulen für verwaiste Soldatenkinder. Erste Erfolge waren diesen Maßnahmen solange beschieden, wie sich Bayern aus den militärischen Konflikten mit den französischen Volksheeren im Gefolge der Französischen Revolution fernhielt. Im Reichskrieg gegen das republikanische Frankreich, dem Bayern 1793 widerwillig an der Seite des traditionellen Gegners Österreichs beitreten mußte, unterlag das noch nicht gefestigte pfalzbayerische Heer dem besser motivierten Gegner. Erst 1804 konnte das Reformanliegen erneut aufgegriffen werden, nun aber unter veränderten europäischen Machtverhältnissen und an der Seite des napoleonischen Frankreich.

5. Die soldatische Ordnung

Nachdem zuvor nach den staatlichen Bedingungen und Notwendigkeiten für eine bestimmte Traditionsbildung in mehreren maßgeblichen deutschen Armeen des 18. Jahrhunderts gefragt wurde, soll jetzt ein Überblick über die Rangordnung der soldatischen Tugenden und Pflichten dieser Epoche gegeben werden. Es kann dabei nur um ein normatives, zeitgenössisches Berufsbild gehen, das aber den Vorteil besitzt, daß im weiteren eine historische Dimension der Militäreigentümlichkeiten und ihrer Gültigkeit seit dem frühen 18. Jahrhundert entsteht.

Die soldatische Ordnung im Absolutismus diente in der Sicht der Zeit zur höheren Ehre Gottes und seiner Weltordnung, wie sie von ihm nach dem Sündenfall des Menschen wider die Versuchung durch das vielgestaltige Böse geschaffen worden war[52]. Diese Weltordnung bestand aus drei Hauptständen, nämlich dem Regenten- und Wehrstand, dem Lehrstand und dem Nähr- oder Hausstand. Gott habe der weltlichen Obrigkeit das Schwert wider alle Unordnungen und Ungerechtigkeiten gegeben und darunter, so der kursächsische Major Gruber[53] an der Wende zum 18. Jahrhundert, nicht allein die hohe Gewalt über die anvertrauten Untertanen verstanden, sondern auch die ganze Kriegsverfassung. Ihr Zweck sei, Land und Leute zu verteidigen, die Untertanen bei der reinen und wahren Religion zu halten, in ihren Freiheiten zu schützen und das »Policey-Wesen« zu wahren; letzteres umfaßte bis in das 19. Jahrhundert die innere Verwaltung und Rechtsordnung. Der Fürst sollte die Kriegsverfassung, zu der herkömmlich kriegserfahrenes Personal, ein kampfstarkes Feldheer und ausgerüstete Festungen zählten[54], gemäß der geheiligten Stiftungsabsicht in gutem Zustand halten. Hierbei sollten ihn die dem Lehrstand zugehörigen Lehrer und Pfarrer mit erzieherischen und geistlichen Hilfestellungen unterstützen. Im Heer Friedrich Wilhelms I. sollten beispielsweise die Offiziere den unverbesserlich gottlos lebenden »Kerl«[55] zum Priester schicken. Die preußischen Feldprediger, vergleichbares gilt auch für den österreichischen Regimentspater[56], trugen seitdem bis zum Ersten Weltkrieg bei, die Disziplin in der Truppe zu festigen. Der Hausstand der Gutsherren, der Bürger und Bauern, hatte den Lehr- und Wehrstand zu ernähren und die Mittel zum Unterhalt der Armee bereitzustellen.

Diesem idealisierten gottgefälligen Schutz- und Beistandspakt der drei Stände lag ein sehr pessimistisches Menschenbild zugrunde, das der kursächsische Oberstleutnant Hans Friedrich von Fleming 1726 in seiner epochalen Enzyklopädie »Der Vollkommene teutsche Soldat« für die militärischen Dienstverhältnisse der Zeit anschaulich festgehalten hat. Danach sei der Mensch nach der Schöpfung zwar dazu befähigt, im Stand der Ehre, Glückseligkeit und im Dienst am Nächsten zu leben; allein, er neige, was im Schöpfungsakt ursprünglich nicht vorgesehen sei, seit dem Sündenfall zur Gewalttätigkeit und Unmäßigkeit, er verhalte sich nicht nach dem gesunden Menschenverstand und nach Gottes Geboten. Daher müsse er vor sich selbst geschützt werden; der Soldat müsse die widersätzlichen Untertanen bändigen und das »Vaterland« gegen den äußeren Feind schützen.

Der Beruf eines Soldaten war, wie es vor Fleming bereits Major Grubern formulierte, durch seinen Lebenseinsatz zum »Dienst und Nutz des gemeinen Besten«[57] ein rechtmäßiger und gottgefälliger Stand, darin man mit gutem Gewissen leben und sterben könne. Mit dieser Aussicht hatte der Soldat sich aber völlig zufriedenzugeben, denn zunächst wartete auf ihn ein unstetes, unbequemes und gefahrenvolles Berufsleben, das für die meisten damals am Bettelstab endete. Die Konsequenz aus diesen für unauflösbar gehaltenen Spannungen zwischen den schlechten menschlichen Anlagen einerseits, der sozialen Benachteiligung des Soldaten andererseits hieß, daß er selbst in strenge Pflicht – notfalls durch Strafen – genommen werden müsse. Denn auch der Tugendpfad sei, so Fleming, mittlerweile unattraktiv geworden; wer ihn beschreite, der müsse sich damit abfinden, von den wenigsten geliebt und hochgeachtet zu werden[58].

Tugendhaft und gesittet, somit nicht lasterhaft, verhalte sich derjenige, der in Zufriedenheit lebe und seine Pflichten so ausübe, daß er die eigene Glückseligkeit und die des Nächsten mehre. Dieser Weg war von Fleming dem jungen Offizieradel gewiesen, während *Gottesfurcht* als die überall vornehmste Soldatentugend von allen Soldaten verlangt werden konnte. Bereits nach den Kriegsartikeln des Kaisers Maximilian von 1508 forderte dieses Gebot, Kirchen und Klöster zu schonen und die Gottes- und Marienlästerung zu unterlassen. Unter schwedisch-protestantischem Einfluß im 17. Jahrhundert, der sich in Preußen im Pietismus erhielt, verlangte die Gottesfurcht, sich eines christlichen Lebenswandels zu befleißigen und den Gottesdienst regelmäßig zu besuchen. Wer Gott nicht fürchte, so das preußische Reglement von 1726, werde seinem Herrn schwerlich treu dienen und seinen Vorgesetzten rechten Gehorsam leisten; einen solchen Soldaten sollte, wie schon erwähnt, der Geistliche Gottesfurcht lehren. Friedrich II. verlangte seit 1743 von seinen Kompaniechefs, die Kompanien persönlich in die Kirche zu führen. Nach dem Siebenjährigen Krieg lockerte er unter dem Einfluß der Aufklärung diese strenge Besuchspflicht, von nun an sollten die Soldaten nur noch zur Kirchenordnung angehalten werden. Seit 1796 durfte kein Soldat mehr zum Besuch des Gottesdienstes gezwungen werden. Der Gang in die Kirche sollte »dem freien Willen und Gewissen eines jeden«[59] überlassen bleiben.

Treue und *Gehorsam* waren im Heiligen Römischen Reich übereinstimmend die Grundpfeiler der Kriegsverfassung und seit altersher die ersten beschworenen Dienstpflichten[60]. Im weitesten Sinne fiel darunter die uneingeschränkte Dienstbereitschaft »auf Zug und Wachten [. . .] bei Tag und Nacht [. . .] zu Dienst und Nutzen«[61] des Landesherrn. *Treue* erwies jeder, der seinen Dienst für das allgemeine Wohl versah und dabei seine persönlichen Vorteile zurückstellte. Daher wurde Treue auch bei Soldverzug geschuldet und die Soldforderung vor dem Feind mit dem Tode bestraft. Treulos handelte derjenige, der sich gegen den Kriegsherrn verschwor, aber auch, wer von dergleichen Vorgängen wußte und sie nicht meldete. *Gehorsam* galt als »eidlich angelobte Beobachtung und Richtung des Soldaten nach den rechtmässigen Befehlen und Verboten seines Obern«[62]. Aus der Pflicht des Untergebenen, diese Befehle unverzüglich und pünktlich auszuführen, sowie aus der des Vorgesetzten, sich Respekt und Gehorsam zu verschaffen, erwuchs ein umfassendes Ordungsprinzip, das überall als *Subordination* bezeichnet wurde. In Preußen galt dieses Prinzip seit 1726 vor allem für die Vorgesetzten- und Befehlsverhältnisse unter den Offizieren eines Regiments; es sollte dort die fehlende Harmonie unter den Offizieren wiederherstellen, doch scheint dies dem Reglement von 1796 zufolge nie zufriedenstellend gelungen zu sein. Bei den Unteroffizieren und Mannschaften wurde Subordination durch Mannes- oder Kriegszucht und Disziplin gewahrt. Hierbei galt der Grundsatz, schon bei der geringsten Nachlässigkeit scharf einzuschreiten, da aus vielen kleinen Versäumnissen über längere Zeit hin ein unabwendbarer Schaden entstehe.

Sehr früh erkannte man aber auch die Gefahren des Mißbrauchs des Subordinationsprinzips und diskutierte in der Kriegsrechtsliteratur die Voraussetzungen für den rechtmäßigen Befehl sowie die Grenzen des Gehorsams. Entsprechende Anweisungen für die Regimenter enthielten offenbar nur die österreichischen Reglements. So waren Befehle, die zu einer sogenannten »infame[n] Aktion«[63] aufforderten, dienstwidrig. Keinen Gehorsam schuldete man einem Offizier, der vom Kriegsherrn abgefallen war. Schon schwieriger war es für einen Soldaten zu beurteilen, ob ein Befehl ihm »anständig« war, d. h. im Dienste gegeben war und den Dienst betraf, weil der Offizier auch in eigenen Geschäften in und außer Dienst einem Untergebenen mit Anspruch auf Gehorsam befehlen konnte. Ein derart zweifelhaft rechtmäßiger Befehl durfte dem nächsthöheren Vorgesetzten angezeigt werden. Daneben stand es in der österreichischen Armee dem Untergebenen frei, sich über seinen nächsten Vorgesetzten zu beschweren, und sich für den Fall weiterzubeschweren, daß er nicht Recht erhalte. Dann jedoch mußte seine Klage begründet sein, widrigenfalls der Kläger bestraft werden konnte.

Nach damaliger Menschenkenntnis konnte *Tapferkeit*, eine weitere unentbehrliche soldatische Eigenschaft, nur aus strenger, unausgesetzter Disziplin erwachsen. Denn wer nicht bereits im Frieden gelernt habe, stillschweigend aufmerksam und pünktlich zu gehorchen, von dem stand zu erwarten, daß er vor dem Feind zaghaft sei, sich bei der kleinsten Verwundung aus Reih und Glied entferne und fliehe. Wer dies tat, sollte beispielsweise bei den Truppen des Schwäbischen Kreises »Auf der Stelle«[64] getötet werden dürfen. Über die Tugend der Tapferkeit verfügte nach allgemeinem Zeitverständnis vor allem der Gottesfürchtige, denn nur wer sich gottloser Worte und Werke enthielt, konnte Gott um den Sieg bitten. Der damals wohl bibelspruchfestere Soldat glaubte nach dem 15. Römerbrief und nach Hebräer 13, nicht verzagen zu müssen, wenn »eusserliche Mittel nicht da seyndt«[65].

Hierbei war in allen Armeen an eine bestimmte Kampfsituation gedacht, in der die Soldaten ihre Schuldigkeit, wie Tapferkeit sonst noch bezeichnet wurde, zu tun hatten: die Verteidigung eines Platzes und einer Festung[66]. Die militärische Ehre gebot, diese mit »äußerster Gegenwehr« zu halten und nur in der »äußersten Noth« zu übergeben. Der Kommandant mußte jeden, der vorzeitig von Übergabe redete, standrechtlich verurteilen oder, wenn es die Eile gebot, ihn selbst auf der Stelle »niedermachen«. Er selbst hatte für den Fall ungerechtfertigter Übergabe mit der Todesstrafe und für jede seiner Maßnahmen mit der nachträglichen Untersuchung durch den Kriegsrichter zu rechnen. Bemerkten untergebene Offiziere, daß der Festungskommandant aus Zaghaftigkeit die Übergabe befürwortete, dann mußten diese ihm entgegen den Gesetzen der Subordination widersprechen und ihn sogar verhaften; unterließen sie diese Gegenvorstellungen, konnten sie später »mit oder ohne Ehrverlust cassirt« werden. Selbst noch in der Art zu kapitulieren hatten die Offiziere Verantwortung zu beweisen, indem sie sich vom Gegner ausbedingen mußten, vom Platz »mit klingendem Spiel, Fahnen und Munition«[67] abziehen zu dürfen.

6. Das Regiment als Traditionsträger

Den Beweis verantwortlichen Verhaltens und Handelns schuldeten die Soldaten, allen voran die Offiziere, »zur Ehre und zum Besten des Regiments«[68]. Die Fahne symbolisierte das Regiment und alle in ihm beschlossenen Tugenden; ihre magische Qualität gewann sie durch die kirchliche Weihe und das Gelöbnis der Soldaten, sie niemals treulos und ehrvergessen zu verlassen, sondern mit Leib und Leben zu verteidigen. Der Ehrvergessene konnte nur mittels einer Fahnenzeremonie vor dem angetretenen Regiment wieder »ehrlich«[69] gemacht werden. Kompanien, die gemeutert hatten, mußten ihre Fahnen dem Oberst aushändigen; sollte das Regiment deswegen aufgelöst werden, wurden seine Fahnen eingeholt. Die militärische Traditionspflege fand hier ihren eigentlichen Anfang, denn sie setzte voraus, daß die Truppen in Kriegs- und Friedenszeiten unter den Fahnen gehalten wurden. Bis zur Mitte des 16. Jahrhundert war das unterschiedlich starke »Fähnlein« noch die Verwaltungseinheit der Infanterie, bis das Regiment es in dieser Rolle ablöste und dann allmählich zur geschlossen kämpfenden und gleichmäßig bewaffneten taktischen Einheit wurde. Bei der Reiterei trat der Regimentsverband erst unmittelbar vor der Wende zum 17. Jahrhundert auf, als diese ihre alte schlachtentscheidende Bedeutung wiedergewann. Zur Fahne als Symbol für Beständigkeit, Recht und Ordnung mußte demgemäß der Erfolg im Kampf treten, dessen sich das Regiment rühmen konnte.

Die Kontinuität des Regiments erwuchs geradezu aus seinen Erfolgen, und aus ihnen resultierten seine spezifischen Traditionen; für den Fall, daß es glücklos kämpfte, drohte es, seine Traditionen und Privilegien zu verlieren. So erging es beispielsweise dem preußischen Regiment von Bernburg bei der Belagerung von Dresden 1760. Die gemeinen Soldaten mußten ihre Seitengewehre und die Offiziere und die Unteroffiziere ihre Huttressen ablegen, weil sie sich nach Meinung des Königs nicht lange genug gegen einen überlegenen Gegner gewehrt hatten. Die Offiziere des Regiments erhielten den daraufhin erbetenen Abschied nicht. Kurz darauf erhielt das Regiment für seine Tapferkeit im Gefecht bei Liegnitz die entzogenen Waffen und den Zierrat zurück, und Friedrich gab der ganzen Armee seine Begnadigung bekannt[70].

Das Regiment war geradezu existentiell auf Erfolg und Ruhm angewiesen, sollte es doch dem Landes- und Kriegsherrn als Repräsentations- und Machtmittel nach innen wie nach außen dienen. Es kam somit darauf an, daß seine Angehörigen das feste Vertrauen in die Fähigkeit des Verbandes besaßen, beständig erfolgreich sein zu können. Aus diesem Vertrauen bestand im wesentlichen ihr »Esprit de Corps«, für den im 18. Jahrhundert vor allem der Regimentskommandeur verantwortlich war. Seine wichtigste Aufgabe bestand darin, qualifizierte Offiziere zur Auswahl vorzuschlagen, ihre dienstlichen Leistungen zu kontrollieren und für Harmonie im Offizierkorps zu sorgen. Nach ihm waren die Hauptleute die wichtigsten Traditionsträger bereits im Frieden und als solche verantwortlich dafür, daß das Regiment seine militärischen Aufträge erfüllte. Sie mußten ihr Berufshandwerk gründlich beherrschen, denn wer etwas befahl, was er selbst nicht verstand, machte sich bei seinen Untergebenen »lächerlich und verächtlich«[71]. Der Kompanieführer sollte zudem jedermanns Vertrauen besitzen und allen Schein des Eigennutzens und der Parteilichkeit vermeiden. Gleiches galt für den Leutnant, den Fähnrich und die Unteroffiziere. Den gemeinen Soldaten stellte man sich als einen gut beleumundeten, ehrlichen Mann vor, der von sich aus sittsam, beherzt und diensteifrig war. Die tatsächliche Behandlung der Mannschaften orientierte sich aber an den der Fahnenflucht grundsätzlich verdächtigen »Ausländern«, die angeworben werden mußten, weil die »Inländer« in der Landwirtschaft oder im erlernten Handwerk dringender benötigt wurden. Dadurch bedingt herrschte in der Truppe der gewalttätige Ton der Menschenführung vor, der jedes Vertrauensverhältnis zu den Mannschaften zunichte machte.

Der Regimentsgeist sollte demnach nicht nur aus dem Ehrgefühl, aus Disziplin und Subordination bestehen, sondern auf sehr viel gefühlsreichere Bindungen gründen, wie sie etwa aus dem Vertrauen auf die beruflichen und menschlichen Qualitäten der Vorgesetzten erwuchsen. Auch die Namensgebung der Regimenter nach ihren Chefs bezweckte dies[72]: Die Idee von der lebendig gehaltenen, persönlichen Anhänglichkeit an den ersten ihrer Vorgesetzten vergegenwärtigte die Geschichte des Regiments, dem einzelnen Soldaten gab der Namen des Chefs außerhalb des Regiments Identität, ohne den der eigene oft nicht genannt wurde.

Die Uniform und die auf ihr getragenen Auszeichnungen und Embleme sollten in ähnlicher Absicht auf das Gemüt des Soldaten wirken. Unter König Friedrich I. von Preußen legten die Offiziere den roten Rock des Adels ab und trugen von da an Schärpe, Degenband und Hutschnüre in den Farben der Monarchie. Als besonderes Zeichen ihrer Tapferkeit trugen die preußischen Grenadiere hohe Mützen mit aufgelegten Metallemblemen. In Österreich zierten seit 1766 – wie schon erwähnt – die Säbeltaschen der Husaren nicht mehr der Namenszug des Regimentsinhabers, sondern die kaiserlichen Initialen. 1789, zweiunddreißig Jahre nach dem österreichischen Sieg bei Kolin, wurde eine Ehrengedenkmütze gestiftet, mit der Unteroffiziere und einfache Soldaten für erwiesene Tapferkeit ausgezeichnet werden sollten. Bis dahin erhielten mutige Soldaten lediglich ein Geldgeschenk; nunmehr sprach man ihnen eine eigene Ehre zu und stellte sie als Vorbild heraus.

Die überlieferungswürdigen Werte und Verhaltensweisen in den Regimentern rückten jedoch erst in ein breiteres Bewußtsein, als nach dem Siebenjährigen Krieg in Preußen die ersten Regimentsgeschichten erschienen und in Österreich auf Anordnung Kaiser Josephs II. 1779 begonnen wurde, die Feldzüge ab 1740 aktenmäßig zu bearbeiten, um die Erfahrungen der vergangenen Kriege auszuwerten. In Preußen lag seit 1729 eine Chronik der preußischen Regimenter von Fürst Leopold I. von Anhalt-Dessau vor, der die Regimenter nach ihrem Alter geordnet hatte. Die sogenannte Spezifikation gab im besonderen Kunde von den zahlreichen Aufstellungen, Abdankungen, Verlegungen und Kommandowechseln innerhalb der Regimentsformationen; zugleich dokumentierte sie erstmals deren Uniformen und Feldzeichen. Friedrich II. griff im heeresgeschichtlichen Abschnitt seiner »Denkwürdigkeiten des Hauses Brandenburg« unmittelbar auf die geschichtlichen Angaben der Spezifikation von 1729 zurück. Der Regimentsquartiermeister Johann Friedrich Seyfrat veröffentlichte 1767 sechs Regimentsgeschichten nach derselben Vorlage, doch verbot ihm König Friedrich noch im gleichen Jahr, das Werk fortzusetzen, weil sie »viele dem Publico nicht zu wissen nötige Details« enthielten. Dagegen wollte Seyfrat ausdrücklich keine »Staatsgeheimnisse, gehäßige Beurteilung der Fehler«[73] preisgeben, sondern lediglich getreu über die »rühmlichen Begebenheiten« in den Regimentern und das Leben ihrer Offiziere berichten. Ausdrücklich sollten nicht nur Edelleute, sondern auch Unteroffiziere und Soldaten rühmlich erwähnt werden. Bei diesem Vorsatz ist es aber geblieben, denn Seyfart erwähnte namentlich fast nur Offiziere, deren militärischen Werdegang und Leistungen er sorgfältig verzeichnete. Die einseitige Darstellung von Offizier-Traditionen rührte von den Quellen her, die Seyfart zur Verfügung standen. Da ihm die staatlichen Archive verschlossen waren, konnte er nur auf die persönlichen Merkzettel und Listen der Regimentschefs zurückgreifen, die sie für die alljährlichen Besichtigungen durch den König angefertigt hatten. Kaiser Joseph II. öffnete den Bearbeitern der zurückliegenden Feldzüge zwar die Archive, doch blieben ihre Studien zunächst geheim. So erklärt sich, daß weder in der österreichischen noch in der preußischen Armee im 18. Jahrhundert ein vertieftes und breites Geschichtsbewußtsein entstehen konnte. Die wenigen Truppengeschichten stellten die Kontinuität der Regimenter »weitgehend unberührt von den wirtschaftlichen, sozialen und politischen Veränderungen der Zeit als Wert an sich«[74] dar; als ihr Garant hatte sich nach den militärischen Annalen allein das Offizierkorps bewährt.

7. Die militärische Tradition in der Kritik der Aufklärung

Noch bevor die Französische Revolution und die Kämpfe der Fürstenheere mit den französischen Revolutionsarmeen politische und soziale Veränderungen in Deutschland auslösten, die zu einem neuen Leitbild des Soldaten führten, forderten Offiziere aus verschiedenen deutschen Heeren, die überlieferten militärischen Wertvorstellungen zu korrigieren. Den Anstoß gab die Aufklärung, die das Stehende Heer »als höchst gesteigerte rationalistische Organisationsform«[75] mitgeformt hatte und nun erkannte, daß sie den Menschen ihr untergeordnet und vergessen hatte. Gerhard v. Scharnhorst faßte diesen Mangel im April 1806 in folgende Worte: »Wir haben angefangen, die Kunst des Krieges höher als die militärischen Tugenden zu schätzen – dies war der Untergang der Völker in allen Zeiten[76].« Gleich ihm sah August Neidhardt v. Gneisenau das Grundübel der Epoche darin, den Menschen »finanzistisch und für alle Zwecke der Staatsmaschine nützlich zu bilden, aber bei weitem weniger, um ihn frei und edel und selbständig zu machen«[77]. Nur der äußere Glanz, nur das Gerücht von Größe und

Unüberwindlichkeit, nur die Erinnerung an alle Siege, so Gneisenau, konnten scheinbar Energie erzeugen, so lange der Soldat siegte.

30 Jahre vor dem Zusammenbruch des preußischen Feldheeres bei Jena und Auerstedt 1806, unter dessen Eindruck Gneisenau dies niederschrieb, hatte bereits der württembergische Oberst von Nicolai auf die Folgen zu starker Gläubigkeit an die technische Waffenentwicklung und die reine Kriegskunst verwiesen. Seit Jahrhunderten glaube der Krieger, so Nicolai, das ganze Ansehen in einer gewissen Reihe von Dienstjahren suchen zu müssen; glücklich ausgeschlagene Unternehmungen bestimmten seinen Wert und würden zum allgemeinen Muster, dem man blindlings vertraue[78]. Der kurpfälzische Major O'Cahill warnte 1787 davor, die Dienstobliegenheiten nur maschinenmäßig nach den Reglements zu verrichten[79], desgleichen mahnte der preußische Ingenieur-Leutnant Friedrich Meinert um 1800, daß der Soldat keine Maschine und auch nicht so zu behandeln sei[80].

Die genannten Militärschriftsteller, die neben anderen für eine zahlenmäßig kleine, dennoch beachtete Gruppe humanistisch geprägter Offiziere sprachen, wandten sich gegen die herrschende militärische Überlieferung, soweit sie den rechten Umgang mit der Geschichte und ihren Lehren sowie die Integration des einfachen Soldaten in die Tradition des Staates behinderte. Ziel ihrer kritischen Denkanstöße war es, die »Entschlossenheit zum Handeln und die Fertigkeit im Handeln«[81] der militärischen Führer zu verbessern. Der einfache Soldat sollte gefühlsmäßig stärker an den Dienst gebunden werden. Dies bedeutete aber, daß die Vorgesetzten und Untergebenen auf getrennte Weise zur Tradition hingeführt werden mußten. Die Offiziere sollten vor allem geschichtskundiger gemacht werden: nicht darauf kam es an zu wissen, »was große Männer im Kriege gethan hatten, [...] wovon das Schlachtfeld erfüllt gewesen, nicht Erzählungen von Feyerlichkeiten, durch welche der Sieg begangen worden«[82], sondern es sei zu prüfen, welche Erfahrungen andere Völker im Krieg machten, die Umstände, unter denen sie gemacht wurden und die Art, wie sie gemacht wurden, um somit durch Nachdenken Regeln für die Zukunft zu finden. Beim einfachen Soldaten solle verstärkt auf die Sinne und das Wertgefühl eingewirkt werden[83]. Sein Diensteifer lasse sich bis zum Enthusiasmus steigern, wenn er mehr Sorge für sein Wohl verspüre. Gedacht war an eine bessere Invalidenversorgung, höheren Sold und geregelte Belohnungen für langes und treues Dienen. Nur dann könne der Soldat ein Ehrgefühl besitzen, wenn er so von seinem Wert überzeugt worden sei.

Die Reformvorschläge des Obersten von Nicolai[84] und anderer, ihm gleichgesinnter Offiziere setzten einen neuen Offiziertypus voraus, weil der noch vorherrschende Typus die militärwissenschaftliche Bildung überwiegend ablehnte. Soweit die Reformer forderten, die soziale Stellung des einfachen Soldaten anzuheben, hätte zunächst das überlieferte ständische Gesellschaftssystem überwunden werden müssen. Immerhin zeigten sie erste Ansätze für eine verbesserte Offiziersausbildung auf, die beispielsweise in Preußen nach der Niederlage von 1806 aufgegriffen wurden, um dann von dem Reformerkreis um Scharnhorst teilweise verwirklicht zu werden.

8. Zusammenfassung

Das Zeitalter vom Westfälischen Frieden bis zur Französischen Revolution, das in Deutschland sein besonderes Gepräge durch den fürstlichen Absolutismus erhielt, stand geistes- und staatsgeschichtlich in einer besonderen Spanne zwischen Tradition und Neuordnung. Bis in das Spätmittelalter hinein lebte man ständig mit der Vergangenheit, ohne sie überhaupt als vergangen zu empfinden. Dann aber distanzierten sich die beiden Hauptströmungen des 16. Jahrhunderts, der Humanismus und die Reformation, regelrecht von der unmittelbaren Vergangenheit, der man sich überlegen zu fühlen begann, und das Geschichtsbewußtsein säkularisierte sich immer mehr[85]. Die Zeit kehrte sich von dem kirchlichen Weltbild ab und bildete allmählich ein modernes Selbstbewußtsein auf der Grundlage der Vernunfterkenntnis aus. An die Stelle der alten politischen Einheiten der Christenheit und des mittelalterlichen Universalreiches trat endgültig die Pluralität der souveränen Einzelstaaten, die sich zu modernen Ordnungsmächten mit der Tendenz zur »Rationalisierung der Lebensgestaltung« (Max Weber) entwickelten. Dennoch blieb neben der Disziplinierung durch den Staat und seinen Nützlichkeitserwägungen noch genügend Raum für Haltungen und Bindungen, die nicht zu den sonstigen Maßstäben der bloßen Vernunft und der funktionsgemäßen Bestimmungen paßten. So fanden das fürstliche und das soldatische Selbstverständnis in der primär emotional bestimmten Tradition der mit dem Herrscher besonders eng verbundenen Armee gefühlsstarke Ausdrucksformen. Zwei Schwerpunkte zeichneten sich überall in dem sonst vielgestaltigen Erscheinungsbild der Territorialheere ab: Militärische Repräsentation und Ruhm als Triebkräfte der Fürsten einerseits, Korpsgeist und Ehrgeiz als Motive des sozialen Verhaltens der Offiziere andererseits.

Die Landesherren nützten das Bewaffnungsrecht, das sie im Westfälischen Frieden endgültig erreichten, um ein ständiges Soldheer aufzubauen und ihre Aufgebote besser zu organisieren. Ihre Reformen gingen von den überlieferten Wehrformen des Regiments der Landsknechte und der Landesdefension und den dort vorherrschenden Sitten und Tugenden aus. In den stehenden Regimentern durchdrangen sich – analog zu den umfassenderen staatlichen Wandlungen – neue Anforderungen und Wertmaßstäbe und alte Kriegsgebräuche entsprechend den politischen Anforderungen des Tages. Anachronistisch gewordene Privilegien, etwa der älteren Regimentsinhaber, fielen der Staatsräson zum Opfer. Überholtes Ausrüstungsgerät, wie beispielsweise die Pauken und Trommeln der österreichischen Kavallerie, wurde nach 1763 abgeschafft, da dies der Modernisierung der Truppe förderlich und aus Sparsamkeitsgründen geboten erschien. Daneben erhielten sich gänzlich veraltete, milizähnliche Organisationen, die auf der mittelalterlichen Landfolge aufbauten. Hier herrschten weiterhin der unkriegerische, ständische Geist, aber auch die ländlichen Traditionen der Untertänigkeit, des Heimatgefühls und der landsmannschaftlichen Bindungen vor, die die Landfolgepflichtigen so wertvoll für die Komplettierung oder den Nachersatz der Soldregimenter machten.

Bezeichnend für die Streitkräfte im Absolutismus und grundlegend für ihr Traditionsverständnis wurde ihre dauerhafte Indienststellung für die Monarchie und ihre staatliche Einordnung als ein in sich abgeschlossener Wehrstand, der den anderen Ständen (Lehrstand und Nährstand) die Wehrfunktion abnahm. Erst im repräsentativen Fürstendienst erhielt der überkommene Tugendkatalog der Söldner die überhöhte moralische Bedeutung vor allen anderen sozialen Werten, verabsolutierte sich die soldatische Ordnung und bewahrte ihre maßgebende gesellschaftliche Rolle über mehrere Jahrhunderte hinweg. Erst die Kontinuität der militärischen Einrichtungen, die regelmäßige Beschäftigung, Bezahlung und Aufstiegschancen garantierte, machte die Söldner zu Berufssoldaten und Staatsdienern. Das Heer wurde nach Carl v. Clausewitz zum »Staat im Staate, in dem das Element der Gewalt allmählich in den Hintergrund trat«[86].

Für die Heeresangehörigen selbst war es eine eigene Welt, in der sie, auf sich gestellt, nach eigenem Tagesablauf, mit eigenen Zeremonien, eigener Musik, Kommandosprache und Kleidung lebten und in sich selbst ruhten. Allerdings herrschten in ihr nicht mehr wie im alten Regiment der Landsknechte der gleiche Rechtsschutz und die selbstverständliche Kameradschaft für alle; beides war von einer streng hierarchischen Ordnung nach dem Prinzip der Subordination verdrängt worden, die eine scharfe Trennungslinie zog zwischen den Offizieren und Mannschaften als Welten für sich. In der einen wurde ein aristokratischer Lebensstil gepflegt und bestand ein unmittelbares Treueverhältnis zur Krone; in der anderen lebten teils zum Kriegsdienst gepreßte Soldaten, denen ein individuelles Ehrgefühl abgesprochen wurde. Es gab in Deutschland aber auch bereits Offiziere, die in den monolithischen militärischen Institutionen,

»die das Kriegsführen zu einer immer enger spezialisierten und undurchschaubaren Wissenschaft machten, einen unzulänglichen Ausdruck der großen sozialen und politischen Kräfte sahen, die sich unter der ruhigen Oberfläche der Gesellschaft des späteren 18. Jahrhunderts zu sammeln und zu organisieren begannen«[87].

Anmerkungen

1 Hubatsch, Tradition und Neuordnung, S. 345.
2 Zum folgenden Schlesinger, Herrschaft und Gefolgschaft.
3 Nach Graus, Germanische Treue, S. 106. Zum folgenden Duby, Krieger und Bauern; Bosl, Grundlagen der modernen Gesellschaft im Mittelalter.
4 Hierzu Huizinga, Herbst des Mittelalters; Meyer, Reiterkrieger; Hehl, Kirche und Krieg im 12. Jahrhundert.
5 Wallhausen, Ritterkunst, Vorwort von Hummelberger. Zum folgenden Wang, Der »Miles christianus«.
6 Huizinga, Herbst des Mittelalters, S. 146.
7 Wallhausen, Ritterkunst (Dedication).
8 Oestreich, Soldatenbild, Heeresreform und Heeresgestaltung, S. 301.
9 Rothfels, Clausewitz, S. 31.
10 Papke, Von der Miliz zum Stehenden Heer, S. 179.
11 Hierzu Jahresarbeiten der Führungsakademie der Bundeswehr von Herbert Eichele, Werner Baach und Wilhelm Romatzek über deutsche Artikelbriefe und Kriegsartikel des 16.–18. Jahrhunderts, Hamburg 1969–1971.
12 So Pütter, Historische Entwicklung der Verfassung des deutschen Reiches, Göttingen 1786, zit. in: Jähns, Zur Geschichte der Kriegsverfassung, S. 474.
13 Zum folgenden Zimmermann, Militärverwaltung und Heeresaufbringung in Österreich bis 1806; Allmayer-Beck/Lessing, Das Heer unter dem Doppeladler.
14 Khevenhiller, Observations-Puncten von 1734, Zweyter Teil, S. 1 ff.
15 Neustes Reglement für die sämmtliche Kaiserlich Königliche Kavallerie, 1786, S. 39. Zum folgenden Broucek, Der Geburtstag der Monarchie, S. 49 ff.
16 Zit. nach Allmayer-Beck/Lessing, Das Heer unter dem Doppeladler, S. 142.
17 Ebd., S. 154.
18 Zit. bei Berenhorst, Betrachtungen über die Kriegskunst, S. 293.
19 Ebd., S. 295.
20 Bleckwenn, Brandenburg-Preußens Heer, S. 215.
21 Papke, Von der Miliz zum Stehenden Heer, S. 206.
22 Die Werke Friedrichs des Großen, Bd 1, S. 89.
23 Ebd., S. 117.
24 Ebd., S. 217.
25 Linnebach, Friedrich Wilhelm I., S. 52.
26 Ebd., S. 53.
27 Bleckwenn, Einführung zum Reglement von 1726, S. XXVII.
28 Ebd., S. XXVIII.
29 Siehe Offiziere im Bild von Dokumenten, Dokument Nr. 14.
30 Siehe Papke, Von der Miliz zum Stehenden Heer, S. 157.
31 Zum folgenden Lehmann, Werbung, Wehrpflicht und Beurlaubung; Scharfenort, Kulturbilder aus der Vergangenheit des altpreußischen Heeres; Büsch, Militärsystem und Sozialleben im Alten Preußen.
32 Schmoller, Die Entstehung des preußischen Heeres, S. 151.
33 Koser, Geschichte Friedrichs des Großen, Bd 2, S. 296.
34 Zit. nach Schieder, Friedrich der Große, S. 136.
35 Aus einem Brief des 19jährigen Kronprinzen an den Kammerjunker v. Natzmer, zit. ebd., S. 132.
36 Politische Testamente der Hohenzollern, S. 118.
37 So sinngemäß im Politischen Testament Friedrichs des Großen von 1752, ebd., S. 222 ff.
38 So Friedrich II. in seinem Dialog über die Moral an die Akademie des Nobles von 1765, in: Die Werke Friedrichs des Großen, Bd 8, S. 273.
39 Berenhorst, Betrachtungen über die Kriegskunst, S. 109.
40 Ebd., S. 74.
41 Hierzu Gembruch, Menschenführung im preußischen Heer, S. 51 ff.
42 Politische Testamente der Hohenzollern, S. 297.
43 Schieder, Friedrich der Große, S. 341.

44 Ebd., S. 483.
45 Zu dieser Bewertung gelangt eine offiziöse Denkschrift des Wiener Hofes aus dem Jahr 1761, ebd., S. 185.
46 Ebd.
47 Rosinski, Die Deutsche Armee, S. 53.
48 Schieder, Friedrich der Große, S. 54.
49 Vgl. Hansen, Sozialgeschichte des deutschen Militärs im 17. und 18. Jahrhundert, S. 432 ff.
50 Dargestellt nach Staudinger, Geschichte des kurbayerischen Heeres, Bde 1–3; Franz, Das bayerische Heer, S. 193 ff.; Frauenholz, Die Eingliederung von Heer und Volk.
51 Zit. nach Frauenholz, Die Eingliederung von Heer und Volk, S. 11.
52 So gleichlautend bei: Kirchhof, Militaris Disciplina; Wallhausen, Ritterkunst; Grubern, Kriegs-Disciplin; Fleming, Der Vollkommene teutsche Soldat.
53 Zur Bedeutung Grubers als Militärschriftsteller siehe Jähns, Kriegswissenschaften, Bd II, S. 1260 ff.
54 Siehe Kirchhof: Militaris Disciplina, Erster Theil.
55 Reglement von 1726, XI. Theil, II. Titul. »Wie gute Discipline unter denen Soldaten gehalten werden muß«.
56 Vgl. Khevenhiller, Observations-Puncten von 1734, S. 157 ff.
57 Gruber, Kriegs-Disciplin, S. 7.
58 Fleming, Der Vollkommene teutsche Soldat, S. 13.
59 Reglement für die Kürassier- und Dragoner-Regimenter der Königlich-Preußischen Armee, S. 208.
60 Zum folgenden Müller, Königlich-Preußisches Kriegsrecht (1760), § 111; Khevenhiller, Observations-Puncten von 1734, Art. 1; Reglement für die Truppen von den Fürsten und Ständen des schwäbischen Kreises, § 1.
61 Artikelsbrief Kurfürst Maximilian Joseph, München, 22 Jenner An 1746, Articulo I, in: Churbaierische Infanterie-Instruction von 1774, Erster Theil, A 4.
62 Die Kriegsgesetze oder Verhaltungen für die sämmtliche k. k. Armee (1794), 1. Kriegsartikel.
63 Ebd., Kommentar zum 1. Kriegsartikel.
64 Reglement für die Truppen von den Fürsten und Ständen des schwäbischen Kreises, § 5.
65 Kirchhof, Militaris Disciplina, Erster Theil, Kap. III.
66 Z. B. Kriegsgesetze oder Verhaltungen für die sämmtliche k. k. Armee (1794), Kap. XI.–XVI: Kriegsartikel.
67 Ebd., Kap. XV: Kriegsartikel.
68 Neuestes Reglement für die sämmtliche Kaiserlich Königliche Kavallerie, Abdruck Frankfurt 1796, Vierter Abschnitt, Viertes Kapitel.
69 Ebd., 26. Kapitel: Von dem Ehrlichmachen.
70 Überliefert durch Archenholtz, Geschichte des Siebenjährigen Krieges; Tempelhof, Geschichte des Siebenjährigen Krieges in Deutschland, Bd 4.
71 Churbaierische Infanterie-Instruction von 1774, Erster Theil, S. 78.
72 Vgl. Lossow, Denkwürdigkeiten zur Charakteristik der preußischen Armee, S. 121.
73 Seyfrat, Vollständige Geschichte aller Königlichen preußischen Regimenter, Vorwort.
74 Papke, Von der Miliz zum Stehenden Heer, S. 201.
75 Höhn, Revolution, Heer, Kriegsbild, S. 73.
76 Zit. nach v. d. Goltz, Von Roßbach bis Jena und Auerstedt, S. 549.
77 Pertz, Gneisenau, Bd 1, S. 319.
78 Nicolai, Versuch eines Grundrisses.
79 O'Cahill, Der vollkommene Officier, Vorrede.
80 Meinert, Aufsätze aus der Kriegskunst, S. 251.
81 Nicolai, Versuch eines Grundrisses, S. 19.
82 Ebd., S. 113.
83 So Meinert, Aufsätze aus der Kriegskunst, S. 251 f.; Reizenstein, Über den wichtigen Einfluß des militärischen Geistes, S. 346 ff.
84 Höhn, Revolution, Heer, Kriegsbild, S. 110 ff.
85 Hierzu: Der Übergang zur Neuzeit und die Wirkung von Traditionen; Graus, Lebendige Vergangenheit, S. 85; Höhn, Revolution, Heer, Kriegsbild, S. 110 ff.
86 Zit. nach Howard, Der Krieg in der europäischen Geschichte, S. 99.
87 Ebd., S. 101.

Zweiter Teil:

Ursachen und Hintergründe zur Entwicklung deutscher militärischer Tradition vom Ende des 18. Jahrhunderts bis 1914

von Hans-Martin Ottmer

I. Die Auswirkungen der Französischen Revolution auf die Kriegführung

1. Allgemeines

Ausgelöst durch die andauernde Finanzkrise und durch eine verbreitete Unzufriedenheit der Bevölkerung hatte sich 1789 in Frankreich die innenpolitische Situation dramatisch zugespitzt. Zusammentritt der Generalstände, Bildung einer verfassunggebenden Nationalversammlung durch den bürgerlichen dritten Stand und schließlich am 14. Juli der Sturm der Pariser Bevölkerung auf die Bastille (Staatsgefängnis und gleichzeitig Symbol willkürlicher Herrschaft) leiteten die Große Französische Revolution ein. Liberté-Egalité-Fraternité (Freiheit-Gleichheit-Brüderlichkeit) lautete die neue Devise, mit der die einen so viele Hoffnungen verbanden, während die Angehörigen des Adels sowie Sprecher jedweder Opposition gegen die Revolution in Frankreich um ihre physische Existenz fürchteten; außerhalb Frankreichs bedeutete die Devise der Französischen Revolution für die konservativen Monarchien eine ungeheuerliche Herausforderung und auch Bedrohung, zumal die bürgerliche Elite in Mitteleuropa mit großer Sympathie nach Paris blickte. Es gab »Pilger der Freiheit«, die nach Paris reisten, um sich vor Ort zu informieren und begeisterte Briefe nach Deutschland schrieben.

Das, was die französischen Revolutionäre wollten, mußte für den politisch interessierten Bürger von großem Interesse sein. Adel und Geistlichkeit verloren ihre Privilegien; geplant war ein Nationalstaat mit einer konstitutionellen Verfassung, d. h. der König sollte nur noch repräsentatives Staatsoberhaupt sein, während die Regierungsverantwortung unter der Kontrolle einer frei gewählten Nationalversammlung Ministern übertragen werden sollte. Angestrebt wurde ferner die Gleichheit vor dem Gesetz, Chancengleichheit bei der Vergabe von öffentlichen Ämtern sowie Steuerzahlungen nach den jeweiligen Einkommens- und Vermögensverhältnissen. Die Kirche sollte fortan eine vom Staat abhängige Institution sein[1]. Insgesamt schien dies alles sehr menschenfreundlich gedacht, und die Idealisten der ersten Stunde konnten sich angesichts ihrer eigenen hohen moralischen Maßstäbe nur eine friedliche Außenpolitik vorstellen.

Die Pariser Nationalversammlung verkündete jedenfalls feierlich, sie werde auf jeden Eroberungskrieg verzichten. Aber so weitreichende innere Veränderungen – das hat die Geschichte der Großen Französischen Revolution gezeigt – vollziehen sich im allgemeinen nicht friedlich. Rasch bildeten sich in Paris Fraktionen, die sich an Radikalität gegenseitig überboten, gegenseitig terrorisierten und schließlich das allgemeine Chaos bewirkten. Die Errichtung einer Schreckensherrschaft war die Folge. Der Terror in Paris ernüchterte dann auch in Deutschland die ehemaligen Sympathisanten, die freilich weiterhin gleichermaßen über einen Weg zur Volkssouveränität und zur Demokratie nachdachten; nur sollte sich dies in »vernünftigeren« Bahnen, auf dem Wege durch Reformen vollziehen. So führte die Kluft zwischen dem revolutionären Frankreich und den überwiegend feudalen Monarchien im übrigen Europa zu immer stärkeren Spannungen, deren Entladung im Kriege letztlich unvermeidbar wurde.

2. Der Krieg zwischen Frankreich und den konservativen Mächten Europas

In der Hauptsache gaben drei Konflikte den Anlaß zur bewaffneten Auseinandersetzung.
1. Durch bestimmte Beschlüsse der Nationalversammlung in Paris waren deutsche Reichsstände im Elsaß in ihren Ansprüchen und Rechten beeinträchtigt; sie lehnten aber eine finanzielle Entschädigung durch Frankreich ab.
2. Ein besonderes Ärgernis für die neuen Machthaber in Paris stellte die freundliche Aufnahme französischer Emigranten in Deutschland dar, von denen sich einige anschickten, eigene Regimenter aufzustellen, und die ganz offenkundig eine Gegenrevolution planten.
3. Die Behandlung des französischen Königspaares nach seinem mißglückten Fluchtversuch, der von Kaiser Leopold II. gebilligt worden war, bewirkte bei den europäischen Königen und Fürsten einen Solidarisierungseffekt. Umgekehrt wurde ein zu dieser Frage am 6. Juli 1791 in Padua aufgesetztes Rundschreiben an die Höfe Europas in Paris als unangemessene Einmischung in die inneren Belange Frankreichs aufgefaßt. Eine von Emigranten veröffentlichte Deklaration verschärfte die Lage zusätzlich.

Am 25. Juli 1791 schlossen Österreich und Preußen ein Abkommen, in dem u. a. ein gemeinsames Auftreten gegen das revolutionäre Frankreich vereinbart wurde. Zwischenzeitlich schien sich dann allerdings die Lage zu beruhigen, da Ludwig XVI. wieder als König eingesetzt worden war und seine Zustimmung zu der von der Nationalversammlung ausgearbeiteten Verfassung gegeben hatte. Für kurze Zeit konnte die Revolution als beendet angesehen werden.

Es kam anders. In der neuen gewählten Legislative in Paris, die die Nationalversammlung abgelöst hatte, setzte sich die Gruppe der Girondisten (so benannt nach der Herkunft einiger ihrer Führer aus der Gironde) durch, die, von der Durch-schlagskraft der von der Revolution geschaffenen Prinzipien überzeugt und auf nationale Ehre bedacht, ein entschlossenes Vorgehen gegen die Emigranten und eine festere Haltung gegenüber den europäischen Monarchien durchsetzte. Da-mit verschärfte sich nicht nur der Gegensatz zu den europäischen Monarchien, sondern erhielt auch eine offensive Komponente. Am 7. Februar 1792 schlossen Österreich und Preußen einen Freundschafts- und Schutzvertrag, in dem man sich zu gemeinsamem Handeln verpflichtete, falls Frankreich angreifen würde. Der Krieg war unvermeidlich geworden. Am 20. April 1792 erklärte König Ludwig XVI. Österreich den Krieg, wobei er gehofft haben mag, die Gegenseite werde erfolgreich sein; denn nur unter einer solchen Voraussetzung konnte er erwarten, seine alten königlichen Rechte wiederzugewinnen[2]. Preußen hielt sich an seine Bündnisverpflichtungen und trat an der Seite Österreichs in den Krieg ein, der sich für Österreich und andere Staaten über annähernd 25 Jahre hinziehen sollte. Auf der Seite der Verbündeten rechnete man mit einem raschen Sieg, weil man zu Recht annahm, die französische Armee sei durch die Wirren der Revolu-tion in ihrer Kampftüchtigkeit schwer angeschlagen.

Beide deutschen Mächte verfolgten indessen bei ihren Feldzügen gegen Frank-reich Nebenabsichten, die auf Gebietserweiterungen abzielten. Wegen dieser Ne-benabsichten kam es bald zu Meinungsverschiedenheiten zwischen den Verbün-deten und zu mangelhafter Zusammenarbeit bei der operativen militärischen Planung. So konnte Frankreich bei der Kanonade von Valmy am 20. September einen in erster Linie moralischen Sieg erringen und im weiteren Verlauf sogar zur Offensive übergehen. Bei dem Gefecht handelte es sich im Grunde genommen nur um ein Artillerieduell, das aber den Befehlshaber der preußischen Truppen, den Herzog von Braunschweig, zum Rückzug veranlaßte, der einer militärischen Katastrophe bedenklich nahe kam, weil schlechtes Wetter, Hunger und Krankhei-ten zu großen Ausfällen in der preußischen Armee führten[3].

Die Franzosen hatten Erfolg, weil sie mit dem bis dahin gültigen Militärsystem brachen, neue taktische Methoden anwendeten und vor allem auf der Grundlage der Ideen von »Freiheit–Gleichheit–Brüderlichkeit« Volksheere aus dem Boden stampfen konnten, deren Soldaten – beseelt von dem Sendungsbewußtsein der Revolution – eine ganz andere Kampfmotivation zeigten als die größtenteils zum Militärdienst gepreßten Soldaten der Mächte alten Stils; angefeuert von den Klängen der Marseillaise (des im Elsaß entstandenen Liedes der Freiwilligen aus Marseille) kam bei den französischen Soldaten Aufbruchstimmung, Begeisterung oder »Enthusiasmus« auf, wie das Schlagwort der Zeit lautete. Die Franzosen oder genauer Lazare Graf Carnot, der Organisator der französischen Revolu-tionsarmeen, begründete mit der Devise »Agir toujour en masse!« eine neue Militärtradition. Carnot führte namentlich die allgemeine Wehrpflicht ein, wobei er sich – wie dies bei einer Reihe von anderen Einrichtungen des neuen Frankreich auch der Fall war – am Vorbild der römischen Antike orientierte; so betrachtet handelte es sich um die Erneuerung einer vermeintlich verschütteten Tradition, die aber seit der Renaissance zunehmend – und zwar auf den verschiedensten Gebieten – idealisiert wurde. Auch bezüglich seiner Zielsetzung nahm nun der Krieg ganz andere Dimensionen an. Hatte man bis dahin im 18. Jahrhundert das Ideal im vorsichtigen, die Entscheidungsschlacht vermeidenden Taktieren gesehen, so strebten die Franzosen nunmehr die vollständige Vernichtung des Feindes an; man hatte ja genügend Truppen, um eigene Verluste auffangen zu können.

Napoleon, der später die französischen Bürgerheere zu triumphalen Siegen führte, kann vorbehaltlos als Vernichtungsstratege bezeichnet werden. Die Vernichtungsstrategie war in der Antike üblich gewesen, und es ist wohl kein Zufall, daß sich Napoleon von dem Maler François Gérard mit den Insignien Caesars portraitieren ließ, der in der Überlieferung zudem als Demokratenkönig verklärt worden war. Aber auch Carnot hatte schon geschrieben »Wir müssen vernichten, vernichten bis zum bitteren Ende[4]!«

Es wäre zweifellos verfehlt, die Aufstellung der französischen Bürgerheere zu idealisieren. Es war nämlich nicht nur Enthusiasmus, der die Männer zu den Fahnen trieb, sondern auch der Zwang eines fanatischen Regimes, das schon bei geringstem Widerstand rücksichtslos von der Guillotine Gebrauch machte. Ebenso rücksichtslos wurde auch die gesamte nationale Wirtschaft für Ausrüstung, Bekleidung und Verpflegung der Heere in Anspruch genommen. Erstmals wurden Wissenschaftler herangezogen, die sich mit der Verbesserung der Bewaffnung zu befassen hatten. In Frankreich nahmen die Revolutionskriege bereits »totale« Züge an[5]. Der Krieg wurde zur Sache des Volkes gemacht.

Die eilig einberufenen französischen Soldaten konnten natürlich nur oberflächlich oder gar nicht ausgebildet werden. Teilweise lernten sie den Umgang mit der Muskete von ihren Kameraden, Berufssoldaten aus dem alten Regime, die zu Beginn der Revolutionskriege das Rückgrat der französischen Heere bildeten und denen sich unter den neuen Machthabern vorzügliche Aufstiegsmöglichkeiten boten. Wegen der großen Zahl unausgebildeter Soldaten war für die französische Führung die gekünstelte Linientaktik der Berufsarmeen des 18. Jahrhunderts nicht mehr durchführbar, weil sie nur mit entsprechend gedrillten Mannschaften funktionierte. Also mußten einfachere Kampfweisen gefunden werden. Man ging über zum Angriff in massierten Kolonnen, in der Hoffnung, die Linie des Feindes zu durchbrechen, um dann im Kampf Mann gegen Mann die Schlacht mit dem Bajonett zu entscheiden. Zuvor konnte der Feind verunsichert werden, indem man Schützen ausschwärmen ließ und es dem einzelnen Schützen überließ, möglichst aus einer Deckung heraus einen mehr oder weniger gezielten Schuß gegen die feindlichen Linien abzugeben, um sich dann zum Nachladen rasch wieder zurückzuziehen. Dieses Verfahren wurde »Tiraillieren« genannt; gegenüber dem Linienfeuer hatte dies den Nachteil, daß eine einheitliche Feuerleitung nicht möglich war und wegen der Qualmentwicklung des damaligen Schwarzpulvers Sichtbehinderungen eintreten konnten[6].

Die Bedeutung der Tirailleurtaktik ist später oft stark überschätzt worden. Die Erfolge der französischen Revolutionsarmeen erklären sich keineswegs allein mit diesem neuen taktischen System; gewichtiger war ihre zahlenmäßige Überlegenheit und später auch die brillante Führung durch Napoleon Bonaparte, während die Generalität der konservativen Mächte Europas teilweise fast vollständig versagte. Außerdem dürfte die Uneinigkeit der gegen Frankreich verbündeten Mächte von entscheidender Bedeutung gewesen sein. Immerhin setzte die Tirailleurtaktik einen gänzlich neuen Soldatentyp voraus; denn das Tiraillieren konnte nur erfolgreich sein, wenn die dazu eingeteilten Soldaten eigenen Handlungsspielraum hatten. Da die Armeeführungen der konservativen Mächte aufgrund ihres Rekrutierungssystems ihren Mannschaften mit Mißtrauen gegenüberstanden, taten sie sich schwer, die bei den Franzosen beobachteten erfolgreichen neuen Grundsätze auf ihre eigenen Armeen zu übertragen. Ansätze zur Nutzbarmachung dieser neuen Grundsätze wurden deshalb nur halbherzig verfolgt.

Am 5. April 1795 schloß Preußen mit dem revolutionären Frankreich zu Basel einen Sonderfrieden, in dem es sich für sich und gemäß einer Zusatzkonvention für die norddeutschen Länder jenseits einer bestimmten Demarkationslinie die Neutralität sicherte. Mit der Einbeziehung der norddeutschen Gebiete wurde zum ersten Mal die Spaltung des Römischen Reiches Deutscher Nation gleichsam aktenkundig. Die kleindeutsche Lösung schien sich damals schon abzuzeichnen. Publizisten jener Zeit bezichtigten Preußen deshalb des Reichsverrats; politisch bedeutete der Friede zu Basel eine gewisse Isolierung Preußens.

Aber Preußen brauchte diesen Sonderfrieden, weil es bei der sich anbahnenden dritten polnischen Teilung seine Interessen wahren wollte. Zu diesem Zweck mußten Truppen bereitgestellt werden, die notfalls gegen Rußland und Österreich eingesetzt werden konnten. Deshalb zog sich Berlin aus der Koalition zurück und gewann so in der polnischen Frage Handlungsfreiheit. Es konnte in der Folge das gesamte Kernland Polens für sich gewinnen, während Österreich den Krieg gegen Frankreich fortsetzte. So betrachtet, waren die Friedensbedingungen für Preußen nicht ungünstig[7].

Die Friedenszeit dauerte mehr als zehn Jahre, die als kulturelle Blütezeit angesehen werden müssen. In diesen Jahren gaben begabte Architekten der Stadt Berlin ein unverwechselbares Gepräge. Friedrich Wilhelm II. förderte Schauspielkunst und Musik. 1795 erschien Kants Friedensschrift, und im Jahre 1800 veröffentlichte sein Schüler Friedrich Gentz im »Historischen Journal« seinen Aufsatz »Über den Frieden«. Berlin wurde zu einer Hochburg der Romantik, einer vielschichtigen Bewegung, die nicht leicht auf einen Nenner zu bringen ist. Historiker schufen ein neues Geschichtsbild, das zur Bildung eines Nationalbewußtseins beitrug. In Weimar (zur norddeutschen Neutralitätszone gehörig) wirkten Goethe, Schiller und Herder, in Jena Johann Gottlieb Fichte.

Die Militärschriftsteller v. Berenhorst und v. Bülow, beide hervorragende Kenner des absolutistischen Militärwesens, zogen ihre Schlüsse aus der neuen Kampfweise der Franzosen und brachten die preußische Armee durch ihre herbe Kritik ins Gerede.

II. Zeitgenössische Kritik am bisherigen Heerwesen in Preußen

1. Allgemeines

Die Ursache der Erfolge der französischen Armeen gegenüber den stehenden Armeen der absolutistischen Mächte beruhte vor allem auf der überlegenen Kampfmoral der französischen Soldaten, die sich – jedenfalls zum Teil – mit Enthusiasmus für die gerade gewonnenen Werte der Revolution einsetzten. Dies erkannten bereits mehrere Zeitgenossen, die als Offiziere gegen die Franzosen gekämpft hatten. Dazu gehörten u. a. der preußische Generalfeldmarschall von dem Knesebeck und der hessische Major F. P. v. Porbeck, der aufgrund seiner Erfahrungen in den Revolutionskriegen über die preußische Armee wie folgt urteilte:

»So schön und glänzend die Außenseite aller Truppen war, so kriegerisch die Bewaffnung – und so imposant die Evolutionen, besonders der meisten deutschen Kriegsvölker zu sein schienen, so gut sprach doch kein froher Gemeingeist – nicht das moralische Einverständnis, – nicht der Einklang der kleinen und großen Massen – noch die Anstrengung der Leibes- und Seelenkräfte aller Glieder, – den schmeichelhaften Hoffnungen, womit sich bisher jedermann – selbst die einsichtsvollsten Männer getäuscht hatten[8].«

Hier wird bereits grundlegende Kritik erkennbar. Angesichts der von den Franzosen geschaffenen neuen Dimension der Kriegführung – so wird nicht nur von Porbeck klar erkannt – genügten keine Einzelkorrekturen mehr, statt dessen stellte sich die Frage, ob die Stehenden Heere überhaupt noch als taugliche Instrumente angesehen werden konnten, wenn die eine Seite den Krieg – im Sprachgebrauch der damaligen Zeit – als »Meinungskrieg« betrachtete, während die andere nach der bisherigen Anschauung weiterhin einen »Kabinettskrieg« führen wollte. Mit anderen Worten: Das in dieser Zeit extreme Spannungsverhältnis zwischen Tradition und Fortschritt war von einigen Zeitgenossen im vollen Ausmaß erkannt worden[9].

2. Kritik Berenhorsts

Um die Jahrhundertwende trat in Preußen Georg Heinrich Frhr. v. Berenhorst mit seiner Kritik in den Vordergrund. Als ehemaliger Brigademajor im Quartiermeisterstab Friedrichs des Großen war seine Kennerschaft des bisherigen Militärwesens über jeden Zweifel erhaben; um so mehr mußte Berenhorsts radikaler Bruch mit dem Bestehenden über Preußen hinaus Beachtung finden[10], aber auch auf den schärfsten Widerstand der in der Tradition des friderizianischen Heeres stehenden Zeitgenossen stoßen. Seine Hauptthesen lauteten[11]:

»Kampf der Auffassung vom Kriege als einem kunstreichen Spiel, das, nach bestimmten Regeln geführt, im einzelnen berechenbar ist und wo der Feldherr, ›indem er eine Schlacht liefert, bloß eine Partie Schach spielt‹.

Unberechenbar ist für Berenhorst der Krieg; das ›große Ungefähr‹, der Zufall, ist der entscheidende Faktor. Unbrauchbar sind daher die Regeln, sie werden im Ernstfall über Bord geworfen.

Kampf der Manövrierkunst als dem charakteristischen Ausdruck der Auffassung vom Krieg als Spiel. Die Manövrierkunst selbst ist nichts anderes als ein Schauspiel, zweckdienlich allein für den Paradeplatz von Potsdam, die ausländischen Diplomaten und einen ›eingebildeten Feind‹, erweist sich aber im Felde, wo es die Hindernisse des Geländes zu überwinden gilt, als unbrauchbar.

Kampf der Auffassung vom Soldaten als ›lieblosem Kunstwerk‹ und ›seelenlosem Automaten‹ mit einem ›armesünderartigen Mute‹. Kampf dem absolutistischen Zwangssystem, das die Soldaten ›an den Haaren unter das Gewehr zerrt‹ und mit Hilfe von Prügeln zu einer ›Exerziermaschine‹ herabwürdigt, anstatt an ihre inneren seelischen Kräfte zu appellieren.

Kampf den unmenschlichen Strafen sowie dem System ›der kunstreichen Anwendung des Aufpassens‹ untereinander, indem alle ›sich selbst bewachen‹, das im Ergebnis die Soldaten zu ›dienstversehenden Gefangenen der preußischen Armee‹ herabwürdigt. Notwendig ist es in Zukunft, die Seele des Soldaten zu gewinnen und den Enthusiasmus zu entfachen. ›Ohne Begeisterung geht alle Taktik auf Krücken [. . .], das Feuer aber, physisches mit moralischem verbunden, bereitet den Sieg‹.

›Staatsverteidiger‹ müssen in Zukunft die ›gezwungenen Soldaten‹ ablösen. An die Stelle des jetzigen Heeres, das ›einen Stand, abgesondert von allen übrigen Ständen‹, bildet, soll ›ein Heer aus Staatsbürgern‹ treten. ›Jeder Staatsbürger soll im Prinzip auch Staatsverteidiger sein‹. Ein neuer Typus von Vorgesetzten hat die Stelle der bisherigen ›Zuchtmeister‹ einzunehmen.

Voraussetzung für diese neue Heeresverfassung ist eine neue politische Verfassung, die den Absolutismus aufgibt und von dem Gedanken ausgeht, den einzelnen an den Staat heranzuziehen. Wird sie nicht eingeführt, dann wird die rächende Zukunft dies erzwingen, wenn sie ›die übel zusammengefrorenen Schollen wie Tauwetter im Frühling mit schrecklichem Bruch auflösen wird‹.

In der praktischen Übung der Soldaten sind an Stelle der Künstlichkeit ›starke Märsche mit Waffen und Gepäck‹ einzuführen, damit die Soldaten gewandt werden, ihre natürlichen Körperkräfte üben und so die Grundlagen für eine neue natürliche Art des Krieges mitbringen. Statt Meister der Paradegriffe zu sein, die ihre ganze Kraft auf das starke Formieren, Entfalten und Halten der Linie verwenden, müssen die Offiziere die besten Kenner des Landes werden und so bereits eine natürliche Überlegenheit gegenüber dem Feind in den Kampf mitbringen.«

Schärfer konnten die Gegensätze zwischen dem alten System und den Forderungen an eine zeitgemäße Landesverteidigung bzw. Kriegführung nicht formuliert werden. Hier sind von Berenhorst bereits fast alle Stichworte vorweggenommen worden, die nicht nur im Verlauf der Heeresreform durch Scharnhorst, Gneisenau, Clausewitz, Grolman, Boyen u. a. eine Rolle gespielt haben, sondern bis in die neueste Zeit ihre Bedeutung behielten; die genannten Stichworte unterscheiden sich in späterer und neuester Zeit allenfalls in rein sprachlichen Nuancen: gegen den »Kadavergehorsam« statt dessen Appell an die Einsicht und Begeisterungsfähigkeit des »mündigen Staatsbürgers«, gegen den Gamaschendienst (Gammeln?) in den Kasernen, statt dessen Gefechtsausbildung und praktische Übung; Ausbildung nicht durch ungehobelte Schleifer, sondern durch hinreichend gebildete und auf ihre Aufgabe vorbereitete Offiziere und Unteroffiziere, also »zeitgemäße Menschenführung«; und als Voraussetzung zu alledem eine Verfassung, die Menschenrechte und Demokratie garantiert.

Im Grunde genommen richtet sich die Kritik Berenhorsts gegen das Institut der stehenden Armee zugunsten der Einrichtung einer Landesmiliz, eine Idee, die im 19. Jahrhundert das liberale Bürgertum und später die Sozialdemokraten faszinierte.

Berenhorst konnte sich keinen gefährlicheren Zustand für einen Staat denken, »als Schulden und ein großes stehendes Heer mit schlechtem Geiste«[12]. Und: »Was Niederländer einst konnten, was Amerika ohne stehendes Heer konnte, was Frankreich konnte, als sein stehendes Heer größtenteils emigriert, desertiert, desorganisiert war, und beide Staaten schon den Feind im Lande hatten, das kann jedes Volk, welches seine Verfassung liebt und sich nicht will erobern und unterjochen lassen[13].«

Wenn aber der allgemeine Volkskrieg zum Ideal erhoben werden sollte, dann mußte nach Berenhorsts Vorstellung die stehende Armee absolutistischer Prägung an Bedeutung verlieren. In Zukunft würde seiner Meinung nach eine kleine Rahmenarmee von Berufssoldaten ausreichen, deren Aufgabe sich darauf beschränken sollte, für den Fall des Krieges die allgemeine Volkserhebung zu organisieren und zu führen[14].

Durch Berenhorst ist um die Wende vom 18. auf das 19. Jahrhundert auf dem militärischen Sektor alles Herkömmliche grundsätzlich in Frage gestellt worden und ein in die Zukunft weisender Durchbruch jedenfalls intellektuell gelungen. Betrachtet man die Französische Revolution als die praktische Auswirkung jener Philosophen, die in der Denkweise der Aufklärung die absolutistische Staatsherrschaft kritisierten und als Alternative den demokratischen Verfassungsstaat entwarfen, so erheischte die Revolution in Frankreich eine ebenso neue Wehrordnung, wenn die Errungenschaften der Revolution gegen die Feindschaft der übrigen absolutistischen Staaten in Europa behauptet werden sollten. Schöpfer dieser neuen Heeresorganisation war in der Hauptsache Lazare Carnot, der allerdings auf Ideen zurückgreifen konnte, die die französischen Militärschriftsteller Chevalier de Folard und Guibert dargelegt hatten. Da die Organisation der französischen Revolutionsarmeen im Kriege überwiegend erfolgreich war, erscheinen die Ausführungen Berenhorsts lediglich als die natürlichen Schlußfolgerungen aus den Beobachtungen über die Kampfweise der Franzosen. Für Preußen forderte Berenhorst zumindest auf dem militärischen Sektor gleichermaßen ein revolutionäres Umdenken, einen radikalen Bruch mit der bisherigen Tradition. Das aber schien für die konservativen Staaten die Quadratur des Kreises gewesen zu sein; in Frankreich hatte sich die Revolution zunächst auf politischem Wege vollzogen, während die zusätzliche Revolutionierung des Heerwesens aus dem Gebot der Stunde heraus geboren worden war. War nicht auch der umgekehrte Weg denkbar? – Mußte es für die europäischen Mächte alten Stils ein nicht zu kalkulierendes Risiko bedeuten, wenn sie ihre wehrfähigen Männer nicht mehr als Untertanen des Königs zur Armee beriefen, sondern als »Staatsbürger«, die nicht mehr ihrem König allein dienten, sondern vielmehr ihr Vaterland mit »Enthusiasmus« gegen den äußeren Feind verteidigten? – In der Tat, von woher sollte der beschworene Enthusiasmus des neuen »Staatsbürgers« denn kommen, wenn nicht von einer Verbesserung seiner allgemeinen und politischen Rechte? – Tatsächlich hatte Berenhorst den Verfassungsstaat gefordert, wie später Gneisenau verlangte, es müsse als Voraussetzung für den Erfolg der Reform dem Volk erst einmal ein Vaterland gegeben werden. Kein Zweifel, durch Berenhorst nahm in Deutschland zum ersten Mal die Auffassung Gestalt an, daß man mit dem nach Expansion drängenden Frankreich nur fertig werden könne, wenn auf politischem *und* militärischem Gebiet zumindest ähnliche Mittel zur Anwendung gebracht werden würden. Dies bedeutete im Kriege Volkserhebung gegen Volkserhebung, Masseneinsatz gegen Masseneinsatz unter Ausnutzung aller nationalen Ressourcen. Die Idee vom totalen Kriege war zumindest vorausgedacht worden.

3. v. Bülow: Die Theorie vom künftigen totalen Krieg

Während sich Berenhorst, abgesehen von einigen angreifbaren Vorschlägen zur praktischen Durchführung, darauf beschränkt hatte, am bestehenden absolutistischen Heeressystem Kritik zu üben, entwarf Adam Heinrich Dietrich Frhr. v. Bülow eine Theorie des künftigen Massenkrieges. Bülow, ehemaliger preußischer Kavallerieoffizier, erwarb seine Kriegserfahrung durch die Teilnahme am Feldzug des österreichischen Generals Schönfeld gegen den Aufstand in den belgischen Provinzen. Da er nach zwei Aufenthalten in Amerika sein Vermögen verloren hatte, betätigte er sich in Berlin als Militärschriftsteller, in der trügerischen Hoffnung, sich dadurch für eine Anstellung beim Generalquartiermeisterstabe zu qualifizieren.
Bülow, von Berenhorst stark beeinflußt, akzeptierte dessen Vorstellungen vom neuen Kriegsbild, verwarf gleichermaßen die bisherige stehende Armee und die geltenden strategischen Konzeptionen für ihren Einsatz[15].

Im Unterschied zu Berenhorst, der auf den Zufall im Kriege besonderen Wert legte und von daher die gekünstelten Exerzierplatzreglements als für den Krieg untauglich betrachtete, stellte Bülow neue Regeln auf, die gerade den Zufall auch bei einem künftigen Massenkrieg ausschließen sollten. Bülow hielt sich bei seinen Überlegungen, die er im Jahre 1799 in seinem Buch »Geist des neuern Kriegssystems« zum ersten Mal darlegte und in späteren Veröffentlichungen verfeinerte, nicht mehr mit der stehenden Armee auf; seine Grundannahme geht von dem Einsatz unerschöpflicher Massen aus, die allein aufgrund der Wahrscheinlichkeitsregeln jeder stehenden Armee überlegen sein mußten. Reinhard Höhn hat diese Grundannahme Bülows mit einem Roulettespiel verglichen, in dem derjenige mit dem größten Spielkapital auch die größten Gewinnchancen hat. Demgegenüber gleiche der Feldherr des Stehenden Heeres einem Spieler, »der mit geringen Geldmitteln an den Spieltisch tritt und hier mit System zu spielen versucht. Er kann die Bank nicht sprengen und das Schicksal nicht wenden. Ihm fehlt es im richtigen Augenblick, wo er weiter spielen müßte, an den notwendigen Mitteln. Der Feldherr des Massenheeres dagegen, der über unendliche Reserven verfügt, hat alle Gewinnchancen in seiner Hand vereinigt. Er kann das Spiel zum mindesten mit einem ›Unentschieden‹ beenden[16].« Für Bülow hat somit auch die Niederlage im Kriege nichts Erschreckendes mehr, weil die Scharte schließlich bei annähernd unerschöpflichen Reserven von Menschen und Material an anderer Stelle wieder ausgewetzt werden kann: »Man denke nach einem verlorenen Gefecht sogleich wieder an offensive Operationen. Man stelle sich vor, man sei nicht geschlagen, um es wirklich nicht zu sein[17].« – Die Masse für sich genommen schließe den Zufall freilich noch nicht aus. Bülow wollte daher auf mathematischem Wege die der Masse innewohnenden Gesetze herausfinden und sie für die praktische Kriegführung nutzbar machen. Und da er gleichsam von mathematischen Axiomen ausging, wurde er zum ersten Dogmatiker des Massenkrieges, des »totalen Krieges«.

Wenn also das Volksheer die Armee der Zukunft sein wird, so folgt für Bülow hieraus, daß »kleine Staaten große nicht mehr bezwingen, oder von ihnen Eroberungen machen; wohl aber, daß große Reiche die kleineren verschlingen werden«[18]. Schließlich haben größere Reiche mehr Menschen und sind außerdem imstande, mehr Kriegsmaterial bereitzustellen. Folglich werde Europa über kurz oder lang in wenige Großstaaten zerfallen, die gegeneinander kaum noch Krieg führen könnten, zumal das sich verteidigende Land schon deshalb im Vorteil sei, weil es seine Basis im eigenen Lande habe[19]. Mit anderen Worten: Im Zeitalter der Volksheere verliert die traditionelle stehende Armee – und sei sie noch so diszipliniert und gut gedrillt – vollständig an Bedeutung. Verfügen aber zwei Staaten über annähernd gleich starke Volksarmeen, wird ein Krieg für beide Mächte nicht mehr lohnend sein.
Sobald diese Erkenntnis Allgemeingut werde, werde in einem System europäischer Großstaaten ewiger Frieden herrschen: »Je geschwinder Europa unter ver-

schiedenen durch natürliche Grenzen eingeschlossene Mächte zerteilt sein wird, um so eher wird der Zustand des ewigen Friedens eintreten[20].«

Wenn sich auch die Theorie vom ewigen Frieden – wie wir heute wissen – als Irrtum erwiesen hat, so zeigt doch die Gedankenführung Dietrich v. Bülows, daß die fortschrittlich denkenden Militärtheoretiker die traditionelle stehende Armee des 18. Jahrhunderts angesichts der Erfolge der französischen Revolutionsheere als nicht mehr zeitgemäß, also als »überholt« betrachteten.

Bülow ist als Mensch und Militärschriftsteller gescheitert. Seine Schriften stießen in preußischen Fachkreisen weitgehend auf Ablehnung. Man schien sein Gedankengut für gefährlich zu halten. Er wurde mehrfach inhaftiert, und man hielt es für notwendig, ihn auf seinen Geisteszustand zu überprüfen. Nach den beiden Schlachten bei Jena und Auerstedt wurde er nach Rußland verschleppt, wo er – von Kosaken überfallen und mißhandelt – bald starb.

4. Die Wirkung der Schriften Berenhorsts und Bülows

Was haben die militärtheoretischen Schriften Berenhorsts und Bülows, deren Inhalt hier nur skizzenhaft wiedergegeben werden konnte, mit der Entwicklung deutscher militärischer Tradition zu tun? – Sehr viel, obgleich beide Schriftsteller mit ihren Überlegungen im Sinne des Wortes keine Tradition begründeten, weil sie in der Praxis scheiterten. Sie geben aber das geistige Klima wieder, in dem nicht nur Schriftsteller, sondern auch Theoretiker des frühen Liberalismus in den noch friedlichen Teilen Deutschlands lebten, dachten, von dort den Verlauf der Französischen Revolution beobachteten und ihre Schlüsse für die Zukunft zogen. Die Wucht der Revolution hatte bisher ungeahnte nationale Kräfte freigesetzt und das bisherige absolutistische Staatswesen mit seinen Traditionen durcheinandergewirbelt, um an seiner Stelle eine demokratische Republik zu errichten, deren traditionelle Vorbilder unzweifelhaft in der Antike zu suchen sind. Die überwiegend aus Bürgern bestehenden französischen Massenheere triumphierten über die stehenden Armeen des aufgeklärten Absolutismus; die bis dahin geltenden Militärtraditionen, so mußte es dem Beobachter erscheinen, wurden gleichermaßen vollständig in Frage gestellt. Sicher, zuvor hatte General George Washington mit seinen aus freien Bürgern bestehenden Milizen die Engländer im Unabhängigkeitskrieg besiegt; in diesem Zusammenhang sollten die Vorgänge in Amerika und ihr Einfluß auf die Denkweise der Europäer nicht unterschätzt werden; immerhin kannte Bülow die Milizen Washingtons aus eigener Anschauung und hatte nicht einmal einen günstigen Eindruck gewonnen. Dennoch war Amerika weit entfernt, und die dortigen Ereignisse kannten die meisten politisch Interessierten in Europa nur vom Hörensagen. Frankreich lag aber gleichsam vor der Haustür und verfolgte mit unvergleichlicher militärischer Stärke eine aggressive Expansionspolitik. Lag es da nicht nahe, auch mit den eigenen militärischen Prinzipien radikal zu brechen und zumindest in Gedanken durchzuspielen, was geschehen würde, wenn ein nationales Massenheer gegen ein anderes antrete? Hatte Bülow dann nicht recht, daß nach den Regeln der Wahrscheinlichkeit letztlich tatsächlich der Feldherr den Krieg siegreich beenden würde, dem die meisten Reserven an Menschen und Material zur Verfügung standen? Der liberale Militärschriftsteller Wolfgang Menzel hat etwa 50 Jahre später über Bülow wie folgt geurteilt:

»Bülow zeigte, wie Napoleon steigen und wie man ihm die Kunst ablernen, wie man ihn durch dieselbe Kunst besiegen müsse. Er zeigte dies zugleich praktisch und erfahrungsgemäß durch seine Kritik der wirklichen Feldzüge und zugleich theoretisch durch sein mathematisch klares und unwiderlegliches System der Strategie und Taktik. Hierin bewies er, daß einem Volke, wenn es nur wollte, die Mittel zur Verteidigung nie fehlen könnten. Er stellte ein untrügliches Verteidigungssystem auf, genau dasselbe, durch welches 1813 Napoleon wirklich bezwungen wurde[21].«

Berenhorst und Bülow bewirkten also keine Militärtradition; sie leiteten aber eine Denkweise ein, die in der Folge einen bis dahin beispiellosen Traditionsbruch bewirken sollte, nachdem die historischen Umstände fast keine andere Wahl mehr zuließen.

III. Die Schlachten bei Jena und Auerstedt

1. Die historischen Voraussetzungen

Nach dem Tode Friedrich Wilhelms II. am 16. November 1797 hielten die preußischen Minister Hardenberg und Haugwitz unter dem damals 27 Jahre alten König Friedrich Wilhelm III. an der im Sonderfrieden von Basel eingeleiteten Neutralitätspolitik fest. Die Politik war für Preußen zunächst erfolgreich, bis sich im Jahre 1805 eine neue krisenhafte Lage in Europa abzeichnete. Frankreich, unterdessen zur stärksten Macht in Europa aufgestiegen, schickte sich unter der Regierung Napoleons, seit 1804 Kaiser der Franzosen, an, die Vorherrschaft auf dem Kontinent zu erringen. Der allmählich zunehmende machtpolitische Druck Frankreichs auf die mitteleuropäischen Mächte führte in Berlin zu wachsender Kritik an dem bisherigen preußischen Neutralitätskurs, die vor allem deshalb an Gewicht gewann, weil sie von der populären Gemahlin Friedrich Wilhelm III., Königin Luise, unterstützt wurde. Für eine Änderung der Außenpolitik traten auch Prinz Louis Ferdinand und die Minister Frhr. vom Stein und Frhr. v. Hardenberg ein, zumal sich angesichts der Wandlung des europäischen Kräfteverhältnisses die preußische Neutralität als stillschweigende Billigung des französischen Machtstrebens interpretieren ließ[22].

Die Hegemonialbestrebungen Frankreichs stießen bald sowohl in England als auch in Rußland auf Widerstand. Beiden Staaten kam es darauf an, die Vorherrschaft Frankreichs zu brechen und zu diesem Zwecke die anderen europäischen Staaten zu einer Allianz zu gewinnen; doch die beiden deutschen Großmächte, Österreich und Preußen, zögerten noch.

Dennoch schlossen im Jahre 1805 England, Rußland und Österreich ein gegen Frankreich gerichtetes Bündnis (Schweden und Neapel schlossen sich an). Friedrich Wilhelm III. von Preußen wollte aber – trotz massiven russischen und österreichischen Drucks – weiterhin an seiner Neutralität festhalten[23]. Immerhin kam es am 3. November zu einer preußisch-russischen Annäherung: »Zar Alexander und das preußische Königspaar drückten sich am Sarge Friedrich des Großen in Potsdam feierlich die Hand und gelobten einander ewige Freundschaft, die sich in bewaffneter Neutralität ausdrücken sollte[24].« Friedrich Wilhelm III. versprach dem Zaren bewaffnete Vermittlung. Danach wollte der preußische König Napoleon veranlassen, seine Truppen auf die Gebiete seines Herrschaftsbereichs zurückzunehmen. Bei einer Weigerung Napoleons wollte der preußische König nach dem 15. Dezember an der Seite der Alliierten in den Krieg eintreten.

Dazu war es allerdings zu spät. Napoleon hatte bereits mit Unterstützung Bayerns, Badens und Württembergs drei österreichische Armeekorps unter dem Kommando des Generals Frhr. v. Mack einschließen und am 17. Oktober 1805 zur Kapitulation zwingen können; außerdem hatten französische Truppen am 13. November Wien besetzt. Schon am 2. Dezember 1805 kam es zur Dreikaiserschlacht bei Austerlitz, die zumindest für Österreich zu einer vernichtenden Niederlage führte, während sich die geschlagenen russischen Truppen auf ihr eigenes Territorium zurückziehen mußten[25].

An eine bewaffnete Vermittlung durch Preußen war nun nicht mehr zu denken. Viel schlimmer noch war die Tatsache, daß Preußen nunmehr gegenüber Frankreich vollständig isoliert dastand und ihm somit praktisch ausgeliefert war.

Unter französischem Druck wurde von Preußen im Dezember 1805 in Schönbrunn ein Vertrag akzeptiert, wonach der rechtsrheinische Teil von Kleve mit Wesel an Frankreich fiel, während Ansbach und Bayreuth Bayern zugeschlagen wurden. Als Tauschobjekt erhielt Preußen das Kurfürstentum Hannover, ein territorialer Zugewinn von zweifelhaftem Wert, weil er unweigerlich zu Konflikten mit England führen mußte; und im Februar 1806 drängte Frankreich in einem zusätzlichen Vertrag Preußen in ein formelles Bündnis zum gemeinsamen Krieg gegen England.

Die Kurfürsten von Bayern und Württemberg nahmen aufgrund der Bestimmungen des französisch-österreichischen Friedensvertrags von Preßburg (unterzeichnet am 26. Dezember 1805) die Königswürde an. Aus den von Frankreich abhängigen Satellitenstaaten gründete Napoleon den »Rheinbund«, eine Art Föderation von 16 deutschen Kleinstaaten unter seinem Protektorat, deren Fürsten sich zugleich vom Heiligen Römischen Reich Deutscher Nation lossagten und damit dieser traditionsbeladenen Institution den Todesstoß versetzten. Folgerichtig forderte Napoleon am 1. August 1806 Kaiser Franz II. auf, die Reichskrone niederzulegen. Am 6. August 1806 gab dieser der französischen Forderung nach, entband alle Reichsstände von ihren Pflichten und nahm den Titel Kaiser von Österreich an. Damit hatte das Heilige Römische Reich Deutscher Nation nach mehr als tausendjähriger Existenz nunmehr auch de jure aufgehört zu bestehen[26].

Das von Napoleon Preußen aufgezwungene Bündnis gegen England schlug binnen weniger Monate um in einen Krieg zwischen Frankreich und Preußen. – Wie kam es dazu? Weder Frankreich noch Preußen hatte diesen Krieg gewollt; weshalb sonst das Kriegsbündnis gegen England? Obwohl man unterstellen kann, daß der zögernde und etwas ängstlich taktierende König Friedrich Wilhelm III. jeden Krieg am liebsten vermieden hätte, lieferte Preußen dennoch letztlich den Anlaß zum Krieg. Schon während der Kriegsereignisse zwischen Frankreich, Österreich und Rußland hatte der König hinnehmen müssen, daß ein französisches Armeekorps unter dem Kommando des Generals Bernadotte die preußische Territorialhoheit verletzte; das Bündnis mit Frankreich gegen England wurde zunehmend als Ärgernis betrachtet, weil der preußische König befürchtete, er könne auch in einen Krieg gegen den Zaren verwickelt werden, dem er doch am Grabe Friedrich des Großen ewige Freundschaft gelobt hatte[27]. Im übrigen hatte die Inbesitznahme des Kurfürstentums Hannover und die preußische Verpflichtung zur Schließung der Nordseehäfen zur Folge, daß England alle erreichbaren preußischen Handelsschiffe beschlagnahmte, wodurch sich die preußischen Handelsbedingungen verschlechterten und wirtschaftliche Einbußen spürbar wurden. Unter diesen Voraussetzungen trat nun das Handel treibende Bürgertum auf den Plan, das sich in Eingaben an den König plötzlich auf Ehre und Unabhängigkeit der Nation besann, in Wahrheit aber die lästigen Verpflichtungen aus dem preußisch-französischen Vertrag beseitigt wissen wollte. Diese Bestrebungen fanden Unterstützung in Hofkreisen, zu denen Prinz Louis Ferdinand, die Generale v. Rüchel und v. Blücher sowie die Minister Stein und Hardenberg gehörten.

Nach längerem Zögern kamen auch Friedrich Wilhelm III. Zweifel an seinem bisherigen außenpolitischen Kurs. In dieser Lage suchte man von Berlin aus die Anlehnung an den russischen Zaren, der gerade im Begriff war, sich mit Frankreich zu verständigen. Tatsächlich kam eine preußisch-russische Vereinbarung zustande. Mißverständnisse zwischen Frankreich und Preußen verschärften die Spannungen zusätzlich und veranlaßten Napoleon, Truppen südlich von Thüringen aufmarschieren zu lassen. Daraufhin mobilisierte Preußen seine Armee und forderte Frankreich ultimativ auf, seine Truppen abzuziehen. Als das Ultimatum unbeantwortet blieb, Napoleon statt dessen weitermarschierte, erließ Friedrich Wilhelm III. am 9. Oktober 1806 das Kriegsmanifest[28].
Die Kriegsentscheidung fiel an einem einzigen Tag, am 14. Oktober 1806. In zwei voneinander unabhängigen Schlachten wurden die Preußen bei Jena und bei Auerstedt vernichtend geschlagen. Die Führung der preußischen Armeen war nicht nur fehlerhaft – ein Historiker erklärt, sie seien genaugenommen überhaupt

nicht geführt worden[29] –, sondern hatte namentlich bei Jena auch mit der neuen Taktik der Franzosen zu tun, der die Preußen nicht gewachsen waren.

Die Schlacht bei Jena begann morgens im Nebel. Trotz anfänglicher Erfolge der Preußen wurden bald die überlegene französische Artillerie und das Feuer dichter Tirailleurschwärme für einen preußischen Truppenverband zur Katastrophe. Die preußischen Truppen wurden zusammengeschossen, ohne den Feind überhaupt zu Gesicht zu bekommen. »Die Verluste in dem dreistündigen Gefecht waren schon sehr groß, die Hälfte der Mannschaft soll tot oder verwundet gewesen sein. Der Nebel hatte mancherlei Verwirrung hervorgerufen. Es geschah bei den Verbündeten [Sachsen, Braunschweig und Sachsen-Weimar kämpften an der Seite Preußens], daß man eigene Truppen beschoß[30].«

Es gehört nicht zum Thema, die Schlacht im einzelnen nachzuzeichnen. Als wichtige Tatsache bleibt aber festzuhalten, daß das alte Kriegsbild – jedenfalls bei Jena – keine Gültigkeit mehr hatte und sich bei der preußischen Armee, die sich stolz auf die ruhmreiche Tradition der Ära Friedrich des Großen berief, rasch Auflösungserscheinungen zeigten, die schließlich zu einer panikartigen Flucht ausuferten.

Anders verhielt sich die Sachlage bei Auerstedt. Diese Schlacht stand für die Preußen keineswegs ungünstig und hätte nach dem Urteil des Generals der Infanterie, Colmar Frhr. von der Goltz, bei entschlossener Führung nicht verloren werden dürfen[31]. Aber wie bei Jena spielte auch hier die Verzettelung der Kräfte eine ausschlaggebende Rolle. Verhängnisvoll wirkte sich aus, daß der Oberbefehlshaber der preußischen Armee, der Herzog von Braunschweig, gleich am Anfang der Schlacht durch einen Schuß zwischen die Augen tödlich verwundet wurde. Allerdings hatte der Herzog schon bei den Aufmarschbewegungen hinsichtlich seiner Führungsfähigkeit deutliche Mängel erkennen lassen. Scharnhorst charakterisierte den Herzog von Braunschweig und seine Kommandoführung wie folgt: »Die Art, wie der Herzog das Kommando der Armee betrieb, gestattete nicht die schnelle Ausführung, welche hier erforderlich wurde. Er versammelte bei allem, was er vornahm, jedesmal den Generalmajor v. Phull [trat später in russische Dienste über], Obersten v. Kleist, Generaladjutanten des Königs und mich und ging mit diesen seine Ideen weitläufig durch; dann besprach er mit vielen Generalen seinen Plan, und hierauf proponierte er erst dem König diejenigen Maßregeln, welche er für die besten hielt. Hierdurch entstand ein unvermeidlicher Aufenthalt. Dies war auch diesmal unvergleichlicherweise der Fall[32].« Nach dem Tod des Herzogs kam alles noch viel schlimmer; der König ernannte keinen neuen Oberbefehlshaber, übernahm aber auch nicht selbst das Kommando, offenbar, weil er sich das nicht zutraute. – Hier wurde zum ersten Mal ein entscheidender Strukturdefekt in der preußischen Armeeführung folgenschwer. Denn der Stellung und dem Anspruch nach waren die preußischen Könige stets Oberbefehlshaber der Armee. Doch seit dem Soldatenkönig und Friedrich II. waren die Könige dieser Aufgabe im Kriege nicht gewachsen und delegierten den Oberbefehl an Generale.

Die Folge dieser Führungsfehler war bei Auerstedt eine Reihe zusammenhangloser Angriffe, die alle ohne durchschlagenden Erfolg blieben. »Es fehlte der Entschluß zum entscheidenden Stoß und zum Einbruch in den Feind[33].« Zermürbt löste sich nun auch bei Auerstedt die Armee völlig auf; ein geordneter Rückzug konnte nicht bewerkstelligt werden. Nach französischen Angaben beliefen sich die Verluste der Preußen bei Auerstedt auf 15 000 Tote und Verwundete, 3 000 Soldaten gerieten in Gefangenschaft, und 115 Geschütze fielen in die Hände der Franzosen.

Die Hauptursache der Niederlage der Preußen bei Auerstedt lag diesmal nicht in der neuartigen französischen Kampfweise, vielmehr versagte die Führung, die es nicht zuwege brachte, die bedeutende zahlenmäßige Überlegenheit der preußischen Truppen an entscheidender Stelle zur Geltung zu bringen. Und da man die Schlacht frühzeitig für verloren hielt, verzichteten die Preußen auf den Einsatz ihrer Reserven. Noch einmal die Ansicht des Militärschriftstellers v. d. Goltz: »Wäre die Heeresreserve, wie es die ursprüngliche Absicht war«, eingesetzt worden, »so hätte die Schlacht nicht verlorengehen können«.

2. Die Folgen der Niederlagen

Als sich die Nachricht von der geschlagenen preußischen Armee verbreitete, wirkte dies auf die Öffentlichkeit außerordentlich lähmend. Niemand hatte mit einer so niederschmetternden Niederlage gerechnet. Die Katastrophe wurde vollständig, als die schon in Auflösung begriffenen Armeen bei ihrem Rückzug bei Buttelstedt aufeinandertrafen und sich ineinander verknäulten. Eine einheitliche Führung war damit unmöglich geworden; die Soldaten liefen auseinander und flüchteten ziellos teilweise noch in der Nacht bis zu 40 km weit. Am nächsten Tag setzte sich die allgemeine Fluchtbewegung fort. Versuche des Fürsten von Hohenlohe und Blüchers, aus den Trümmern der Armee neue Truppenverbände zu formieren, scheiterten rasch an der massiven französischen Überlegenheit. Die Festungen Erfurt, Spandau, Stettin und Küstrin kapitulierten, noch ehe der Feind Maßnahmen zu Belagerung oder gar zur Erstürmung ergriffen hatte. Magdeburg, Hameln und Nienburg ergaben sich, als die Franzosen die ersten Belagerungsmaßnahmen einleiteten. Ende November hatte Napoleon Preußen westlich der Weichsel mit Ausnahme von Schlesien und der von Gneisenau seit April 1807 verteidigten Festung Kolberg (gehalten wurden außerdem die Festungen Graudenz, Danzig und Glatz) mit seinen Truppen besetzt und war als Sieger in Berlin eingezogen. Dort hatte zuvor der Gouverneur von Berlin, Graf von der Schulenburg, am 17. Oktober den berühmten Aufruf erlassen: »Der König hat eine Bataille verloren. Jetzt ist Ruhe die erste Bürgerpflicht. Ich fordere die Einwohner Berlins dazu auf. Der König und seine Brüder leben!« – So ratlos dokumentierte sich die Staatsspitze.

Grande Armée
9ᵉ Corps
Troupes alliées

Passeport.

Pour Les Prisonniers de guerre Prussiens, ayant fait partie de La Garnison de Neisse, renvoyés Sur Leur parole d'honneur, de ne plus Servir contre la France et Ses alliés jusqu' à La paix ou Leur Echange.

Mr *Charles Schmidt Lieutenant en Second des Mineurs et Commandant de la Compagnie des Mineurs restant à Neise*

Lieu de Son Domicile, où il recevra par la Caisse du Cercle Lesa pointemens accordés p Son grade en temps de paix, Conformement aux dispositions de la Capitulation de Neisse.

Les autorités Françoises Lui donneront Sureté & protection; S'il S'écartait de Sa destination Sans en avoir La Permission, il Seroit arrété & Conduit En France.

Au Quartier Général à Neisse le *17* en *Juni* 1807.

Par Ordre de S. A. J. Le Prince Jérome Napolèon.

Le Gènèral de Division.

Grand Officier Dcoré du Grand Cordon, & &.

D. Vandamme

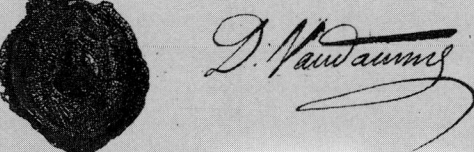

Passierschein des 9. Korps der Grande Armée aus dem Jahre 1807

Erst in Ostpreußen kam der französische Vormarsch vorläufig zum Stehen, als endlich russische Hilfe für die restlichen preußischen Truppen wirksam wurde. Der Widerstand wurde durch die Witterung begünstigt, die die Wege in Schlammtrassen verwandelte und daher schwer passierbar machte. Am 7. und 8. Februar 1807 kam es bei Preußisch-Eylau noch einmal zur Schlacht der restlichen preußischen Truppen und den inzwischen eingetroffenen Russen gegen die Franzosen unter Marschall Ney, die unentschieden verlief, an der Gesamtniederlage Preußens aber nichts mehr änderte. Acht Monate nach den Schlachten bei Jena und Auerstedt wurden bei Friedland die Preußen und Russen unter dem russischen General Bennigsen vernichtend geschlagen.

Währenddessen verhielt sich die Bevölkerung Berlins ruhig. Allerdings wurde die preußische Armee und ihre Führung von der hauchdünnen Schicht des sogenannten Bildungsbürgertums, die die Armee schon seit den 80er Jahren des 18. Jahrhunderts als Terrorinstrument der Monarchie betrachtete und auch sonst publizistisch verächtlich gemacht hatte, mit Hohn und Spott überschüttet. In diesem Zusammenhang muß natürlich berücksichtigt werden, daß die französische Besatzungsmacht ihren Einfluß auf die Presse geltend machte; allerdings wäre die Annahme verfehlt, daß alles, was damals geschrieben wurde, allein mit dem Druck der Sieger erklärt werden könne. Es lohnt sich, einige Belege der »dämonischen Schadenfreude« aus der zeitgenössischen Presse wiederzugeben. Da wird u. a. berichtet, daß der wackere Gouverneur von Berlin, der gerade die Bürger zur Ruhe verpflichtet hatte, sich entgegen dem Befehl des Königs weigerte, 40 000 Gewehre herauszugeben, um die Stadt Berlin vor unabsehbarem Unglück zu bewahren[34]. Die Behörden der sächsischen Stadt Leipzig appellierten an die »wohldenkende Bürgerschaft«, den Feind bescheiden und gutmütig aufzunehmen, sobald er eintreffe[35]. Berliner Stadtbehörden überschlugen sich dermaßen an Dienstbeflissenheit gegenüber den Siegern, daß der französische Gouverneur mäßigend einschreiten mußte. Der Kaiser der Franzosen wurde von den Berlinern als Held der »grande nation« geradezu gefeiert.

Napoleon verstand es im übrigen meisterhaft, die öffentliche Meinung für sich einzunehmen, indem er sich als Befreier, als Repräsentant der Ideale der Revolution, von »Freiheit, Gleichheit und Brüderlichkeit« darstellen ließ. Mit diesen Ideen sympathisierte das »aufgeklärte« Bürgertum in Preußen, ähnliches strebte man im übrigen Deutschland an; und es schien ziemlich gleichgültig zu sein, wer diese Ideen verkörperte! – Steuern mußte man auch unter der Herrschaft der preußischen Könige bezahlen. Für die Patrioten hingegen nahm das Wort vom »aufgeklärten Bürger« einen negativen Klang an:

»Sonst freilich war, fürs Land und für die Majestät,
In deren Dienst man focht, das Leben zu verlieren,
Des Helden höchster Ruhm; doch seit Humanität,
Philosophie die Welt, die Menschen kultivieren,
Heißt fechten auf den Tod, ›den Mord organisieren‹,

So schont die Aufklärung sogar des Feindes Blut;
Was kann humaner sein? und größer, traun! der Mut,
Sich mit des Lebens Lust der Mitwelt Spott erwerben,
Als der Nachwelt Ruhm den Tod des Helden sterben.
Des größeren Mutes voll, ergab sich die Armee[36].«
[...]

Spätestens an diesem Spottgedicht dürfte die Vielschichtigkeit von Tradition erkennbar werden. Einerseits der Hohn über die durch den Feind vernichtete Armee und Verachtung gegenüber der kriegsablehnenden Humanität und Philosophie der Intellektuellen, die dann später als »Humanitätsduselei« abgetan wurde; andererseits die Verbitterung über die servile Kapitulation vor dem »Feind«, den man bei aller Friedensliebe doch weder ausschließen noch aussuchen kann. Beide Aspekte spielen in der aktuellen Diskussion eine Rolle; vielleicht sind sie in Abwandlungen sogar so alt wie eine organisierte menschliche Gesellschaft.

3. Das Friedensdiktat von Tilsit

Das Ergebnis des preußisch-französischen Krieges von 1806/7 war der Friedensvertrag von Tilsit, der »Diktat«-Charakter hatte; diese Art von Frieden begründete in der neuesten europäischen Geschichte eine negative Tradition, Kriege zu beenden: 1871 diktierten die Preußen in Versailles den Franzosen den Frieden, 1918 kam es ebendort zum Friedensdiktat der Westalliierten gegenüber dem Deutschen Reich nach Ende des Ersten Weltkrieges, und im Zweiten Weltkrieg lautete die Forderung der Alliierten »unconditional surrender«.
Am 9. Juli 1807 wurde der Friedensvertrag unterzeichnet. Preußen mußte sich verpflichten, alle Länder zwischen Rhein und Elbe zur freien Verfügung Frankreichs abzutreten. Der Verzicht auf diese Gebiete sollte nicht nur für Friedrich Wilhelm III. gelten, sondern auch für seine Nachkommen, also für immer. Aus den für Preußen verlorengegangenen Gebieten wurde das Königreich Westfalen gebildet. Außerdem verlor Preußen die Masse der bei der Teilung Polens gewonnenen Gebiete.
Besonders bedrückend für Preußen wurden die auferlegten Kontributionen, über deren Höhe keine Einigkeit erzielt werden konnte. Während Preußen z. B. von 19 Millionen Franken ausging, berechnete der französische Intendant sie auf 513 744 000 Franken. Am 8. September 1808 kam es in diesem Zusammenhang zu dem Vergleich von Champagny, in dem vor allem festgelegt wurde, daß Preußen nur ein Heer in einer Stärke von 42 000 Mann unterhalten dürfe. Bis zur Zahlung der Kontributionen verblieben die Städte Stettin, Küstrin und Glogau unter französischer Besatzung.
Mit dem Frieden von Tilsit schrumpfte Preußen flächenmäßig auf weniger als die Hälfte zusammen und bestand künftig nur noch aus Ost- und Westpreußen,

Neumark, Kurmark, Pommern, Schlesien und dem ostelbischen Teil des Herzogtums Magdeburg[37].

Das auf diese Grenzen reduzierte Preußen war – solange Napoleons Herrschaft andauerte – de facto kein selbständiger Staat mehr. Eine französische Armee von anfangs 150 000 Mann blieb in Preußen als Besatzungsmacht stationiert und mußte aus dem Land ernährt werden. Daß Preußen überhaupt noch als eigenständiger Staat weiterexistierte, verdankte es hauptsächlich dem Interesse des russischen Zaren an einem – wenn auch machtlosen – Pufferstaat zwischen den französischen und russischen Einflußbereichen. In Wahrheit gehörte aber Preußen weitgehend zum französischen Machtgebiet; wirtschaftlich wurde es wegen der gewaltigen Kontributionen und zusätzlich wegen der von Napoleon gegen England verhängten Kontinentalsperre, die den Handel mit England verbot, an den Rand des Ruins getrieben.

4. Die Bedeutung der Niederlage für die preußische militärische Tradition

Königin Luise schrieb im Jahre 1808 über die Ursache der Katastrophe von 1806: »Wir sind eingeschlafen auf den Lorbeeren Friedrich des Großen, welcher, der Herr seines Jahrhunderts, eine neue Zeit schuf. Wir sind mit derselben nicht fortgeschritten, deshalb überflügelt sie uns[38].« Das war die Lage Preußens nach dem Frieden zu Tilsit. Es ist deshalb erstaunlich, daß sich unter diesen Bedingungen geistige Kräfte entfalteten, die in kurzer Zeit Reformen in Staat und Armee bewirkten, die genau genommen mit der Tradition des Staates Friedrichs des Großen fast vollständig brachen, ohne dies jemals auszusprechen. Durch die geistige Erneuerung konnte Preußen die Fremdherrschaft abschütteln und wieder zu dem deutschen Führungsstaat werden, der die Gründung des Deutschen Reiches letztlich erzwingen konnte. Der Traditionsbruch in Preußen ist als Einschnitt nur mit dem Zusammenbruch des Deutschen Reiches 1945 vergleichbar. In der preußischen Reformzeit löste man sich zwar nahezu vollständig vom Vorbild Friedrichs des Großen, doch wirkte die von ihm begründete Tradition trotzdem weiter. Vor allem in Krisenzeiten, d. h. besonders im Ersten und Zweiten Weltkrieg, wurde sein beispielhafter Durchhaltewillen immer wieder beschworen. Noch heute werden Zeugnisse und Wirkstätten dieses großen Königs in der Bundesrepublik und in neuester Zeit auch in der DDR auf das Sorgfältigste bewahrt und gepflegt. An diesem Beispiel zeigt sich, daß selbst bei einem anscheinend krassen Traditionsbruch Wertvorstellungen der früheren Zeit weiterleben und sich mit neubegründeten Wertanschauungen vermischen können, wobei im allgemeinen die negativen Aspekte der Vergangenheit gern vergessen werden. In der Traditionspflege ergeben sich deshalb vor allem dann Probleme, wenn der Versuch unternommen wird, historische Persönlichkeiten als Leitbilder hinzustellen. Das führt allzuleicht zu einer einseitigen Idealisierung bestimmter Personen, während deren Schwächen – und Schwächen hat schließlich jeder Mensch – heruntergespielt, mitunter nur anekdotenhaft angedeutet oder gar nicht erwähnt werden. Man kann dies im Hinblick auf einen bestimmten Zweck natürlich tun, muß sich dann aber darüber im klaren sein, daß so die historische Wirklichkeit verfälscht wird. Die Epoche der Regierungszeit Friedrichs des Großen ist oft genug einseitig glorifiziert worden, doch mit der historischen Wirklichkeit haben diese Darstellungen nicht viel zu tun. Bekannt ist, daß die soziale Realität der Armee dieses Königs nach modernen Wertvorstellungen und sogar in der Einschätzung Friedrich Wilhelms III. erbärmlich gewesen war, so daß allenfalls im Vergleich zu anderen europäischen Armeen Vorbildliches zu finden wäre. Und trotzdem gewinnt nach der Reformzeit das Heerwesen des 18. Jahrhunderts – was noch zu zeigen sein wird – wieder eine traditionelle Eigendynamik, so daß zumindest Grundsätze aus dieser Zeit unter der Regentschaft Wilhelms I. starke Berücksichtigung fanden.

IV. Die preußische Reformzeit

1. Das globale Ergebnis der preußischen Reformzeit

Angesichts der katastrophalen Niederlagen bei Jena und bei Auerstedt und noch mehr unter dem Eindruck des Friedensdiktats von Tilsit reagierte König Friedrich Wilhelm III., beraten von einer Reihe herausragender Mitarbeiter, rasch und durchgreifend. Das Ergebnis der politischen und geistigen Erneuerung in Preußen, die in jeder historischen Darstellung von so zentraler Bedeutung ist, hat Sebastian Haffner wie folgt zusammengefaßt: »Und in diesem verkümmerten und gedemütigten Preußen werden nun, Schlag auf Schlag, alle die großen Reformpläne durchgeführt, die vor der Katastrophe nur Pläne gewesen waren: die Bauernbefreiung; die Selbstverwaltung der Städte; die Öffnung des Offizierkorps für Bürgerliche; die Gleichstellung von Adel und Bürgertum im Recht auf Landbesitz; die bürgerliche Gleichstellung der Juden; die Gewerbefreiheit; das neue französische Militärsystem; die Abschaffung der Körperstrafen im Heer – kurz, das ganze soziale Programm der Französischen Revolution. Nur das soziale allerdings, nicht auch das politische, keine Volkssouveränität, kein Parlament, natürlich keine Republik[39].«

2. Friedrich Wilhelm III.

Immer, wenn von den preußischen Reformen die Rede ist, werden sie vor allem
mit den Namen Stein, Hardenberg, Scharnhorst, Gneisenau, Boyen in Verbindung gebracht. Dagegen wird der preußische König, unter dessen Regierungszeit
die Reformen zum Durchbruch gelangten, oft als unentschlossener Herrscher
dargestellt, der weniger selbst handelte, sondern vielmehr von anderen geschoben
wurde. Immerhin wird ihm Pflichttreue, Zuverlässigkeit und Anstand bescheinigt,
doch hinsichtlich seiner geistigen Fähigkeiten sind Vorbehalte vorgetragen worden, die ihm Naivität attestieren, allenfalls aber eine »gesund-einfache Verständig-
keit« zubilligen[40]. Dabei wird oft übersehen oder unterbewertet, daß Friedrich
Wilhelm III. seit seinem Regierungsantritt im Jahre 1797 eine ganze Reihe sinn-
voller Maßnahmen veranlaßte oder vorbereiten ließ. So befahl er in der Armee
Solderhöhungen und die Einrichtung von Garnisonschulen. Die Rechtspflege
wurde verbessert und die Aufhebung der Erbuntertänigkeit vorbereitet. Wenn es
auch zunächst zu durchschlagenden Reformen nicht kam, bleibt für den späteren
Verlauf seiner Regierungszeit beachtenswert, daß er ein geistiges Klima tolerierte,
das ein vorurteilfreies Nachdenken über Verbesserungen in Staat und Armee
zuließ, und schließlich in der Stunde der Not in der Auswahl seiner Berater
außerordentliches Geschick bewies. Stein jedenfalls sah in dem König »den Einsichtsvollsten und Gescheitesten von allen«, der seine eigenen Fähigkeiten selbst
unterschätzte. Und wenn der König den Elan seiner Reformer wegen seiner
zögernden Haltung dämpfte, dann geschah dies in der Einschätzung von Hans-
Joachim Schoeps »zum Nutzen des Staates«[41].

Königin Luise von Preußen,
Gemahlin Friedrich Wilhelms III.

3. *Das Ortelsburger Publikandum vom 1. Dezember 1806*

Da Friedrich Wilhelm III. nach den Niederlagen bei Jena und Auerstedt – unterstützt von seiner Gemahlin Luise – entschlossen war, den Widerstand gegen Napoleon mit Hilfe Rußlands fortzusetzen, erließ er schon am 1. Dezember 1806 von Ortelsburg aus ein »Publicandum wegen Abstellung verschiedener Mißstände bei der Armee«[42], in dem er ankündigte, daß schuldhaftes Verhalten von Offizieren, das zum Zusammenbruch der Armee bzw. zur leichtfertigen Kapitulation von Festungen geführt hatte, »zum warnenden Beispiel für die Zukunft auf das allerstrengste und öffentlich geahndet werden« müsse. Außerdem enthält das Publikandum eine Reihe von Forderungen vor allem an das Offizierkorps, die im Prinzip weitgehend dem bisherigen Recht entsprachen; sie werden mit Nachdruck in Erinnerung gebracht und zeigen die Entschlossenheit des Königs, sie auch angesichts der aussichtslos erscheinenden Lage notfalls mit strengen Strafen durchzusetzen.

4. Die Immediatkommission zur Untersuchung der Kapitulationen und sonstigen Ereignisse des letzten Krieges

Das Ortelsburger Publikandum war eine vorläufige Willenserklärung des Königs, der knapp ein Jahr später die Einsetzung der »Immediatskommission zur Untersuchung der Kapitulationen und sonstigen Ereignisse des letzten Krieges« folgte[43]. Diese Einrichtung stand im engsten Zusammenhang mit der Berufung der Militärreorganisationskommission am 27. Juli 1807, mit deren Vorsitz der gerade zum Generalmajor ernannte Gerhard v. Scharnhorst betraut worden war. Der allgemeine Auftrag zur Überprüfung des Offizierkorps durch Friedrich Wilhelm III. lautete:

»1. Wird man vor allen Dingen die Offiziere, so ihre Schuldigkeit offenbar nicht gethan haben, vom Dienst ausschließen und nach Umständen auf das Strengste zu bestrafen haben.

2. Solche, deren Betragen zweifelhaft geblieben, zur Rechenschaft ziehen[44].«

Eine gerechte Überprüfung des gesamten Offizierkorps setzte einen gewaltigen Arbeitsaufwand voraus, so daß sie nur von einer gesonderten Kommission bewäl-

Gerhard
von Scharnhorst,
preußischer
General,
Vorsitzender
der Militär-
reorganisations-
kommission

tigt werden konnte; der Vorschlag zu ihrer Einsetzung ging am 31. August 1807 von der Militärreorganisationskommission aus[45]. Im folgenden wurden von der Immediatkommission vom Feldmarschall bis zum Fähnrich rund 7 000 Soldaten überprüft. Höhere Offiziere mußten sich vor der Kommission unmittelbar verantworten, während die Truppenoffiziere vor Tribunalen, die von den Regimentern gebildet wurden, gleichsam einem Ehrengerichtsverfahren unterzogen wurden. Die Urteile der Regimentstribunale mußten von der Immediatkommission geprüft und bestätigt werden. Dieser Selbstreinigungsprozeß des preußischen Offizierkorps muß als ein ganz wesentlicher Bestandteil der preußischen Militärreformen betrachtet werden, weil nur auf diesem Wege die Voraussetzungen zu einem Neubeginn in der preußischen Armee gegeben werden konnten. Die Dokumentation der Immediatkommission füllte zuletzt mehr als 600 Aktenbündel, so daß sich ein ungefährer Eindruck von der gewaltigen Arbeit und auch Sorgfalt der Kommissionsmitglieder ergibt. Die umfassende Überprüfung des preußischen Offizierkorps in dieser Dimension kann in der preußisch-deutschen Militärgeschichte als einzigartig betrachtet und allenfalls mit dem Wiedereinstellungsverfahren ehemaliger Wehrmachtoffiziere nach dem Zweiten Weltkrieg verglichen werden, allerdings mit dem Unterschied, daß die preußische Immediatkommission nach streng rechtsstaatlichen Prinzipien vorging, während z. B. der Personalgutachterausschuß beim Aufbau der Bundeswehr seine Entscheidungen weder begründete und schon gar nicht Akteneinsicht gewährte, so daß der abgewiesene Bewerber keinerlei Gelegenheit hatte, die gegen ihn vorliegenden Vorbehalte zu entkräften[46].
Die Immediatkommission fällte sieben Todesurteile, die jedoch nicht vollstreckt wurden. Eine größere Zahl von Offizieren wurde zu lebenslänglicher Festungshaft verurteilt (nach 1814 begnadigt), 208 Offiziere, darunter 17 Generale, wurden unehrenhaft aus der Armee ausgestoßen. Im großen und ganzen aber waren dieselben Offiziere, die bei Jena und Auerstedt mitgekämpft hatten, später an den Freiheitskriegen beteiligt; die überalterte Generalität war allerdings bis auf Blücher und Tauentzien aus dem aktiven Dienst ausgeschieden.

5. Die Militärreorganisationskommission

Wie erwähnt, setzte Friedrich Wilhelm III. im Juli 1807 die Militärreorganisationskommission unter der Leitung von Generalmajor Gerhard v. Scharnhorst ein. In einer 19 Punkte umfassenden Niederschrift hatte der König eigenhändig Richtlinien für die Arbeit der Kommission vorgegeben. Diese Richtlinien enthalten bereits alle wesentlichen Punkte, die später Bestandteil der preußischen Heeresreform werden sollten[47]. In dem Handschreiben des Königs ist – wenn auch zum Teil noch mit einem Fragezeichen versehen – u. a. von vermehrtem Zugang von Nichtadligen zum Offizierberuf, der Abschaffung der Ausländeranwerbung, einem veränderten Kantonsrekrutierungssystem in Richtung allgemeiner Wehr-

Die Militärreorganisationskommission

pflicht, der Aufstellung von Freikorps[48], der Abschaffung der entehrenden Strafen, der einheitlichen Gliederung in Divisionen und Armeekorps, der Abschaffung der Kompaniewirtschaft und vom Üben des gezielten Schusses bei der Infanterie die Rede.

Es ergibt sich überhaupt der Eindruck, daß bei einer ganzen Reihe führender preußischer Zeitgenossen die wahren Ursachen der katastrophalen Niederlage von 1806 ohne weiteres klar waren. Frhr. v. Hardenberg, der von 1798 bis 1804 preußischer Kabinettsminister war und Anfang April 1807 zum leitenden Minister berufen wurde, jedoch schon nach wenigen Monaten – wahrscheinlich auf Verlangen Napoleons – wieder entlassen werden mußte, kam in einer umfassenden Denkschrift »Über die Reorganisation des Preußischen Staates« im Hinblick auf das Militärwesen zu ganz ähnlichen Ergebnissen[49]. Die Denkschrift ist in den »Publikationen aus den Preußischen Staatsarchiven« veröffentlicht und umfaßt dort 61 Druckseiten; es kann deshalb davon ausgegangen werden, daß Hardenberg daran mehrere Monate gearbeitet hat, zumal er offenbar detaillierte Vorschläge seines Mitarbeiters, des Geheimen Oberfinanzrats v. Altenstein, abwartete. Da die Denkschrift vom König in Auftrag gegeben worden war, ist die Vermutung berechtigt, daß Hardenberg nach seiner Berufung am 10. April 1807 mit seinen Grundüberlegungen unverzüglich begonnen und sie mit großer Wahrscheinlichkeit auch mit dem König besprochen hat. Die Umstände des Entstehens dieser Denkschrift erscheinen wichtig. In der Denkschrift sind nämlich richtungweisend die gesamten preußischen Staats- und Heeresreformen, die meist mit dem Namen Stein und Scharnhorst verbunden werden, gedanklich vorweggenommen worden[50]. – Hardenberg war derjenige, der rigoros die Privilegien des Adels abschaffen wollte und in diesem Zusammenhang gleichsam zur moralischen Untermauerung seine eigene uradlige Abstammung in die Waagschale werfen konnte: »Man schrecke ja nicht zurück vor dem, was er [gemeint ist v. Altenstein] als Hauptgrundsatz fordert, möglichste Freiheit und Gleichheit. [. . .] Jede Stelle im Staat, ohne Ausnahme, sei nicht dieser oder jener Kaste, sondern dem Verdienst und der Geschicklichkeit und Fähigkeit aus allen Ständen offen[51].«

Ferner fordert er u. a., das alleinige Vorrecht des Adels zum Besitz der Rittergüter aufzuheben und in der Besteuerung völlige Gleichheit herzustellen. Da sich der König diese Auffassung jedenfalls zum Teil zu eigen machte, bedeutete dies in der Praxis der Heeresreform die Öffnung des Offizierkorps für bürgerliche Bewerber. Da aber die Junker keineswegs ohne weiteres bereit waren, auf ihre Standesprivilegien zu verzichten, wobei besonders die Generale v. d. Marwitz und Yorck den Widerstand ihrer Standesgenossen artikulierten, wäre es dem erst 1804 geadelten Scharnhorst wohl kaum ohne mächtige Rückendeckung gelungen, für die Auswahl der Offizieranwärter hauptsächlich Leistungskriterien zur Grundlage zu machen.

Auch Hardenberg kam zu dem Ergebnis, daß »ohne ein recht kräftig organisiertes, stets schlagfertiges Militär [. . .] der Preußische Staat nicht wieder emporkommen« könne und stellte zugleich bezüglich der Ursachen der Niederlage die richtige Diagnose: »Noch mehr als bei anderen Dingen, wenigstens mit noch mehr Selbstgenügsamkeit und Vorurteil für das Alte war man stehen geblieben, während andere fortschritten, besonders Frankreich. Bei aller Gemächlichkeit und Liebe zur Ruhe des Friedens war man stolz auf die Heldentaten der Vorfahren, zu unbekümmert, um selbst ihrem Beispiele zu folgen oder zu fragen, ob dieselben Mittel noch dazu tauglich wären, die man aus dem Siebenjährigen anpries.« Mit ironischem Unterton spricht Hardenberg von jenen Offizieren, die nach seinem Geschmack zuviel diskutierten und politisierten: »Mehrere unserer *gelehrten* Offiziere stifteten großen Schaden durch ihr Mißtrauen in unsere militärische Kraft und durch unweise Begründung und Verbreitung derselben, anstatt daß sie vorzüglich hätten dahin streben sollen, daß man das wegschaffte und verbesserte, was jene Kraft lähmte[52].« Hardenberg führt ferner aus, daß falsch verstandene Sparsamkeit und nicht zuletzt die Kompaniewirtschaft zu den Defekten der alten Armee gehört hatten. »Alles war nach den Preisen eingerichtet, wie sie vor beinahe hundert Jahren waren[53].« Der »mehr fiskalisch als weltanschaulich« orientierte Hardenberg[54] wußte als Zivilist ganz genau, daß man bei der Armee am falschen Platze gespart hatte und zumindest die einfachen Soldaten, die außer über ihren Sold über keinerlei Nebeneinkünfte verfügten, am Rande des Existenzminimums vegetierten. Er wußte, daß die meisten Festungen gegen die anstürmenden Franzosen gar nicht hätten verteidigt werden können, weil es an hinreichender Vorsorge gemangelt hatte: »Wie lange sah man die Gefahr, mit Frankreich in einen Krieg zu geraten vorher, und dennoch war nicht einmal Magdeburg und Spandau im Verteidigungszustande[55].« Nur in einem völligen Neubeginn sah er die einzige Chance, Achtung und Vertrauen für die Armee wiederzugewinnen. Hardenberg machte dann im folgenden dem König eine ganze Reihe von praktischen Vorschlägen, die den 19-Punkte-Rahmen-Richtlinien Friedrich Wilhelms für die Militärreorganisationskommission im wesentlichen entsprachen. Zu fast kongruenten Ergebnissen gelangte auch Hardenbergs Mitarbeiter, der Geheime Finanzrat und spätere preußische Minister Frhr. v. Altenstein, der dem Staatsminister Hardenberg mit Datum vom 11. September 1807 eine Denkschrift »Über die Leitung des Preußischen Staates« vorlegte[56]; auch sie gelangte zur Kenntnis des Königs[57].

Oberstleutnant v. Gneisenau, berühmt geworden durch die erfolgreiche Verteidigung der Festung Kolberg, der, in die Militärreorganisationskommission berufen, zu einem engen Mitarbeiter Scharnhorsts wurde, war sich über die Mängel der bisherigen Heeresverfassung gleichermaßen vollständig im klaren. Er schreibt im Jahre 1807: »Aus dem Bürger- und Bauernstand geht der Soldat hervor. Schon der Knabe hört diese schöne Klügelei, gewöhnt sich schon früh an jene Raisonnements; die Abneigung gegen blinden Gehorsam. Der Soldatenstand war ihm daher fatal; denn hier sollte er schweigen und schon auf den Wink gehorchen; und wenn auch schon der Bauernsohn in den alten Provinzen sich der Disziplin willig unterwarf, so fühlten doch die Städter und die in den neuen Provinzen etwas Widriges in der altmodischen Behandlung. Nur der äußere Glanz, nur das Gerücht von Größe und Unüberwindlichkeit, Erinnerung an alte Siege, konnte scheinbar Energie erzeugen, solange er siegte, als keine Gelegenheit sich darbot, die zwangvollen Schranken zu durchbrechen und ein ungezwungenes und weniger gefährliches Gewerbe zu ergreifen[58].« Ebensowenig war Gneisenau die unzureichende Ausrüstung (»jämmerlich gekleidet«) und die unzureichende Versorgung der einfachen Soldaten während des Feldzuges gegen Napoleon im Jahre 1806 entgangen. Aus einer stichwortartigen Aufzeichnung Gneisenaus geht im übrigen auch hervor, daß nach den Schlachten bei Jena und bei Auerstedt in großen Teilen der preußischen Armee – trotz des drakonischen Militärstrafsystems – die Disziplin völlig zusammengebrochen war[59]. Angesichts der hier wiedergegebenen Urteile über den Zustand der preußischen Armee ergibt sich der Eindruck, daß seit Berenhorst jedem billig denkenden Offizier und Beamten die Mängel im preußischen Militärwesen offenkundig sein konnten und die Niederlage mit der Konsequenz der Tilsiter Friedensbestimmungen gleichsam als notwendiger Katalysator betrachtet werden muß, der die Bemühungen beschleunigte, die verkrusteten Strukturen aufzubrechen und endlich das Notwendige bzw. das Naheliegende zu tun[60]. Um so erstaunlicher ist die Tatsache, daß Scharnhorst sogar in der Militärreorganisationskommission mit erheblichen Widerständen und Vorurteilen zu kämpfen hatte: »Freunde habe ich mir nicht zu machen gesucht, und wenn es möglich ist, so wird man mich bei so heterogenen Ansichten, so wenigen persönlichen Rücksichten vom Könige zu entfernen suchen[61].« Als Verbündete betrachtete er zu diesem Zeitpunkt offenbar nur die Stabsoffiziere Gneisenau und Grolman.

6. Die Staatsreform

Mit dem Dienstantritt des Ministers Frhr. vom Stein begann man unverzüglich, die von Hardenberg und seinen Mitarbeitern vorgeschlagenen politischen Reformen kraftvoll in die Tat umzusetzen.

Es ist eine weitverbreitete Vorstellung, daß die preußische Staatsreform die politische Voraussetzung für die neue Heeresverfassung gewesen ist. Auf längere Sicht mag dies auch zutreffen, doch bleibt zumindest zweifelhaft, ob dies von den verantwortlich handelnden Zeitgenossen gleichermaßen empfunden wurde. Da die neuen Gesetze teilweise erst nach Jahrzehnten voll wirksam wurden, dürfte die preußische Bevölkerung, die durch die Auswirkungen des Krieges und die Tilsiter Friedensbedingungen Tag für Tag mit der blanken Not konfrontiert wurde, unmittelbar wenig oder gar nichts von den fieberhaften Bemühungen der preußischen Regierung gespürt haben.

Für den preußischen König kam es vor allem darauf an, die enorm hohen Geldforderungen der Franzosen zu erfüllen, weil nur unter dieser Voraussetzung

*Karl Freiherr
vom und zum Stein,
preußischer Staatsmann*

95

die französischen Besatzungstruppen abgezogen werden sollten. Außerdem mußte die völlig darniederliegende Landwirtschaft wieder aufgerichtet werden, um einer drohenden Hungersnot zu begegnen. Auch dazu war viel Geld erforderlich.

Der Mann, von dem man am ehesten erwartete, mit den gewaltigen Problemen fertig zu werden, war der Frhr. vom Stein, der aufgrund seiner früheren Verwendungen in preußischen Diensten über eine mehr als 25jährige Verwaltungs- und Finanzerfahrung verfügte. 1804 wurde er Minister des Akzise-, Zoll- und Handelsdepartements im preußischen Generaldirektorium. 1806 lehnte er die Übernahme des Außenministeriums ab und wurde deshalb von Friedrich Wilhelm ungnädig entlassen. Jetzt, im Jahre 1807, wurde Stein dringend gebraucht, und da er das wußte, konnte er Bedingungen stellen, zumal ihm auch der russische Zar ein Amt angeboten hatte.

Karl August Fürst von Hardenberg, preußischer Staatsmann

Als Stein am 1. Oktober 1807 mit der obersten Leitung aller »Civil-Angelegenheiten« betraut wurde, konnte er auf Vorarbeiten tüchtiger preußischer Beamter zurückgreifen. Dazu gehörten der Provinzialminister v. Schroetter und die Mitglieder der von Hardenberg gebildeten Immediatkommission, die Geheimräte v. Klewitz, v. Altenstein, v. Schön, Stägemann und Niebuhr. Einige der Mitglieder der Immediatkommission hatten bei dem Königsberger Nationalökonomen Kraus studiert, der sich die Lehren des berühmten britischen Volkswirtschaftlers Adam Smith zu eigen gemacht hatte[62]. Smith, Vertreter der liberalen Wirtschaftsordnung, ging davon aus, daß in der Wirtschaft ein Höchstmaß an Effizienz erreicht werden würde, wenn sich die Privatinitiative ohne Einschränkungen des Staates frei entfalten könne. Pflicht des Staates sei es, den freien Wettbewerb und den Freihandel zu garantieren.

Wenn man die preußische Wirtschaft in Anlehnung an die Theorie Adam Smith's wirkungsvoll wiederbeleben wollte, dann mußten als wichtige Voraussetzung die Standesschranken zwischen Adel, Bürgertum und bäuerlicher Erbuntertänigkeit aufgehoben werden. Vor allem Bürgerliche sollten das Recht erhalten, die bisher an den Adel gebundenen Rittergüter zu erwerben, weil man sich von dieser Maßnahme den notwendigen Kapitalzufluß zum Wiederaufbau der Landwirtschaft versprach. Andererseits sollte es dem Adligen erlaubt sein, einem bürgerlichen Gewerbe nachzugehen, und den ehemals erbuntertänigen Bauern sollte die

Möglichkeit gegeben werden, entweder Land zu erwerben oder freie Arbeiter zu werden, die jederzeit auch in die Städte abwandern könnten. Insbesondere für die Landarbeiter hatte die Aufhebung der Erbuntertänigkeit nicht nur menschenfreundliche Aspekte; vielen ging es, nachdem die Agrarreformen wirksam wurden, schlechter als zuvor, weil die Fürsorgepflicht der Grundbesitzer entfiel; immerhin haben in der Praxis die meisten Grundherren auch ohne gesetzliche Verpflichtung weiterhin für ein hinreichendes Auskommen ihrer Landarbeiter gesorgt. Im ganzen war die preußische Landreform erst um 1850 abgeschlossen[63]; tendenziell wurde durch sie allerdings die Bildung von Großgrundbesitz bzw. Latifundien begünstigt.

Trotzdem stellte das Reformwerk, das unter der Leitung des Ministers Stein (Anfang Oktober 1807 bis November 1808[64]) begonnen wurde, »den Übergang vom Absolutismus zum Verfassungsstaat dar«[65]. Mit dem »Edikt, den erleichterten Besitz und den freien Gebrauch des Grund-Eigenthums sowie die persönlichen Verhältnisse der Land-Bewohner betreffend« vom 8. Oktober 1807 (veröffentlicht am 9. Oktober)[66] wurde die rechtliche Abtrennung der drei Stände (Adel, Bürger, Bauern) aufgehoben und der freie Grunderwerb sowie freie Wahl des Gewerbes gestattet. Die »Kabinettsordre betreffend die Aufhebung der Erbunterthänigkeit auf sämtlichen Preußischen Domänen« vom 28. Oktober 1807 leitete die Bauernbefreiung ein. Nach dieser Kabinettsordre wurden alle abhängigen Bauern der Staatsdomänen mit Wirkung vom 1. Juni 1808 ausdrücklich für frei erklärt, allerdings mit der wesentlichen Einschränkung, »daß die aus dem Besitze eines Grundstücks oder aus einem Vertrage entstandenen Verpflichtungen, sie bestehen in Geld- oder Natural-Dienstleistung, hierdurch keinesfalls erlassen oder aufgehoben werden«[67]. So wurden aus den ehemaligen erbuntertänigen Bauern vielfach Tagelöhner, die ganz wesentlich zum Entstehen des sogenannten vierten Standes (des Industrieproletariats) beigetragen haben. Im übrigen hatte es nicht an einer mächtigen Adelsfronde gefehlt, die aus egoistischen Gründen dieser Entwicklung feindselig gegenüberstand und zumindest retardierend wirksam gewesen ist, so daß die Reform 1816 teilweise wieder eingeschränkt wurde[68].

Weitere Schritte auf dem Wege der preußischen Staatsreformen waren die Neuordnung der Zentralbehörde, wozu u. a. die Einrichtung des kollegialen Staatsministeriums mit den fünf klassischen Ressorts Äußeres, Inneres, Krieg, Finanzen und Justiz gehörte. Die Einführung der Gemeindeselbstverwaltung entsprach weitgehend der Tradition der mittelalterlichen Städteordnung; auch sie ist eher unter dem Gesichtspunkt der Zweckmäßigkeit und Wirtschaftlichkeit zu betrachten, weil bis dahin die starre Magistratverwaltung des Absolutismus jede Eigeninitiative erstickt hatte; Überlegungen einer wirklichen Demokratisierung dürften dabei nur eine geringere Bedeutung gehabt haben, zumal Preußen zum Zeitpunkt des Inkrafttretens des neuen Gesetzes im Jahre 1808 vorwiegend ein Agrarland war[69].

Der 1810 zum »Staatskanzler« ernannte Frhr. v. Hardenberg führte 1811 die »Gewerbefreiheit« ein, mit der zugleich der Zunftzwang abgeschafft wurde. Außerdem folgte die bürgerliche Gleichstellung der Juden. Auf fiskalischem Gebiet entfielen alle Privilegien; die Steuergesetzgebung wurde vereinfacht, eine allgemeine Einkommensteuer eingeführt und in diesem Zusammenhang eine Volksrepräsentation in Aussicht gestellt.

7. Das neue Wehrsystem

a) Vorbereitende Überlegungen und Maßnahmen

Die Erfolge der französischen Revolutionsarmeen lagen nach weitverbreiteter Einschätzung preußischer Fachleute in Armeeführung und Staatsverwaltung in der Nutzbarmachung aller Volkskräfte. Es lag deshalb für Preußen nahe, einen ähnlichen Weg zu gehen, indem man die preußische Bevölkerung gleichermaßen auf das Gemeinwohl verpflichtete und mit einem Kompromiß versuchte, die sozialen Errungenschaften der Französischen Revolution durch maßvollere Reformen von oben zu gewähren. Aber wie angedeutet: es ist zu bezweifeln, ob die Bemühungen der Staatsreform durch Stein und Hardenberg in den Jahren 1807 bis 1812 so lebendig wurden, daß sie als alleinige Voraussetzung für eine veränderte Haltung in der Landesverteidigung angesehen werden können. Ausschlaggebender dürfte die französische Besatzungspolitik gewesen sein, die bald als verhaßte Fremdherrschaft und als Ursache der wirtschaftlichen Not erlebt wurde. Das Aufkommen eines Nationalbewußtseins fand in den Werken der Dichter wie Heinrich v. Kleist, Ernst Moritz Arndt, dem Philosophen Johann Gottlieb Fichte, dem Theologen Schleiermacher u. a. seinen geistigen Niederschlag.

Alle Bemühungen der Militärreorganisationskommission konzentrierten sich anfangs vor allem darauf, das bestehende Kantonsystem – insbesondere durch immer stärkere Einschränkung der Ausnahmebestimmungen – de facto zur allgemeinen Wehrpflicht auszubauen, was auch bis zum Beginn der Freiheitskriege im Jahre 1813 annähernd gelang. Abgeschlossen wurde die Entwicklung durch das Wehrgesetz vom 3. September 1814, das unter dem Kriegsminister v. Boyen geltendes Recht wurde[70]. Schritte auf diesem Wege waren die Einrichtung einer Nationalmiliz, die später als »Landwehr« institutionalisiert wurde, und das Verbot der Ausländeranwerbung, das von Friedrich Wilhelm III. in seinen 19-Punkte-Richtlinien vorgegeben war. Dies durchgesetzt zu haben muß wohl als das Hauptverdienst Scharnhorsts und seiner Mitarbeiter angesehen werden, zumal die Vorbehalte des gebildeten Bürgertums immer noch gewaltig waren. Selbst der Reform nahestehende Beamte wie Niebuhr, Sack und Vincke standen der allgemeinen Dienstpflicht ablehnend gegenüber. Vincke sah in der Wehrpflicht sogar das »Grab aller Kultur«[71].

Die Arbeitsbedingungen der Reformer wurden zudem durch die von Napoleon gemäß der 3. Pariser Konvention vom 8. September 1808 erzwungenen Heeresbeschränkung auf 42 000 Mann erschwert[72]; außerdem war die Aufstellung einer

Nationalmiliz verboten worden. Um diese Heeresbegrenzung zu unterlaufen, hatte Scharnhorst in seiner Denkschrift vom 31. Juli 1807 bereits das sogenannte Krümpersystem vorgeschlagen, mit dessen Hilfe durch Austausch kurzfristig ausgebildeter Mannschaften mit neuen Rekruten eine zusätzliche Reserve geschaffen werden sollte: »Man entläßt von jeder Kompanie in den ersten 3 Jahren jährlich 20 Mann noch diensttüchtige Leute ins Kanton, nachher jährlich 10 und ersetzt die abgehende Mannschaft durch andere[73].« Scharnhorst rechnete, auf diese Weise innerhalb von drei Jahren zusätzlich 17 000 Mann ausbilden zu können; tatsächlich wurden bis zum Beginn der Freiheitskriege rund 36 000 Mann als geheime Reserve gewonnen. Die Beurlaubten wurden übrigens außerhalb der Garnison weitergebildet und besonders sonntags zum Scheibenschießen herangezogen, wobei Belohnungen einen Anreiz bildeten.

Das Krümpersystem konnte jedoch nur eine Aushilfe bleiben, weil das preußische Linienheer auf diese Weise allenfalls eine Stärke von 80 000 Mann erreichen konnte, eine Zahl, die bei der Dimension eines Krieges gegen Napoleon bei weitem nicht ausreichend war. Die Überlegungen für den »Entwurf einer Verfassung einer Reservearmee« und andere Entwürfe in diesem Zusammenhang hatten bis 1812 nur vorläufigen Charakter, auf denen aber im Jahre 1813 »dann weiteraufgebaut werden konnte«[74].

b) Die neuen »Kriegsartikel für die Unteroffiziere und gemeinen Soldaten« vom 3. August 1808

Allgemeines

Bei den Unteroffizieren und Mannschaften der alten Armee hatte man kein eigenes Ehrbewußtsein gefördert; dies sollte künftig radikal anders werden; jetzt lautete die Devise, die Nation müsse »mit der Regierung auf das Innigste vereiniget« werden. Die Regierung müsse »gleichsam mit der Nation ein Bündnis« schließen, hieß es in einem von Scharnhorst entworfenen Immediatbericht der Militärreorganisationskommission vom 15. März 1808[75]. Weiter schrieb er: »Dieser Geist kann nicht ohne eigene Freiheit in der Herbeischaffung und Zubereitung der Mittel zur Erhaltung der Selbständigkeit stattfinden. Wer diese Gefühle nicht genießt, kann auf sie keinen Wert legen und sich nicht für sie aufopfern[76].« Und Gneisenau schrieb im August 1808: »Es ist billig und staatsklug, daß man den Völkern ein Vaterland gebe, wenn sie ein Vaterland kräftig verteidigen sollen[77].«

Wenn man also mit der Nation ein Bündnis schließen und auf diesem Wege breitere Schichten der Bevölkerung zur Landesverteidigung, d. h. für den Dienst in der Armee gewinnen wollte, dann mußten die Kriegsartikel dieser Überlegung Rechnung tragen und insbesondere die entehrenden Militärstrafen abgeschafft werden. In dem Immediatbericht vom 8. Juni 1808 wurde dies u. a. wie folgt begründet: »Da die allgemeine Militärkonskription in der Folge junge Leute von guter Erziehung und feinem Ehrgefühl als gemeine Soldaten unter die Fahnen stellen wird, so ist mit Zuversicht zu erwarten, daß diese nicht nur selbst ihren Vorgesetzten willig folgen und durch gute Applikation den Militärdienst leicht erlernen, sondern auch eben hierdurch ihren Kameraden aus den weniger gebildeten Ständen ein Beispiel vernünftigen Gehorsams und wirksamer Anwendung ihrer Kräfte und Fähigkeiten geben und zu ihrer Ausbildung mitwirken werden und daß daher mit einer gelinden Behandlung Ordnung und Disziplin in der Armee erhalten werden können[78].« Dies wird sinngemäß in den »Kriegs-Artikeln für die Unteroffiziere und gemeine[n] Soldaten« vom 3. August 1808[79] im Artikel 1 wiederholt. Im Artikel 2 verspricht der König allen Soldaten, die zur Zufriedenheit ihrer Vorgesetzten tadelsfrei ihren Dienst versehen, »selbige nach Maßgabe ihrer Fähigkeiten und Kenntnisse ohne Rücksicht auf ihre Geburt, zu Offizieren bis zum höchsten Grade zu befördern«. Im übrigen verpflichtet sich der König, für seine pflichtgetreuen Soldaten vorzüglich zu sorgen[80].

Die Militärstrafen

Nach den neuen Kriegsartikeln wurden die Strafandrohungen allgemein bedeutend herabgesetzt. Kein Soldat sollte mehr mit Stockschlägen bestraft werden, der sich nicht eines schweren oder entehrenden Verbrechens schuldig gemacht hatte und zuvor in die sogenannte 2. Klasse des Soldatenstandes aufgrund eines standgerichtlichen Urteils versetzt worden war. Den Soldaten der 2. Klasse war das Recht versagt, das National-Militärabzeichen (später die Kokarde) am Tschako zu tragen; sie waren somit kenntlich gemacht. Die Zuordnung zur 2. Klasse des Soldatenstandes erfolgte im allgemeinen bei Eigentumsdelikten und bei Fahnenflucht.
Die Strafe des Gassenlaufens wurde gänzlich abgeschafft. Ansonsten trat an die Stelle der Prügelstrafe gelinder, mittlerer oder strenger Arrest. Der gelinde Arrest bestand aus einfacher Einschließung, die beim mittleren Grad durch Einschränkung der Verpflegung, Verlust des Soldes und Rauchverbot verschärft wurde. Strenger Arrest bedeutete Dunkelhaft, die zudem verschärft wurde, indem auf den Fußboden des Arrestlokals genagelte Latten ein sich Niederlegen des Bestraften unangenehm machen sollten.
Die Disziplinargewalt der Offiziere wurde stark eingeengt. Ein Kompaniechef oder jeder Offizier mit selbständigem Kommando durfte ohne Anfrage lediglich 3 Tage gelinden oder mittleren Arrest anordnen, wobei er im letzteren Fall dem Bataillons- bzw. Regimentskommandeur Meldung zu machen hatte. Bataillons- bzw. Regimentskommandeure waren befugt, 14 Tage gelinden, 8 Tage mittleren, 3 Tage strengen Arrest sowie Stockschläge für Soldaten der 2. Klasse zu verhängen. Darüber hinausgehende Strafen bis zu 6 Wochen Arrest, Degradierung der Unteroffiziere und Versetzung eines Soldaten in die 2. Klasse lagen in der Zustän-

digkeit von Standgerichten. Weitergehende Strafen, wie z. B. Festungshaft und Todesstrafen konnten nur von den Kriegsgerichten ausgesprochen werden. Todesstrafen bedurften der Bestätigung durch den König. Es sei im übrigen an dieser Stelle nicht verschwiegen, daß bestimmte Verbrechen, die früher mit Spießrutenlaufen bestraft wurden, nunmehr definitiv mit der Todesstrafe bedroht waren. Friedrich Wilhelm III. hatte in seinen 19-Punkte-Richtlinien an die Militärreorganisationskommission gefordert: »Sobald aber bei der Rekrutierung weniger Exemtion [Ausnahme] stattfindet, müßte mit den militärischen Strafen eine Änderung geschehen und sie zwar ebenso strenge, aber weniger diffamierend anzuordnen sein, deshalb eine Umarbeitung der Kriegsartikel vorzunehmen wäre[81].« In der Tat hat es in den neuen Kriegsartikeln nicht an Strenge gefehlt, vor allem, wenn man an die Vielzahl der todeswürdigen Verbrechen denkt. Andererseits ist das Bemühen nicht zu verkennen, künftig an Ehre und Einsicht der Soldaten zu appellieren und in den Offizieren »Erzieher und Anführer eines achtbaren Teiles der Nation« zu sehen. In der »Verordnung wegen der Militär-Strafen« vom 3. August 1808[82] wird den Offizieren, welche glauben, ohne Schläge in der Exerzierausbildung nicht auskommen zu können, die Dienstbefähigung abgesprochen, weil es ihnen an der notwendigen Darstellungsgabe bzw. am klaren Begriff vom Exerzierunterricht fehle. Diese Offiziere durften die praktische Ausbildung so lange nicht ausüben, bis sie ihre Fähigkeit, »den Soldaten in seinen Dienstpflichten auf eine faßliche Art auszubilden«, nachgewiesen hatten.

Alle Offiziere vom Hauptmann an aufwärts wurden für die Durchsetzung der neuen Bestimmungen verantwortlich gemacht. Sie hatten dafür zu sorgen, daß »ihre Untergebenen weder den Soldaten auf eine rohe Art behandeln noch sich fernerhin das hie und da übliche Schimpfen derselben erlauben«.

Die Verordnung über die Bestrafung der Offiziere vom 3. August 1808[83], die auf einen Entwurf von Gneisenau zurückzuführen ist[84], geht davon aus, daß bei einem Offizier im allgemeinen nur geringere Verstöße vorkommen, die in der Regel mit einem Verweis oder strengem Verweis, allenfalls aber mit Arrest abgetan werden können. Wiederholte Verstöße gegen die Subordination seien dagegen ein Beweis, daß der Offizier für sein Amt nicht geeignet und deshalb aus dem Offizierkorps auszuschließen sei. Im übrigen wird in der Verordnung großer Wert darauf gelegt, daß bei Maßregelungen von Offizieren eine für andere erkennbare Beeinträchtigung der Ehre der Betroffenen vermieden wird.

Wenn nunmehr ein Offizier gefordert war, der den Vorstellungen vom »Erzieher und Anführer eines achtbaren Teiles der Nation« entsprechen sollte, dann mußten hinsichtlich Auswahl, Eignung und Ausbildung neue Voraussetzungen geschaffen werden. Ein wichtiger Schritt in diese Richtung war mit der Eliminierung jener Offiziere getan worden, die in den Schlachten bei Jena und Auerstedt ganz offenkundig den Anforderungen entweder nicht gewachsen gewesen waren oder vorsätzlich gegen Pflicht und ehrenhaftes Verhalten verstoßen hatten. In diesem Zusammenhang sollte nicht vergessen werden, daß wegen der drastischen zahlenmäßigen Reduzierung der preußischen Armee eine große Zahl von Offizieren aus dem aktiven Dienst unverschuldet ausscheiden mußte und teilweise persönlich derart in Not geriet, daß viele auf staatliche Brotzuweisungen oder Kameradenhilfe angewiesen waren; einige traten sogar als einfache Soldaten in fremde Dienste[85].

Für künftige Offizieranwärter sollte fortan nicht mehr die Geburt (d. h. die adlige Abstammung) das ausschlaggebende Kriterium sein, sondern Eignung, Bildung und Charaktereigenschaften. Friedrich Wilhelm III. hatte in seinen 19-Punkte-Richtlinien die vermehrte Aufnahme von Nichtadligen zwar erwähnt, aber noch mit einem Fragezeichen versehen, weil er wußte, daß eine weitgehende Öffnung des Offizierkorps auf erhebliche Widerstände des Adels stoßen würde. Die Reformer haben die Anregung des Königs voll aufgegriffen, aber dessen Fragezeichen in ein Ausrufungszeichen verwandelt. So schrieb Gneisenau, der übrigens selbst von zweifelhaftem Adel war, am 2. Juli 1808 im »Volksfreund«: »Die Geburt gibt kein Monopol für Verdienste; räumt man dieser zu viel Rechte ein, so schlafen im Schoße einer Nation eine Menge Kräfte unentwickelt und unbenutzt, und der aufstrebende Flügel des Genies wird durch drückende Verhältnisse gelähmt. [. . .] Man schließe ebenfalls dem Bürgerlichen die Triumphpforte auf, durch die das Vorurteil nur den Adligen einziehen lassen will. Die neue Zeit braucht mehr als Titel und Pergamente, sie braucht frische Tat und Kraft; dies hat der Monarch erwogen, indem er die Talente aller Stände zu gleichen Ansprüchen an Militärförderungen berechtigte und ein Verfahren aufhob, dem nur das Herkommen und der Nepotismus, keineswegs aber irgendein Gesetz das Wort redeten[86].« Gneisenau konnte so schreiben, weil zu diesem Zeitpunkt zweifellos das »Reglement über die Besetzung der Stellen der Portepeefähnrichs und über die Wahl zum Offizier bei der Infanterie und Artillerie« der Militärreorganisationskommission, das am 30. Juli 1808 dem König vorgelegt und am 6. August verbindlich wurde, im Entwurf vorlag. Der Leitsatz dieses Reglements lautete: »Einen Anspruch auf Offizierstellen sollen von nun an in Friedenszeiten nur Kenntnisse und Bildung gewähren, in Kriegszeiten ausgezeichnete Tapferkeit und Überblick. Aus der ganzen Nation können daher alle Individuen, die diese Eigenschaft besitzen, auf die höchsten Ehrenstellen im Militär Anspruch machen. Aller bisher stattgehabter Vorzug des Standes hört beim Militär ganz auf und jeder hat gleiche Pflichten und

Rechte[87].« Die Zielrichtung dieses Reglements war in der Tat revolutionär, weil der absolute Führungsanspruch des Adels in der Armee abgelöst und statt dessen gleichsam ein neuer »Adel«, dessen Merkmale ganz nach »bürgerlichen« Kriterien nunmehr an Bildung, Eignung und Charaktereigenschaften gemessen werden sollten, institutionalisiert wurde[88]. Bürgerliche Offiziere hatte es zwar bei den weniger »vornehmen« Waffengattungen, bei der Artillerie, den Ingenieuren und den Husaren schon immer gegeben (ihr Anteil an der Gesamtzahl des Offizierkorps betrug 1806 etwa 9 Prozent), der Führungsanspruch in der Armee wurde aber von adligen Standesvertretern als so selbstverständlich wie der Anspruch der Hohenzollern auf die Königswürde betrachtet. Kein Wunder also, daß der Adel erbittert von »moderner Gleichmacherei« sprach. Der Adel ist zwar im weiteren Verlauf des 19. Jahrhunderts in seinem Einfluß stärker als zuvor gewesen und war bis zum Ersten Weltkrieg im Offizierkorps weiterhin tonangebend, dennoch nahm nach Inkrafttreten dieses Reglements die Zahl der bürgerlichen Offiziere stetig zu, wobei allerdings die »Bürgerlichen« weitgehend die Gepflogenheiten des Adels annahmen, in dem sie sich anpaßten und damit gleichsam assimiliert wurden.

Nichtsdestoweniger muß die Aufhebung der Adelsprivilegien in der Armee als außergewöhnlicher gesellschaftlicher Einschnitt in Preußen verstanden werden, zumal die Kriterien »Kenntnisse und Bildung« zunächst einmal die in den Städten aufgewachsenen bürgerlichen Offizieranwärter begünstigten, weil sie reguläre Schulen besuchen konnten, während die Adelsfamilien vielfach auf Hauslehrer angewiesen waren oder in Kadettenanstalten auf die Fähnrichsprüfung vorbereitet wurden.

Erwähnenswert ist auch die Tatsache, daß man hinsichtlich der Befähigung der Offiziere zwischen Friedens- und Kriegszeit unterschied und so der Erfahrung Rechnung trug, daß die Anforderungen an einen militärischen Führer im Kriege eben nicht nur nach Bildung gemessen werden können, sondern gerade auch in der praktischen Bewährung vor dem Feind. Daß diese Einschätzung richtig war, in den Kriegen immer wieder praktiziert und somit Tradition wurde, ist in dem sprachlichen Ausdruck »Tapferkeitsoffizier« heute noch lebendig.

Fortan konnte zum Fähnrichsexamen nur derjenige zugelassen werden, der das 17. Lebensjahr vollendet und zuvor mindestens 3 Monate als einfacher Soldat gedient hatte. Mit dieser Bestimmung waren Vorgesetzte im Kindesalter, die es bisher gegeben hatte, ausgeschlossen worden. Länger Gedienten und Unteroffizieren wurde der Zugang zur Offizierlaufbahn gleichermaßen geöffnet, sofern sie den Prüfungsanforderungen entsprachen und ein tadelsfreies Führungszeugnis ihres Kompaniechefs und der Offiziere der Kompanie vorlegen konnten. Überhaupt wurden für alle Offizierbewerber über den Nachweis von Kenntnissen hinaus bestimmte Charaktereigenschaften gefordert: »Nicht bloß Kenntnisse und Wissenschaften sind die Erfordernisse, die einen brauchbaren Offizier bezeichnen, sondern auch Geistesgegenwart, schneller Blick, Pünktlichkeit und Ordnung im Dienst und anständiges Betragen sind Haupteigenschaften, die jeder Offizier besitzen muß[89].« Eine ähnliche Formulierung kann man auch heute noch im Schriftgut der Bundeswehr finden.

Eine weitere Hürde auf dem Wege zur Ernennung zum Offizier ergab sich aus der Wahl durch die Offiziere des Regiments. Sobald eine offene Offizierstelle besetzt werden sollte, wählten die Leutnante des zuständigen Regiments aus den Portepeefähnrichen die drei besten heraus, die anschließend in Berlin von einer Kommission geprüft wurden. Bei bestandener Prüfung wählten nun die Hauptleute den ihrer Meinung nach würdigsten aus, der dann vom Regimentskommandeur und allen Stabsoffizieren des Regiments dem König zur Beförderung vorgeschlagen wurde, wobei ein überstimmter Offizier immer noch ein begründetes ablehnendes Gutachten beifügen konnte. Im Kriege konnten auch Unteroffiziere und Mannschaften zur Beförderung zum Offizier vorgeschlagen werden. Da es in der Reformzeit ein Überangebot an Offizierbewerbern gab, wird dieses Ausleseprinzip zunächst außerordentlich wirksam gewesen sein, während bei der später stetigen Heeresvermehrung die Wahl der Offizierbewerber durch das Offizierkorps des Regiments oft nur noch formalen Charakter besaß. Das Recht der Offiziere, ihren Nachwuchs selbst zu wählen, war nach dem Ersten Weltkrieg zwar kein geltendes Recht mehr, blieb aber bis zum Ausbruch des Zweiten Weltkrieges Tradition.

8. Die Bedeutung der preußischen Heeresreform für die Entwicklung deutscher militärischer Tradition

Nach der vernichtenden Niederlage Preußens im Krieg mit Frankreich in den Jahren 1806/07 und trotz oder vielleicht wegen der harten Tilsiter Friedensbedingungen und der daraus resultierenden fast vollständigen politischen Abhängigkeit von Frankreich wurden in den Jahren 1807 bis 1812 in Preußen Reformen geschaffen, die – auch nach heutigen Maßstäben – als die Grundlage eines modernen Staatswesens angesehen werden müssen, wenn man von dem Institut einer demokratisch gewählten Volksvertretung einmal absieht. In diesem Zeitraum wurden daher für Staat und Armee Traditionen begründet, die teilweise bis heute ihre Gültigkeit behalten haben.

Die Tatsache des raschen und zielgerichteten Handelns in Staats- und Armeeführung ist ein eindeutiger Beleg dafür, daß in dem vorausgegangenen Friedensdezennium die politisch denkenden Köpfe in Preußen die Mängel ihres Staatswesens sehr wohl erkannt hatten, nunmehr die richtigen Schlüsse zogen und mit hohem Idealismus in die Tat umsetzten.

Auf der Grundlage der Staats- und Sozialreformen konnte für die Armee die Kantonpflicht entscheidend ausgeweitet werden, so daß sich das Prinzip der Allgemeinen Wehrpflicht anbahnte; sie wurde nur deshalb noch nicht voll durchgeführt, weil die Tilsiter Friedensbedingungen die preußische Heeresstärke auf 42 000 Mann begrenzt hatten. Die Anwerbung von Ausländern wurde abgeschafft. Die breitere Dienstverpflichtung preußischer Bürger zum Heeresdienst verlangte nach neuen Führungsprinzipien und setzte ein neues inneres Gefüge innerhalb der Armee voraus, zumal man bei einem weiteren Krieg mit Napoleon auf Freiwillige, die später zum großen Teil sogar ihre eigene Ausrüstung stellen mußten, angewiesen war. So wurden alle Anstrengungen unternommen, den Dienst in der Armee zu einem Ehrendienst zu machen. Dies erforderte notwendigerweise eine ehrenhafte Behandlung des Soldaten während des täglichen Dienstes, wobei es keineswegs bei bloßen Deklamationen bleiben durfte, weil sich die tägliche Ausbildung der Truppe oft vor den Augen der Bevölkerung abspielte. Vor allem die Bevölkerung der Garnisonstädte war nämlich über die inneren Zustände in der Armee gut informiert, weil die meisten Soldaten in Privatquartieren untergebracht waren; die Unterbringung von Armee-Einheiten in der Kaserne stellte noch die Ausnahme dar. Deshalb mußten die entehrenden Strafen abgeschafft und auch sonst alles getan werden, um eine »zeitgemäße« Menschenführung sicherzustellen.

Wenn die französische Fremdherrschaft abgeschüttelt werden sollte, war es allerdings bei weitem nicht ausreichend, für eine menschenwürdige Behandlung der Soldaten zu sorgen; es war ein ganz anderer Geist gefordert, der aus einem Bündnis zwischen Regierung, d. h. dem König und der Nation, erwachsen sollte. Mit anderen Worten: man appellierte an den Staatsbürger, der als Soldat sein Vaterland verteidigen sollte. Der Appell an den Staatsbürger war etwas revolutionär Neues; denn der Soldat des 18. Jahrhunderts hatte kein Vaterland, er kämpfte vertragsgemäß ausschließlich für einen bestimmten Fürsten und konnte beliebig an einen anderen Souverän vermietet werden. Da aber ein »Staatsbürger« ohne Recht ein Widerspruch in sich selbst ist, wurden in Preußen Rechte geschaffen, die eine staatsbejahende Haltung des einzelnen bewirken sollten. Die aufkommende Bewegung des Nationalismus, die durch die verfehlte Besatzungspolitik Napoleons in Preußen sicherlich nicht unwesentlich bestärkt worden war, kam diesen Absichten entgegen. Staatsbürgerliches Selbstbewußtsein sollte künftig die Triebfeder der Kampfmotivation sein. Das mag von den Zeitgenossen in den Freiheitskriegen freilich noch anders empfunden worden sein, weil – wie dargelegt – die preußischen Staatsreformen erst viel später voll zur Wirkung kamen; das ändert aber nichts an dem geistigen Ansatz besonders von Scharnhorst und Gneisenau, der der Grundüberlegung der Konzeption der heutigen »Inneren Führung« – abgesehen von der Tatsache, daß Preußen kein demokratischer Staat war (die Reformer selbst konnten ja auch noch keine Demokraten sein) – in jeder Hinsicht entspricht. Die Reformer haben also eine geistige Tradition begründet, die bis heute aktuell ist und sehr wohl als »gültiges Erbe« betrachtet werden kann.

Rein praktisch betrachtet, wirkte sich die Aufhebung der Standesschranken bei der Armee am schnellsten aus. Fortan war der Zugang zu den Offizierstellen für jedermann offen, sofern gegen ihn keine charakterlichen Einwände vorlagen und er die genau definierten Leistungskriterien erfüllte. Von damals an hatte also auch jeder preußische Soldat »den Marschallstab im Tornister«. Daß in der preußisch-deutschen Armee der Adel weiterhin das Offizierkorps prägte, lag einerseits, begünstigt durch das Wahlrecht der Offiziere der Regimenter, ihren Nachwuchs selbst auswählen zu dürfen, an traditionalistischen Widerständen, andererseits aber auch an der Anpassung der Bürgerlichen an den adligen Lebensstil, der offensichtlich Vorbildcharakter hatte. Und da die Offiziere gesellschaftlich an erster Stelle rangierten, wurde der Offizierberuf trotz chronisch knapper Besoldung auch für Bürgerliche begehrenswert. So war die Voraussetzung für ein in seinen Wertvorstellungen außerordentlich homogenes Offizierkorps geschaffen worden, dessen Grundkonsens zunächst ansatzweise durch nationalsozialistische Indoktrination durchlöchert wurde und schließlich durch das gesellschaftlich anerkannte Prinzip der Pluralität nach dem Zweiten Weltkrieg weitgehend in Frage gestellt ist. Ein in seinen Wertvorstellungen heterogen zusammengesetztes Offizierkorps wird es aber immer schwer haben, eine allgemein akzeptierte Tradition zu pflegen. Hier mag einer der Gründe für die aktuelle Traditionsdebatte liegen.

Da der Offizier als »Erzieher eines achtbaren Teiles der Nation« angesehen wurde, mußten bestimmte Mindestanforderungen an »Bildung und Kenntnisse« gestellt werden, wenn man diesem Anspruch gerecht werden wollte. Deshalb wurde eine einheitliche, spezielle Offizierausbildung an Kriegsschulen in Berlin, Breslau und Königsberg eingeführt. Aus der Allgemeinen Kriegsschule in Berlin entwickelte sich die Kriegsakademie, an der vornehmlich Generalstabsoffiziere ausgebildet wurden. Eine Voraussetzung für Offizieranwärter war eine Mindestdienstzeit von drei Monaten im Mannschaftsstand, ein Grundsatz, der seither in der preußisch-deutschen Militärgeschichte Tradition geblieben ist.

Die Kabinettsordre zur »Einrichtung des Kriegsdepartements« vom 25. Dezember 1808 war de facto die Anweisung zur Errichtung eines modernen Kriegsministeriums mit Ansätzen eines funktionstüchtigen Generalstabes, die eine wirksame Straffung der Armeeführung bewirkte und auch nach heutigen Organisationskriterien als mustergültig betrachtet werden kann.

Alles in allem sind von den preußischen Heeresreformern in der Zeit von 1807 bis 1812 hinsichtlich Organisation, Führung, Ausbildung, Kampfmotivation und Rechtspflege richtungweisende Maßstäbe gesetzt worden, die im großen und ganzen bis in die heutige Zeit wirken, weil sie im positiven Sinne des Wortes Tradition geworden sind.

V. Das preußische Heer in den Freiheitskriegen

1. Der historische Hintergrund:
Krieg zwischen Frankreich und Rußland

Die von den Reformern geschaffenen neuen Grundlagen für die preußische Armee fanden ihre Bewährung in den Freiheitskriegen von 1813 bis 1815[90]. Aber so weit war es noch nicht. Napoleon stand auf der Höhe seiner Macht und beherrschte Mitteleuropa und Teile von Italien. Frankreichs Herrschaftsanspruch in Westeuropa wurde lediglich von England und Spanien in Frage gestellt. England blieb wegen seiner unzweifelhaften Seeherrschaft unangefochten, die übrigens mit eine Folge der Französischen Revolution war, weil in deren Verlauf auch eine große Zahl von Marineoffizieren der Guillotine zum Opfer gefallen war; im Gegensatz zum Landheer ließen sich bei der Marine seemännische Erfahrung und Können nicht so leicht durch bloßen Enthusiasmus ersetzen. Angesichts der starken britischen Flotte erwiesen sich Pläne Napoleons, ein Invasionsheer nach England überzusetzen, als undurchführbar. England konnte im Gegenteil den Guerillakrieg der Spanier gegen die französischen Besatzungstruppen erfolgreich unterstützen. Napoleon versuchte deshalb, England mit einer Handelsblockade zu treffen, die aber nur einigermaßen wirksam werden konnte, wenn sich auch Rußland daran beteiligte.

Ein Bündnis zwischen Frankreich und Rußland sollte das Kontinentalsystem sichern. Dieses Bündnis blieb allerdings nicht lange tragfähig, weil Napoleon bei seinem rücksichtslosen Expansionsstreben auch russische Interessen ignorierte. So kam es zum Bruch zwischen Frankreich und Rußland, als der Zar am 31. Dezember 1810 das Kontinentalsystem aufkündigte. Bald darauf rüsteten beide Seiten zum Krieg.

Schon das Bündnis der beiden Großmächte hatte für die europäischen Mittelstaaten erdrückende Wirkung. Ein Krieg zwischen Rußland und Frankreich konnte für die mitteleuropäischen Staaten existenzgefährdend werden, gleichgültig, welcher Seite man sich anschließen würde. Sowohl in Berlin als auch in Wien hielt man es zunächst für zweckmäßiger, mit dem für stärker erachteten Frankreich zu marschieren, obwohl man doch allen Grund gehabt hätte, das Gegenteil zu tun. In Preußen waren denn auch zahlreiche Patrioten über die Entscheidung des Königs und seines Staatskanzlers v. Hardenberg dermaßen empört, daß mehr als 300 preußische Offiziere den Dienst quittierten und in russische Dienste eintraten. Dazu gehörten Boyen und Clausewitz.

Vermutlich konnte der preußische Staatskanzler v. Hardenberg in der damaligen Lage gar nicht anders handeln, weil die Abhängigkeit Preußens von Frankreich viel zu groß war. Dagegen hatten die Reformer leidenschaftlich für den Anschluß an Rußland plädiert und die Vorbereitung eines Volksaufstandes gegen die Franzosen gefordert. Besonders Gneisenau war ein Verfechter des radikalen Volkskrieges bis zur Konsequenz der »verbrannten Erde«. Die Vorlage Gneisenaus über den Landsturm (dazu weiter unten) hatte Friedrich Wilhelm als »Poesie« ironisiert. In Wirklichkeit hätte ein vorschneller Aufstand gegen Frankreich das Ende des preußischen Staates bedeuten können. So unterschrieb der preußische Gesandte am 24. Februar 1812 in Paris Bündnisverpflichtungen, nach denen Preußen ein Hilfskorps von 30 000 Mann zu stellen hatte, den Franzosen freier Durchmarsch durch preußisches Staatsgebiet und das Recht auf Requisitionen zugebilligt wurde.

Auch Österreich stellte ein Armeekorps von 30 000 Mann. Immerhin verstand der österreichische Minister Klemens Graf v. Metternich, dem Allianzvertrag gegen Rußland einen Inhalt zu geben, der Österreichs Selbständigkeit zum Ausdruck brachte.

Ebenso hatte sich das zu den Rheinbundstaaten gehörige Bayern mit Truppen in einer Stärke von mehr als 30 000 Mann zu beteiligen. Die übrigen Rheinbundstaaten waren gleichermaßen zur Heeresfolge verpflichtet. Insgesamt betrug der Anteil der Deutschen an der »grande armée«, die eine Gesamtstärke von mehr als 600 000 Soldaten hatte, ungefähr ein Drittel.

Die Hauptarmee marschierte unter Napoleon in Richtung Wilna-Smolensk. Den Flankenschutz in Nordrußland sollte ein Armeekorps, zu dem auch das preußische Kontingent gehörte, unter Führung des Marschalls Macdonald gewährleisten, im Süden das österreichische Armeekorps unter Fürst Schwarzenberg.

Das Schicksal der »grande armée« ist bekannt. Die Russen wurden zwar bei Smolensk (15.–17. August 1812) und Borodino (7. September) geschlagen, Moskau wurde am 14. September genommen. Doch war Rußland dadurch keineswegs besiegt. Die Russen setzten Moskau in Brand, so daß der Großen Armee die Lebensgrundlage weitgehend entzogen und der Rückmarsch unvermeidlich wurde. Hunger, Krankheiten, ein strenger Winter und ständige Kosakenüberfälle setzten der rückmarschierenden Armee fürchterlich zu, die schließlich bei dem Übergang über die Beresina von der russischen Armee in die Zange genommen und bis auf wenige Überreste völlig aufgerieben wurde. Von den 30 000 bayerischen Soldaten sahen nur knapp 1 000 die Heimat wieder; ähnlich erging es den meisten Heereskontingenten der anderen Rheinbundstaaten.

Napoelon hatte sich während des Rückzuges von seiner Armee getrennt. Von Paris aus begann er, unverzüglich eine neue Armee aus dem Boden zu stampfen, um wenigstens seine Vorherrschaft in Mitteleuropa behaupten zu können.

*Hans David Graf
Yorck von Wartenburg,
preußischer Feldmarschall*

2. Die Konvention von Tauroggen

Der Anstoß für die preußische Erhebung ging nicht von den Reformern, sondern
von dem erzkonservativen Generalleutnant Hans David v. Yorck, dem Befehlshaber des preußischen Hilfskorps aus, das sich im Baltikum befand[91]. Der französische Oberbefehlshaber der Nordarmee, Marschall Macdonald, erhielt seinen
Rückzugsbefehl am 18. Dezember 1812; er konnte seine aus Bayern und Polen
bestehende 2. Division unverzüglich in Marsch setzen. Dagegen war der Rückzug
des preußischen Korps unter Yorck nicht ohne weiteres gesichert, weil es von
einem russischen Truppenkontingent unter dem Oberbefehl des Generals v. Diebitsch, das zwischen die Truppenverbände Macdonalds und Yorcks eingesickert
war, behindert werden konnte. Wahrscheinlich wäre es für die Preußen kein
militärisches Problem gewesen, sich den Weg freizukämpfen. Yorck entschied sich
jedoch anders und suchte Kontakt mit dem russischen General. Am 26. Dezember
1812 kam es zu der ersten Begegnung zwischen den beiden Generalen, die auf
freiem Felde zwischen den beiden Truppenverbänden stattfand. Diebitsch teilte
Yorck die Vernichtung der französischen Armee mit und legte ihm nahe, seine
Truppen für den Kampf gegen den gemeinsamen Feind zu schonen.
Yorck erklärte in einer mündlichen Vereinbarung, die zunächst geheimgehalten
werden sollte, seine Truppen so lange als neutral zu betrachten, bis anderslautende
Befehle des Königs einträfen. Die Vereinbarung wurde am 30. Dezember in der

Mühle bei Poscherun unweit von Tauroggen schriftlich fixiert. Nach dieser Konvention sollte das preußische Korps für die Dauer von 2 Monaten neutral bleiben, während über die weitere Verwendung der preußische König entscheiden sollte. Yorcks Entschluß muß als kühn betrachtet werden, da er eigenmächtig handelte, d. h. ohne Kenntnis des preußischen Königs und dessen Regierung.

Frhr. vom Stein, jetzt in russischem Dienst, verlangte in einer heftigen Auseinandersetzung einen Bündniswechsel, was allerdings von Yorck entschieden zurückgewiesen wurde; über Krieg und Frieden habe allein der preußische König zu entscheiden. Die Auseinandersetzung zwischen Yorck und Stein entbehrte nicht der Dramatik. Stein – ohnedies von aufbrausendem Temperament – soll beleidigend geworden sein und sogar mit dem Einsatz russischer Truppen gedroht haben. Yorck habe daraufhin die Verhandlungen mit der schroffen Erklärung abgebrochen: »So werde ich Generalmarsch schlagen lassen und Ew. Exzellenz mögen sehen, wo hier Ihre Russen bleiben werden[92].«

Preußen war durch die Konvention von Tauroggen de facto aus dem Krieg ausgeschieden, und da die Absprache zwischen Yorck und Diebitsch nicht geheim blieb, kam es bald zwischen Preußen und Frankreich zum Bruch, der dem preußischen König so frühzeitig nicht recht sein konnte. Friedrich Wilhelm III., der sehr wohl über die Lage des Yorckschen Korps informiert war, versuchte gegenüber den Franzosen den Schein zu wahren, indem er bekundete, Yorck sei seines Amtes verlustig und zu verhaften. Gleichzeitig schickte er dem General aber einen Flügeladjutanten und ließ ihm ausrichten, er möge sich unter den Schutz des Zaren stellen, falls ihn der Verhaftungsbefehl erreiche. Ferner nahm er durch den General von dem Knesebeck Fühlung mit dem Zaren in Kalisch auf, mit dem Ziel, einen Waffenstillstandsvertrag auszuhandeln; das Ergebnis war jedoch ein Bündnisvertrag. Vermutlich hatte Knesebeck Eventualinstruktionen des Staatskanzlers Hardenberg, von denen nicht sicher ist, ob sie der König gebilligt hatte. Die preußische Politik wurde in dieser entscheidenden Phase von Hardenberg geprägt, der nach dem Untergang der Großen Armee Rußland stärker einschätzte als Frankreich. Friedrich Wilhelm wollte aber Krieg gegen Frankreich nur führen, wenn sich auch Österreich daran beteiligte. Doch Metternich, der durch den Fürsten Schwarzenberg am 30. Januar 1813 mit Rußland ebenfalls ein Waffenstillstandsabkommen abschließen ließ, betrachtete einen Waffengang gegen Napoleon als verfrüht und ging auf preußische Bündnisangebote vorläufig nicht ein[93]. Am 22. Januar begab sich der König nach Breslau, um seine Handlungsfreiheit zu bewahren; denn in Berlin befanden sich noch französische Besatzungstruppen. Von Breslau aus wurden unverzüglich umfangreiche Rüstungsanstrengungen unternommen, die von den Rüstungskommissionsmitgliedern Scharnhorst, Hardenberg und Hake geleitet wurden.

Scharnhorst wurde wieder in sein altes Amt eingesetzt und mit den Befugnissen eines Kriegsministers ausgestattet; ihm und seinen Mitarbeitern kam es darauf an, die gesamten Volkskräfte zu mobilisieren und so gleichsam den Volksaufstand zu entfachen. Vorbild und Beispiel waren der Guerillakampf in Spanien und der

Volksaufstand unter Andreas Hofer in Tirol. Österreich hatte bei seiner erfolglos gebliebenen deutschen Erhebung im Jahre 1809 das Beispiel einer einigermaßen funktionstüchtigen Landwehr gegeben.

In der Zeit vom 1. Februar bis 21. April 1813 wurden folgende Maßnahmen getroffen:

1. Aufstellung von Reservebataillonen aus Krümpern zur Verstärkung von Kavallerie und Artillerie,
2. Aufruf zur Bildung freiwilliger Jäger-Detachements,
3. Aufhebung aller Exemtionen für die Dauer des Krieges,
4. Anweisung zur Formierung der Landwehr,
5. Verordnung über den Landsturm,
6. Stiftung des Eisernen Kreuzes.

Außerdem bildeten sich deutsche Freikorps, deren Soldaten überwiegend nicht aus Preußen stammten. Am bekanntesten wurden die Lützower Jäger, deren Uniform erstmals die Farbkombination (schwarz-rot-gold) aufwies (schwarzeingefärbte Röcke, rote Aufschläge, altgoldene Knöpfe).

Die Formierung der preußischen militärischen Kräfte für die Freiheitskriege ist hinsichtlich der Traditionsbildung von starker Dynamik. Es ist deshalb zweckmäßig, einige der eben genannten Maßnahmen genauer zu erläutern.

a) Die freiwilligen Jäger-Detachements

Mit der Bildung der freiwilligen Jäger-Detachements nahmen die Reformer den Gedanken einer Bürgermiliz wieder auf, der im Jahre 1808 in dem »Vorläufigen Entwurf« für eine Verfassung der Provinzialtruppen formuliert worden war. Da das Stehende Heer vom Bildungs- und Besitzbürgertum als ein Sammelbecken sozial minderwertiger Elemente betrachtet wurde, das nur mit einem barbarischen Zwangssystem zusammengehalten werden konnte, erschien es den Reformern vorläufig geboten, die Angehörigen der besitzenden und gebildeten Schichten in privilegierten Sondereinheiten zusammenzufassen[94]. Der von Hardenberg formulierte »Aufruf zur Bildung freiwilliger Jäger-Detachements«[95] vom 3. Februar 1813 richtete sich ausschließlich an »diejenige Klasse der Staats-Bewohner, welche [. . .] wohlhabend genug sind, um sich selbst bekleiden und beritten machen zu können«. Es wurde versprochen, daß für diese Freiwilligen eine ihrer Erziehung und Ausbildung entsprechend angemessene Form der Militärausbildung gefunden werde. Die freiwilligen Jäger konnten sich ihren Truppenteil selbst aussuchen. Sie wurden für die Dauer von zwei bis drei Monaten von ausgesuchten Offizieren und Unteroffizieren ausgebildet; anschließend konnten sie sich ihre Offiziere und Unteroffiziere aus den eigenen Reihen wählen. Bei Eignung sollten sie auch reguläre Offizier- und Unteroffizierstellen in den Regimentern und Bataillonen besetzen. Die Jäger-Detachements waren als leichte Truppe gedacht, die den Kampf im zerstreuten Gefecht führen sollten; im Einsatzfall durften sie nicht exponiert, d. h. zusätzlicher Gefahr ausgesetzt werden[96]. Die Freiwilligen waren vom inneren Dienst, Schildwachen (abgesehen von Ausnahmen), Arbeitskommandos, Ordonnanzdiensten sowie von Transport- und Bagagekommandos befreit.

Das Prinzip der Freiwilligkeit bei den Jägereinheiten sollte nicht zu idealistisch gesehen werden; es war keineswegs so, daß »der König rief, und alle, alle kamen«. Friedrich Wilhelm betrachtete den Vorschlag, an Freiwillige zu appellieren, mit großer Skepsis: »Freiwillige aufrufen, ganz gute Idee, aber keiner kommen[97]!«, soll er gesagt haben. Trotzdem erließ er den »Aufruf an mein Volk!«, indem er an die Opferbereitschaft seiner Untertanen appellierte. Dort heißt es u. a.: »Es ist der letzte entscheidende Kampf, den wir bestehen für unsere Existenz, unsere Unabhängigkeit, unseren Wohlstand; keinen anderen Ausweg gibt es als einen ehrenvollen Frieden oder einen ruhmvollen Untergang. Auch diesem würdet Ihr getrost entgegen gehen um der Ehre willen, weil ehrlos der Preuße und der Deutsche nicht zu leben vermag[98].« Natürlich hat eine größere Zahl von Patrioten in diesem Sinne gedacht und sich aus eigenem Antrieb zu den Fahnen gemeldet; bis Juni gab es ungefähr 7 800 freiwillige Jäger[99]. Doch ob alle diese 7 800 jungen Männer wirklich nur glühende Patrioten waren, ist zumindest zu bezweifeln. Für diese Annahme sprechen zwei Gründe: erstens enthielt der »Aufruf zur Bildung freiwilliger Jäger-Detachements« die Bestimmung, daß kein junger Mann zwischen dem vollendeten 17. und noch nicht vollendeten 24. Lebensjahr »zu irgend einer Stelle, einer Würde, einer Auszeichnung (eines Ordens etc.) kommen [kann], wenn er [bei Fortdauer des Krieges] nicht ein Jahr bei der aktiven Truppe oder in diesen Jäger-Detachements gedient hat«. Von dieser Bestimmung waren nur Wehruntaugliche und die einzigen erwachsenen Söhne von Witwen ausgenommen. Zweitens stellte die Verordnung über »Die Aufhebung der Exemtionen für die Dauer des Krieges« die Betroffenen vor die Alternative, sich entweder binnen 8 Tagen bei den freiwilligen Jägern zu melden oder Dienst bei der regulären Truppe zu tun. So wurde der »Freiwilligkeit« mit massivem Druck nachgeholfen, was freilich einer späteren Idealisierung keinerlei Abbruch tat.

b) Die Aufhebung der Exemtionen

Mit der Verordnung über »Die Aufhebung der Exemtionen für die Dauer des Krieges« war in Preußen de facto die Allgemeine Wehrpflicht eingeführt worden, die – wenn auch mit großen Einschränkungen – in Preußen beibehalten und nach Gründung des Deutschen Reiches 1871 auf das Reichsgebiet ausgedehnt wurde. Sie ist in Deutschland Tradition geblieben; Unterbrechungen der Allgemeinen Wehrpflicht nach den beiden Weltkriegen waren von den Siegermächten jeweils aufgezwungen worden.

c) Die Landwehr

Am 17. März 1813 erließ der preußische König die »Verordnung über die Organisation der Landwehr«, in der er vorläufig an den guten Willen seiner Untertanen appellierte, den »letzten entscheidenden Kampfe für Vaterland, Unabhängigkeit, Ehre und eigenen Herd« zu führen. Die Organisation der Landwehr, ihre Bekleidung, Bewaffnung, Ausrüstung und Ausbildung, wurde in einer zusätzlichen Verordnung detailliert verfügt[100]. Einleitend wird festgestellt:
»Die Stände errichten gemeinschaftlich die Landwehr. Ich und alle Prinzen Meines Hauses stehen an der Spitze.
Die Landwehr einer Provinz steht unter dem unmittelbaren Oberbefehl des Militär- und Zivilgouverneurs derselben.
Jeder Kreis errichtet eine, der Bevölkerung angemessene Landwehr-Abteilung ohne Verbindung mit anderen Kreisen. Wieviel Landwehrmänner gestellt werden, wird die Regierung des Kreises bekanntmachen.
Alle wehrbaren Männer, welche nicht zur Landwehr gezogen werden, bilden den Landsturm, welcher den Feind im Kreis erwartet. Bis zu diesem Augenblick bleiben die bürgerlichen Gewerbe und häuslichen Verhältnisse ungestört.«
Die Angehörigen der Landwehr sollten in erster Linie aus wehrfähigen Freiwilligen zwischen dem 17. und 40. Lebensjahr bestehen, soweit sie nicht dem Stehenden Heer oder den freiwilligen Jäger-Detachements angehörten[101]. Die freiwilligen Landwehrmänner wurden im Rang eines Gefreiten eingestellt; außerdem bedeutete Freiwilligkeit Bevorzugung im Avancement. Soweit die Sollstärke der Landwehreinheiten nicht durch Freiwillige erreicht werden konnte, hatten sich die übrigen Landwehrpflichtigen dem Losentscheid zu stellen[102]. Noch vor dem Losentscheid wählten die Kreisausschüsse die Offiziere (mit Ausnahme der Bataillons-Kommandeure), die von den zuständigen Brigadiers dem König zur Bestätigung vorgelegt werden mußten. Die Unteroffiziere wurden von den Offizieren bestimmt, wobei insbesondere gewesene Soldaten und Gendarmen berücksichtigt werden sollten, wenn sie nach moralischen Gesichtspunkten dazu qualifiziert waren und das Vertrauen der Mannschaften besaßen[103]. Älteren Freiwilligen wie Professoren, höheren Beamten, Gutsbesitzern und Personen ähnlichen Ranges war es gestattet, die Offizieruniform mit den Achselklappen der freiwilligen Jäger zu tragen.
Jeder Landwehrmann war prinzipiell verpflichtet, sich selbst zu kleiden. Bedürftige hatte der Kreis zu unterstützen. Die Bekleidung sollte aus einer Litewka (d. i. ein blusenartiger Soldatenrock) bestehen, dessen Farbe blau oder schwarz sein konnte, wobei der farbige Kragen der jeweiligen Provinz beibehalten werden durfte. Zur Montur des Landwehrmannes gehörten ferner lange, weite leinene Hosen, Stiefel oder Schuhe mit Gamaschen und eine Mütze aus dem Tuch der Litewka, an der die Rangabzeichen der Gefreiten (schmales weißes Band) und der Unteroffiziere (schmales schwarzes Band) angebracht waren. Als Abzeichen der Landwehr trug man an der Mütze ein weißes Blechkreuz mit der Inschrift »Mit

Gott für König und Vaterland«[104]. Die Bewaffnung und Ausrüstung entsprach der wirtschaftlichen Lage des Staates; sie muß als dürftig und (zumindest zu Beginn des Krieges) unzureichend bezeichnet werden. »Ende März 1813 waren für die gesamte Landwehr nur etwa 55 000 teilweise schlechte Gewehre vorhanden. Daher sollte das erste Glied zunächst mit Piken ausgerüstet werden. Später wurde die Bewaffnung durch die Lieferung von englischen, österreichischen und erbeuteten französischen Gewehren besser[105].« Trotz mancher Verzögerung beim Aufbau der Landwehr standen im Oktober 1813 150 000 Mann dieser Sonderformation unter Waffen.

Die Grundüberlegungen zur Landwehr waren von Scharnhorst schon Jahre früher niedergeschrieben worden. Mit Erfolg wurde zuvor ein Landwehraufgebot nach dem Abschluß der Konvention von Tauroggen in Ostpreußen aufgestellt. Die Anregung dazu hatte der Frhr. vom Stein gegeben. Schirmherr war seinerzeit der zum Provinzialgouverneur ernannte General v. Yorck[106].

d) Der Landsturm

Im Landsturm sollten alle wehrfähigen Männer vom 15. bis 60. Lebensjahr aufgeboten werden, also diejenigen, die entweder noch nicht kantonpflichtig oder nicht mehr landwehrpflichtig waren, und diejenigen, die weder von der stehenden Armee noch von der Landwehr eingezogen worden waren. Der Landsturm sollte nach den Vorstellungen Gneisenaus das Organisationsinstrument für einen allgemeinen Volksaufstand darstellen, der als radikaler Partisanenkrieg mit der Konsequenz der verbrannten Erde und der verschütteten Brunnen geführt werden sollte. Bei seinen Überlegungen zum Volksaufstand im Jahre 1811 hatte Gneisenau den Geistlichen eine führende Rolle zugewiesen, denn sie sollten »bei ausgebrochenem Kriege die Gemeinden in der Kirche versammeln, über einen passenden Text predigen, Frankreichs Unterjochungsplan mit schwarzen Farben schildern, an das jüdische Volk unter den Makkabäern erinnern, das gleicher Bedrückung widerstanden und dessen Beispiel anfeuern müsse, auf gleichen Widerstand zu denken. Das Beispiel der tapferen österreichischen Milizen im letzten Kriege, die fest zusammengeschlossen dem Anfall der französischen Reiterei mutvoll widerstanden, muß gleichfalls angeführt werden[107].« Obwohl Friedrich Wilhelm III. diesen Volksaufstandsplänen mehr als zurückhaltend gegenüberstand, konnte ihm die »Verordnung über den Landsturm« abgerungen werden, die am 21. April 1813 in Kraft trat. Es erübrigt sich, genauer zu erläutern, wie der Landsturm organisiert oder unter welchen Voraussetzungen er aufgeboten werden sollte, weil er im Verlauf der Freiheitskriege, abgesehen von vereinzelten zaghaften, örtlich begrenzten Ausnahmen, nicht zum Zuge gekommen ist. Der Landsturmverordnung ist aber eindeutig zu entnehmen, wie man sich die Kriegführung notfalls gedacht hatte. So heißt es in § 8: »Es ist daher die Bestimmung des

Landsturms, dem Feinde den Einbruch, wie den Rückzug zu versperren, ihn beständig außer Athem zu halten; seine Munition, Lebensmittel, Couriere und Recruten aufzufangen; seine Hospitäler aufzuheben; nächtliche Überfälle auszuführen, kurz, ihn zu beunruhigen, zu peinigen, schlaflos zu machen, einzeln und in Trupps zu vernichten, wo es nur möglich ist. Dränge selbst der Feind vorwärts, und wäre 50 Meilen weit; so bringt es ihm geringen Vortheil, wenn der Strich, den er einnimmt, keine Breite hat, wenn er nicht wagen darf, kleine Detachements zum Fouragiren und Recognosciren auszusenden, ohne die Gewißheit, daß sie ihm erschlagen werden, und wenn er nur in Masse und auf gebahnten Wegen vordringen kann, wie das Beispiel von Spanien und Rußland lehrt.« § 71 verlangt: »Die Mühlen werden in den zu verlassenden Gegenden verbrannt, die Brunnen verschüttet.« Insgesamt kann die Landsturmverordnung als eine ausgeklügelte Anweisung für einen modernen Partisanenkrieg angesehen werden, der nicht zuletzt mit rigorosen Strafandrohungen durchgesetzt werden sollte.

Die Landsturmverordnung stand im krassen Gegensatz zur preußischen Tradition und war hauptsächlich aus diesem Grund nicht durchführbar. Besonnene Zeitgenossen – insbesondere aus der Beamtenschaft – haben auf die Landsturmpläne entsetzt reagiert. Man hat sich denn auch beeilt, diese Verordnung praktisch zurückzunehmen, indem man zwar den Begriff des Landsturms beibehielt, seine Funktion jedoch auf eine Reserve für die Landwehr und hilfspolizeiliche Aufgaben reduzierte[108].

Ein Partisanenkrieg nach der ursprünglichen Form der Landsturmverordnung entsprach nicht dem deutschen Volkscharakter, dem hierzu leidenschaftliche Radikalität und Fatalismus fehlten. Abgesehen von der Erhebung in Tirol unter Andreas Hofer war deshalb kein derartiger Volkskrieg zustandegekommen. Auch der deutschen Militärtradition blieb ein rücksichtsloser Partisanenkrieg fremd. Umgekehrt fiel es der Mentalität deutscher Soldaten später schwer, einen so geführten Krieg anders denn als einen »Bandenkrieg« aufzufassen.

3. Bewährung im Krieg

Das reformierte preußische Heer und die Landwehrformationen bewährten sich in den Jahren von 1813 bis 1815 gegen Frankreich, in den Freiheitskriegen. Dabei verlief der Frühjahrsfeldzug der preußischen und russischen Truppen 1813 trotz anfänglicher Erfolge im ganzen recht unglücklich. Napoleon, der sich auf die Rheinbundstaaten, die Niederlande, Dänemark und Italien stützen konnte, vermochte den Verbündeten mit einem Heer in der Stärke von etwa 230 000 Mann eine zahlenmäßig weit überlegene Armee entgegenzustellen. Am 2. Mai kam es zur Schlacht bei Großgörschen, die die Verbündeten zum Rückzug über die Elbe zwang. In dieser Schlacht wurde Scharnhorst verwundet; er starb wenig später in Prag am Wundfieber, weil er trotz seiner Verwundung eine dienstliche Reise nach Österreich und Böhmen unternommen hatte. Am 20. und 21. Mai trafen die feindlichen Truppen bei Bautzen erneut aufeinander; auch diese Schlacht verlief eher zum Nachteil der Verbündeten, doch mußten auch die Franzosen empfindliche Verluste hinnehmen. Die preußischen und russischen Truppen waren gezwungen, Sachsen aufzugeben und zogen sich nach Schlesien zurück. Da aber auch Napoleon zunächst zu keiner weiteren Operation mehr fähig war, weil er seine Armee nur unzureichend versorgen und deshalb nicht einmal eine hinreichende Disziplin unter seinen Soldaten gewährleisten konnte, bot er den Verbündeten einen Waffenstillstand an, der am 5. Juni abgeschlossen wurde und zunächst bis zum 20. Juli befristet war, später aber bis zum 10. August verlängert wurde[109].

Während die Verbündeten mit Napoleon die Wiederherstellung der alten Machtverhältnisse in Mitteleuropa und die Auflösung des Rheinbundes forderten, schlug Napoleon eine Friedensordnung auf Kosten Preußens vor, die den anderen beteiligten Mächten Vorteile gebracht hätten. So sollte die Provinz Schlesien Österreich zurückgegeben und das übrige Preußen aufgeteilt werden. Besonders »für Österreich muß die angebotene Wiedergewinnung Schlesiens eine ernstliche Versuchung gewesen sein«[110].

Der österreichische Unterhändler Fürst Metternich ging auf diesen Vorschlag jedoch nicht ein, weil ihm wohl schon damals eine dauerhafte Friedensordnung in Europa vorschwebte, die die Erhaltung Preußens – wie auch die Frankreichs in seinen alten Grenzen – als Machtfaktor voraussetzte. Metternich forderte zudem den Rückzug der französischen Truppen hinter den Rhein, was von Napoleon als unannehmbar betrachtet wurde. Auf das hinhaltende Taktieren Napoleons reagierte Metternich schließlich mit einem kurzbefristeten Ultimatum. Und da Napoleon den österreichischen Forderungen nicht nachkam, erklärte Österreich am 21. August Frankreich den Krieg. Der Eintritt Österreichs an der Seite Preußens und Rußlands in den Krieg war entscheidend. Auch Schweden und England schlossen sich der Koalition an. Die Verbündeten verfügten nun über ein Heer von 500 000 Mann, das in drei Armeen aufgeteilt wurde. Die Befehlshaber waren der Kronprinz von Schweden (der ehemalige französische Marschall Bernadotte), der österreichische Fürst Schwarzenberg und der preußische General v. Blücher. Blücher führte die kleinste Armee, entfaltete aber gemeinsam mit seinem Stabschef Gneisenau die größten Aktivitäten, indem er am ungeduldigsten die Entscheidung suchte und sich so den Ruf eines »Marschall Vorwärts« erwarb.

Nach einer Reihe von militärischen Rückschlägen wurde die Lage Napoleons auch auf politischem Gebiet immer ungünstiger. Am 9. September bekräftigten die Verbündeten ihre Koalition in den Teplitzer Verträgen; Bayern trat am 8. Oktober aus dem Rheinbund aus und schloß sich den Verbündeten an.

Der Krieg wurde in der viertägigen Völkerschlacht bei Leipzig (16. bis 19. Oktober) entschieden, in deren Verlauf nun auch Württemberg und Sachsen gegen die Franzosen kämpften. Wegen der zahlenmäßigen Überlegenheit der verbündeten

Armeen entschloß sich Napoleon zum Rückzug und konnte ungefährdet den Rhein überschreiten, nachdem er ein bayrisches Armeekorps unter dem General Frhr. v. Wrede geschlagen hatte [111].

Der Ausgang der Völkerschlacht bei Leipzig bewirkte eine entscheidende Wende für den weiteren Verlauf der europäischen Geschichte. Die preußische Armee hatte an diesem Feldzug einen hervorragenden Anteil. Das bedeutete für sie die Wiederherstellung ihres Ansehens; die Freiheitskriege spielten fortan in der deutschen Traditionspflege eine große Rolle.

4. Interessenkonflikt
zwischen militärischer und politischer Führung

Während der Dauer der gesamten Freiheitskriege hatte es heftige Spannungen zwischen dem vorsichtig taktierenden preußischen Staatskanzler v. Hardenberg und der preußischen militärischen Führung gegeben; der Konflikt zwischen Hardenberg und dem Blücherschen Hauptquartier war sogar zeitweise unüberbrückbar. Die Gegensätze wurden auf die Spitze getrieben, als Österreich in den Krieg eintrat und damit Fürst Metternich zur politisch bestimmenden Größe der Verbündeten wurde.

Metternich, im Sinne der Aufklärung des 18. Jahrhunderts ein Rationalist reinsten Wassers, wußte mit dem revolutionären, heroischen Zeitgeist wenig anzufangen. Sicher, auch er wollte Napoleon aus dem mitteleuropäischen Raum herausdrängen, doch mit möglichst geringem Kräfteaufwand und mit dem Ziel, so rasch wie möglich den Frieden wiederherzustellen; und eine dauerhafte Friedensordnung in Europa sollte nach seinen Vorstellungen auf der Machtbalance von fünf europäischen Großmächten beruhen: Rußland, Österreich, Preußen, England und natürlich auch Frankreich. Metternich und der von ihm beratene Kaiser Franz waren deshalb nach der Völkerschlacht bei Leipzig nicht daran interessiert, den Krieg fortzusetzen oder gar Frankreich zu vernichten.

In Friedensverhandlungen in Frankfurt a. M. (November/Dezember 1813) sollte das französische Territorium »in seinen natürlichen Grenzen« (Rhein, Alpen, Pyrenäen) unangetastet bleiben, sofern Napoleon die Unabhängigkeit Deutschlands, Spaniens, Italiens und der Niederlande anerkennen würde[112].

Blücher und sein Stabschef Gneisenau dachten ganz anders. Sie hatten von Anfang an darauf bestanden, den Krieg nach Frankreich hineinzutragen, um Napoleon und seine Armee zu vernichten, weil sie an die Möglichkeit eines dauerhaften Friedens nicht glauben mochten, wenn Napoleon weiterhin Kaiser der Franzosen sein würde.

Blücher und Gneisenau waren deshalb über die Friedensverhandlungen in Frankfurt empört, weil Napoleon auf diese Weise sieben Wochen Zeit gewann, seine

Armee wieder zu ergänzen. Blücher bezeichnete deshalb die verantwortlichen Diplomaten als »Schufte, die den Galgen verdienen«[113].

Daß der Krieg doch fortgesetzt wurde, lag nicht an dem Einfluß preußischer Generale, sondern an dem Starrsinn Napoleons, der auf die objektiv moderaten Friedensbedingungen nicht eingehen wollte.

Die Spannungen zwischen Blücher und den »Diplomatikern« verschärften sich, als die Alliierten den Krieg fortsetzten und mit drei Armeen Ende 1813 den Rhein überschritten. Fürst Schwarzenberg operierte mit seiner Hauptarmee im Süden so zögerlich, daß bei Blücher, der den Rhein mit der sogenannten schlesischen Armee bei Kaub überschritten hatte, mit Recht der Verdacht aufkam, die österreichische Führung wolle über-

August Wilhelm
Graf Neidhardt von Gneisenau,
preußischer Generalfeldmarschall

haupt eine Entscheidungsschlacht vermeiden. Tatsächlich sollte nach den Vorstellungen Metternichs die Kriegführung der Verbündeten Napoleon lediglich so bedrängen, daß er schließlich zum Frieden gezwungen werden konnte. Für Blücher, der als einziger offensiv vorging, hatte diese Haltung teilweise verhängnisvolle Folgen. Kein Wunder, daß Blücher das Verhalten der Österreicher geradezu als Verrat betrachtete[114]. Daß der Krieg schließlich gewonnen wurde und die Verbündeten in Paris einmarschieren konnten, ist – abgesehen von dem Starrsinn Napoleons – dem wiederholten eigenmächtigen Vorgehen Blüchers zu verdanken, der die Absichten Metternichs durch vollendete Tatsachen durchkreuzte. »So behielt der Wille zur Tat, zur militärischen Vernichtung des Gegners doch Recht gegen die politischen und militärischen Bedenklichkeiten des österreichischen Hauptquartiers. Es ist nicht zu bezweifeln, daß ohne den frischen, stürmischen Siegeswillen der preußischen Feldherren das große Unternehmen der Befreiung Europas auf halbem Wege stecken geblieben oder gar kläglich gescheitert wäre«, lautet das Urteil des Historikers Gerhard Ritter[115].

Für das Traditionsverständnis ist es in diesem Zusammenhang wichtig, daß die preußischen Generale den Primat der Politik ignorierten, und zwar nicht nur in bezug auf die eigentliche Kriegführung, sondern darüber hinaus in der Frage der Friedensregelung ihre eigenen Vorstellungen entwickelten und auch durchsetzen wollten, wobei insbesondere das Motiv der Rache und Vergeltung eine große Rolle spielte. So schrieb Gneisenau an Stein am 9. Januar 1814: »Überdies muß ja auch Völkerrache genommen werden und wir müssen die Besuche der Franzosen in unseren Hauptstädten, in den ihrigen erwidern. So lange dies nicht geschehen ist, ist die Rache und der Triumph nur unvollständig[116].«

Als ersten Akt der Vergeltung wollte Gneisenau die Jena-Brücke (so benannt als Erinnerung an den Sieg der Franzosen bei Jena im Jahre 1806) sprengen lassen[117]. Doch 1814 kamen die preußischen Militärs nicht zum Zuge, weil die Monarchen und selbst Zar Alexander »von einer unnötigen Verbitterung der besiegten französischen Nation« nichts wissen wollten[118].

So kam es zu dem sehr gemäßigten 1. Pariser Friedensvertrag, an dessen Verhandlungen die Heerführer nicht einmal beteiligt worden waren. Es läßt sich deshalb leicht vorstellen, welche Erbitterung die Maßnahmen der Monarchen und ihrer Diplomaten im Blücherschen Hauptquartier bewirkt haben.

Als dann im Jahre 1815 Napoleon aus seiner Verbannung von Elba nach Paris zurückkehrte und damit der Krieg von neuem begann, boten Blücher und Gneisenau nach der Niederlage Napoleons bei Belle Alliance alles auf, nunmehr den Diplomaten zuvorzukommen, um vollendete Tatsachen zu schaffen. Aus diesem Grunde marschierte Blücher mit seiner Armee unverzüglich und eilig in Richtung Paris. »Auf das erste Waffenstillstandsangebot nach der Absetzung Napoleons antwortete Blücher sogleich mit Forderungen, die den späteren Friedensverhandlungen bereits weit vorausgriffen: Tod oder Auslieferung Bonapartes, Übergabe aller Festungen an der Sambre, Maas, Mosel und Saar, Räumung der französischen Provinzen bis zur Marne; bald darauf wurden sie (gegenüber einer Friedensgesandtschaft in Laon) noch gesteigert. Jetzt kam noch die Übergabe der Städte: Paris, Laon, Soissons, Lafère und die Auslieferung sämtlicher aus den verschiedenen Ländern geraubten Kunstwerke hinzu[119].«

Dahinter stand die Absicht, Frankreich in seinen Machtmitteln so zu beschneiden, daß es künftig für die mitteleuropäischen Mächte kein Gefahrenfaktor mehr sein konnte. Gneisenau schlug deshalb in einem Brief vom 8. Juli 1815 dem preußischen König vor, Frankreich auf die Grenzen der Zeit Ludwig XIII. zurückzudrängen und daß man »ihm alle von jener Zeit an gemachten Eroberungen abnehme und sie unter die deutschen Fürsten verteile«[120].

Im Blücherschen Hauptquartier hatte man im übrigen die Absicht, sich Napoleon ausliefern zu lassen, um ihn an derselben Stelle hinrichten zu lassen, wo der Herzog von Enghien auf Anweisung Bonapartes erschossen worden war; mit Rücksicht auf die Intervention des Herzogs v. Wellington, der sich auf das ritterliche Prinzip der Großherzigkeit des Siegers über den Besiegten berief, verzichteten die Preußen auf ihre Forderung[121]. Dennoch kam es den Preußen, die so lange unter der französischen Fremdherrschaft gelitten hatten, auf die Demütigung Frankreichs an; sie glaubten sich in diesem Zusammenhang moralisch im Recht, ja dazu berufen, Gerechtigkeit zu üben. Sie ertrotzten deshalb den Einmarsch ihrer Armee in Paris, forderten hohe Kontributionen in Geld- und Sachleistungen, die insbesondere der Neuausrüstung der Armee zugute kommen sollten.

Blücher und sein Stab haben sich in den entscheidenden Fragen nicht durchsetzen können, weil die Interessen Österreichs, Englands und Rußlands nach einer dauerhaften Friedensordnung, die die Wiedereinsetzung der Bourbonen zur Voraussetzung hatte, mit den Ansprüchen der preußischen Generale unvereinbar waren. Dieser Einsicht konnte sich auch der preußische Staatskanzler v. Hardenberg nicht verschließen, der im übrigen den Primat der Politik gegenüber der militärischen Führung zu behaupten wußte. Trotzdem bleibt festzuhalten, daß 1815 preußische Truppenführer erstmals versucht haben, den Primat der Staatsregierung in Frage zu stellen, und sich in diesem Zusammenhang »auf den Willen von Armee und Nation« beriefen. Versuche dieser Art gab es ansatzweise wieder im Heereskonflikt 1860 bis 1862 und in den Kriegen 1866 und 1870/71. Im Ersten Weltkrieg konnten sich schließlich Hindenburg und Ludendorff gegenüber der zivilen Regierung ein eindeutiges Übergewicht verschaffen[122]. Hier bahnte sich also für Preußen eine militärische Tradition an, die später auf das Deutsche Reich ausstrahlte und schließlich im Ersten Weltkrieg verhängnisvolle Auswirkungen hatte.

5. Das neue Feindbild

Ein wesentlicher Grund für die veränderte Haltung der preußischen Generale ergibt sich aus der Tatsache, daß sich vor den Freiheitskriegen für die preußischen Soldaten das Feindbild qualitativ verändert hatte.

Die Berufssoldaten des 18. Jahrhunderts folgten allein den Befehlen des Landesherrn, wenn sie in den Krieg geführt wurden, ohne danach zu fragen, ob die Kriegsabsichten ihres Souveräns einer gerechten Sache dienten oder nicht. Der Gegner war ihnen somit vorgegeben und er wurde bekämpft, weil die Soldaten vertraglich dazu verpflichtet waren. Das hieß aber noch lange nicht, daß der Gegner auch emotional als Feind betrachtet wurde; es ist vielmehr anzunehmen, daß sich die gegnerischen Soldaten innerlich relativ neutral gegenüberstanden. Es soll deshalb regelrechte Scheingefechte gegeben haben, weil man während des Kampfes aufeinander Rücksicht nahm. Die Offiziere fühlten sich dem Ethos der Ritterlichkeit verbunden, das Großmütigkeit verlangte, sobald der Gegner besiegt oder wehrlos gemacht worden war.

Demgegenüber kam es den preußischen Reformern und Patrioten geradezu darauf an, die als seelenlos betrachtete Kriegsmaschinerie des 18. Jahrhunderts zu überwinden und an ihre Stelle die Idee des nationalen Volkskrieges zu setzen, wie dies bereits die Französische Revolution bewirkt hatte. Damit appellierten sie an den Staatsbürger und begründeten den Krieg gegen die verhaßte französische Fremdherrschaft als sittlich, ja sogar als religiös gerecht. Wenn die Ehre der Nation, die Freiheitsliebe des Volkes und die Rettung des Vaterlandes beschworen wird, dann setzt dies einen Feind voraus, der diese Werte in Frage gestellt hat; und dieser Feind zieht auch negative Emotionen wie Haß und Rache auf sich[123].

Tatsächlich hat es während der preußischen Besatzungszeit in Frankreich Plünderungen und Ausschreitungen gegeben, die durchaus nicht immer unverzüglich unterbunden worden sind. Auch preußische Offiziere haben sich vereinzelt schamlos bereichert[124].

Die preußische Beteiligung an den Freiheitskriegen hatte aber in Wirklichkeit nicht den Charakter eines Volkskrieges. Vielmehr kämpften hauptsächlich preußische Berufssoldaten friderizianischer Tradition, die durch das Volksaufgebot der Landwehr ergänzt worden waren. Und so galt das eben skizzierte Feindbild für die preußischen Soldaten keineswegs allgemein; an mäßigenden Stimmen im Sinne der Ritterlichkeit seitens preußischer Generale hat es auch in diesem Krieg nicht gefehlt. Nichtsdestoweniger wurde in der Zeit der Freiheitskriege eine Feindschaft begründet, die nach dem preußisch-französischen Krieg 1870/71 geradezu als »Erbfeindschaft« apostrophiert worden ist. Dieses besondere Feindschaftsverhältnis, das bis zum Zweiten Weltkrieg wohl auf beiden Seiten empfunden worden ist, muß als Bestandteil einer verhängnisvollen Militärtradition betrachtet werden, die erst nach dem Zweiten Weltkrieg überwunden werden konnte.

6. Ernst Moritz Arndt und Carl von Clausewitz

a) Der Soldatenkatechismus von Ernst Moritz Arndt

Die Zeit der deutschen Erhebung ist von bedeutsamen Schriftstellern in Presse und Literatur im nationalistischen Sinne vorbereitet und unterstützt worden; durch ihre Schriften ist das politische Bewußtsein großer Teile der Bevölkerung in Deutschland außerordentlich beeinflußt worden. Dazu gehörten Schiller, Kleist, Fichte, Arndt, Görres, Rotteck, Schleiermacher und viele andere. Sie verkörperten den »Geist eines kämpferischen Idealismus, in dem alles zu ungeschiedener Einheit zusammenfloß, was immer die Zeit an moralischen, religiösen und politischen Impulsen nationalen Bewußtseins in sich barg«[125]. Metternich nannte diese Liberalen verächtlich die »deutschen Jakobiner«. Im folgenden sollen als Beispiele der Soldatenkate-

Ernst Moritz Arndt, Schriftsteller

121

chismus von Ernst Moritz Arndt und die Bekenntnisschrift von Carl v. Clausewitz vorgestellt werden.

Der Soldatenkatechismus von Ernst Moritz Arndt war für das Selbstverständnis der deutschen Soldaten zumindest für die Zeit des 19. Jahrhunderts von großer Bedeutung und ist deshalb von starker traditionsbildender Kraft gewesen. Genaugenommen hat Arndt zwei solche Katechismen geschrieben: den einen im Jahre 1812, der speziell für die Soldaten der russisch-deutschen Legion skizziert worden ist und der zugleich die moralische Rechtfertigung für den Übertritt preußischer Offiziere in russische Dienste liefert. Als dann nach der Konvention von Tauroggen die preußisch-deutsche Erhebung begann, erschien im Jahre 1813 der »Katechismus für den deutschen Kriegs- und Wehrmann«. In seiner Rechtfertigung der russisch-deutschen Legion griff Ernst Moritz Arndt Deutschlands Fürsten massiv an: »In den zu traurigen Jahren von 1805 bis 1812 wurden Deutschlands Ketten immer fester geschmiedet durch Deutschlands Fürsten, die ohne deutsches Vaterland und ohne deutsche Liebe und Treue mit kleinen und gierigen Herzen einem fremden Tyrannen dienten, der sich Kaiser des Abendlandes und Wiederhersteller Deutschlands nannte. Auch das gehörte zur Schande, welche diese Fürsten über ihr Volk brachten, daß sie nicht allein viele Tausende ihrer sogenannten getreuen Untertanen und geliebten Kinder in fremden Ländern gegen die Freiheit streiten und verflucht und verabscheut von der Mitwelt und Nachwelt erschlagen ließen, sondern daß sie gegen jedes deutsche und menschliche Gefühl, gegen jeden stolzen Gedanken und jedes freie Wort für die Franzosen die Auflaurer, Schergen und Nachrichter machten und sich zu Dienern der Finsternis und Unterdrückern des Lichts erniedrigten[126].«

Diesen »verräterischen« deutschen Fürsten spricht Arndt den Anspruch auf Gehorsam ab. »Die Fürsten haben heilige Rechte, aber sie haben noch heiligere Pflichten [. . .] sobald sie aber ihre Pflicht brechen, verlieren sie auch ihr Recht[127].« Hier zeigt sich, daß Ernst Moritz Arndt sehr wohl zwischen Primär- und Sekundärtugend zu unterscheiden weiß, obwohl diese Begriffe damals noch nicht erfunden worden waren. Der Gehorsam wird nur dann als Tugend angesehen, wenn er einer legitimen Herrschaft folgt. Diese Grundauffassung wird auf das gesamte Militärwesen ausgedehnt: »Das gemeine Soldatenwesen hat eine ansteckende Pest in sich, welche die meisten Menschen vergiftet und verdirbt; das ungemeine Soldatenwesen, wo der Krieger für Gerechtigkeit und Vaterland ficht, ist dagegen das edelste und höchste aller menschlichen Dinge[128].« So sieht Ernst Moritz Arndt in den preußischen Offizieren, die nach dem Bündnisvertrag zwischen Frankreich und Preußen zum gemeinsamen Krieg gegen Rußland den Dienst quittierten und in russische Dienste eintraten, die einzigen ehrenhaften Männer.

Die wahre Soldatenehre kann ein Soldat nur für sich in Anspruch nehmen, wenn er »ein edler Mensch und treuer Bürger seines Vaterlandes ist und alles tut, was diesem Vaterlande und seinem geliebten Volk Ehre, Freiheit, Preis und Lob bringt, daheim und in der Fremde.« Zur wahren Soldatenehre gehört es, daß der Soldat sein Leben einsetzt, wenn das Vaterland in Gefahr ist, sich aber weigert, Unrecht zu tun »oder tun zu helfen«. Und Unrecht ist es in den Augen von Ernst Moritz Arndt, »für die Franzosen und ihren Despoten« gegen die Interessen des eigenen Landes zu kämpfen. Königen und Fürsten, die solches Unrecht verlangen, ist demnach der Gehorsam zu verweigern. Maßstab für den ehrenhaft handelnden Soldaten sind nicht die Forderungen der Fürsten, sondern das an die göttlichen Gebote gebundene Gewissen.

Vom rechten Soldaten verlangt er *Bescheidenheit und Demut*; diese Forderung wird aus dem Verhalten der Vorfahren abgeleitet, die als Ritter einst Armut, Keuschheit und Demut gelobten und sich als Waffenträger verpflichtet fühlten, »Beschützer der Kranken und Schwachen, der Hilflosen und Unterdrückten, der Witwen und Waisen und Frauen und Jungfrauen« zu sein. Bescheidenheit und Demut seien darüber hinaus christliche Grundtugenden. Denn: »Wer stark ist, dem geziemt die Freundlichkeit.« Seine Bewährung findet der Soldat allein im Kampf mit dem Feind.

Der ehrenhafte Soldat übt sich in *Güte und Milde*. »Der rechte christliche Soldat soll [. . .] nie vergessen, daß er ein Mensch ist, und daß auch über ihn alles verhängt werden kann, was Menschen nur widerfahren mag. Darum soll er den Wehrlosen schonen und gegen den Schwachen hilfreich und gütig sein und das Schwert nur gegen das Schwert gebrauchen[129].«

In dem 1813 erschienenen »Katechismus für den deutschen Kriegs- und Wehrmann« wird mit religiös-christlichem Pathos für den deutschen Soldaten ein Tugendkatalog aufgestellt, in dem in erweiterter Form die schon 1812 erhobenen Forderungen im Kern wiederholt werden, während die Kritik an den deutschen Fürsten wesentlich verhaltener ausfällt. Abschließend ist festzustellen, daß sich Ernst Moritz Arndt nur einen ehrenhaften Soldaten vorstellen kann, der sich der christlichen Ethik verpflichtet fühlt. In diesem Zusammenhang wird der Kampf gegen den Tyrannen, d. h. gegen Napoleon, als gottgefälliges Werk dargestellt: »Denn wer Tyrannen bekämpft, ist ein heiliger Mann, und wer Übermut steuert, tut Gottes Dienst.

Das ist der Krieg, welcher dem Herrn gefällt; das ist das Blut, dessen Tropfen Gott im Himmel zählt[130].«

b) Die Bekenntnisschrift von Clausewitz

Als sich Anfang des Jahres 1812 das französisch-preußische Bündnis für den Krieg gegen Rußland anbahnte, waren viele Offiziere entschlossen, den preußischen Dienst zu quittieren, um in russischen Diensten gegen Frankreich – den wirklichen Gegner Preußens – zu kämpfen. Eine Rechtfertigung dieses beabsichtigten Schrittes lieferte der Oberstleutnant Carl v. Clausewitz mit seiner Bekenntnisschrift vom Februar 1812, deren Entwurf Anmerkungen Boyens sowie Korrekturen eines nicht identifizierten Dritten enthält. Clausewitz hat diesen Entwurf Gneisenau vorgelegt, der seinerseits zusätzliche Hinweise gegeben hat.

Die Bekenntnisschrift konnte zum damaligen Zeitpunkt nicht veröffentlicht werden, weil damit König und Regierung kompromittiert worden wären. Sie sollte deshalb erst nach dem Ausscheiden Clausewitz' und anderer Offiziere aus dem preußischen Dienst der Öffentlichkeit zugänglich gemacht werden. Dazu ist es allerdings nicht mehr gekommen, so daß die Schrift während der preußischen Erhebung ohne Wirkung blieb; sie wurde zum ersten Mal von dem Historiker H. G. Pertz 1869 bekannt gemacht, nachdem dieser den Nachlaß Gneisenaus gesichtet und aufbereitet hatte[131]. Dann allerdings fand die Schrift starke Beachtung, zumal Clausewitz' Rang als Militärtheoretiker inzwischen unbestritten war. Die Bekenntnisschrift

Carl von Clausewitz, preußischer General

ist seither zweifellos von traditionsbildender Wirkung gewesen. Von Hitler wird sogar behauptet, er habe aus dem Gesamtwerk von Clausewitz nur die Bekenntnisschrift gekannt[132].

Im folgenden werden einige wesentliche Überlegungen aus der Denkschrift wiedergegeben. Der Autor gibt gleich zu Anfang zu erkennen, daß er eine Rechtfertigungsschrift schreiben wollte: »Diese kleine Schrift ist bestimmt, die politische Meinung derjenigen vor den Augen der Welt zu rechtfertigen, welche den Widerstand gegen Frankreich für notwendig hielten, der allgemeinen Meinung weichen mußten und als überspannte Thoren, oder gefährliche Revolutionäre, oder leichtfertige Schwätzer oder eigennützige Intrigants verschrien wurden.« Unter Berufung auf die friderizianische Tradition – so wollte sich Clausewitz an seine Zeitgenossen wenden – müsse »das ganze Ausland mit Recht erwarten, daß bei uns noch eine achtungswerthe Gesinnung zu finden sey; ein Gefühl für Pflicht, Tugend und Ehre«. Statt dessen sei die allgemeine Auffassung vorherrschend, man könne Frankreich nicht widerstehen und sei deshalb gezwungen, mit dem eigentlichen Feind eine Allianz einzugehen; dies aber sei unwürdig, weil es einer »Unterwerfung auf Gnade und Ungnade« gleichkomme. In den verschiedenen Ständen gebe es zwar verschiedene Auffassungen, aber besonders die »vornehmen Stände sind die Verderbten, Hof- und Staatsbeamten die Verderbtesten«. Und: »Ich erkläre und betheuere vor Welt und Nachwelt, daß ich die falsche Klugheit, mit der sich die kleinen Geister der Gefahr entziehen wollen, für das Verderblichste halte, was Furcht und Angst einflößen konnten; daß ich die wildeste Verzweiflung für weiser halten würde, wenn es uns durchaus versagt wäre mit einem männlichen Muth, d. h. mit ruhigem aber festem Entschluß und klarem Bewußtsein der Gefahr zu begegnen.«

Nach diesen emotionalen, vor allem seine Standesgenossen anklagenden Ausführungen, folgt eine sachliche Beurteilung der Lage Preußens, in der Clausewitz zu dem Ergebnis gelangt, daß das Land sehr wohl in der Lage sei, gegen Frankreich erfolgreich Krieg zu führen, während ein Bündnis mit Frankreich für Preußen die Gefahr des Verlustes der nationalen Eigenständigkeit in sich berge. Aufgrund dieser Überlegungen »sollte der feste Entschluß entspringen, das Joch abzuschütteln«.

Clausewitz legt dar, daß auch er für die Unterstützung der regulären Truppen einen rigorosen Partisanenkrieg nach dem spanischen Vorbild in der Vendée befürwortet, wobei er sich im klaren ist, daß ein solcher Krieg auf beiden Seiten mit größter Grausamkeit geführt werden würde.

Die Denkschrift endet mit der visionären Feststellung, daß künftig »jeder Krieg als Nationalsache angesehn und in diesem Geiste geführt« werden wird, »nach Graden der Anstrengung, welche die Kraft des Nationalcharakters und der Regierung bestimmen«.

VI. Karl von Rottecks Votum für eine Nationalmiliz

Zu den Hinterlassenschaften der Freiheitskriege gehört in Preußen der Dualismus zwischen dem Stehenden Heer (auch Linienarmee genannt) und der Landwehr. Die Verdienste der Landwehr, in der an führender Stelle vornehmlich das Bildungs- und Besitzbürgertum gedient hatte, sind in der Publizistik der Zeit überhöht dargestellt worden. Die Lininarmee wurde dagegen konsequent abgewertet. Repräsentativ hierfür ist die 1815 veröffentlichte Schrift des Freiburger Gelehrten Karl v. Rotteck »Über stehende Heere und Nationalmiliz«, die nicht zuletzt zu einer eigenständigen Landwehrtradition beigetragen hat[133].

Rotteck unterscheidet zwischen Soldatenkriegen und Volkskriegen sowie zwischen Kriegen, die den Interessen der Nation dienen, den Nationalkriegen, und den Herrscherkriegen, die den Völkern von ihren Monarchen aufgezwungen werden. Die Herrscherkriege seien meist zugleich Soldatenkriege: »Nur, wo der Despotismus die höchste Vollendung erreichte, mag er ganze Völker als Kriegsknechte behandeln. Auch hört alsdann der Begriff des Volkes auf, weil eine Sklavenschar kein Volk ist[134].« Rotteck räumte zwar ein, daß Söldner im nationalen Interesse eingesetzt werden könnten, daß es dazu historische Beispiele gibt, doch will er von diesen Besonderheiten abstrahieren, um den Unterschied zwischen Nationalheeren und Miettruppen besser herausarbeiten zu können. Den Hauptunterschied sieht er in dem Geist, der Motivation. »Nationalheere führen ihren eigenen Krieg; Miettruppen den Krieg ihres Herrn.« Und damit ist zugleich die Quelle der verschiedenen Geisteshaltungen ausgemacht. »Beim Nationalstreiter ist er ein *freier natürlicher*, *eingeborener* Geist – beim Söldling ein *knechtischer*, höchstens ein *künstlicher*, von *außen* gekommener Geist[135].« Folglich sind für

Rotteck auch die Tugenden des Gehorsams, der Ehre und der persönlichen Treue des Nationalstreiters von einer ganz anderen Qualität als die des Söldners. Für den Söldner ist der Gehorsam vorzugsweise die Tugend der Knechte, der nur aus Furcht vor Strafe geleistet wird. Dagegen ist der Gehorsam des Nationalstreiters, der »mehr dem Gesetz als der Person geleistet« wird, ein freier Gehorsam, der »aus der Idee der allgemeinen gesellschaftlichen Pflicht« resultiert.

Die Ehre des Söldners besteht hauptsächlich in der Tapferkeit, einer nach der Meinung Rotteck allzu isolierten Tugend, weil sie das Fehlen anderer Tugenden nicht ersetzen kann. – »Sittenlosigkeit, Härte, Bürgerfeindlichkeit, Sklavensinn und viele andere Gehässigkeiten der Seele« schaden der Ehre des Mietlings wenig[136]. Dagegen ist die Ehre des Nationalstreiters »nicht Stolz auf eingebildete oder usurpierte Vorzüge, sondern gerechtes Hochgefühl des freien Mannes, der als solcher die Tugend liebt und jede Schlechtigkeit scheut; sie ist zugleich die Teilnahme an der Nationalehre.«

Die Treue des Söldlings beruht auf einem Vertrag und ist »bezahlte Pflicht«; es handelt sich um eine Treue aufgrund von »Zwangsrecht«, wie bei Leibeigenen. Die Treue des Nationalstreiters hat dagegen ihre Wurzel in der Liebe zum Vaterland und für das Gemeinwohl; sie ist damit eine natürliche Empfindung, die nur bei »einer seltenen persönlichen Verworfenheit ermangeln kann«[137]. Fazit: »Alle drei Motive, die bei Soldaten mehr nur knechtische sind, mögen also bei Nationalstreitern zu wahrhaft heroischen Antrieben werden, und die herrlichsten Großtaten erzeugen.«

Führt man sich vor Augen, daß Rotteck mit dem Söldner oder dem Mietling jeden länger dienenden Soldaten der Linienarmee meint, so wird die politische Stoßrichtung dieser Argumentation deutlich. Sie wendet sich kompromißlos gegen das Institut des Stehenden Heeres zugunsten einer Nationalmiliz nach Art der Landwehr, die nur im Bedarfsfall einberufen wird. Rotteck räumte zwar ein, daß auch Soldtruppen von patriotischem Geist beseelt sein können, wie das Beispiel des »heiligen Krieges« gegen Frankreich gezeigt habe; in diesem Fall seien sogar aus Soldtruppen Nationalstreiter geworden. Dennoch glaubt der Verfasser, daß letztlich nur eine Nationalwehr dem Stehenden Heer an Geist und physischer Kraft überlegen sein werde, wenn auch zumindest in letzterer Hinsicht vordergründige Argumente einstweilen dagegen sprächen.

Rotteck verwirft auch den Gedanken, eine Nationalwehr als Reserve für die stehende Armee zu bilden, weil dann die Jugend – zuvor zur stehenden Armee eingezogen – von der Regierung parteiisch gemacht werde, während die Landwehr »zurückgesetzt und als letztes, ja wohl verdächtiges Notmittel mißtrauisch betrachtet wird«. Unter diesen Voraussetzungen könne in der Landwehr der notwendige Stolz und Geist, der ihre Kraft ausmacht, nicht aufkommen. »Beide Systeme können nicht zugleich herrschen. Welcher Staat durch ein stehendes Heer stark sein will, derselbe tut Verzicht auf eine kräftige Landwehr; und welcher der Landwehr vertraut, kann nicht gewaltig durch Soldtruppen sein[138].«

Rottecks leidenschaftliches Eintreten für die Landwehr als alleiniges Verteidigungsinstrument hatte natürlich massive politische Gründe. Für die Herrscherhäuser des 19. Jahrhunderts waren die Stehenden Heere ja keineswegs nur Instrumente gegen Feinde von außen, sondern gleichermaßen Stützen ihrer Macht gegen innenpolitische Widersacher. Würde nun das Instrument des Stehenden Heeres abgeschafft und die Landesverteidigung allein von dem Institut der Landwehr abhängig gemacht – wie Rotteck und andere Liberale dies forderten –, so hätten die Landesfürsten ihre innenpolitischen Machtinstrumente verloren und wären darüber hinaus auch in der Kriegführung nach außen von dem vielbeschworenen Geist der Landwehr abhängig geworden. Mit anderen Worten: der Streit um das Stehende Heer zugunsten der Landwehr war ein Streit um politische Mitbestimmung; das liberale Bürgertum wollte auf diesem Wege seinen demokratischen Mitspracheanspruch anmelden. Die Liberalen sind seinerzeit mit ihrer Landwehridee gescheitert, weil nach 1815 restaurative Tendenzen die Oberhand gewannen, ganz abgesehen davon, daß eine Landwehr, wie Rotteck sie sich vorstellte, nicht praktikabel sein konnte.

Eine funktionstüchtige Miliz setzt eine kleine Armee von Berufssoldaten voraus, die die Ausbildung der Landwehr sicherstellen muß. In Preußen behielt man zwar neben einer bestehenden Wehrpflichtarmee das Institut der Landwehr vorläufig bei, doch führte sie nur noch ein Schattendasein. Immerhin hatten die Argumente Rottecks für breite Kreise so viel Bestechendes, daß sie in den sechziger Jahren des 19. Jahrhunderts von den Sozialdemokraten wieder aufgegriffen worden sind und so eine traditionelle Eigendynamik entfalteten, die in Deutschland bis in die neueste Zeit wirksam ist.

VII. Österreich im Krieg gegen Frankreich – Traditionsbildender Wandel im österreichischen Heerwesen

1. Der historische Hintergrund

Während Preußen mit dem Frieden zu Basel (1795) aus dem ersten Koalitionskrieg ausschied und sich so eine zehnjährige Friedenszeit sichern konnte, setzte Österreich gemeinsam mit England den Krieg fort. Ein Dreibundvertrag vom 28. November 1795 mit Rußland sollte zusätzlich Unterstützung sichern.

Nach wechselvollen Kämpfen beiderseits des Rheins fiel die Entscheidung in Oberitalien, das bis dahin in Wien eher als Nebenkriegsschauplatz betrachtet wurde. Hier brachte der junge und damals noch wenig bekannte General Napoleon Bonaparte sein militärstrategisches Talent voll zur Geltung. Binnen weniger Monate zwang er Sardinien-Piemont zu Waffenstillstand und Frieden, besetzte nach dem Sieg bei Lodi (10. Mai 1796) die Lombardei und belagerte Mantua, damals eine der stärksten Festungen Europas. Entsatzangriffe der Österreicher wies er in vier glänzenden Abwehrschlachten zurück; nach achtmonatiger Belagerung kapitulierte die Festung am 2. Februar 1797 und mit ihr die Reste der kaiserlichen Armee. Während die Franzosen auf dem deutschen Kriegsschauplatz im Verlauf des Feldzuges von 1776 von den österreichischen Truppen zum Rückzug über den Rhein gezwungen werden konnten, wobei sich besonders der Bruder Kaiser Franz II., der Erzherzog Carl, als Truppenführer einen Namen gemacht hatte, marschierten im Frühjahr 1797 die französischen Truppen Bonapartes in Kärnten und der Steiermark ein. Als schließlich Erzherzog Carl mit seinen Truppen Bonaparte gegenüberstand, gab es für beide Seiten gute Gründe, sich besser auf einen Waffenstillstand zu verständigen und den Krieg vorläufig zu beenden. Der in der Nacht vom 17. auf den 18. Oktober 1797 unterzeichnete Friedensvertrag von Campo Formio enthielt aber genügend Zündstoff, so daß die Fortsetzung der Feindseligkeiten nur eine Frage der Zeit sein konnte. Bedenklich war vor allem der geheime Zusatzartikel, in dem der Kaiser des Heiligen Römischen Reiches Deutscher Nation die Reichsintegration in Frage stellte und für den vereinbarten Rastatter Friedenskongreß die Abtretung linksrheinischer deutscher Gebiete in Aussicht stellte. Der Rastatter Kongreß (1797–1799) war dann auch kein Friedenskongreß, sondern führte dergestalt zur Verhärtung der Fronten, daß gegen Ende der Verhandlungen französische und österreichische Truppen wieder aufmarschierten. Trotzdem wurde in Rastatt noch weiterverhandelt; der Kongreß fand aber ein jähes Ende, als zwei französische Gesandte von ungarischen Husaren ermordet wurden, während ein dritter verletzt entkommen konnte. Damit begann der zweite Koalitionskrieg gegen Frankreich (1799–1802), der für Österreich mit der Niederlage bei Hohenlinden im Dezember 1800 ungünstig verlief.

2. Erzherzog Carl – Beginn einer Karriere

Spätestens seit dem unglücklichen Verlauf des zweiten Koalitionskrieges hatte es sich auch in Wien herumgesprochen, daß Geist und Vorgehensweise der französischen Revolutionsheere das traditionelle Kriegsbild verändert hatten und daß substantielle Veränderungen am Heerwesen vorgenommen werden mußten, wenn man sich gegenüber der französischen Herausforderung auf lange Sicht behaupten wollte. Der Mann, dem man die notwendige Reorganisation der österreichischen Armee zutraute, war Erzherzog Carl, der im Jahre 1796 als Oberbefehlshaber der österreichischen Truppen am Rhein und der Reichsarmee die Franzosen zum Rückzug über den Rhein gezwungen hatte. Carl, dritter Sohn Leopolds II. und der spanischen Infantin Maria Luise, wurde am 5. September 1771 in Florenz geboren; er wurde im Verlauf des Feldzuges von 1796 gerade 25 Jahre alt. Kein Wunder, daß Allmayer-Beck in diesem Zusammenhang die Frage aufwirft, inwieweit der Erzherzog die Armee selbst geführt hat bzw. welcher Anteil an dem glücklichen Verlauf der Operationen seinem Stab, d. h. den Obersten und späteren Generalen Mayer v. Heldenfeld und Schmitt zugeschrieben werden müsse[139]. Die

Zeitgenossen sahen immerhin in dem Erzherzog den »Retter Germaniens« und nicht wenige scheinen ihm zugetraut zu haben, er werde es auch als Feldherr mit Napoleon aufnehmen können. Doch diese Annahme wird von Allmayer-Beck entschieden verworfen: in Carl habe nicht der gleiche »göttliche Funke« geglüht, »der in Napoleons Feldherrentum immer wieder zu einer leuchtenden Flamme emporschlug«. Und: »Hatte Moltke später einmal definiert: ›Genie ist Fleiß‹, so hätte Erzherzog Carl dem entgegnen können ›Genie ist Pflichterfüllung‹. Viel Josephinisches, vielleicht auch etwas Friderizianisches, aber gewiß nichts Napoleonisches leuchtet aus dieser Einstellung heraus[140].« Zweifellos sind Carl und Napoleon zwei gänzlich verschiedene Persönlichkeiten gewesen; es scheint allerdings zu vereinfacht, wenn in Napoleon das dynamische »Kraftgenie« gesehen wird, dem der Erzherzog »am besten durch Statik begegnen zu können« glaubte[141]. Es ist überhaupt fraglich, ob ein Vergleich dieser beiden historischen Gestalten sinnvoll ist; denn die Ausgangspositionen beider Männer waren zu verschieden. Napoleon hatte seine Machtstellung durch fortgesetzte Kriege errungen und war, so will es scheinen, auf weitere militärische Erfolge angewiesen, um sie zu erhalten. Dazu hatte er alle Ressourcen Frankreichs und die der von ihm unterworfenen Völker zur Verfügung. Seinen Truppen konnte er suggerieren, sie kämpften für die Errungenschaften der Großen Französischen Revolution. Aber ganz abgesehen davon: Napoleon hat als »Kraftgenie« nicht selten jedes Augenmaß verloren, was spätestens deutlich wurde, als seine *grande armée* auf den Schneefeldern Rußlands fast vollständig verblutete.

Als Erzherzog Carl am 9. Januar 1801 von seinem kaiserlichen Bruder zum Feldmarschall und Hofkriegsrats-Präsidenten ernannt und damit mit außerordentlichen Machtbefugnissen ausgestattet wurde[142], fand er nicht nur eine völlig desolate Heeresverwaltung vor, sondern mußte auch dem Umstand Rechnung tragen, daß die Staatsfinanzen des Reiches nahezu erschöpft waren. Die Militäraufwendungen wurden in den Jahren 1801 bis 1804 schrittweise um mehr als die Hälfte zusammengestrichen, was zwangsläufig zu einer Verringerung der Heeresstärke führte[143]. Daraus wird ersichtlich, daß Carl nach dem Frieden von Lunéville (9. Februar 1801) bei seinem Reformprogramm von einer längeren Friedensperiode ausgehen mußte. Hätte man auf den Erzherzog gehört, hätte es die Niederlagen bei Ulm und Austerlitz wohl kaum gegeben. Außerdem hatte Carl von Anfang an mit Hofintrigen und bei der Durchführung seines Reformprogramms sogar mit einer Form passiven Widerstandes von unten zu kämpfen. Trotzdem läßt das zielstrebige Vorgehen des Erzherzogs ein hohes Maß an Intelligenz, Sinn für machtpolitische Zusammenhänge und klaren Blick für das Machbare erkennen. Er war in seiner Grundhaltung sicherlich ein Kind des 18. Jahrhunderts – das waren Blücher und Wellington auch – und in seiner Gesinnung konservativ, d. h. er war ein Repräsentant des monarchischen Staates und in diesem Sinne von erstaunlicher Loyalität. Andererseits hatte er zweifellos die Faszination, die von der Französischen Revolution ausging, durchschaut; ihm war gleichermaßen klar, daß im Herrschaftsbereich der österreichischen Habsburger diese Ideen höchst gefährlich werden konnten; und da die Wiener Kaiser einen Vielvölkerstaat regierten, war auch ein Appell an Vaterland oder Nationalität wenig opportun, weil die Mobilisierung nationaler Gefühle den Reichsverband rasch in Frage gestellt hätte. Carl mußte deshalb einen anderen Weg gehen.

3. Die Entmachtung des Hofkriegsrats

Für den teilweise unvorstellbaren Schlendrian in der Heeresverwaltung machte der Erzherzog in erster Linie den Hofkriegsrat verantwortlich und fand sich bei dieser Einschätzung in durchaus guter Gesellschaft. Vor ihm hatte schon Prinz Eugen über den Hofkriegsrat das folgende vernichtende Urteil abgegeben: »Das Haupthindernis des österreichischen Kriegswesens war bisher die üble Organisation des Hofkriegsrates. Nicht nur die Bildung einer ordentlichen Armee, selbst die ersten Generale und die siegreichsten Feldzüge wurden dadurch aufgehalten, wovon die Behandlung des großen Wallenstein und meine eigene Beweise sind. Als ich endlich Präsident davon wurde, bestand er zum Teil aus neidischen Menschen, deren Eifersucht alle meine vorigen Operationen zu tadeln wußte, oder aus überklugen Theoretikern, welche, obwohlen sie nicht einmal ein Detachement anführen könnten, doch alles besser wissen wollten, oder aus Günstlingen, die sich auf irgend eine Art hinaufgeschwungen hatten[144].« Prinz Eugen hatte seinerzeit empfohlen, an der Spitze dieser Institution müsse entweder der Kaiser selbst oder der würdigste General stehen. Zu einem ähnlichen Urteil kam Erzherzog Carl in einer an den Kaiser gerichteten Denkschrift vom 4. April 1801; hier legte er zunächst dar, welche Aufgaben der Hofkriegsrat ursprünglich wahrzunehmen hatte und seiner Meinung nach künftig zu erfüllen habe. Sein Fazit lautete: »Daß diese Zwecke bei der damaligen Lage der Dinge nicht erreicht sind, ist so notorisch, daß es überflüssig wäre, darüber nur ein Wort zu verlieren[145].« In den Angehörigen des Hofkriegsrats sah Carl stupide »Listen- und Tabellenschreiber«, denen er jeden militärischen Sachverstand und Überblick absprach. Folgerichtig verlangte der Erzherzog, die Hofkriegsratsstellen mit den tüchtigsten Generalen zu besetzen, wobei die verschiedenen Waffengattungen zu berücksichtigen seien. Schon einen Tag später, am 5. April 1801, akzeptierte der Kaiser die Vorschläge seines Bruders und genehmigte auch alle Personalforderungen. So konnte die Geschäftsordnung des Hofkriegsrats planmäßig reorganisiert und damit die Grundlage für eine umfassende Heeresreform gelegt werden, bei der Carl jedoch behutsam vorgehen wollte und sich selbst eine vorläufige Frist von zwei Jahren setzte.

Eine weitere Maßnahme war die Einsetzung einer *Normalien-Commission*, der die Aufgabe übertragen wurde, die gültigen Armeeverordnungen zusammenzustellen, zu systematisieren und zu veröffentlichen. Daß das erste Heft der gesammelten Verordnungen erst am 7. November 1808, also mehr als sieben Jahre nach

Einsetzung dieser Kommission, erscheinen konnte, läßt einigermaßen die Konfusion erahnen, die bis dahin in der österreichischen Heeresverwaltung geherrscht hatte. Eine weitere Aufgabe der Kommission war die Erarbeitung eines neuen Reglements für die gesamte Kriegsverwaltung[146].

Auf Vorschlag Carls wurde am 31. August 1801 der Staatsrat aufgelöst und statt dessen ein »Staats- und Konferenzministerium« errichtet, das aus drei Departements bestand: dem der »äußeren Angelegenheiten«, dem des »Innern« und dem »des Krieges und der Marine«. Carl selbst sicherte sich das Kriegs- und Marineministerium und sorgte in den von ihm entworfenen Generalinstruktionen für Kriegsminister und Hofkriegsrat dafür, daß der Hofkriegsrat ihm unterstellt wurde und das Vortragsrecht beim Kaiser verlor. Damit hatte der Erzherzog eine ganz außergewöhnliche Machtstellung erobert, die ihm zwar einerseits die Möglichkeit bot, seine Vorstellungen zu verwirklichen, die ihm andererseits aber viele Neider und Widersacher einbrachte, die gemeinsam stark genug waren, sein Werk wieder in Frage zu stellen. Immerhin hatte der Argwohn gegenüber Truppenführern mit politischem Ehrgeiz in Wien seine traditionelle Begründung, die aus der Erfahrung mit dem übermächtigen Wallenstein resultierte, dem man das Streben nach der Kaiserkrone zutraute, obgleich seine wirklichen Absichten nie recht geklärt wurden und bis heute im Zwielicht geblieben sind.

4. Administrative Reorganisation

Natürlich wollte auch Erzherzog Carl einen neuen Soldatentyp, dessen Kampfmotivation auf moralischen Potenzen wie Ehre, Patriotismus und Hingebung an den Monarchen beruhen sollte. Aber der Appell an den Idealismus des einzelnen Soldaten mußte vergeblich bleiben, wenn die äußeren Rahmenbedingungen des täglichen Dienstes dermaßen im Argen lagen, daß sie teilweise als menschenunwürdig bezeichnet werden müssen; und das war im Jahre 1801 in der kaiserlichen Armee vielfach der Fall. Also mußten auf allen Gebieten der Versorgung der Soldaten unverzüglich Maßnahmen getroffen werden, um einigermaßen geordnete Verhältnisse wieder herzustellen, für Carl eine wahre Sisyphusarbeit.

In höchstem Maße verwahrlost war die Rechnungslegung auf dem Gebiet des Verpflegungs-, Montur- und Rüstungswesens. Führt man sich vor Augen, daß Carl bei seiner Amtsübernahme 154 866 Rechnungen und 53 000 sonstige Belege vorfand, die unbearbeitet und ungeordnet in Tausenden von Säcken verstaut waren und in irgendwelchen Kellern lagerten[147], dann läßt sich ungefähr erahnen, in welchem Umfang das militärische Versorgungswesen zu einer Domäne von Schiebern und Kriegsgewinnlern hatte werden können. Ebensowenig war die Hofkriegsbuchhaltung in den Kriegen von 1794 bis 1799 korrekt geführt worden, so daß niemand angeben konnte, welche Kosten die kaiserlichen Armeen in diesem Zeitraum verursacht hatten. Die Aufarbeitung dieser Akten – so glaubten manche »Fachleute« – würde mindestens 40 Jahre dauern. Angesichts dieser Verhältnisse wird ersichtlich, daß die einfachen Soldaten in den vorausgegangenen Kriegsjahren mit Sicherheit nicht die Versorgungsgüter erhalten hatten, die ihnen zustanden. U. a. hatte man an Armee-Einheiten Schuhe mit Pappsohlen ausgegeben, mit der Folge, daß kaiserliche Soldaten schließlich barfuß kämpfen mußten. Der Erzherzog hat diese Mißstände mit geeigneten Maßnahmen relativ schnell in den Griff bekommen.

Carl sorgte für eine Verbesserung bei den Militärerziehungs- und Bildungsanstalten und reorganisierte die Regimentserziehungshäuser. Den Militärseelsorgern verschaffte er höhere Einkommen. Er kümmerte sich ferner um die Invalidenversorgung und bemühte sich um einen geordneten Feld-Sanitätsdienst, eine Aufgabe, die wegen des mangelnden Ansehens der Militärärzte in der damaligen Zeit besonders schwierig zu lösen war und wohl auch nicht zufriedenstellend gelöst werden konnte. Unter der Regie des Erzherzogs entstand ein neues Militärgesetzbuch; außerdem wurde ein allgemeines Appellationsgericht institutionalisiert, das zugleich die Funktion eines Kriminalobergerichtes übernahm.

5. Innere Reformen

Wenn künftig »Ehrbegierde« die »Triebfeder« des Soldaten sein sollte (so die Forderung in den Dienstreglements von 1807), dann mußten das bisherige Werbesystem und die lebenslange Dienstzeit abgeschafft werden, weil sich sonst die personelle Zusammensetzung der Armee nicht geändert hätte, ganz abgesehen davon, daß das bisherige Konskriptionssystem auf evidentem Unrecht beruhte. Diejenigen in den österreichischen Erblanden, die kein Exemtionsrecht geltend machen konnten und folglich zur Armee eingezogen wurden, waren für die Gesellschaft so gut wie gestorben und führten in der Armee ein Dasein, das sich nur »der äußeren Form nach von härtester Leibeigenschaft unterschied«[148]. Kein Wunder, daß sich Tausende der Rekrutierung durch Flucht entzogen (1802 wurden in den österreichischen Erblanden 27 000 Rekrutenflüchtlinge registriert). Die eingezogenen Soldaten wurden ebenso wie die geworbenen Söldner mit physischem Zwang bei der Fahne gehalten und unterschieden sich in ihrer Haltung kaum voneinander. Unter diesen Voraussetzungen konnte von dem Soldaten kaum ein patriotischer Geist oder ein Gefühl für ehrenhaftes Verhalten erwartet werden. Auf Betreiben des Erzherzoges wurde am 4. Mai 1802 ein kaiserliches Patent erlassen, demzufolge in den konskribierten Erblanden die Dienstpflicht bei der Infanterie, den Pontonieren und im Fuhrwesen auf 10 Jahre, bei der Kavallerie auf 12 und bei der Artillerie auf 14 Jahre festgesetzt wurde. Nach Ablauf dieser Dienstzeiten stand es dem einzelnen frei, sich durch Kapitulation weiterzuverpflichten. Allerdings enthielt das Patent gleichzeitig die Drohung, daß derjenige, der sich nach Ablauf seiner Dienstzeit nicht in die bürgerliche Ordnung einfüge oder ohne Beschäftigung bleibe, wieder zur Armee eingezogen werde. Mit anderen Worten: die Armee blieb auch nach dieser Reform weiterhin eine Art Strafanstalt für gescheiterte Existenzen[149]. Immerhin muß diese Reform von den betroffenen Bevölkerungsschichten als enorme Erleichterung empfunden worden sein; denn sobald das Patent bekannt wurde, kehrten die vor der Rekrutierung Geflohenen in großer Zahl zurück. Eine Folge dieser Regelung war zunächst eine Verminderung der Heeresstärke. »1805 betrug die gesamte disponible Streitmacht Österreichs [nur noch] 39 635 Mann Infanterie und 3 398 Pferde[150].«

6. Der Feldzug von 1805

Dieser Umstand wäre durchaus vertretbar gewesen, wenn man in Wien eine längerfristige Friedenspolitik betrieben hätte; genau das war aber nicht der Fall. Aus Sorge vor außenpolitischer Isolierung handelte man in der Zeit vom 25. Oktober bis 6. November 1804 mit Rußland einen Vertrag aus, in dem sich beide Staaten gegenseitig militärische Unterstützung für den Fall zusicherten, daß Napoleon einen der beiden Vertragspartner angreife; darüber hinaus waren noch andere Voraussetzungen gegenseitiger Waffenhilfe vorgesehen. Da Erzherzog Carl voraussah, daß aus diesem Vertrag leicht ein neuer Koalitionskrieg gegen Frankreich entstehen konnte, für den Österreich schlecht gerüstet sein würde, geriet er in scharfen Gegensatz mit dem für die Außenpolitik verantwortlichen Staats- und Konferenzminister Ludwig Graf Cobenzl. Anfang 1805 erhielten die Wiener Falken das Übergewicht und drängten zum Krieg, ohne die tatsächlichen militärischen Stärkeverhältnisse zu berücksichtigen. Carls Opposition und vor allem seine Forderung, er brauche mindestens sechs Monate, um ein schlagkräftiges Heer aufzustellen, führten schließlich zu seiner Entmachtung.

Der Mann, der von sich behauptete, er könne die Mobilisierung der Armee in zwei Monaten bewerkstelligen, war der Feldmarschalleutnant Frhr. v. Mack. Nach einem ausgetüftelten Intrigenspiel wurde der bisherige Quartiermeister Feldmarschalleutnant Peter Frhr. v. Duka entlassen, und Mack trat an dessen Stelle[151]. Mack, der in der Literatur als »Emporkömmling« bezeichnet wird, hatte sicherlich seine Verdienste. Aber es gibt auch Dokumente, die einerseits von maßloser Selbstüberschätzung, andererseits von merkwürdiger Unterwürfigkeit zeugen. Mack muß vor allem die »Befähigung« besessen haben, Wunschdenken so überzeugend vorzutragen, daß er die Berater des Kaisers blenden konnte. Als schließlich auch der Hofkriegsrat wieder in den alten Stand versetzt wurde, also wieder unmittelbares Vortragsrecht beim Kaiser erhielt und damit dem Geschäftsbereich des Kriegsministers entzogen wurde, hatte Carl praktisch jeden Einfluß auf den Verlauf der weiteren Entwicklung verloren. Der Feldzug von 1805 endete mit den Niederlagen bei Ulm und Austerlitz. Erzherzog Carl konnte dagegen sein Ansehen als Feldherr behaupten; als Oberbefehlshaber der italienischen Armee besiegte er bei Caldiero den französischen Marschall Masséna.

7. Erzherzog Carl als Generalissimus – Fortsetzung der Reformen

Nach dem Frieden von Preßburg (27. Dezember 1805) kündigte der Kaiser mit einem Schreiben vom 3. Januar 1806 an, Carl zum Generalissimus seiner ganzen Kriegsmacht zu ernennen; gleichzeitig unterstrich der Kaiser aber seine Absicht, daß er den Hofkriegsrat als selbständige Hofstelle erhalten wissen wolle[152]. Gegen diese Verfügung hat Carl massiv protestiert und die Unterstellung des Hofkriegsrats unter seine Kommandogewalt verlangt; andernfalls werde er zurücktreten[153]. Der Kaiser gab nur bedingt nach; mit der Ernennung zum Generalissimus übertrug er seinem Bruder zwar die Oberleitung seiner »ganzen Kriegsmacht dergestalt, daß Sie dem Hofkriegsrate und allen übrigen Militärbranchen vorstehen sollen«[154], kündigte aber gleichzeitig eine Geschäftsordnung an, in der bestimmte Vorbehaltsrechte des Kaisers festgeschrieben wurden. So hat Carl seine frühere Machtfülle als Kriegs- und Marineminister nicht wiedererlangt.

Während seiner Amtszeit als Generalissimus setzte der Erzherzog den Akzent auf eine geistige Erneuerung der Armee; dazu mußte das angeschlagene Selbstbewußtsein der Armee wieder aufgerichtet, der abgesunkene Esprit de corps gefördert und eine ehrenhafte Behandlung der Mannschaften erreicht werden. Kurzum: Das innere Gefüge der Armee und die Ausbildung der Truppe mußten den Erfordernissen der Zeit und dem veränderten Kriegsbild angepaßt werden. Das Haupthindernis auf diesem Wege war das vielfach geringe Bildungsniveau der Offiziere. Um den militärischen Sachverstand der Offiziere zu fördern, veröffentlichte Carl eine Reihe von eigenen Werken, die den Offizieren der österreichischen Armee als Lehrbücher dienen sollten. 1806 erschien sein Hauptwerk unter dem Titel »Grundsätze der höheren Kriegskunst für die Generale der österreichischen Armee«, das schon zwei Jahre später neu aufgelegt und durch »Taktische Beispiele als Anhang zu den Grundsätzen der höheren Kriegs-Kunst« erweitert worden war. Ebenfalls im Jahre 1806 erschien das erste Heft der »Beyträge zum praktischen Unterricht im Felde für Offiziere der österreichischen Armee«, die der Anleitung der Stabs- und Subalternoffiziere dienen sollten.

Wie schon erwähnt, entstanden 1807 die Dienstreglements für die Infanterie und die Kavallerie, die nach Inhalt und Stil so vorbildlich waren, daß sie in der Folge von den Preußen passagenweise übernommen worden sind. 1808 begründete der Erzherzog die »Österreichische Militärische Zeitschrift«, die, wenn auch zwischenzeitlich unter verändertem Titel, bis Ende des Ersten Weltkrieges eine Art geistiger Mittelpunkt der österreichischen Offiziere geblieben ist. Nach der Leitlinie »Die zweckmäßige Bildung des Fähnrichs ist der erste und sicherste Schritt zu jener eines Generals« wurden die militärischen Lehranstalten einer Revision unterzogen und die Lehrer der Schulen mit größter Sorgfalt ausgesucht. Die Regimentserziehungshäuser erhielten höhere finanzielle Zuwendungen und hatten fortan die Elementarbildung ihrer Zöglinge sicherzustellen; außerdem wurden

Kadettenschulen errichtet, die die Zöglinge – bei Eignung – nach dem 16. Lebensjahr aufnahmen und in Kursen von drei Jahren auf den Offizierberuf vorbereiteten. Gleichermaßen wurde die Militärakademie den zeitgemäßen Bedürfnissen angepaßt.

8. Die österreichische Landwehr

Die Bemühungen um die geistige Erneuerung der österreichischen Armee stießen allenthalben dann auf eine Grenze, wenn es um die Frage der Bereitstellung finanzieller Mittel ging. Denn nach dem Frieden von Preßburg bewegte sich die Habsburger Monarchie hart an der Grenze des Staatsbankrotts. Kein Wunder, daß die Staatskasse den Anforderungen der Militärverwaltung bei weitem nicht entsprechen konnte. Trotz dieser ungünstigen finanziellen Voraussetzungen glaubten einige zivile Politiker, voran der Leiter der Außenpolitik, Graf Johann Philipp Stadion, und der Staatsrat Baldacci, dem wachsenden Druck Napoleons auf das österreichische Kaisertum nur mit einem neuerlichen Krieg begegnen zu können[155].

In Anbetracht dieser zwiespältigen Lage gewannen bürgerliche Überlegungen an Boden, die die Landesverteidigung auf der Grundlage von Landmilizen und Nationalgarden sicherstellen wollten. Im Zuge der gewaltigen Kriegsanstrengungen, die Österreich im Hinblick auf einen neuen Krieg gegen Napoleon unternahm, erließ Franz I. am 9. Juni 1808 ein Kaiserliches Patent zur Errichtung der Landwehr, das die Aufstellung von insgesamt 150 Bataillonen forderte. Diese Bataillone sollten innerhalb der politischen Kreise aufgestellt und an Sonn- und Feiertagen in den Pfarrgemeinden exerziert werden. Ehemalige Offiziere, Gutsbesitzer und Beamte sollten die Offizierstellen besetzen, während Kapitulanten, Lehrer und Invaliden als Unteroffiziere vorgesehen waren. Nach Planung des kaiserlichen Patents mußte es im Kriegsfall Aufgabe der Landwehr sein, die jeweilige Provinz allein oder gemeinsam mit Teilen des Feldheeres gegen den Feind zu verteidigen[156]. Für das österreichische militärische Aufgebot war die Landwehr zwar etwas Neues, doch gab es eine Reihe von historischen Vorbildern, die sich nicht nur aus der Erfahrung mit den französischen Revolutionsheeren ergaben. Auch während der Kriege in den 90er Jahren des 18. Jahrhunderts hatte es in Deutschland und in den österreichischen Erblanden hier und da spontane Volksaufstände gegeben, die sich aber von dem französischen Volksaufgebot nicht nur vom Umfang her gänzlich unterschieden. Während die französischen Revolutionsheere sehr stark von einem politischen Sendungsbewußtsein getragen wurden, stand bei den deutschen Volksaufgeboten eine politische Idee – von Ausnahmen abgesehen – nicht im Vordergrund. Es handelte sich vielmehr um »reine Notmaßnahme[n] zur Ergänzung der regulären Streitkräfte, wie dergleichen durch landständische Aufgebote im 16. und 17. Jahrhundert, ja, stellenweise noch bis in die Preußen-Kriege Maria Theresias geübt worden ist«[157].

Obwohl Erzherzog Carl von solchen Volksaufgeboten selbst Gebrauch gemacht und im Jahre 1800 die Aufstellung der »Legion Erzherzog Carl« in Böhmen und Mähren selbst angeordnet und seinem Kommando unterstellt hatte, hat er nie einen Hehl daraus gemacht, daß er von der Institution der Landwehr nicht viel hielt. Denn die Überlegungen der Urheber des Landwehrgedankens zielten ja darauf ab, die reguläre stehende Armee durch Landesmilizen oder sonstige Volksaufgebote mehr oder weniger entbehrlich zu machen[158]. So werden die Vorbehalte des Erzherzogs gegenüber der Landwehr verständlich. In Preußen hatte Friedrich Wilhelm III. in der Landwehr die Gefahr der »bewaffneten Revolution« gesehen; zu derselben Einschätzung bekannte sich der österreichische Kabinetts- und Konferenzminister Franz Graf Colloredo, der geäußert haben soll: »Dem siegreichen Feinde stopfe ich mit einer Provinz den Mund, aber das Volk zu bewaffnen, heißt den Thron umstürzen[159].« Carl hatte sich freilich mit der Aufstellung der Landwehr einverstanden erklärt, weil seit dem Ende des alten Reiches eine planmäßige Propaganda eine nationale Bewegung ins Leben gerufen hatte, die kaum noch übergangen werden konnte. Der Erzherzog betrachtete jedoch die Landwehr lediglich als Ergänzung der regulären Armee. Anders sein jüngerer Bruder Johann, der begeisterungsfähiger war und sehr wohl daran glaubte, Volk und Staat in Einklang bringen zu können. Er sah das Ideal in dem Schweizer Wehrsystem und hoffte mit Stadion, allmählich alle wehrfähigen Männer für die Landesverteidigung gewinnen zu können. Bei diesen Überlegungen hat natürlich auch das Beispiel des Widerstandes der spanischen Bevölkerung eine Rolle gespielt.

9. Österreichs deutsche Erhebung und Niederlage

Der Krieg zwischen Österreich und Frankreich im Jahre 1809 war von den Wiener Urhebern als Signal für eine allgemeine deutsche Erhebung mit dem Ziel der Befreiung Europas von der französischen Fremdherrschaft gedacht gewesen.

Der leitende Wiener Minister Graf Stadion war der festen Überzeugung, daß der erste entscheidende Schlag gegen Napoleon das Fanal für einen allgemeinen Aufstand in Deutschland und auch Italien sein werde, obwohl Österreich ohne offiziellen Bündnispartner dastand, als die Kriegsentscheidung fiel. Tatsächlich war Wien zum geistigen Zentrum des österreichisch-deutschen Widerstandes geworden. Eine ganze Reihe von begabten Publizisten träumte von einer Vereinigung Deutschlands unter Österreichs Führung. Dazu gehörten Friedrich Gentz, der von Teplitz und Prag aus agitierte, der Tiroler Historiker Hormayr, der Dichter Heinrich v. Collin und Friedrich Schlegel, der die »Österreichische Zeitung« mitgestaltete. Auch im übrigen Deutschland gab es eine Propaganda in dieser Richtung, die den Eindruck vermittelte, ganz Deutschland befinde sich im

Aufbruch. Und da die verantwortlichen Männer in Wien auf die warnende Stimme des Erzherzogs Carl, der schließlich als Generalissimus in dem beabsichtigten Krieg der Oberbefehlshaber sein würde, nicht hören wollten, so könnte man annehmen, die Kriegsbefürworter seien auf die von ihnen selbst geförderte Propaganda hereingefallen.

Andererseits schien der Zeitpunkt für einen Krieg gegen Frankreich nicht ungünstig zu sein, da Napoleon in Spanien durch die dortige Aufstandsbewegung in Bedrängnis geraten und gezwungen war, Truppen aus Mitteleuropa zur Verstärkung seiner Armee in Spanien abzuziehen. Außerdem war Graf Stadion überzeugt, Napoleon werde sich nach der Niederwerfung Spaniens gegen Österreich wenden, eine Einschätzung, die ausnahmsweise von Carl geteilt wurde[160].

Es fällt auf, daß die Kriegspartei das Übergewicht gewann, nachdem Kaiser Franz am 6. Januar 1808 zum dritten Mal geheiratet hatte. Seine neue Gemahlin war die damals 20jährige Erzherzogin Maria Ludovica von Este, eine Cousine des Kaisers. Das war insofern von Belang, weil die Mutter der Kaiserin, Erbprinzessin Maria Beatrix von Este, Ansprüche auf die Lombardei geltend machte, die nunmehr im französischen Herrschaftsbereich lag. Die Kriegspartei gruppierte sich sehr schnell um die neue Kaiserin, während ihre Brüder Ferdinand und Maximilian gemeinsam mit Erzherzog Johann für Konfusion sorgten, indem sie sich der Landwehr annahmen und dabei ziemlich selbstherrlich vorgingen[161]. Die Armee, die im Jahre 1809 gegen Frankreich aufgeboten wurde, hatte einschließlich der Hilfstruppen, der Landwehr, der ungarischen und kroatischen Insurrektion angeblich eine Gesamtstärke von rund 800 000 Mann und dürfte damit die größte Streitmacht gewesen sein, die Österreich bis dahin jemals für einen Krieg aufgestellt hatte. Doch ist sie auf keinen Fall in diesem Ausmaß gegen den Feind wirksam geworden[162]. Die meisten Mannschaften der Reserve waren völlig unausgebildet, und es fehlte an geeignetem Personal, um diesem Mangel abzuhelfen. Die Landwehr erwies sich als überwiegend untaugliches Instrument. Bei der Ernennung der Offiziere gab es Klagen, weil derjenige, der unberücksichtigt blieb, den anderen bevorzugt sah. Es fehlte an Ausrüstung, Bekleidung, Verpflegung und Geld. Die Ausbildung der Landwehrmänner war notdürftig und unzulänglich, die Disziplin ließ zu wünschen übrig. Einige Landwehrbataillone mußten sogar von Linienbataillonen bewacht und zum Abmarsch gezwungen werden. An den Kämpfen haben nur einige wenige Landwehrbataillone teilgenommen, die sich allerdings bewährten[163].

Auch die Verbände der ungarischen und kroatischen Insurrektion waren hinsichtlich Ausbildung und Ausrüstung in einem so schlechten Zustand, daß sie kaum als kriegsverwendungsfähig betrachtet werden konnten. Bei der Linienarmee gab es gleichermaßen Unzulänglichkeiten, weil sie auf die neuen taktischen Grundsätze nicht hinreichend eingespielt war. Insgesamt kann festgestellt werden, daß Österreich für den Krieg im Jahre 1809 zwar ungeheure Rüstungsanstrengungen unternommen hat, daß aber bei den Armeeverbänden in qualitativer Hinsicht große Abstriche gemacht werden müssen.

Die Österreicher haben den Krieg verloren. Zwar mußte Napoleon bei Aspern seine erste Niederlage hinnehmen, aber auf Aspern folgte die Schlacht bei Wagram, die den Krieg letztlich zuungunsten Österreichs entschied. Erzherzog Carl konnte seine Armee von Wagram aus in voller Ordnung zurückziehen und auch den Krieg noch für eine Weile fortsetzen, hielt es allerdings für richtiger, ein Waffenstillstandsanerbieten Napoleons anzunehmen. Er handelte damit gegen den Willen des Kaisers Franz, doch dürfte seine Entscheidung den Fortbestand der Habsburger Monarchie gesichert haben. Die Volkserhebung unter Andreas Hofer in Tirol wurde hauptsächlich von bayerischen Truppen, die auf der Seite Frankreichs kämpften, niedergeschlagen. Mit dem Frieden von Schönbrunn ging für Österreich eine Epoche zu Ende, die von Allmayer-Beck als »Österreichs zweites Heldenzeitalter« bezeichnet wird[164]. Dem Haupthelden, dem Erzherzog Carl, dankte man es freilich nicht; er zog sich ins Privatleben zurück, nachdem ihm der Kaiser in einem Schreiben vom 18. Juli bescheinigt hatte, daß es ihm (Carl) »unmöglich sei, eine große Armee zu kommandieren«. Außerdem hatte der Kaiser bekundet, daß er Carl nur noch in nachgeordneten Kommandostellen verwenden wolle. Daraufhin reichte der Prinz seinen Abschied ein.

In den Feldzügen 1812 (Teilnahme am Rußlandfeldzug mit einem Heereskontingent in einer Stärke von 30 000 Mann) bis 1815 wurde die österreichische Armee von Fürst Schwarzenberg geführt.

Es ist aber nicht zu übersehen, daß die Maßstäbe, die von Erzherzog Carl gesetzt worden sind, für die österreichische k.u.k.-Armee des 19. Jahrhunderts richtungweisend und von außerordentlich traditionsbildender Kraft gewesen sind.

VIII. Die bayerische Armee in der Zeit von 1799 bis 1813[165]

1.   *Reformansätze und die Niederlage bei Hohenlinden*

Das ungünstige Bild der bayerischen Armee im Verlauf des 18. Jahrhunderts[166] änderte sich schlagartig mit dem Regierungsantritt von Maximilian IV. Joseph (Reg. 1799-1825), dem späteren König Max I. Joseph. Der neue Kurfürst gelangte aufgrund einer Reihe von Todesfällen zur Thronfolge, war also ursprünglich ohne Aussicht auf die Regentschaft in Bayern. Wie damals für einen Prinzen ohne Erbanspruch üblich, wählte Maximilian Joseph die Offizierlaufbahn und trat in französische Dienste; von 1777 bis zum Ausbruch der Französischen Revolution war er Oberst des Regiments d'Alsace in Straßburg. Der neue Kurfürst war also Berufssoldat und hatte naturgemäß ein ganz anderes Interesse an der Armee als seine unmittelbaren Vorgänger. Sein militärischer Berater war der spätere General und Kriegsminister Graf v. Triva. Maximilian Joseph plante eine umfassende Heeresreform, die aber vorläufig nicht zum Abschluß gebracht werden konnte, weil Bayern im Zweiten Koalitionskrieg im Jahre 1800 gegen Frankreich teilnahm und insbesondere bei der Schlacht bei Hohenlinden (3. Dezember 1800) große Verluste hinnehmen mußte.

Immerhin reorganisierte der Kurfürst noch im Jahre 1799 den Hofkriegsrat und behielt sich alle Entscheidungen persönlich vor. Der Offizierstellenkauf wurde abgeschafft[167] und statt dessen nur »tüchtige Subjekte« als Offiziere geduldet, die unverzüglich besser besoldet wurden. Eine weitere Maßnahme war die Reorganisation der Armee in gleichmäßige Formationen, zumal unter seinen Vorgängern eine ganze Reihe von Infanterie-Regimentern fast ohne Mannschaften existiert hatten. Für Unteroffiziere wurde eine Unteroffizierschule eingerichtet.

2. Reformen und Erfolge im Bündnis mit Frankreich

Die Schlacht bei Hohenlinden war angesichts dieser Bemühungen ein schwerer Rückschlag. Die Armee wurde aber nach dem Frieden von Lunéville (9. Februar 1801), der für Bayern den Verlust seiner linksrheinischen Gebiete bedeutete, unverzüglich wieder aufgebaut. Am 27. März 1802 wurde eine Reorganisationskommission berufen, die zunächst darüber beriet, wie das bayerische Heerwesen den Erfordernissen des neuen Kriegsbildes angepaßt werden könne und welche finanziellen Mittel dazu erforderlich sein würden. Die Beratungen waren zunächst mehr theoretischer Natur, weil Unklarheit darüber bestand, mit welchen Gebieten Bayern für den Verlust seiner linksrheinischen Gebiete entschädigt werden würde. »Nach dem Reichsdeputationshauptschluß von 1803 erhielt Bayern als Ersatz [. . .] die geistlichen Fürstentümer Würzburg, Bamberg, Augsburg und Freising nebst anderen geistlichen Territorien und 15 reichsunmittelbare Städte[168].« Mit diesem Gebietszugewinn fielen dem Staat auch Truppen zu, die aber wegen ihrer oft mangelhaften Qualität zum großen Teil verabschiedet werden mußten[169]. Anfang 1805 wurde nach preußischem und in der Durchführung nach österreichischem Vorbild die Kantonpflicht eingeführt, die vorläufig ebensoviel Ausnahmen zuließ, wie die der beiden zuerst genannten Staaten[170]. Die Kantonpflichtigen dienten ähnlich wie in Österreich für die Dauer von acht Jahren.

Von jetzt an ging es mit der bayerischen Armee und mit Bayern steil bergauf. Sie traten 1805 auf die Seite Napoleons und marschierten vorläufig mit Frankreich auf der Straße der triumphalen Siege; Siege übrigens, die vor allem gegen Österreich, Preußen und andere deutsche Staaten errungen wurden, nichtsdestoweniger aber in den Annalen der bayerischen Regimenter überschwenglich gefeiert werden und deshalb bis zum Ausbruch des Ersten Weltkrieges in der bayerischen militärischen Traditionspflege trotz der Zugehörigkeit zum Deutschen Reich ungeniert in Erinnerung gebracht wurden.

Im Bündnis mit Napoleon bestand die bayerische Armee ihre erste Feuerprobe im Krieg gegen Österreich und Rußland im Jahre 1805, der mit der Schlacht bei

Austerlitz von den Verbündeten mit einem vollständigen Sieg beendet wurde. Obgleich die bayerische Armee keine große Schlachtenerfolge vorzuweisen hatte, kehrte sie seit mehr als hundert Jahren zum ersten Mal aus einem siegreichen Krieg zurück. Und obwohl der Feldzug nur ungefähr drei Monate gedauert hatte, genügte die Zeit, um sich auf das veränderte Kriegsbild einzustellen und veraltete Anschauungen und Einrichtungen abzustreifen. Der bayerische Militärhistoriker und Generalstabsoffizier Max Leyh schrieb noch 1935, die siegreiche Teilnahme der bayerischen Armee an diesem Krieg sei die Grundlage für eine neue Kampftradition gewesen. »Es war eine *andere, eine neue Armee*, die aus diesem [. . .] Feldzug zurückgekehrt war, und sie konnte mit Vertrauen neuen Taten entgegensehen[171].«

Gelegenheit zu neuen Taten bot sich schon ein Jahr später im Krieg gegen Preußen, Rußland und Schweden. Nach den Verträgen des Rheinbundes war Bayern verpflichtet, Frankreich Waffenhilfe zu leisten. Bayern stellte ein Heereskontingent in einer Stärke von 30 000 Mann, das in zwei Divisionen untergliedert war. Divisionskommandeure waren die Generalleutnante Graf v. Deroy und Graf Minucci. Die bayerischen Truppen nahmen an den kriegsentscheidenden Schlachten bei Jena und Auerstedt nicht teil, sondern wurden hauptsächlich zur Belagerung von Festungen in Schlesien eingesetzt. Die Bayern hatten aber maßgeblichen Anteil an den letzten Kämpfen gegen russische Truppen bei Pultutsk am Narew und bei Poplawi.

Bei der österreichischen deutschen Erhebung im Jahre 1809 kämpfte Bayern wieder auf französischer Seite, wobei das bayerische Territorium zeitweilig Kriegsschauplatz wurde, nachdem Erzherzog Carl mit einer Armee in Stärke von rund 194 000 Mann nach Bayern einmarschiert war. Bayern konnte dem österreichischen Heer nur drei Divisionen entgegenstellen, ehe französische Hilfe eintraf. Die Österreicher wurden von den Verbündeten nach der Schlacht bei Eggmühl (22. April 1809) und Neumarkt (24. April 1809) zur Räumung Bayerns gezwungen. Im weiteren Verlauf des Krieges schlugen hauptsächlich bayerische Truppen den Volksaufstand in Tirol unter Führung von Andreas Hofer nieder. Der Kleinkrieg mit den Tiroler Aufständischen wurde auf beiden Seiten mit großer Grausamkeit geführt.

Die bayerische Armee stand seit 1805 zwar vorläufig auf der Seite des Siegers, mußte aber wegen der fortgesetzten Kriegführung Napoleons auch empfindliche Verluste hinnehmen. Um diese Verluste zu ersetzen, sah sich der König von Bayern veranlaßt – und mit dem Konskriptionsgesetz vom 29. März 1812 gezwungen –, die Allgemeine Wehrpflicht einzuführen[172]. Neben der aktiven Armee bestand seither eine Nationalgarde, die – ähnlich der preußischen Landwehr – eine Miliz war und die im Kriegsfall zur unmittelbaren Verteidigung der Heimat herangezogen werden sollte. Das Konskriptionsgesetz behielt seine Gültigkeit bis zum Jahre 1868. Schon 1812 konnte aufgrund der Anwendung dieses Gesetzes die bayerische Armee um 18 000 Mann verstärkt werden[173].

3. Bündniswechsel Bayerns nach dem Feldzug gegen Rußland

Im Gegensatz zu Preußen und Österreich stellte Bayern als gleichberechtigter Bündnispartner für den napoleonischen Feldzug 1812 gegen Rußland ein Heereskontingent in einer Stärke von mehr als 30 000 Mann. Von diesen Soldaten haben weniger als 1 000 die Heimat wiedergesehen, wobei allenfalls 3 000 im Kampf gefallen sind; die anderen starben zum großen Teil schon auf dem Vormarsch an Hunger, Krankheiten und Erschöpfung, die Masse auf dem Rückzug durch die endlosen russischen Schneefelder. Ludwig I. hat diesen bayerischen Soldaten in München eine Gedenksäule gestiftet mit der Inschrift »Auch sie starben für des Vaterlandes Befreiung«. Eine angesichts des wahren Sachverhalts problematische Inschrift, zumal es bei dem Feldzug gegen Rußland nun wirklich nicht um bayerische Interessen gegangen war; dieser Krieg hatte allein dem Herrschaftsanspruch Napoleons dienen sollen. Immerhin trug der Untergang des bayerischen Heereskontingentes dazu bei, daß Bayern das Lager wechselte und sich der deutschen Erhebung gegen Frankreich anschloß.

Aber auch nach dem Bündniswechsel hatten die Bayern im Krieg gegen Napoleon kein Glück. An der Völkerschlacht bei Leipzig konnten sie begreiflicherweise nicht teilnehmen, und der Versuch des bayerischen Generals Freiherr v. Wrede, mit einem Heer von 28 000 Mann Napoleon nach der Schlacht den Rückzug zu verlegen, endete mit der Niederlage bei Hanau. Bayern hatte also an der deutschen Erhebung relativ geringen Anteil.

Abschiedsdokument der Königlich Baierischen Armee für Anton Hitzlberger

4. Probleme deutscher militärischer Tradition am Beispiel Bayerns

Auch nach der Gründung des Deutschen Reiches wurde in offiziösen Publikationen bayerischer Waffenruhm weiterhin gefeiert, obgleich die ehemaligen Gegner meist Deutsche waren. Da dies in der heutigen Zeit befremdend wirkt, sind einige erläuternde Anmerkungen zweckmäßig. Man kann dies nämlich nur verstehen, wenn man sich verdeutlicht, daß immerhin bis zum Zweiten Weltkrieg der Krieg als ein legitimes Mittel angesehen wurde. Besonders die Ära Napoleons und die Zeit der deutschen Erhebung gegen Frankreich war ein heroisches Zeitalter. Der Soldatenberuf war nicht nur – wie das auch heute noch mit einigem Recht behauptet wird – ein Beruf *sui generis*, sondern ein besonderer Stand, der im Verlauf des 19. Jahrhunderts immer mehr privilegiert wurde. Als Gegenleistung hatte sich der Soldat gegen jeden beliebigen Gegner unter Einsatz seines Lebens zu bewähren. Die persönliche Tapferkeit und die Bewährung im Kampf waren Werte an sich, die um so mehr zählten, je tapferer und verbissener der Feind gekämpft hatte. Heute scheut man sich vielfach, Kampftraditionen überhaupt zu erwähnen.

Die Einstellung zu Krieg und Kampf war bis Anfang des 20. Jahrhunderts also eine ganz andere. Außerdem fällt auf, daß sich die Traditionspflege weitgehend in den Regimentern abspielte, also in dem Verband, den der einzelne Soldat gerade noch überblicken konnte und der seine soldatische Heimat darstellte. Um die Soldaten zu motivieren, haben die Kommandeure zu allen Zeiten alles darangesetzt, ihrer Truppe durch das Vorführen besonderer Leistungen hohes Ansehen zu verleihen, um sich so von anderen Einheiten zu unterscheiden. Bis zum Zweiten Weltkrieg war dies am ehesten im Krieg möglich; im Frieden sucht man sich andere Möglichkeiten des Wettbewerbes. Besondere Fahnen, Bezeichnungen wie z. B. »Garderegiment«, Ehrenkommandeure mit klingenden Namen und natürlich auch die Erinnerung an die ruhmreichen Waffentaten des Regiments waren die psychologischen Mittel, um den Stolz auf die Zugehörigkeit zu seinem Verband einzuimpfen und von den Soldaten entsprechend vorbildhafte Leistungen zu verlangen. Und genau dies ist Sinn und Zweck der militärischen Traditionspflege.

Anfang des 19. Jahrhunderts jedenfalls war es ziemlich gleichgültig, gegen welchen Feind sich das Regiment bewährt hatte. Waffentaten deutscher Regimenter werden in den Annalen auch dann gepriesen, wenn die Truppe – wie es im 18. Jahrhundert häufiger vorkam – an einen fremden Souverän vermietet worden war. Preußische Offiziere durften sogar ihre Tapferkeitsauszeichnungen weitertragen, die sie im Krieg gegen Rußland von Napoleon erhalten hatten.

Trotz der eben dargelegten Erwägungen kam das im Sog Napoleons zum Königreich erhobene Bayern nach der Gründung des Deutschen Reiches hinsichtlich der militärischen Traditionspflege jedenfalls dann in Schwierigkeiten, wenn es um das Jahr 1813 ging. In einem vaterländischen Gedenkbuch, das aus Anlaß des hundertjährigen Jubiläums 1913 erschien[174], wird der Versuch unternommen, Bayerns

Bedeutung an der deutschen Erhebung besonders herauszustreichen; da wird behauptet, daß bayerische Persönlichkeiten, besonders der Kronprinz Ludwig, im Grunde ihres Herzens schon immer dem Deutschtum verbunden gewesen seien usw. In Wirklichkeit handelte die bayerische Regierung unter der umsichtigen Leitung des Grafen Montgelas ausschließlich nach machtpolitischen Gesichtspunkten. Der König von Bayern wollte seine Würde beibehalten und die aufgrund des Bündnisses mit Frankreich neugewonnenen Gebiete keinesfalls herausgeben. Bei dieser Zielsetzung war es quasi das Gebot der Stunde, sich auf die Seite der stärkeren Bataillone zu schlagen. Diese Haltung war ja keineswegs verwerflich, doch muß es immer zweifelhaft bleiben, wenn für den Zweck der Traditionspflege unzutreffende Beweggründe ins Feld geführt werden.

Bayern ist während seiner Mitgliedschaft im Rheinbund nicht schlecht gefahren. Die bayerische Armee dürfte zu dieser Zeit in mancher Beziehung in Deutschland die modernste gewesen sein, wenn ihr auch weder 1812 noch 1813 bei Hanau Erfolge vergönnt waren. Ihre Organisation und die Veränderungen in bezug auf die Menschenführung, die die preußischen Reformer nach der Niederlage von Jena und Auerstedt dem König abringen mußten, hatte Bayern teilweise schon früher im großen und ganzen eingeführt, manchmal mit anderen Bezeichnungen.

IX. Die Bedeutung des Zeitalters der deutschen Erhebung für die Tradition in deutschen Streitkräften

Der Blick auf Österreich und Bayern hat gezeigt, daß nicht nur Preußen, sondern alle europäischen Mächte, die mit oder gegen Frankreich Krieg führten, sich auf die neuen Formen der Kriegführung umstellten und bestrebt waren, die Last der Landesverteidigung auf eine breitere Basis zu stellen; es wurde daher der Versuch unternommen, möglichst alle waffenfähigen Männer zu Kriegsdiensten heranzuziehen. Die Einrichtungen, die zu diesem Zweck geschaffen wurden, die Maßnahmen und auch die psychologischen Mittel, die Menschen für den Kampf für König und Vaterland zu motivieren, besaßen eine außerordentlich wirksame traditionsbildende Kraft, sind aber in Europa so ähnlich gewesen, daß sich die Frage stellt, ob es hier einen deutschen Sonderweg gibt. Die deutsche militärische Tradition scheint sich von der anderer europäischer Staaten nur durch landsmannschaftliche Besonderheiten, die jeweils vorbildhaften Personen und einen anderen historischen Verlauf der Ereignisse zu unterscheiden. Die heeresgeschichtliche Entwicklung ist in Europa erstaunlich parallel verlaufen. Und es ist keineswegs so, daß die Preußen für die anderen Staaten immer das Vorbild abgegeben haben. Die Impulse für den traditionsbildenden Wandel an der Wende vom 18. zum 19. Jahrhundert kamen in erster Linie aus Frankreich. Die Verbesserungen, die die preußischen Reformer durchsetzten, lagen in ganz Europa gewissermaßen in der Luft.

Friderich,

Von Gottes Gnaden

König von Württemberg,

Souverainer Herzog in Schwaben und von Teck ꝛc. ꝛc.

Liebe Getreue!

In den Allianz-Verträgen, welche von Uns mit den beyden Kaiser-Höfen und des Königs von Preussen Majestät abgeschlossen worden, haben Wir die Verpflichtung übernommen, mit allen Mitteln, welche die Vorsehung in Unsere Hände gelegt hat, die gemeinsame Sache zu unterstützen, und thätigst mitzuwirken, daß eine Ordnung der Dinge in Europa, durch welche allein die Unabhängigkeit der Staaten und ihre künftige Ruhe gesichert erscheint, hergestellt, auch ein dauerhafter von dem Willen des Einzelnen unabhängiger Friede erkämpft werde.

In Folge dieser übernommenen Verpflichtung haben Wir nicht nur Unser Armee-Corps zu den Heeren der verbündeten Mächte stoßen, sondern auch eine bedeutende Anzahl von Land-Bataillons errichten und dergestalt in Bereitschaft setzen lassen, daß solche unverzüglich sich ihren übrigen Waffen-Brüdern anschließen, und in ihren Reihen für König und Vaterland fechten werden.

Siegreiche Fortschritte haben die Heere der verbündeten Mächte und auch Unsere Truppen auf das jenseitige Ufer des Rheins und innerhalb der Gränzen des gemeinschaftlichen Feindes geführt, wo sie neuen Siegen entgegen gehen.

Die Gränzen Unseres Reichs finden sich jedoch hiedurch von Truppen entblößt. So wenig auch die siegreichen Stellungen und Operationen der Armeen der verbündeten Mächte irgend eine Gefahr, irgend eine feindliche Invasion besorgen lassen, so finden Wir gleichwohl für nothwendig, und sehen Uns durch den besondern Aufruf der gedachten hohen Mächte bestimmt, auf diesen nicht zu erwartenden und ganz unwahrscheinlichen Fall solche Anordnungen zu treffen, durch welche jede Besorgniß entfernt, jede Gefahr beseitigt, jeder versuchte Angriff zurückgewiesen, und die Sicherheit so wie die Ruhe Unsers Reichs aufrecht erhalten werden kann, ohne daß die Streit-Kräfte der activen Armeen geschwächt, und der rasche Fortgang der begonnenen Operationen in des Feindes Land aufgehalten werden.

Wir verordnen und befehlen demnach:

§. 1.

Es soll zu Vertheidigung Unseres Reichs und seiner Gränzen ungesäumt ein Landsturm von wenigstens

Landsturmverordnung des Königs von Württemberg,
der sich in den Freiheitskriegen den Verbündeten gegen Napoleon anschloß.

Einmal Hundert Tausend Mann

aufgestellt und organisirt werden.

§. 2.

Unsere Landvögte, Ober- und Unter-Beamte haben es sich zur angelegentlichsten Pflicht zu machen, alle die Aufstellung des Landsturms bezweckende und befohlene Maßregeln mit der größten Thätigkeit und auf das schleunigste in Vollzug zu setzen.

§. 3.

Der Landsturm wird gebildet und ausgehoben aus allen Waffenfähigen männlichen in Unsern Staats-Diensten nicht stehenden Unterthanen von 18. bis 60. Jahren, dergestalt, daß

a.) zunächst die ledigen Unterthanen von 18. bis 30. Jahren, dann

b.) die ledigen Unterthanen von 30. bis 60. Jahren, und

c.) die verheiratheten von 20. bis 50. Jahren dem Landsturm zugetheilt werden.

§. 4.

Die Verbindlichkeit zum Landsturm hebt die Conscriptions-Pflichtigkeit nicht auf, vielmehr treten die an sich conscriptionspflichtigen Unterthanen, wenn die Reihe sie trifft, aus dem Landsturm zum regulären Linien-Dienst, so wie zu den Land-Bataillons über.

Bey dem Landsturm wird der hiedurch entstehende Abgang sofort wieder aus den oben bezeichneten Classen ersetzt, und ist es die Obliegenheit Unserer Landvögte, dafür thätigst zu sorgen, daß die Bataillons des Landsturms ihrer Landvogtey stetshin in vollzähligem Stande sich befinden, und fortdauernd erhalten werden.

§. 5.

Zu dem Ende haben Unsere Landvögte über die Mannschaft eines jeden Landsturms-Bataillons genaue National-Listen in duplo aufzunehmen, und diese, so wie auch den jedesmaligen Ab- und Zugang Unserem Kriegs-Departement und Unserem Ministerium des Innern einzusenden.

§. 6.

Der gesammte Landsturm wird in 100. Bataillons, jedes zu 1000. Mann, eingetheilt. Jedes Bataillon besteht aber aus 4. Compagnien, eine 250. Mann stark.

Es hat demnach eine jede Landvogtey 9. Bataillons des Landsturms zu stellen; ausserdem sollen aber noch in den 6. der west- und nordwestlichen Gränze des Königreichs zunächst gelegenen Landvogteyen, nämlich:

am obern Neckar

am mittlern Neckar

Schwarzwald

an der Enz

Es ist aber bezeichnend, daß Österreich, das im Jahre 1809 zuerst Landwehreinheiten mobilisiert hatte, dies in den Kriegsjahren 1813 bis 1815 nicht mehr tat. Die Befürworter und Theoretiker der Landwehr sahen ja in diesem Institut das Vehikel auf dem Weg zu einem demokratischen Verfassungsstaat. Deshalb wurde die Landwehr von den konservativen oder, wenn man so will, von den reaktionären Kreisen als potentiell revolutionäre Kraft verdächtigt.

Das war in Preußen so, aber noch viel stärker ausgeprägt in Österreich, wo schon der Appell an die Vaterlandsliebe für die Habsburger Monarchie gefährlich war, weil sie einen Vielvölkerstaat regierte. Für die österreichischen Kaiser kam alles darauf an, ihre Armee an die Monarchie zu binden; nationale Gefühle waren für Wien unerwünscht; sie wurden deshalb traditionell eigentlich nur den Ungarn zugebilligt. Andererseits hat der Vaterlandsgedanke in ganz Deutschland seit den Freiheitskriegen für die Kampfmotivation der Soldaten eine eminent wichtige Rolle gespielt. Deutsche Lyriker haben das Vaterland und den Tod auf dem Schlachtfeld für das Vaterland in die Sphäre religiöser Transzendenz gehoben. In Gedichten von Friedrich Gottlieb Klopstock (1724-1803), Ernst Moritz Arndt (1769-1860), Friedrich Rückert (1788-1866), Theodor Körner (1791-1813) u. a. wird dem Patrioten eine religiöse Aura verliehen und der Tod auf dem »Felde der Ehre« zu einer sakralen Sache gemacht (»Altar des Vaterlandes«). Auch der christliche und im antiken Gedankengut weit verbreitete Gedanke des Opfertodes wird wiederbelebt:

»Nur in dem Opfertod reift uns das Glück.
Nun mit Gott! wir wollen's wagen, [. . .]
Unser Herz zum Altar tragen
Und dem Tod entgegen gehen.
Vaterland! dir woll'n wir sterben,
Wie Dein großes Wort gebeut!«   *(Theodor Körner)*

Und Klopstock schreibt: »Süß und ehrenvoll ist es, sterben für's Vaterland!« – in enger Anlehnung an das Wort Horaz': »dulce et decorum est pro patria mori[175].« Von Ernst Moritz Arndt ist bekannt, daß er sich bewußt an die Sprache Luthers anlehnte und damit durchschlagenden Erfolg hatte.

Für die Menschen des 17. und 18. Jahrhunderts war der Anblick verkrüppelter Kriegsveteranen, die zum Teil ihr Dasein als Bettler fristeten, nichts Ungewöhnliches. Dennoch haben die Gedichte der Freiheits- und der späteren Einigungskriege eine weitverbreitete Wirkung und Faszination erzielt; ohne diese Lyrik wäre die allgemeine Kriegsbegeisterung bei Ausbruch des Ersten Weltkrieges kaum vorstellbar. Diese Dichtung gehörte zur deutschen militärischen Tradition; Schulkinder haben sie an manchen Schulen in der Bundesrepublik Deutschland noch bis in die 60er Jahre auswendig gelernt, weil diese Dichtung oft einen hohen künstlerischen Rang hat. – Die Bundeswehr hat sich von dieser Tradition nach der Erfahrung des Einsatzes von Massenvernichtungsmitteln im Zweiten Weltkrieg (Dresden, Hiroshima und Nagasaki) mit Recht weitgehend getrennt.

X. Die Entwicklung in Preußen von 1814 bis 1848

1. Boyen und das Wehrgesetz von 1814

Hermann von Boyen,
preußischer Generalfeldmarschall,
Mitglied der
Militärreorganisationskommission

Am 3. Juni 1814 wurde der Generalmajor v. Boyen auf Vorschlag des Staatskanzlers v. Hardenberg zum Preußischen Kriegsminister ernannt[176]. Boyen fühlte sich der friderizianischen Tradition verpflichtet, war aber dennoch ein Anhänger Scharnhorsts und für die liberalen Gedanken seiner Zeit durchaus aufgeschlossen. So verstand er es meisterhaft, Altes mit Neuem zu verbinden. Ihm kam es in erster Linie darauf an, die Heeresverfassung der Reformer, die vorläufig für den Krieg galt, in einem einheitlichen Gesetz zusammenzufassen, das auch in einer künftigen Friedenszeit Gültigkeit behalten sollte. Schon am 24. August 1814 legte er dem König einen Immediatbericht über die künftige preußische Heeresverfassung vor, die er gemeinsam mit General v. Grolman erarbeitet hatte[177]. Die Denkschrift, die von Hardenberg gebilligt worden war, wurde vom König unter Zeitdruck genehmigt, da für ihn und seinen Staatskanzler die Abreise zum Wiener Kongreß unmittelbar bevorstand. Es wird vermutet, daß Boyen diesen Vorlagetermin aus taktischen Gründen gewählt hat, um so gewissermaßen die Macht des Faktischen auszunutzen. Er erhielt jedenfalls die Genehmigung des Königs, noch ehe die übrigen Minister gegengezeichnet hatten[178]. Ein wichtiges Argument Boyens war in diesem Zusammenhang die Überlegung, die neue preußische Kriegsverfassung bereits auf dem Wiener Kongreß als Grundlage für den Deutschen Bund einzubringen, in der Hoffnung, daß sie für die übrigen deutschen Fürstentümer zum Vorbild werden und auf diesem Wege möglicherweise eine einheitliche deutsche Kriegsverfassung erreicht werden könne, was in der weiteren Entwicklung keineswegs gelungen ist. Im Gegenteil: Österreich und Bayern sowie andere deutsche Staaten und auch Frankreich kehrten nach dem Wiener Kongreß zu der Form der Konskriptionsheere zurück, die sich im Grunde genommen nur wenig von den Stehenden Heeren des 18. Jahrhunderts unterschieden.

In dieser Denkschrift gehen die Verfasser davon aus, »daß die Verfassung, welche Ew. Majestät den verschiedenen Theilen der bewaffneten Macht gegeben haben, nicht allein den Staat und Deutschland befreit hat, sondern auch alle die Kreise und Grundlagen enthält, von deren zweckmäßiger Erweiterung und Zuversicht die Erhaltung der Preußischen Monarchie zu erwarten ist«[179].

Boyen und Grolman schlugen dem König also vor, die schon bestehenden Einrichtungen Stehendes Heer, Landwehr und Landsturm zu belassen, wobei das Stehende Heer der Kern der bewaffneten Macht bleiben und »die Schule aller kriegerischer Einrichtungen der Nation« sein sollte. Voraussetzung für die Handhabung des Boyenschen Wehrsystems war die Herabsetzung der Dienstzeit beim Stehenden Heer auf die Dauer von fünf Jahren und die Beurlaubung der Dienstpflichtigen nach drei Jahren, weil sich sonst in kurzer Zeit aufgrund wirtschaftlicher Sachzwänge das alte Exemtionssystem wieder eingeschlichen hätte; denn nach wenigen Friedensjahren hätte unter anderen Voraussetzungen das Heer wieder aus Tagelöhnern bestanden, die den Dienst als Last betrachtet hätten, »die der Reichtum durch seine ausgedehnten Verbindungen der Armuth zuwälzte«[180]. Um Gefreite und Unteroffiziere zu gewinnen, war die Möglichkeit der Weiterverpflichtung mit angemessener Besoldung und Anspruch auf Versorgung vorgesehen. Die Landwehr wollten die Verfasser in zwei Klassen einteilen, wobei das erste Aufgebot dazu dienen sollte, das Stehende Heer im Kriegsfall unmittelbar zu unterstützen; das zweite Aufgebot war nach Vorschlägen der Verfasser bei Sicherungsaufgaben im eigenen Lande einzusetzen. Nach Ablauf der fünfjährigen Dienstzeit sollten die ausgebildeten Soldaten der stehenden Armee automatisch zur Landwehr des ersten Aufgebots übertreten und dort bis zum 32. Lebensjahr dienstpflichtig bleiben, um dann von der Landwehr des zweiten Aufgebots übernommen zu werden. So war ein Milizsystem geplant worden, das außerordentlich respektabel hätte sein können, weil die Landwehr allmählich von voll ausgebildeten Soldaten durchsetzt worden wäre. Daß dies in der Praxis bei weitem nicht erreicht werden konnte, lag nicht etwa an der Undurchführbarkeit dieser Konzeption, sondern an der Tatsache, daß konservative Kreise die Institution der Landwehr unverhohlen boykottierten, weil komplementär zum Landwehrgedanken der Verfassungsstaat gehörte. Und das 1815 gegebene Verfassungsversprechen wurde bekanntlich nicht eingehalten, konnte seinerzeit vielleicht politisch nicht durchgesetzt werden, weil die damalige Sozialstruktur Preußens in der Rheinprovinz und in Westfalen viel weiter fortgeschritten war als etwa in Pommern und Ostpreußen; deshalb ergaben sich derart extreme ständische Interessengegensätze, daß eine allgemein konsensfähige Verfassung zum damaligen Zeitpunkt kaum denkbar gewesen wäre. Aus diesem Grunde wurde die Landwehr mit einem gewissen Recht – wie schon erwähnt – als mögliche bewaffnete revolutionäre Macht beargwöhnt. Andererseits sollte nicht vergessen werden, daß das »Gesetz über die Verpflichtung zum Kriegsdienste« vom 3. September 1814[181], in dem die Boyensche Konzeption ihren Niederschlag fand, in der Bevölkerung und auch im Adel zum Teil auf massive Opposition stieß. Besonders die Städte Berlin und Breslau taten sich in diesem Sinne hervor; aber auch Großgrundbesitzer, die während des Krieges ihre Förster und Jäger den freiwilligen Jäger-Detachements wie selbstverständlich zur Verfügung gestellt hatten, wehrten sich jetzt gegen eine gesetzliche Verpflichtung. Der Verfall der Landwehr in den Jahrzehnten nach 1815 war aber auch eine Folge des Zwangs zum Sparen und des Fehlens einer äußeren Bedrohung.

Das Gesetz privilegierte im übrigen »junge Leute aus den gebildeten Ständen, die sich selbst kleiden und bewaffnen« konnten. Sie dienten in besonderen Formationen oder in Verbänden ihrer Wahl und konnten auf ihr Verlangen hin schon nach einem Jahr zur Fortsetzung ihrer zivilen Berufsausbildung beurlaubt werden. Nach Ablauf von drei Dienstjahren (davon zwei im Beurlaubtenstand) sollten sie zur Landwehr des ersten Aufgebots übertreten und dort bei Eignung vorrangig Anspruch auf die Offizierstellen haben. So entstand aus den freiwilligen Jägern der Freiheitskriege das Privileg des »Einjährig-Freiwilligen«, das bis zum Ausbruch des Ersten Weltkrieges gültig blieb. Das Synonym »Einjähriges« für den Bildungsgrad der mittleren Reife erinnert an diese Tradition, denn der »Einjährig-Freiwillige« mußte mindestens diesen Bildungsabschluß besitzen. Das Privileg der Einjährig-Freiwilligen hat übrigens Auswirkungen auf das Bildungsniveau der Landbevölkerung gehabt, die traditionell am ehesten zum Militärdienst herangezogen wurde. Jetzt setzten die Bauernfamilien, die es irgendwie ermöglichen konnten, alles daran, ihren Söhnen diesen Bildungsgrad zu verschaffen, um ihnen den Militärdienst zu erleichtern und sie als Arbeitskräfte für den Hof schneller wieder zurückzugewinnen. Besondere Bedeutung gewann die Institution der Einjährig-Freiwilligen deshalb, weil sie in hohem Maß Militärtradition und das damit verbundene Denken in das Bürgertum übertrug.

2. Schwarzrotgoldene Tradition und Landwehr

Aus den Freiheitskriegen ging die schwarzrotgoldene Bewegung hervor, deren Tradition durch die Weimarer Nationalversammlung und nach dem Zweiten Weltkrieg von der Bundesrepublik und der DDR ausdrücklich wiederbelebt worden ist. Dabei ist das, was im 19. Jahrhundert mit der Farbkombination Schwarz-Rot-Gold mutmaßlich assoziiert worden ist, gar nicht so einfach auf einen Nenner zu bringen. Es bereitet sogar schon Schwierigkeiten, das Zustandekommen der scharzrotgoldenen Trikolore eindeutig herzuleiten[182]. Aber bei all dem, was im 19. Jahrhundert mit der Farbkombination Schwarz-Rot-Gold in Verbindung gebracht worden ist, kann mit ziemlicher Wahrscheinlichkeit davon ausgegangen werden, daß die Wahl dieser Farben nicht zufällig erfolgte, sondern daß bewußt an die Tradition des Heiligen Römischen Reiches Deutscher Nation angeknüpft worden ist. Die Farben Schwarz und Gold (Gelb) können eindeutig aus dem alten Reichswappen, das den schwarzen Doppeladler auf goldenem Grund zeigte, abgeleitet werden, nicht aber das Rot. Doch »Rot, Purpurrot war schon in der Antike die imperiale, die kaiserliche Farbe. Die Stadt Rom führt sie noch heute im

Wappen.« Seit Wallenstein war die rote Feldbinde das alleinige Erkennungszeichen der kaiserlichen Soldaten. Rot waren die Standarten der Erzherzöge von Österreich. »Und rot, mit einem weißen Kreuz darauf, war seit dem Mittelalter schließlich auch die Reichssturmfahne, und als solche war sie auch noch am 12. September 1683 entfaltet worden[183].« Zu Beginn des 18. Jahrhunderts bzw. nach dem Ende des Spanischen Erbfolgekrieges legten die kaiserlichen Truppen die rote Feldbinde ab und trugen statt dessen eine goldgelbe, schwarzdurchwirkte. In Spanien tragen die Offiziere noch heute die rote Schärpe, die allem Anschein nach von Karl V. eingeführt worden ist, dem einzigen Habsburger Kaiser, der die Insignien des Römischen Reiches mit denen der spanischen Krone verbinden konnte[184]. Daraus folgt, daß Rot neben Schwarz und Gold eindeutig eine weitere heraldische Farbe des Heiligen Römischen Reiches Deutscher Nation war. Die Jenaer Studentenburschenschaft, die zuerst diese Farbenkombination gewählt hat, wollte mit ziemlicher Sicherheit an die Tradition des Römischen Reiches anknüpfen, denn dies entsprach der allgemeinen Sehnsucht vor allem der Intellektuellen jener Zeit, die von der Vereinigung aller deutschen Staaten, der sogenannten Großdeutschen Lösung, träumten. Das Großdeutsche Reich sollte nach weitverbreiteter Vorstellung von einem Kaiser, eingeschränkt durch eine demokratische Verfassung, regiert und repräsentiert werden. Mit den Farben Schwarz, Rot, Gold verband man also zur Zeit ihrer Entstehung die eigentümliche Mischung von Wehrhaftigkeit und liberalem Ideengut, aber auch die Sehnsucht nach einem starken Führer, der zunächst einmal die Voraussetzungen dazu schaffen sollte.

Die Vorstellung von dem starken Mann, der den gordischen Knoten durchschlägt, findet ihren Niederschlag in der Kyffhäusersage und in der Wiederbelebung des Caesar-Mythos. Die Legende vom Kyffhäuser, einem Bergrücken in Thüringen, beinhaltet, daß der große Hohenstaufer, Kaiser Friedrich I., genannt Barbarossa, nicht gestorben sei, sondern in Wahrheit im Inneren des Berges schlafe und darauf warte, daß er von den Deutschen irgendwann einmal geweckt wird, damit er die Einheit und Macht Deutschlands wiederherstelle. Und der Caesar-Mythos wurde gepflegt, weil Caesar die Begründung der römischen Monarchie zugeschrieben wird und er zudem bei entsprechender Interpretation als Demokratenkönig mißverstanden werden konnte. Erst viel später gewann das demokratische Element in der schwarzrotgoldenen Tradition das Übergewicht.

Die eben skizzierten Vorstellungen, die mit der Farbkombination Schwarz-Rot-Gold zur Zeit ihrer Entstehung vermutlich assoziiert wurden, waren vor allem bei denjenigen lebendig, die während der Freiheitskriege bei den Freikorps, den Freiwilligen Jägern und der Landwehr gedient hatten. Wie dargelegt, entsprach ja der Milizgedanke der Forderung des liberalen Bildungs- und Besitzbürgertums. Und das Boyensche Wehrgesetz aus dem Jahre 1814 kam mit dem Institut der Landwehr neben einer stehenden Armee diesen Vorstellungen weit entgegen. Die Landwehr kann daher mit einigem Recht der schwarzrotgoldenen Tradition zugeordnet werden.

In der Landwehr war bei der Führungsschicht nicht nur liberales Ideengut lebendig, vielmehr hatte das Landwehrinstitut selbst eine demokratische Komponente, weil ihre Verbände in kommunaler Selbstverwaltung aufgestellt werden mußten; die dazu eingerichtete Behörde wählte auch die Landwehroffiziere bis zum Hauptmann einschließlich.

Kein Wunder, daß die Landwehr in der restaurativen Phase, die bald nach dem Wiener Kongreß (1815) wirksam wurde, besonders von Adelskreisen nicht nur beargwöhnt, sondern auch boykottiert worden ist. Solange Boyen als Kriegsminister im Amt blieb, argumentierte man vordergründig mit Geldknappheit und sorgte dafür, daß immer zuerst an der Landwehr gespart wurde. Sie führte daher von Anfang an ein Schattendasein; ihr fehlten ganz einfach die Grundvoraussetzungen, weil hinreichend qualifiziertes Personal nicht in der erforderlichen Zahl zur Verfügung gestellt wurde und zudem die materiellen Bedingungen bezüglich Bewaffnung und Ausrüstung äußerst dürftig waren.

Infolgedessen konnten Landwehrübungen militärische Fachleute selten überzeugen; und jeder Skandal – sonntägliche Landwehrübungen führten mitunter zu Trinkgelagen mit den dazugehörenden Ausschreitungen – wurde von den Landwehrgegnern begierig aufgesogen und als Argument gegen die Institution insgesamt ins Feld geführt. An der Revolution von 1848 waren Landwehrangehörige beteiligt; manche Landwehreinheiten versagten ihren Dienst, doch keineswegs in ihrer Gesamtheit. Im Offizierkorps der Garde jedenfalls bezeichnete man die Landwehr als das »Lehrbataillon der Revolution«[185].

So wird verständlich, daß der Prinz von Preußen und spätere Wilhelm I., der die März-Revolution von 1848 mit militärischen Mitteln niederschlagen wollte und deshalb den Spitznamen »Kartätschenprinz« erhielt, von Anbeginn seiner Regentschaft alles daran setzte, das Institut der Landwehr zu zerschlagen.

Eine Sitzung des Wiener Kongresses (nach dem Gemälde von J. B. Isabey)

XI. Die Zeit der Restauration

1. Allgemeines

Nach dem Wiener Kongreß war die Ära Napoleons 1815 endgültig beendet. Es hatte den Anschein, daß die Monarchen der konservativen Mächte Europas über das revolutionäre Frankreich triumphierten. Die Zeit von 1815 bis 1848, die Zeit des Vormärz und der Revolution, war eine Epoche der Restauration und auf vielen Gebieten des staatlichen Lebens der Stagnation. Überall in Europa kam der Reformelan der Erhebungszeit zum Erliegen; es wurden im Gegenteil hier und da soziale Zugeständnisse, die unter dem Druck der Kriege gegen Napoleon zugestanden worden waren, wieder zurückgenommen. In Preußen war die rigorose Beschränkung der Agrarreform durch ein neues Gesetz aus dem Jahre 1816 von außerordentlicher Tragweite, weil aufgrund der nunmehr geltenden Rechtslage lediglich eine bäuerliche Oberschicht begünstigt wurde, während an die Stelle der früheren Erbuntertänigen Gutstagelöhner traten, die bald ein ländliches Proletariat bildeten[186].

Spätestens mit dem Rücktritt des liberalen Kriegsministers Boyen (mit ihm traten gleichzeitig die liberalen Minister Humboldt und Beyme zurück) verloren die Reformideen auf dem Gebiet des Militärwesens in Preußen ihre Bedeutung, wenngleich auch an der geltenden Heeresverfassung formal vorläufig nichts geändert wurde. In der Restaurationszeit sind deshalb für die Entwicklung deutscher

152

*Joseph Graf von Radetzky,
österreichischer Feldmarschall*

militärischer Tradition kaum Impulse zu finden, die für künftige Soldatengenerationen von Belang gewesen wären. Eine Ausnahme ist in diesem Zusammenhang der österreichische Graf Radetzky, der als Kommandierender General der sogenannten »italienischen Armee« richtungweisende Maßstäbe gesetzt hat.

Trotzdem kann diese äußerlich ereignisarme Zeit auch unter dem Aspekt der Entwicklung deutscher militärischer Tradition nicht einfach übergangen werden, weil die Kenntnis über diese Zeit zum Verständnis des späteren Wandels des Militärwesen jedenfalls in Preußen unter Wilhelm I. beiträgt. Außerdem ist die Epoche der Restauration »zugleich die Geschichte einer langsam sich vorbereitenden, in der Stille immer mächtiger werdenden nationalen und liberalen Revolution, die dem Restaurationseuropa schließlich das Ende bereitete«[187]. Und noch ein Merkmal dieser Ära ist von auschlaggebender Bedeutung: die konservativen Mächte Europas hatten sich auf eine Friedensordnung geeinigt, die mehr als vier Jahrzehnte Bestand hatte. Nach mehr als zwei Jahrzehnten Krieg und politischen Veränderungen galt weiterhin der Vorrang von Frieden und Ruhe vor politischen Wirren. Der verbreitete Lebensstil des »Biedermeier« spiegelte sich in den Worten »Trautes Heim, Glück allein«.

2. Die Pentarchie oder das Metternichsche »System«

Der Mann, der das Zeitalter der Restauration prägte und für Europa eine wirksame Friedensordnung durchsetzte, war Klemens Lothar Fürst Metternich, der 1809 bis 1848 die österreichische Politik leitete. Seit 1821 führte er den Titel Hof- und Staatskanzler. Mit den Finessen der klassischen Diplomatie kämpfte er beharrlich »gegen die dreifache Bedrohung des Gleichgewichts [in Europa], nämlich gegen die jakobinisch-napoleonische Diktatur, gegen die bei ihrem Zusammenbruch drohende russische Hegemonie und gegen den deutschen Nationalstaatsgedanken, in dessen Konsequenz ihm die preußische Hegemonie in Deutschland wie die deutsche Hegemonie in Europa zu liegen schien«[188].

Der Grundgedanke der Politik Metternichs beruhte auf der Überzeugung, daß in Europa nur Frieden, Recht und Ordnung herrschen könnten, wenn es gelinge, die fünf Großmächte England, Frankreich, Österreich, Preußen und Rußland machtpolitisch auszubalancieren und für eine gemeinsame Hegemonie über Europa zu gewinnen (Pentarchie). Für Deutschland strebte er einen stabilen Staatenbund an, in dem der Dualismus zwischen Österreich und Preußen oder ein Trialismus (Österreich, Preußen und die übrigen deutschen Staaten) überwunden werden sollte. Die Sicherheit der europäischen Kleinstaaten glaubte er wahren zu können, indem im Falle eines Machtmißbrauches durch eine Großmacht die anderen Mächte der Pentarchie einschreiten würden[189]. Mit dieser Politik wurde für Europa eine Friedensordnung geschaffen, die mehr als 40 Jahre Bestand hatte. Sie wurde zum ersten Mal im Krimkrieg in Frage gestellt und schließlich durch die Politik Bis-

Klemens Fürst von Metternich, österreichischer Staatsmann

marcks beendet, weil dieser es verstand, die Machtbalance der fünf Großmächte zu unterlaufen, so daß Preußen drei Kriege führen konnte, deren Ergebnis die Voraussetzung für die Gründung des Deutschen Reiches 1871 war. Nach dem Krieg von 1870/71 hat das Prinzip der Pentarchie im Grunde genommen bis zum Ausbruch des Ersten Weltkrieges 1914 weiterhin funktioniert und noch einmal eine mehr als 40 Jahre dauernde Friedensperiode in Europa bewirkt. An die Stelle Preußens war nun allerdings das Deutsche Reich getreten.

3. Der Deutsche Bund

Ein weiteres Ergebnis des Wiener Kongresses war die Gründung des Deutschen Bundes, eines losen Staatenbundes, dem 39 Fürsten und die freien deutschen Städte beitraten. Im Bereich dieses Staatenbundes lebten mehr als 30 Millionen Menschen. Mit der Gründung des Deutschen Bundes wollte man bewußt an die Tradition des Heiligen Römischen Reiches Deutscher Nation anknüpfen. Zum Deutschen Bund gehörten deshalb nur die Gebiete, die vormals Bestandteil des Römischen Reich gewesen waren. Das führte dazu, daß Teile von Preußen (Ost- und Westpreußen sowie Posen) und Österreich (die polnischen, ungarischen und italienischen Gebiete) nicht zum Deutschen Bund gehörten. Andererseits waren der König von Dänemark (für Holstein und Lauenburg), der König der Niederlande (für das Großherzogtum Luxemburg) und der König von England als König von Hannover Mitglieder des Bundes.

Österreich führte den Vorsitz in der Bundesversammlung, dem Bundestag, der ein Diplomatenkongreß war und in Frankfurt tagte. Ein personelles Oberhaupt hatte der Deutsche Bund nicht[190], was von einigen Zeitgenossen als eine seiner Hauptschwächen angesehen wurde. Der Deutsche Bund verfügte auch über keine Institution für die Wahrnehmung gemeinsamer außenpolitischer Interessen, er besaß keine Exekutivgewalt, keine einheitliche Justiz, keine gemeinsame Währung und war bis zur Gründung des Deutschen Zollvereins 1834 auch kein einheitliches Zoll- und Handelsgebiet[191].

Der Deutsche Bund war immerhin ein Verteidigungsbündnis, das dem Prinzip nach mit der NATO der Gegenwart vergleichbar ist. Art. 11 der Bundesakte lautet: »Alle Mitglieder des Bundes versprechen, sowohl ganz Deutschland als jeden einzelnen Bundesstaat gegen jeden Angriff in Schutz zu nehmen, und garantieren sich gegenseitig ihre sämtlichen unter dem Bunde begriffenen Besitzungen. Bei einmal erklärtem Bundeskrieg darf kein Mitglied einseitige Unterhandlungen mit dem Feinde eingehen, noch einseitig Waffenstillstand oder Frieden schließen[192].«

Dieses Bundesheer war naturgemäß ein ziemlich »bunter Haufen«, weil manche Bundesstaaten lediglich ein Bataillon beizutragen hatten, während Österreich, Preußen und Bayern ganze Armeekorps für die Verteidigung bereitstellen mußten. Das größte Kontingent stellte Österreich.

Nach Art. 13 der Bundesakte war vorgeschrieben, daß sich alle Bundesstaaten eine landständische Verfassung geben sollten, was in Preußen – wie erwähnt – vorläufig nicht eingehalten worden ist. Alle Bundesstaaten verpflichteten sich im übrigen, an der Staatsform der Monarchie – sofern sie eine hatten – festzuhalten.

Die Reichsverfassung des Deutschen Bundes war Bestandteil der Wiener Kongreßakte und hatte somit die Qualität allgemein anerkannten Völkerrechtes, das von den Signatarmächten des Wiener Kongresses garantiert wurde.

Die Wiener Schlußakte vom 15. Mai 1820 hat die seit 1815 zwischen den Bundesstaaten offengebliebenen strittigen Punkte einigermaßen befriedigend geregelt; sie wurde deshalb als »Grundgesetz« des Deutschen Bundes akzeptiert. Der Staatenbund hatte Bestand bis zum preußisch-österreichischen Krieg im Jahre 1866.

4. Die Heilige Allianz
oder das Bündnis der drei Schwarzen Adler

Über das Vertragswerk des Wiener Kongresses hinaus schlossen der Zar von Rußland, der Kaiser von Österreich und der König von Preußen die Heilige Allianz, »um das Kriegsbündnis der traditionellen Monarchien des christlichen Patriarchismus gegen Napoleon zu einer dauernden Friedensorganisation umzuformen, die aber nicht nur Frankreich, sondern die gesamte europäische Politik kontrollieren sollte«[193].

Der Vertrag der Heiligen Allianz, der nur drei Artikel enthält, wurde von dem russischen Staatsrat Graf Alexander Stourdza entworfen. Die Initiative ergriff Zar Alexander. In der Heiligen Allianz betrachten sich die drei Monarchen »gemäß den Worten der Heiligen Schrift« als Brüder und verpflichteten sich, »bei jeder Gelegenheit und an jedem Orte Beistand, Hilfe und Unterstützung zu gewähren«. Die drei Monarchen sahen sich als Familienväter ihrer Untertanen und Heere, die im Geiste der Brüderlichkeit regiert und geführt werden sollten. Ferner wurde versprochen, für den Schutz von Religion, Frieden und Gerechtigkeit einzutreten. Österreich, Preußen und Rußland wurden »als Glieder einer und derselben christlichen Nation« und als Zweige einer einzigen Familie betrachtet. Die Monarchen versprachen außerdem, ihre praktische Politik nach den Grundsätzen der christlichen Ethik auszurichten und bekannten sich zum Gottesgnadentum.

Der Rationalist Metternich hielt nicht viel von dieser »moralischen Manifestation« und sprach in seiner engeren Umgebung von einem »lauttönenden Nichts«; gleichwohl hat er auf den Inhalt des endgültigen Vertrages Einfluß genommen[194].

Trotzdem dürfte das betont christliche Manifest der Heiligen Allianz zur Stabilität der Friedensordnung beigetragen haben. Gleichzeitig kann es gewissermaßen als politisches Programm der kommenden restaurativen Epoche angesehen werden: Bekenntnis zur christlichen Ethik auch im Bereich des politischen Handelns, zum Patriarchat, zum Gottesgnadentum, zum Frieden und zum Völkerbund, wenn nicht gar zum christlichen Universalstaatsgedanken.

Anzumerken ist noch, daß die Heilige Allianz den Charakter eines ökumenischen Manifestes hatte; schließlich gehörten die Repräsentanten der drei Schwarzen Adler drei verschiedenen Konfessionen an. Alexander von Rußland bekannte sich zum orthodoxen, Franz I. von Österreich zum katholischen und Friedrich Wilhelm III. von Preußen zum protestantischen Christentum.

5. Die Jahnsche Turnbewegung

Die Verfassung des Deutschen Bundes und der Vertrag der Heiligen Allianz konnten viele ehemalige Soldaten, die in den Freiheitskriegen gegen Napoleon gekämpft hatten und die mit ihrem persönlichen Einsatz die Erwartung verknüpften, nach einem Sieg über die Franzosen werde ein einheitliches Deutsches Reich mit einer konstitutionellen Verfassung entstehen, wenig überzeugen. Infolgedessen bildeten sich nationaldemokratische Zirkel, die die Verfassung des Deutschen Bundes unterlaufen wollten und auf ihre Weise einen gesamtdeutschen Staat anstrebten.

Vorreiter auf diesem Gebiet war Friedrich Ludwig Jahn (1778-1852), der allgemein verklärend als »Turnvater« apostrophiert wird; er war Lehrer an der Plamannschen Anstalt (einer höheren Schule) in Berlin. Er hatte schon 1811 in der Hasenheide einen Turnplatz eröffnet und propagierte das Turnen als ein Mittel der körperlichen Zucht, das gleichzeitig der Festigung von Geist und Charakter diene.

Jahn versammelte auf seinem Turnplatz hauptsächlich Jugendliche der höheren Lehranstalten, gewann aber auch nicht unbeträchlichen Einfluß auf die Studentenschaft der Berliner Universität.

Die Jahnsche Turnbewegung war keineswegs zweckfrei, sondern mit einem politischen Programm gekoppelt, das, zunächst gegen die französische Fremdherrschaft gerichtet, später »die deutsche Einheit unter preußischer Führung« postulierte[195].

Nach den Freiheitskriegen (Jahn hatte bei den Lützower Jägern gedient) nahm die Jahnsche Turnerschaft den Charakter einer nationalen Einigungsbewegung an, wobei die Liebe zum Vaterland mitunter umschlug in Haß auf alles Nichtdeutsche. Die Jahnsche Turnbewegung hatte eine nationaldemokratische Umbildung Deutschlands zum Ziel[196].

Die Bewegung breitete sich bald überregional aus. Durch gemeinsame Feste wurde ein derartiger Zusammenhalt erzielt, daß die Anhänger der Turnbewegung selbst von einem »Turnstaat« sprachen. Da die Bewegung eine gewisse Anziehungskraft besaß, hatte sie die Chance, eine machtvolle politische Größe zu werden.

Die Jahnsche Turnbewegung hat diese Chance wegen ihres derben, großsprecherischen und unkonventionellen Auftretens rasch verspielt. Sie wurde zunächst literarisch befehdet und geriet schließlich in Konflikt mit der politischen Polizei.

6. Die studentischen Burschenschaften

Nationaldemokratische Ziele verfolgten auch die Burschenschaften, die sich nach 1815 an den deutschen Universitäten bildeten[197]. Die Gründer und Mitglieder der studentischen Burschenschaften hatten überwiegend als freiwillige Jäger oder bei den Freikorps in den Freiheitskriegen gekämpft. Naturgemäß war auch bei ihnen die Idee von einem freiheitlichen, vereinten Nationalstaat lebendig. Ihr Wahlspruch lautete seit 1816 »Ehre, Freiheit, Vaterland« und die Farben Schwarz, Rot, Gold wurden auf Vorschlag Jahns zu ihrem Bundessymbol[198].

Die Burschenschaften der verschiedenen Universitäten im Geltungsbereich des Deutschen Bundes unterhielten enge Verbindung, die besonders durch häufigen Wechsel vieler Studenten zu anderen Universitäten gefördert wurde. Trotzdem waren die Burschenschaften in ihrer geistigen Ausrichtung keineswegs homogen; es gab – wie das bei neuaufkommenden Bewegungen meist der Fall ist – extreme, aber auch gemäßigte Gruppierungen.

Allen gemeinsam war jedoch ihr moralischer Rigorismus, dessen Grundlage die Gleichsetzung von philosophischer, ethischer und politischer Überzeugung war. Der heute geläufige Begriff »Überzeugung« stammte aus der Philosophie Kants und stand in einem begrifflichen Zusammenhang mit »moralischer Gewißheit«. »Moralische Gewißheit« ist billigerweise eine immer subjektive »Überzeugung«, die von verschiedenen Menschen oft genug verschieden erfahren wird. Es ist deshalb ein Gebot der Toleranz, verschiedene Überzeugungen verschiedener Menschen nebeneinander gelten zu lassen. Man nennt das heute Meinungspluralismus. In der politischen Praxis ist es aber »oft nur ein kleiner Schritt in den Rigorismus der Überzeugungstreue, der nur die eigene Überzeugung als philosophisch möglich, sittlich gerechtfertigt und politisch legitim anerkennt, den Überzeugungsgegner aber als Feind der Moralität brandmarkt und verfolgt«[199].

Dieser moralische Rigorismus war – ähnlich dem Verhalten der Studentenbewegung Ende der 60er Jahre des 20. Jahrhunderts – in den nationaldemokratischen Burschenschaften des 19. Jahrhunderts zweifellos vorhanden, sogar mit dem Anspruch, daß derjenige, der ein ideelles Ziel verfolge, auch die Mittel auf dem Weg dorthin billigen müsse; diese Überlegungen entsprachen der ursprünglichen Devise der Jesuiten, daß der Zweck die Mittel heilige: Eine verhängnisvolle Denkweise, die letztlich zum politischen Verbrechen führte. Auch das war ein Ergebnis der deutschen Erhebung gegen die cäsaristische Diktatur Napoleons. Auf die deutschen Armeen, insbesondere auf die preußische, hat die Burschenschaftsbewegung keinen Einfluß gewonnen. Die Burschenschaften wurden umgekehrt aufgrund des Privilegs der Einjährig-Freiwilligen für den Militärdienst gewonnen; besonders in den Jahrzehnten nach 1870 war es für Burschenschafter Ehrensache, den Offizierrang der Reserve anzustreben.

7. Das Wartburgfest und die Folgen

a) Das Wartburgfest

In einem monarchischen Regierungssystem, in dem die Bevölkerung von der politischen Mitbestimmung ausgeschlossen ist, hat allein der Staat das Monopol zur politischen Aktion, und das sind in aller Regel Staatsakte wie »die Krönung, die Huldigung, die Proklamation« usw.[200]. Wenn aber in Umbruchzeiten Teile der Bevölkerung auf politische Mitbestimmung drängen, gewinnen gleichsam »Privatveranstaltungen« politisch aktiver Kreise eine Eigendynamik, sobald sie zum Gegenstand der Publizistik werden und dann die öffentliche Meinung beeinflussen. Solche Privatveranstaltungen hatten den Charakter einer politischen Demonstration[201].

Das Wartburgfest am 18. Oktober 1817 war so eine politische Demonstration, ähnlich wie später das Hambacher Fest 1832, die Offenburger und Heppenheimer Versammlung 1847 und die Heidelberger Versammlung 1848[202].

Dem Wartburgfest lag der Plan zugrunde, die Dreihundert-Jahrfeier der Reformation und den Jahrestag der Völkerschlacht bei Leipzig miteinander zu verbinden. Urheber dieses Plans war der Jahnsche Kreis. Es kennzeichnet die Geisteshaltung der Burschenschaften, daß keinerlei Bedenken aufkamen, einen religiösen Gedenktag und einen Gedenktag an eine siegreiche Schlacht zu einem einzigen Festakt zu verschmelzen. Anhand der Lyrik der Freiheitskriege und am Beispiel des Soldatenkatechismus von Ernst Moritz Arndt wurde ja bereits gezeigt, daß der Patriot mit einer religiösen Aura umgeben wurde und daß man sich überhaupt nur einen edlen Soldaten vorstellen konnte, der sich an die christliche Ethik gebunden fühlte. »Die religiöse Befreiung von den Formen äußerlicher Kirchlichkeit, die das protestantische Deutschland Luther dankte, entsprach nach Meinung der Studenten politisch der bei Leipzig erstrittenen Befreiung von der äußeren Fremdherrschaft[203].«

Am 18. Oktober versammelten sich auf der Wartburg nicht ganz 500 Studenten von elf deutschen Universitäten, wobei ungefähr die Hälfte der Teilnehmer aus Jena kam; österreichische Universitäten waren nicht vertreten. Von den Hochschullehrern waren die Professoren Fries[204], Schweizer und Oken anwesend. Die Wartburg, ohnedies für die Allgemeinheit zugänglich, hatte der Großherzog Carl August von Sachsen-Weimar für diesen Zweck bereitgestellt[205].

Das Wartburgfest begann zunächst recht harmlos. Die Studenten verpflichteten sich schriftlich, für die dreitägige Tagung den Burgfrieden einzuhalten[206]. Der Theologiestudent Riemann, der die Festrede hielt, beklagte, daß der Deutsche Bund die Hoffnungen des deutschen Volkes vereitelt habe, hob aber gleichzeitig hervor, daß der Landesherr von Sachsen-Weimar als einziger das Verfassungsgebot des Artikel 13 der Bundesakte und damit »sein gegebenes Wort eingelöst habe«. Auch sangen die Studenten wiederholt das Lied »Burschenschaft nach der Wartburg«, das die nachfolgende Strophe enthielt:

»Das dritte Hoch! wir sprechen frei,
Dir Herzog, hier zu Lande,
Der Du Dein Wort gelöset treu,
wie Du es gabst zum Pfande.
Verfassung heißt das eine Wort,
Des Volkes und des Thrones Hort!
Herzog August soll leben!«

Daß man mit solchen Lobeshymnen Carl August von Sachsen-Weimar vor seinen Standesgenossen kompromittieren konnte, ist von den Studenten kaum bedacht worden[207]. Tatsächlich hatte der Großherzog später mit massiven Pressionen aus Wien, Berlin und vor allem aus St. Petersburg zu kämpfen.

Dennoch schienen zunächst alle Voraussetzungen gegeben zu sein, daß das Fest harmlos verlaufen werde. Doch schon am Abend des ersten Tages führte der Berliner Student Maßmann (wahrscheinlich von Jahn dazu angestiftet) eine kleine radikale Minderheit auf den nahegelegenen Wartenberg und entzündete dort eine Art Freudenfeuer. Nun wurden angeblich nach dem Vorbild Martin Luthers, der die Bannbulle des Papstes im Kreise seiner Anhänger feierlich verbrannt hatte, ungefähr 20 Bücher mißliebiger Autoren symbolisch den Flammen übergeben. Symbolisch deshalb, weil nicht die Bücher selbst, sondern Bündel von Altpapier mit der Aufschrift der Autoren und den dazugehörigen Buchtiteln mit Mistgabeln ins Feuer gestoßen wurden. Außerdem verbrannten die Studenten einen Zopf, einen Husarenschnürleib und einen Korporalstock als Symbole einer vergangenen Zeit. Zu den symbolisch verbrannten Büchern gehörten der Code Napoléon, v. Kotzebues »Deutsche Geschichte«, Hallers »Restauration der Staatswissenschaften«, und – was in der Folge am schwersten wog – Kamptz' »Codex der Gendarmerie, eine Sammlung preußischer Polizeigesetze«, ferner Schmähschriften über die Jahnsche Turnbewegung[208].

b) Die Folgen

Die Ermordung des Unterhaltungsschriftstellers v. Kotzebue

Der Verlauf des Wartburgfestes wurde von der Presse aufgebauscht und teilweise entstellt wiedergegeben. Daraus ergab sich die Reaktion Österreichs, Rußlands und Preußens[209].

Österreich forderte Preußen auf, gemeinsam bei Großherzog Carl August gegen den »Geist des Jacobinismus«, der auf dem Wartburgfest offenkundig geworden sei, zu protestieren. König Friedrich Wilhelm III. von Preußen verbot am 7. Dezember 1817 die studentischen Verbindungen in Preußen. Das Turnwesen unterlag fortan der regelmäßigen Überwachung durch die Polizei. Doch der Großherzog von Sachsen-Weimar – von Metternich als »Altbursche« bezeichnet – verstand es geschickt, sich gegen die österreichischen und preußischen Vorhaltungen zu wehren.

Von Metternich war klar erkannt worden, daß an den deutschen Universitäten eine politische Bewegung virulent war, die mit dem Deutschen Bund nicht einverstanden war und statt dessen einen deutschen konstitutionellen Einheitsstaat anstrebte. Da Metternich diese nationaldemokratische Bewegung als revolutionär betrachtete, brachte er auf dem Aachener Kongreß der europäischen Mächte (September/Oktober 1818) das deutsche Universitätsproblem zur Sprache und »rückte [...] die Frage der akademischen Bewegung damit in die gesamteuropäische Perspektive. Die auf akademische Freiheit gegründeten deutschen Universitäten stellte er als den geistigen Mittelpunkt einer allgemeinen europäischen Verschwörung dar[210].«

Der russische Staatsrat Graf Stourdza, der sich mit dem Problem der deutschen Universitäten genauer befaßt hatte, überreichte dem Kongreß eine Denkschrift mit dem Titel »Mémoire sur l'état actuel de l'Allemagne«. (Denkschrift über den derzeitigen deutschen Staat). Stourdza sah die Ursache für die »revolutionäre« deutsche Bewegung in der freien deutschen Universitätsverfassung und machte konkrete Vorschläge, wie die Freiheit der Forschung und Lehre einzuschränken sei; außerdem regte er an, daß die Professoren nicht mehr von den Universitäten berufen, sondern nach dem Ermessen der Regierung eingesetzt werden sollten[211]. Metternich stimmte den Ansichten des Grafen Stourdza zu. Die übrigen Regierungsvertreter waren in Aachen dagegen keineswegs bereit, die Forderungen Metternichs zu erfüllen.

Als schließlich die Denkschrift Stourdzas in Paris veröffentlicht wurde, brach »ein Sturm der Entrüstung an den deutschen Universitäten und im geistigen Leben Deutschlands überhaupt aus«. Und: »Der Argwohn steigerte sich nun zum Haß gegen alles Russische und gegen Alle, die des Einverständnisses mit Rußland verdächtigt waren[212].«

Es versteht sich von selbst, daß sich angesichts dieser Voraussetzungen die burschenschaftliche Bewegung immer mehr radikalisierte. Als dann obendrein bekannt wurde, daß der Unterhaltungsschriftsteller August v. Kotzebue, seit 1817 als Legationsrat in russischen Diensten, die Jenaer Universität systematisch ausspähte und seine Erkenntnisse regelmäßig nach St. Petersburg weiterleitete, reifte der Plan zum politischen Attentat; Kotzebue wurde am 23. März von dem 23jährigen Theologiestudenten Karl Ludwig Sand ermordet. Damit war die Saat von der »Überzeugung« und der »Überzeugungstreue« aufgegangen. Der moralische Rigorismus hatte zum politischen Verbrechen geführt; und das war in Deutschland seit Jahrhunderten etwas Neues[213]. Wenig später kam es zu einem weiteren, allerdings mißlungenen Attentat gegen den nassauischen Staatsrat Ibell; Attentäter war der Gießener Student Löning, der in der Haft Selbstmord beging. Die genaueren Umstände bezüglich Planung der Tat und Mitwisserschaft anderer konnten daher nicht aufgeklärt werden.

Nach Artikel 2 der Deutschen Bundesakte war der Zweck des Deutschen Bundes, die »Erhaltung der äußeren und inneren Sicherheit Deutschlands« sicherzustellen[214]. Damit war der Bund zuständig für die Vorgänge an den deutschen Universitäten. Besonders Metternich drängte auf eine einheitliche Vorgehensweise an den Universitäten aller Bundesländer. Am 1. August 1819 verständigten sich die leitenden Minister der beiden deutschen Großmächte, Metternich und Hardenberg, in der sogenannten Teplitzer Punktation[215] auf eine gemeinsame Vorgehensweise und versprachen sich gegenseitig, »über die politische Existenz des Deutschen Bundes zu wachen«[216].

Vom 6. bis 31. August konferierten in Karlsbad die Vertreter von zehn Bundesstaaten, die man offenbar als konservativ genug betrachtete und von denen man erwartete, daß sie den Absichten Metternichs entsprechen würden. Bei den Karlsbader Beschlüssen handelt es sich um drei Gesetzesentwürfe: um ein Universitätsgesetz, ein Pressegesetz und ein Untersuchungsgesetz »zur näheren Untersuchung der in mehreren Bundesstaaten entdeckten Umtriebe«. Damit diese Gesetzesentwürfe im Geltungsbereich des Deutschen Bundes verbindlich, d. h. Bundesrecht werden konnten, bedurfte es der Zustimmung durch den Bundestag in Frankfurt a. M. Der österreichische »Präsidialgesandte Graf Buol legte der Bundesversammlung am 16. September 1819 die in Karlsbad vereinbarten Gesetzesentwürfe vor; er forderte und erwirkte ihre Annahme als Bundesgesetz binnen einer Frist von vier Tagen«[217]. Diese Verfahrensweise war rechtlich unzulässig, weil – wie dargelegt – der Bundestag ein Kongreß von Gesandten war, die an das imperative Mandat ihrer Regierung gebunden waren. Innerhalb von vier Tagen konnten aber nicht alle dort versammelten Diplomaten die Zustimmung ihrer Regierung einholen. Trotzdem wurde auf Drängen der deutschen Hegemonialmächte eine einstimmige Annahme der Karlsbader Entwürfe erzielt, die auf diese Weise zu Bundesgesetzen wurden.

Jetzt begann in allen deutschen Bundesstaaten eine außerordentlich restriktive und unerfreuliche Epoche. Sie ist gekennzeichnet durch die sogenannte Demagogenverfolgung, durch die Knebelung der deutschen Universitäten und durch eine oft genug willkürliche Pressezensur. Die »Demagogen«, die teilweise verhaftet wurden und/oder ihre Lehrämter an den deutschen Universitäten verloren, waren in Wahrheit nationaldemokratische Patrioten, die meist in den Freiheitskriegen gegen die französische Fremdherrschaft gekämpft hatten. Zu den Verhafteten gehörten Ernst Moritz Arndt, der 1819 seine Professur an der Bonner Universität verlor (erst 1840 erhielt er sein Amt zurück) und »Turnvater« Jahn; auch Professor Oken, der am Wartburgfest teilgenommen hatte, verlor sein Amt, nachdem er sich geweigert hatte, die von ihm herausgegebene politische Zeitschrift »Isis« aufzugeben; Oken ging in die Emigration[218]. Der Historiker Heinrich v. Treitschke, der 1848 Abgeordneter der Frankfurter Paulskirche wurde, kann in seiner »Deutschen Geschichte im neunzehnten Jahrhundert« (zuerst 1882 erschienen) seinen persönlichen Zorn kaum unterdrücken: »So sank die deutsche Politik [...] zur Polizei herab; jahrzehntelang ging fast das gesamte Leben des Bundestages in polizeilichen Notmaßnahmen auf[219].«

Weiter schrieb er: »Das Entsetzlichste blieb doch, daß der Staat, der den Deutschen ihre Freiheit wiedergewonnen, der von der nationalen Einheit alles zu hoffen, nichts zu fürchten hatte, jetzt zuerst und freiwillig das Joch der österreichischen Fremdherrschaft auf seinen Nacken nahm und also dem Teile der Nation, der nicht über den nächsten Tag hinaussah, als ein geschworener Feind erschien[220].«

In dieser Epoche sah die Armeeführung ihre Hauptaufgabe darin, die ihr anvertrauten Soldaten systematisch mit dem rechten »Soldatengeist« zu durchdringen und sie auf diese Weise – so glaubte man jedenfalls – gegen das liberale Ideengut zu immunisieren. Die ausscheidenden Soldaten sollten später »einen Damm gegen das Vordringen der liberalen Ideen bilden«. Die Armee – jedenfalls in Preußen – sollte zur »Erziehungsschule der Nation« werden[221]. Um dieses Ziel zu erreichen, betonte die Armeeführung hauptsächlich das Mittel der Disziplin. Ähnlich versuchte man später, dem sozialdemokratischen Gedankengut zu begegnen, was dann allerdings nicht mehr gelang. Die Ausbreitung liberalen Gedankenguts in den deutschen Armeen ist im übrigen weniger durch Disziplinierungsmaßnahmen verhindert worden; es ist vielmehr anzunehmen, daß die liberalen Ideen die Truppe nicht erreichten und deshalb kein Echo finden konnten.

Mit den Karlsbader Beschlüssen ist möglicherweise ein frühzeitiger revolutionärer Ausbruch verhindert worden; sie haben aber die Revolution von 1848 nicht verhindern können.

XII. Die Roonsche Heeresorganisation

1. Vorgeschichte: Die März-Revolution von 1848

Erst in den letzten Jahren der Ära der Restauration war das Spannungsverhältnis zwischen der alten Staatsordnung und den liberalen Forderungen der Zeit dermaßen aufgeladen, daß selbst die Regierenden und die führenden Angehörigen der Aristokratie den sich anbahnenden Umsturz erahnten; eine ganze Reihe von Anzeichen kündigte die Revolution geradezu an. Dennoch geschah nichts oder wenig, was geeignet gewesen wäre, die Spannungen abzubauen und damit einer unberechenbaren Entladung vorzubeugen. Wiederum sprang der Funke der Revolution zuerst in Paris über, wo im Februar 1848 von einer vorläufigen Regierung die Republik proklamiert wurde; doch diesmal blieb die Revolution nicht nur auf Frankreich beschränkt, sondern breitete sich über Süd- und Westdeutschland über ganz Mitteleuropa aus. »Es waren überall dieselben Forderungen, getönt und gesteigert je nach der Eigenart der bisherigen Mißwirtschaft; überall wurde

Generalfeldmarschall Albrecht Graf von Roon, preußischer Kriegsminister

ihnen mit der gleichen Bereitwilligkeit nachgegeben, so als seien die Herrschenden heimlich längst von der Unhaltbarkeit ihrer seitherigen Gewohnheiten überzeugt gewesen[222].« Und überall wurden die liberalen Forderungen nach Pressefreiheit, Verfassung oder Konstitution, wie das Zauberwort der Zeit lautete, nach unabhängiger Justiz und Abschaffung der feudalen Gerichtsbarkeit ohne Gegenwehr gebilligt. Überall hieß es in den deutschen Mittel- und Kleinstaaten, es sei »alles bewilligt«. Andererseits wollten die Deutschen nicht die Fehler der Franzosen von 1792 wiederholen; im Gegenteil: sie wollten ihre Fürsten und alten Autoritäten behalten, und, da diese sich einsichtig zeigten, kam es allenthalben zu einer Art Verbrüderung zwischen »Volk« und Obrigkeit.

Auch in Wien wurde »alles bewilligt«; am 17. März wurde der in der Bevölkerung verhaßte Haus-, Hof- und Staatskanzler Fürst Metternich entlassen; da er um sein Leben fürchten mußte, flüchtete er nach England.

Die Wiener forderten selbstredend gleichermaßen eine Konstitution, ohne daß zu diesem Zeitpunkt auch nur einer der Revolutionäre hätte angeben können, wie denn eine Verfassung der Donaumonarchie den verschiedenen Nationalitäten hätte gerecht werden sollen, zumal in den italienischen Gebieten und Ungarn separatistische Forderungen unüberhörbar geworden waren. Doch »in Wien war man österreichisch, sehr kaisertreu und auch sehr deutsch und wollte den ›Anschluß‹ – dieses Wort kam nun auf – an ein großes Deutschland«[223]. In den folgenden aufgeregten Monaten schien alles auf ein Auseinanderbrechen der Habsburger Monarchie hinzudeuten.

In Berlin hatte König Friedrich Wilhelm IV. weitgehende Zugeständnisse gemacht und an Stelle eines Staatenbundes einen deutschen Bundesstaat einschließlich einheitlicher Wehrverfassung und Flotte versprochen. Trotzdem gab es Barrikadenkämpfe zwischen den Revolutionären und dem Militär. Wie es dazu gekommen war, ist nie recht geklärt worden. Albrecht v. Roon, der spätere Kriegsminister, der sich während dieser Ereignisse in Potsdam aufhielt, gibt das Geschehen in einem Brief an seine Frau wie folgt wieder: »Wie täuschen alle Berechnungen: Der König hat, weil er nicht mehr gedrängt, gestern Abend Alles und mehr, als man verlangt, bewilligt. Heute Morgen hat es an allen Ecken gestanden. Ungeheurer Jubel! Stürmische Vivats für den König auf allen Straßen. Da – gegen 2 Uhr – ein Konflikt zwischen einer Militär-Abteilung und Tumultuanten. Einzelne

Schüsse fallen. – Das Signal zu Unerhörtem. Man schreit Verrath! Barrikaden in allen Straßen der Friedrichsstadt. [. . .] Entsetzliche Augenblicke! Was wird werden? [. . .] Aus dem leichtsinnigen Waffengebrauch einer kleinen Patrouille kann doch keine Revolution entstehen. [. . .] Die Sache war jedenfalls abgekartet und wird nun ausgebeutet von jener niederträchtigen Parthei[224].« Obgleich das Militär die Oberhand behielt, mußten die Regimenter nach dem Aufruf des Königs »An meine lieben Berliner!«[225] »unter Schmach und Beschimpfung«[226] die Stadt verlassen. Der König, nunmehr ohne zuverlässigen Schutz und den sich rasch bildenden Bürgergarden auf Gedeih und Verderb ausgeliefert, mußte den März-Gefallenen (216 Tote) seine Reverenz erweisen. Der König wurde ferner gedemütigt, indem man ihn gleichsam zwang, hinter schwarzrotgoldenen Fahnen durch Berlin zu reiten.

Der Haupthaß der Revolutionäre richtete sich gegen seinen Bruder, den Prinzen von Preußen, den man für das Blutvergießen verantwortlich machte. An seinem Palast brachte man ein riesiges Transparent mit der Aufschrift »Eigentum des Volkes« an. Er und sein Sohn sollten künftig von der Thronfolge ausgeschlossen werden. Der Prinz, der spätere Wilhelm I., mußte mit gefälschtem Paß nach England gehen[227].

Nach einem halben Jahr hatte die Revolution ihren Schwung verloren, die Regimenter wurden nicht zuletzt auf Drängen der Bevölkerung zurückgeholt und stießen auf keinerlei Widerstand mehr. Friedrich Wilhelm IV., der versprochen hatte, Preußen werde nunmehr in Deutschland aufgehen, gründete tatsächlich die Union deutscher Fürsten (28 Staaten) unter preußischer Führung. Die Preußen haben es verstanden, aus der Revolution vorläufig Vorteile zu ziehen. Sie waren aber nur von kurzer Dauer.

In Österreich hatte man zwar den Aufstand in Wien rasch unter Kontrolle, doch schwelte die Revolution in anderen Bereichen der Donaumonarchie weiter; die Unruhen in Ungarn konnten sogar nur mit russischer Hilfe niedergeschlagen werden. Als Österreich endlich zur Ruhe gekommen war und sich wieder um außenpolitische Probleme kümmern konnte, war man in Wien mit dem Gebilde der Union deutscher Fürsten keineswegs einverstanden; ebensowenig hatte Rußland ein Interesse an einem stärkeren Preußen. Der preußische König wurde deshalb aufgefordert, die von ihm eingeleitete Entwicklung rückgängig zu machen. 1849/50 mobilisierten Preußen und Österreich zum Krieg. Bei der Mobilisierung preußischer Truppen gab es indessen zahlreiche Friktionen, weil viele Landwehrmänner ihrer Einberufung ganz einfach nicht Folge leisteten. Der spätere Generalstabschef v. Moltke schilderte das Debakel, wie es sich allerdings auch schon Ende 1848 abgespielt hatte, folgendermaßen: »Wahr ist es, wir sind in einer ernsten Krisis. Bis zur Steuerverweigerung sind wir gekommen. Der nächste Schritt ist die rote Republik. Und alles dies unter dem vollen Beifall der Presse, begleitet von Adressen aus allen Teilen der Monarchie, unterstützt von Bajonetten der bewaffneten Bürgerschaft. Mitten in diesem Sturm rufen wir die Landwehr ein, die nichts anderes ist als das Volk selbst. [. . .]

Noch gestern haben Städte sich mit bewaffneter Hand dem Abmarsch der Truppen widersetzt, die Eisenbahnen verweigern den Transport. Die Telegraphen sind zerstört und die Bürgerkompanien bieten den Rekruten ihren Schutz, wenn sie der Einberufung keine Folge leisten wollen. In Thüringen ist die Republik proklamiert. [. . .] Die Landwehrzeughäuser sind bedroht, zum Teil von Bürgern besetzt, einzelne Vorräte sogar schon genommen. Treue, Zucht und Gehorsam sind anscheinend nur noch im Heer und Beamtentum vorhanden, über welche denn auch die Presse die ganze Schale ihres Zorns ausgießt. In diesen Tumult hinein werden nun die wenigen Worte gesprochen: Zur Fahne! Tausende sollen Hof und Herd verlassen, um die Bewegung zu bekämpfen, für welche sie eben petitioniert, geredet oder Beifall gespendet, vielleicht die Waffen ergriffen. Das erscheint allerdings außerordentlich[228].« Angesichts dieser Voraussetzungen und der Tatsache, daß Österreich auf die Unterstützung Rußlands rechnen konnte, blieb für Berlin gar nichts anderes übrig, als 1850 in Olmütz diplomatisch zu kapitulieren, ehe auch nur ein einziger Schuß gefallen war. Die Union deutscher Fürsten wurde aufgelöst und der Deutsche Bund von 1815 wiederhergestellt. »Die Blamage war unverhüllt und ungemildert. Preußen zog aus Olmütz ab wie ein gestrafter Schuljunge, der über einem ungezogenen Streich ertappt worden ist und mit hochrotem Gesicht verspricht, es nie wieder zu tun. Es war eine Niederlage wie 1806, nur diesmal unblutig[229].« Preußen hat diese Niederlage für mehr als ein Jahrzehnt scheinbar widerspruchslos hingenommen; doch es kann kein Zweifel darüber bestehen, daß bei den Männern, die seit Beginn der 60er Jahre des 19. Jahrhunderts die Geschicke Preußens in die Hand nahmen und weitere zehn Jahre später die Gründung des Deutschen Reiches ohne Österreich »mit Blut und Eisen« (Bismarck) erzwangen, die »tollen« Jahre tiefe Spuren hinterlassen hatten. Die Revolution von 1848 hatte zwar dazu geführt, daß in allen deutschen Staaten Verfassungen eingeführt – in Preußen wurde eine modifizierte schließlich oktroyiert – und auch sonst bestimmte Rechte der Untertanen verbessert und erweitert wurden, doch blieben praktisch überall die Führungsschichten weitgehend unangetastet. Viele Angehörige dieser alten Führungsschichten konnten mit dem neuen Zeitgeist nicht viel anfangen und betrachteten die Parlamente fernerhin als revolutionäre Einrichtungen.

Die Zeit von 1850 bis 1860 stand deshalb – abgesehen von einigen Ausnahmemaßnahmen – im Zeichen der Reaktion.

2. Die Denkschrift Albrecht von Roons aus dem Jahre 1858

Besonders der Prinz von Preußen, aber auch zahlreiche konservative preußische Offiziere waren über das Verhalten mancher Landwehreinheiten in den Jahren 1848 bis 1850 dermaßen verbittert, daß sehr bald Überlegungen angestellt wurden, die Landwehr als eigenständige Institution abzuschaffen. Mit der »Verordnung über die Aufhebung der Isolierung der Landwehr« vom 29. April 1852 wurde die Landwehr dem Stehenden Heer angegliedert, indem die Landwehreinheiten schon im Frieden jeweils dem Kommando einer Infanterie-Brigade unterstellt wurden[230]. 1858 legte der General Albrecht v. Roon (später in den Grafenstand erhoben) seine Denkschrift unter dem Titel »Bemerkungen und Entwürfe zur vaterländischen Heeresverfassung« vor, in der er das Institut der Landwehr als kriegstaugliches Instrument vollständig in Frage stellte[231]. Roon schreibt unter anderem, die Landwehr sei in der Zeit der Freiheitskriege ein »Notbehelf« gewesen, der das preußische Heer numerisch stark gemacht und sich teilweise angesichts der Ausnahmesituation der deutschen Erhebung gegen Frankreich bewährt habe; ihre »kriegerische Leistung« sei jedoch vielfach überschätzt worden. »Unter dem Eindruck jener Überschätzung und der in einer geistig schwungvoll angeregten Zeit durch Zeitungsphrasen und Tischreden angefachten Vorstellung von der Unwiderstehlichkeit und Unbezwinglichkeit einer ›allgemeinen Volksbewaffnung‹ wurde aus dem ›Notbehelf‹ die ›Grundlage eines Systems‹ gemacht[232].«
So wird das Fazit gezogen, daß Preußens neueste Heeresverfassung auf einer »bloßen Illusion« beruhe. Neben militärfachlichen Überlegungen, die gegen das Milizsystem sprechen, betont Roon die politische Unzuverlässigkeit der Landwehr, zumal deren Angehörige nach der neuen Verfassung das aktive und passive Wahlrecht besäßen. Diese Feststellung führte ihn zu der Schlußfolgerung: »Der richtige Grundsatz, ›die bewaffnete Macht deliberiert nicht, sie führt bloß aus‹ ist bei uns wesentlich verletzt und, solange die Landwehr ihr jetziges korporatives Dasein behält, gar nicht wieder herzustellen, während man, nach dem Beispiele Englands, dahin wirken sollte, auch dem stehenden Heere das aktive wie das passive Wahlrecht zu entziehen[233].« Roons Denkschrift ist im wesentlichen ein radikales Plädoyer gegen die Landwehr, während seine konstruktiven Vorschläge auf einen Ausbau der Allgemeinen Wehrpflicht und auf praktische Vorschläge zur Vermehrung des Offizier- und Unteroffiziernachwuchses beim Stehenden Heer hinauslaufen. Die Abschaffung der Bezeichnung »Landwehr« war Roon freilich »aus Rücksichten für das historische Gewissen der Nation nicht ratsam« erschienen[234]; die künftige Landwehr sollte aber funktional nur noch eine Reserveorganisation des Stehenden Heeres sein.

3. Die Durchführung der Heeresreform –
Friktionen und Erfolge

Der Tenor dieser Denkschrift entsprach genau der Denkweise des Prinzen Wilhelm von Preußen, der 1858 an Stelle seines erkrankten und nicht mehr regierungsfähigen Bruders, König Friedrich Wilhelm IV., Prinzregent wurde (ab 1861 Wilhelm I. König von Preußen). Roon wurde deshalb folgerichtig schon 1859 Kriegsminister der preußischen Regierung. Der Prinzregent wollte von Anfang seiner Regierungszeit an eine bessere Armee, wobei er sich ausdrücklich auf die Tradition Friedrichs des Großen berief. Diese Bestrebungen wurden bestärkt, nachdem bei der preußischen Teilmobilmachung im Zusammenhang mit dem Krieg Sardiniens und Frankreichs gegen Österreich im Jahre 1859 erneut die Mängel der preußischen Heeresverfassung offen zu Tage getreten waren, die Roon in seiner Denkschrift ein Jahr vorher aufgrund früherer Erfahrungen dargelegt hatte.

Am 23. Februar 1860 wurde die Landwehr durch Kabinettsordre als selbständige Institution aufgehoben; die Landwehr-Stamm-Bataillone wurden fortan die Füsilier-Bataillone der Reserve-Infanterie-Regimenter[235]. Damit war in Preußen der Dualismus zwischen Linie und Landwehr aufgehoben, eine Maßnahme, die in Österreich schon nach den Erfahrungen des Krieges von 1809 vollzogen worden war.

Aber die Intentionen Wilhelms I. reichten viel weiter; er strebte nicht nur eine erhebliche Heeresvermehrung an, sondern bestand geradezu starrsinnig auf einer dreijährigen Dienstzeit der Wehrpflichtigen. Wilhelm I. glaubte, daß mindestens drei Jahre Dienstzeit erforderlich seien, um dem Dienstpflichtigen den rechten Soldatengeist einzuimpfen, der für sein ganzes weiteres Leben prägend bleiben sollte. Nur von einer so erzogenen Truppe versprach er sich den hinreichenden Schutz des Thrones gegen »die Tendenzen der revolutionären oder liberalen Partei in Europa«. Schon im Jahre 1832 hatte Wilhelm I. offenbar unter dem Eindruck der französischen Juli-Revolution geschrieben: »Die Disziplin, der blinde Gehorsam sind [. . .] Dinge, die nur durch lange Gewohnheit erzeugt werden und Bestand haben und zu denen daher eine längere Dienstzeit gehört, damit im Augenblick der Gefahr der Monarch sicher auf die Truppe rechnen könne. Dieser blinde Gehorsam ist es aber gerade, was den Revolutionären am störendsten entgegentritt[236].« Wilhelm I. war in dieser Auffassung durch die Ereignisse von 1848 bis 1850 bestärkt worden und hat ein Leben lang daran festgehalten. Auch der Einwand erfahrener Truppenführer, daß gerade bei den Soldaten im dritten Dienstjahr die meisten Disziplinarverstöße zu verzeichnen seien, konnte den jetzigen König nicht beeindrucken[237]. Wilhelm I. wollte kein Volksheer, das nur aus »exerzierten Bauern« bestehen würde, sondern der Krone treu ergebene Soldaten bzw. eine Armee, die allein dem König verpflichtet und demnach in erster Linie eine »königliche Garde« sein sollte. Aufgrund dieser königlichen Forderungen, die Kriegsminister v. Roon vor dem preußischen Abgeordneten-

Otto Fürst von Bismarck,
deutscher Reichskanzler

Helmuth Graf von Moltke,
preußischer Generalfeldmarschall,
Chef des Generalstabes

haus zu vertreten hatte, kam es in Preußen in der Zeit von 1862 bis 1866 zum Verfassungskonflikt. Eine liberale Mehrheit des preußischen Abgeordnetenhauses verweigerte die Erfüllung der königlichen Ansprüche, indem die für die Armee-Reorganisation erforderlichen Finanzmittel versagt wurden. Daraufhin wurde der Landtag aufgelöst; doch der im Mai 1862 neugewählte Landtag verfügte über eine weit größere liberale oppositionelle Mehrheit als der vorangegangene. Alle Kompromißvorschläge scheiterten an der Frage der dreijährigen Dienstzeit. Der Verfassungskonflikt konnte von Otto v. Bismarck überwunden werden, obwohl dieser vorläufig die Regierung mit Entschiedenheit gegen die parlamentarische Mehrheit führte. Unter seiner Führung wurde die Reorganisation des preußischen Heeres vorangetrieben.

Mit dieser neu geschaffenen Armee wurden die sogenannten deutschen Einigungskriege 1864 (das letzte Mal gemeinsam mit Österreich) gegen Dänemark, 1866 gegen Österreich und 1870/71 gegen Frankreich geführt und gewonnen. In diesen Kriegen bewährten sich vor allem die preußische Truppenführung und der Generalstab, der von Helmuth v. Moltke zu einem modernen Führungsinstrument ausgebaut worden war. Nach dem Sieg über Frankreich wurde das Deutsche Reich gegründet und Wilhelm I. im Spiegelsaal von Versailles zum Deutschen Kaiser proklamiert. – Es handelte sich um die sogenannte »kleindeutsche Lösung« (ohne Österreich); der letzte Versuch Österreichs, 1863 auf dem Frankfurter Fürstenkongreß eine Reform des Deutschen Bundes zu bewirken, die ein Direktorium von fünf bis sechs Fürsten, ein Parlament aus Kammerdelegierten vorsah und dem preußischen König die Kaiserkrone antrug, scheiterte am Boykott Preußens.

4. Das Ergebnis:
Die monarchietreue Armee des Kaiserreiches

Unter dem Gesichtspunkt deutscher militärischer Tradition bedeutete die Roonsche Heeresreform oder Reorganisation – wie sie meist in der Literatur benannt wird – einen beträchtlichen Wandel im Vergleich zur bisherigen Heeresverfassung. Die Armee nach der Reorganisation entsprach sicherlich nicht mehr den Vorstellungen der Reformer der deutschen Erhebungszeit, die sich hauptsächlich mit dem Namen Scharnhorst verbindet. Andererseits waren in der preußischen Armee und in der Landwehr in der Zeit von 1819 bis 1862 negative Entwicklungen eingetreten, die Männer wie Scharnhorst und Gneisenau mit Sicherheit auch nicht hingenommen hätten. Das Eingreifen Wilhelm I. und seines Kriegsministers v. Roon war mithin sicherlich berechtigt. Von der Scharnhorstschen Heeresreform war inhaltlich nur die Einschätzung übrig geblieben, daß auch der Dienst des einfachen Soldaten – im Gegensatz zu den Auffassungen des 18. Jahrhunderts – »Ehrendienst« sei, der ungeachtet des Standes jedem Bürger zugemutet werden könne. In diesem Zusammenhang sind die Überlegungen in Richtung Allgemeiner Wehrpflicht von Wilhelm I. und Roon nicht in Frage gestellt, sondern im Gegenteil weiter entwickelt worden.

»Enthusiasmus« für die Sache und das Eintreten für die Belange der Nation als moralische Verpflichtung wurden zwar nach Kräften gefördert, doch man mißtraute diesen unberechenbaren geistigen Potenzen und setzte den Akzent sehr stark auf Disziplin und Subordination, zumal die Bevölkerung allmählich politisiert wurde. Zielvorstellung war eine Erziehung der dienstpflichtigen Soldaten zu einer militärischen Haltung, die für das ganze Leben bestimmend und prägend sein sollte. Nach der Reorganisation des Heeres wurde die Armee und mithin auch der wehrpflichtige Soldat – wie zur Zeit Friedrichs des Großen – allein auf den König und späteren Kaiser eingeschworen (die Könige von Sachsen, Württemberg und Bayern behielten sich in dieser Beziehung für die Zeit des Friedens Sonderrechte vor). Man griff im Grunde genommen nicht nur in Preußen, sondern auch in Österreich, in Frankreich und Rußland auf Traditionen des Militärwesens des 18. Jahrhunderts zurück, wobei allerdings der nationale Gedanke betont und die geistigen Kräfte, die in den Revolutions- und Freiheitskriegen erkennbar geworden waren, dankbar einbezogen wurden.

Die militärischen Erfolge, durch die letztlich die Gründung des Deutschen Reiches erzwungen werden konnte, gaben den militärischen Fachleuten vorläufig Recht und haben auch das liberale Bürgertum überzeugt. Das Bürgertum – bis zum Ausbruch des Ersten Weltkrieges weiterhin durch das Privileg des einjährig-freiwilligen Dienstes bevorzugt – wurde gewissermaßen von der Armee vereinnahmt, und es galt fortan als eine besondere Ehre, Reserveoffizier zu sein. Die Eintragung »Leutnant der Reserve« auf der Visitenkarte soll unter Wilhelm II. mehr gegolten haben als der Titel »Mitglied des Reichstages«. Auch der einfache Soldat hatte nach seiner Verabschiedung im Zivilleben Vorteile, weil von den

Unternehmern ein gedienter Bewerber dem Ungedienten meist vorgezogen wurde. Die Frage »Wo haben Sie gedient?«, die in Zuckmayers »Hauptmann von Köpenick« wiederholt gestellt wird, kennzeichnet tatsächlich die Bedeutung des Militärdienstes jener Zeit. Aufgrund allgemeiner Begeisterung wurden – von den Regierungen stark gefördert – allenthalben in Deutschland Kriegervereine gegründet, die bei nationalen Feiern (Sedanstag, Kaisers Geburtstag, Denkmalseinweihungen usw.) in Erscheinung traten. Hinsichtlich der Traditionspflege war es das erklärte Ziel der Kriegervereine, das Vordringen der Sozialdemokraten einzudämmen.

In den deutschen Einigungskriegen erwies sich eine spezielle preußische Methode der Truppenführung der gegnerischen als überlegen: es handelte sich um die sogenannte »Auftragstaktik«, ein Ausdruck, der freilich im 19. Jahrhundert noch nicht geprägt worden war, sondern möglicherweise erst nach dem Zweiten Weltkrieg aufgekommen ist. Unter »Auftragstaktik« oder – vielleicht zutreffender – unter dem »Auftragsverfahren« ist die Führungsmethode zu verstehen, die in der Befehlsgebung lediglich das Ziel vorgibt und die Art und Weise der Durchführung dem nachgeordneten Führer überläßt. Die Auftragstaktik ist vor allem von dem preußischen Generalstabschef Helmuth v. Moltke entwickelt worden[238], galt aber in Preußen – jedenfalls für die höhere Führung – schon in früherer Zeit. So hatte schon der preußische Kommandierende General Prinz Friedrich Karl in seinem Essay »Über Entstehung und Entwicklung des preußischen Offiziergeistes, seine Erscheinungen und Wirkungen« im Jahre 1860 geschrieben: »Überhaupt scheint mir [. . .] auch in den preußischen Offizierskorps überhaupt ein ungewöhnlicher Sinn nach Unabhängigkeit von oben und Aufsichnehmen der Verantwortlichkeit wie in keiner anderen Armee, [sich] herangebildet zu haben. [. . .]

Auch auf unsere Schlachtentaktik hat diese Sinnesart unbestreitbar Einfluß geübt. Die Preußischen Offiziere vertragen nicht die Einengung durch Regeln und Schema, wie in Rußland, Österreich, England. [. . .] Wir lassen, wie die Dinge naturgemäß einmal liegen, dem Ingenium des Einzelnen freieren Lauf[239].«

Viele Elemente der deutschen Truppenführungskunst beruhten bis zum Ausbruch des Ersten Weltkrieges lediglich auf mündlicher Überlieferung. Das Recht des Generalstabschefs z. B., eine abweichende Lagebeurteilung aktenkundig zu machen, galt als unbestritten, obgleich es darüber keine Vorschrift gab; erst 1936 fand es Aufnahme in dem »Handbuch für den Generalstabsdienst im Kriege«[240].

Die Auftragstaktik fand ihren schriftlichen Niederschlag erstmals in der »Felddienst-Ordnung« von 1885, in der Wilhelm I. im Vorwort verfügt: »Der hiernach für die praktische Ausübung des Felddienstes absichtlich offengelassene Spielraum soll der selbständigen Entschließung der Führer aller Grade zugute kommen; eine Beschränkung dieser unbedingt erforderlichen Selbständigkeit durch weitergehende formelle Festsetzungen ist unter keinen Umständen statthaft.« Und in der Befehlsgebung galt fortan der Grundsatz: »Als allgemeine Regelung ist festzuhalten, daß ein Befehl alles das, aber auch nur das enthalten muß, was ein Untergebener zur Erreichung des Zweckes nicht selbständig anordnen kann.

Dementsprechend muß der Befehl kurz, klar und bestimmt, auch dem Gesichtskreise des Empfängers angepaßt sein.« Über längere Zeiträume, in denen sich die Verhältnisse verändern können, sollte mit Direktiven gearbeitet werden. Die Direktive »muß den Zweck betonen, auf den es ankommt, die Mittel zur Ausführung aber überlassen«[241].

Zweifellos ist das Führen unter Beschränkung auf den Auftrag keine spezielle preußische oder deutsche Erfindung gewesen; vielmehr wurde diese Methode der Truppenführung zumindest zu dem Zeitpunkt erforderlich, als sich das Kriegsgeschehen aufgrund der größeren Truppenverbände und der verbesserten Waffentechnik räumlich so ausweitete, daß es von einem einzigen Befehlshaber von einem »Feldherrnhügel« aus nicht mehr übersehen werden konnte. Je besser allerdings die Nachrichtenverbindungen wurden, um so mehr neigte man dazu, wieder zur Befehlstaktik zurückzukehren. Auch der Generalstabschef des Deutschen Reiches, Generalfeldmarschall Graf v. Schlieffen, »war kein Freund der ›Direktive‹, er wollte das eigenwillige ›Laufen um den Pour le Mérite‹ durch straffe Führung verhindern«[242]. Schlieffen trieb die Nutzbarmachung der neuesten Erfindungen auf dem Gebiete der Nachrichtenübermittlung für militärische Zwecke entschieden voran. Dies war natürlich auch die Konsequenz seiner weit in die Zukunft reichenden Kriegsplanung gegen Frankreich. Trotzdem ist die Auftragstaktik deutsche Führungstradition geblieben, die freilich während des Zweiten Weltkrieges gerade auf der obersten Führungsebene wiederholt mißachtet worden ist.

XIII. Im Spannungsfeld zwischen Tradition und Traditionalismus – Die Zeit zwischen 1871 und 1914

1. Allgemeines

Mit der Gründung des Deutschen Reiches und der Proklamation Wilhelms I. zum Deutschen Kaiser war keineswegs ein homogener deutscher Nationalstaat geschaffen worden. Die unterschiedlichen Traditionen, die aus Jahrhunderte dauernder deutscher »Kleinstaaterei« resultierten, konnten nicht durch einen einzigen politischen Willensakt auf einen Nenner gebracht werden, sondern entfalteten weiterhin ihre regionalen Besonderheiten und wirken teilweise bis in die Gegenwart.

Die Zeit von 1871 bis 1914 ist vor allem von einer rasanten industriellen und gesellschaftlichen Entwicklung gekennzeichnet. In den 70er Jahren des 19. Jahrhunderts gab es für das Deutsche Reich einen gewaltigen wirtschaftlichen Schub, zu dem die Reparationszahlungen Frankreichs erheblich beigetragen haben. Es sind die sogenannten Gründerjahre, in denen besonders mit dem Ausbau des Eisenbahnnetzes große Unternehmen der Schwerindustrie, des Bergbaues und den dazugehörigen Zulieferfirmen entstanden. In dieser Zeit wuchs die Zahl der

Industriearbeiterschaft enorm an; die Zuwanderer vom Land in die Stadt zwangen die Unternehmen, entsprechende Unterkünfte zu bauen. So entstanden die typischen Arbeiterviertel. Findige, oft auch rücksichtslose Unternehmer gründeten gewaltige Industrieimperien, die zum Teil trotz zweier verlorener Weltkriege ihren bestimmenden wirtschaftlichen Einfluß bis heute in Deutschland erhalten haben (z. B. Krupp, Flick, Siemens, AEG und Thyssen), wobei sich allerdings in den meisten Fällen die Besitzverhältnisse und Firmenstrukturen gegenüber dem 19. Jahrhundert gänzlich gewandelt haben.

In knapp zwei Jahren wurden ca. 780 Aktiengesellschaften allein in Preußen gegründet (zum Vergleich: in der Zeit von 1790 bis 1870 hatte es insgesamt nur etwa 300 solcher Firmen gegeben). Da aber die Gründerjahre wirtschaftlich nur ein Strohfeuer waren, führten aberwitzige Spekulationen rasch zu zahlreichen Firmenzusammenbrüchen, deren Hauptverlierer in den Reihen der Arbeiterschaft zu suchen waren. Die den Gründerjahren folgende Rezession konnte nachhaltig erst in den 90er Jahren des 19. Jahrhunderts überwunden werden.

Die Kluft zwischen extremem Reichtum und wirtschaftlichem Elend war in diesen Jahren unübersehbar geworden, so daß trotz der Sozialistengesetze einerseits und sozialpolitischer Maßnahmen der Reichsregierung andererseits die sozialdemokratische Bewegung kontinuierlich an Boden gewann.

Das neue Deutsche Reich war nach seiner verfassungsrechtlichen und sozialpolitischen Struktur ein außerordentlich kompliziertes Gebilde. Staatsrechtlich war es ein Bundesstaat, freilich wegen der Hegemonialstellung Preußens von eigentümlicher Ausprägung, der deshalb mit anderen Bundesstaaten, z. B. den USA oder der Schweiz kaum verglichen werden konnte. Preußen besaß aufgrund seiner 17 Bundesratsstimmen ein absolutes Veto gegen Verfassungsänderungen und »nach Artikel 5 Absatz 2 ein gleiches Veto gegen jede Änderung über Militärwesen, die Kriegsmarine, die Zölle und die Verbrauchssteuern«, Rechte, die zugleich an die Person des Kaisers gebunden waren. Eine weitere Besonderheit war die Tatsache, daß bis auf die drei Hansestädte die Verfassungen der Bundesstaaten eigenständigen monarchischen Charakter hatten[243]. Die deutsche Reichsverfassung war lediglich eine Erweiterung der Verfassung des Norddeutschen Bundes, die eine Zentralgewalt, etwa nach dem Muster Frankreichs, zunächst nicht vorgesehen hatte. »Die starke Bezugnahme auf organisatorische Bestimmungen in der Verfassungsurkunde dokumentierte nach außen und innen, daß ihr Einheitsgedanke nur dort betont wurde, wo keine historischen Bindungen den freien Lauf der Entwicklung hemmten[244].«

Diese Konstruktion hat sich zunächst durchaus bewährt, zumal in den Anfangsjahren Wilhelm I. an der Spitze des neuen Reiches stand, der unter den preußischen Königen zweifellos eine der stärksten Persönlichkeiten gewesen ist und dessen Regierung von dem genialen Reichskanzler Otto v. Bismarck geleitet wurde. Auch sein Kriegsminister Albrecht v. Roon und der Generalstabschef Helmuth v. Moltke waren Männer von seltenem geistigem und sittlichem Rang. Die Organisation des Militärwesens mußte auf die verfassungsrechtliche Beschaffenheit des Deutschen Reiches Rücksicht nehmen; daraus ergaben sich außerordentlich komplizierte und damit schwerfällige Verwaltungs- und Befehlsstrukturen. Trotz der Erfahrungen des Verfassungskonfliktes der 60er Jahre des 19. Jahrhunderts war dem Reichstag das volle Budget-Recht in Armee- und Marineangelegenheiten zugebilligt worden, während alle sonstigen Zuständigkeiten für die Streitkräfte im Frieden im allgemeinen bei den jeweiligen Landesherren lagen. Nachteil dieser Teilung war die Tatsache, daß richtige Einsichten des Großen Generalstabes und damit verbundene Forderungen zur Vermehrung der Heeresstärke und Modernisierung gegen den Reichstag erkämpft, notfalls durch Zugeständnisse auf anderen Gebieten eingehandelt werden mußten oder nicht immer berücksichtigt wurden.

Der dynamische wirtschaftliche und gesellschaftliche Veränderungsprozeß wurde zwar – insbesondere, was die zunehmende sozialdemokratische Bewegung anbelangte – vom Kriegsministerium sorgfältig beobachtet, doch wurden hinsichtlich des inneren Gefüges der Streitkräfte keine nennenswerten Konsequenzen gezogen. Zur Absicherung der dualen Verantwortlichkeit für die Streitkräfte, nämlich einerseits Krone, andererseits Reichstag, hielt man an dem traditionellen Grundsatz fest, daß vor allem die Offiziere weiterhin zur absoluten Loyalität gegenüber dem jeweiligen Landesherrn verpflichtet waren; mit dem Fahneneid schworen Offiziere und Mannschaften ihrem Landesherrn persönliche Treue. Lediglich die Marinesoldaten leisteten gegenüber dem Deutschen Kaiser den persönlichen Treueid.

2. Gesinnung und Ehrenkodex des Offizierkorps

Dem Offizierkorps war wie zuvor die Rolle zugedacht, den Bestand der Monarchien zu garantieren; und eine wesentliche Aufgabe des Offiziers bestand darin, die dienstpflichtigen Soldaten in der dreijährigen (später zweijährigen) Dienstzeit zu treuen Untertanen zu erziehen. Bei dieser Zielsetzung kam politisch alles darauf an, ein nach Gesinnung und Charakter homogenes Offizierkorps zu schaffen, das bei Krisen, sei es im Innern, sei es nach außen, unbedingt verläßlich sein mußte. In diesem Zusammenhang wurde zwar einerseits großer Wert auf militärisches Können gelegt, während andererseits in großen Teilen des Offizierkorps eine gewisse Bildungsfeindlichkeit verbreitet gewesen ist[245]. Das galt im übrigen nicht nur für das Offizierkorps, sondern war – jedenfalls in Preußen – ein allgemeines Phänomen des Adels, der sehr wohl an Erfahrungswissenschaften und an technischem Fortschritt interessiert war, weil auf diesen Gebieten die praktische Nutzanwendung mit Händen zu greifen war. Aber gegenüber den Geisteswissenschaften, schöngeistiger Literatur und der bildenden Kunst herrschte oft ein gestörtes Verhältnis, wobei allerdings regional große Unterschiedlichkeiten beachtet werden müssen. Die Geschichtswissenschaft hatte eine Sonderstellung, die »wegen der verbreiteten Ahnenforschung lebhaftes Interesse fand«[246]. Obgleich die allgemeine Bildung des Offizierkorps nach bürgerlichen Maßstäben oft zu wünschen übrig ließ und selbst die Mindestanforderungen für den Offizierberuf mit Rücksicht auf die Söhne ehemaliger Offiziere oder verarmter Adliger oft genug unterlaufen wurden, verstand sich das Offizierkorps als »Elite«, ein Selbstbewußtsein, das durch die Prävalenz des Offizierkorps als Erster Stand des Staates gefördert wurde. Dieses Elitebewußtsein verfehlte seine Wirkung schon deshalb nicht, »weil ein sozialer Aufstieg in Deutschland nur möglich erschien, wenn man sich den soldatischen Normen anpaßte«[247]. Der Dienst als Soldat wurde als ein Wert an sich betrachtet, und es nimmt deshalb nicht wunder, daß von diesem Standpunkt aus die Armee als »Erziehungsschule der Nation« betrachtet wurde.

Um die Homogenität des Offizierkorps sicherzustellen, kam der Frage der Auswahl »geeigneter« Offizieranwärter eine herausragende Bedeutung zu; angesichts des Anspruchs des Offizierkorps dürfte die Feststellung von Franz Carl Endres weitgehend den Tatsachen entsprochen haben: »Wer seiner Geburt wegen oder seines Geldes wegen oder endlich seiner Beziehungen wegen nicht geeignet erschien, in diesen ersten Stand einzutreten, dessen höchster Vorgesetzter der Dynast selbst war, der kann machen was er will, Offizier wird er nicht[248].« Eine weitere Voraussetzung für die Zulassung zum Offizierberuf war das Bekenntnis zu einer christlichen Konfession. Schon Friedrich Wilhelm I. hatte von seinen Offizieren und Unteroffizieren nicht nur einen christlichen Lebenswandel gefordert, sondern außerdem verlangt, daß die Ehen dieses Personenkreises durch die christliche Trauung besiegelt und die Kinder christlich getauft wurden[249]. Damals ging man davon aus, daß nur ein im christlichen Glauben verwurzelter Soldat, der von einem Weiterleben nach dem Tod wirklich überzeugt ist, zum Einsatz seines Lebens bereit sein würde. Außerdem wurde die christliche Ethik als ein vorzügliches Disziplinierungsmittel betrachtet. Deshalb konnten Juden, die nicht zum Christentum konvertiert waren, nicht zum Offizier – bzw. Unteroffizierberuf zugelassen werden. In den Freiheitskriegen hatte das Bekenntnis zum Christentum angesichts der Erfahrung der Französischen Revolution nur noch sekundäre Bedeutung. Im Kaiserreich gewannen das Christentum und die Rolle der Militärgeistlichen wieder einen besonderen Stellenwert, weil das Christentum gezielt als Bollwerk gegen die sozialdemokratische Bewegung eingesetzt wurde. In den Ausführungen Wilhelms II. nahm eine bigotte Scheinfrömmigkeit geradezu skurrile Züge an. In einer Rede zur Rekrutenvereidigung am 18. November 1897 erklärte der Kaiser, der nichtchristliche Soldat sei »kein braver Mann und kein preußischer Soldat und kann unter keinen Umständen das erfüllen, was von einem Soldaten verlangt wird«. Und aus Anlaß einer anderen Rekrutenvereidigung führte Wilhelm II. aus: »Derjenige der von Meinen Soldaten von Religion und Gott nichts hält, taugt nichts. Der geht seiner Ehre verlustig, ist nicht würdig, Meinen Rock zu tragen! [. . .] Nur wer sich fest auf seinen Gott verlassen kann, der kann ein rechter Soldat sein[250].« Nun hat es in der Kaiserarmee zweifellos überzeugte Christen gegeben; ein Beispiel ist der preußische Generalleutnant Georg v. Viebahn, dessen Regimentsbefehl aus dem Jahre 1890 in der Öffentlichkeit viel Beachtung fand. Sein Inhalt lautete: »Auch die Friedensarbeit soll bei Christen ruhen auf Glauben und Gebet. Ich hoffe, daß aus den Kasernen unseres Regiments täglich viele ernste Gebete zu Gott aufsteigen. In treuer Hingebung und Nachfolge unsrem himmlischen König Jesus Christus und unsrem irdischen Könige, unsrem theuren, vielgeliebten Kaiser zu dienen, das ist unser aller Beruf. Ist dies unser aller ernster Wille, so wird ein Band der Liebe und Treue uns alle umschlingen[251].« Aber solche öffentlichen Bekenntnisse waren Ausnahmen. Die erste große Enttäuschung bezüglich der Idealvorstellung vom christlichen Soldaten erlebte man, als der Generalstabschef Helmuth Graf v. Moltke starb und sein Nachlaß veröffentlicht wurde. Zu seinen Lebzeiten hatten Feldprediger die Person Moltkes als Vorbild eines christlichen Soldaten herausgestellt; und nach seinem Ableben hatte der Feldpropst D. Richter während der Trauerfeierlichkeiten unter anderem gesagt: »Er war ein Mann, und fügen wir hinzu: ein Christ. Da lagen die stolzen Wurzeln seiner Kraft[252].« Der Feldpropst hatte sich gründlich geirrt, wie aus dem Nachlaß Moltkes zu entnehmen war. Danach wurde offenkundig, daß der Generalstabschef sehr stark in der Ideenwelt der Aufklärung verhaftet war und dem Christentum mehr als distanziert gegenüberstand.

Der Frage, wie es denn die preußischen Offiziere mit dem Christentum hielten, ist der Oberstleutnant a. D. Ulrich v. Hassell nachgegangen; seine Analyse legte er 1899 in der Schrift »Christentum und Heer« der Öffentlichkeit vor. Hassell kommt darin zu dem Ergebnis, daß nur eine ganz kleine Gruppe der preußischen Offiziere als überzeugte Christen betrachtet werden könne, die Masse der Offiziere sich gegenüber Religion und Kirche bestenfalls indifferent verhalten habe. Die älteren Offiziere und Generale waren wie der ältere Moltke im Geist der Aufklärung erzogen worden und deshalb für echte Religiosität schwerlich zu gewinnen. Die von Wilhelm II. angestrebte religiöse Erneuerungsbewegung, die politisch den Sozialismus eindämmen sollte, stand deshalb von Anfang an auf tönernen Füßen[253]. In diesem Zusammenhang muß allerdings berücksichtigt werden, daß Viebahn, Hassell und andere bei Urteilen bezüglich des »religiösen Lebens« extreme Maßstäbe anlegten und selbst einer geradezu sektenhaften Frömmigkeit anhingen.

Eines der Mittel, um die für erforderlich gehaltene Homogenität des Offizierkorps zu gewährleisten, war der hohe Ehrenkodex, dessen Wurzeln bis in das Rittertum zurückreichten. Ehrenhändel untereinander wurden traditionell im Zweikampf ausgetragen; um den Mißbrauch des Duells einzuschränken, hatte schon Friedrich II. in seinen letzten Regierungsjahren einen Entwurf für das Preußische Allgemeine Landrecht entworfen, der das Verbot der Duelle vorsah, und statt dessen Ehrengerichte von Standesgenossen einzusetzen beabsichtigte, die bei Beleidigungen und Ehrenhändeln als Schiedsgerichte tätig werden sollten. Aber ehe der Entwurf Bestandteil des Allgemeinen Landrechts werden konnte, verstarb der König. Die Tatsache, daß Friedrich II. so lange zögerte, scheint auf die Schwierigkeiten hinzuweisen, die Tradition des Adels, Ehrenangelegenheiten mit der Waffe auszutragen, durch ein Gesetz zu unterbinden. Friedrich Wilhelm II. hat wohl aus diesen Gründen alle Überlegungen über die Einführung einer Ehrengerichtsbarkeit verworfen[254]. 1807 wurden in Preußen (s. o. S. 89 ff.) erstmals Ehrengerichte und Tribunale eingerichtet, die über alle Verfehlungen des Waffendienstes zu urteilen hatten. Seit dem 3. August 1808 gab es in Preußen ständige Ehrengerichte, die von jedem Offizier angerufen werden konnten. Ihre Rechte wurden zwar ständig erweitert, doch brauchte der Beleidigte deren Urteil nicht anzunehmen. Unter dieser Voraussetzung fand das Duell statt, obwohl es inzwischen gesetzlich mit Strafe bedroht war. Der Ehrenrat hatte dann das Recht, bei dem Duell anwesend zu sein, die Einhaltung der Standessitten zu überwachen und den Zweikampf gegebenenfalls abzubrechen. Das erste Mitglied des Ehrenrats hatte gegenüber den Kontrahenten Befehlsgewalt. Die Teilnahme am Zweikampf wurde von einem Kriegsgericht abgeurteilt; die Mindeststrafe betrug einen Monat, die Höchststrafe zehn Jahre Festungshaft. Trotz dieser Strafandrohung wurde ein Offizier, der einer Aufforderung zum Zweikampf nicht nachkam, unehrenhaft aus der Armee entlassen. Hier standen also der Ehrenkodex des Offizierkorps und das Strafgesetzbuch in einem ungelösten Widerspruch zueinander. Die preußische Ehrengerichtsordnung vom 20. Juli 1843 mit ihrer Ergänzung von 1856 wurde gemäß Artikel 61 der Reichsverfassung für alle Bundesstaaten verbindlich[255].

Wilhelm I. beauftragte 1872 eine Kommission mit einer Neuordnung der Ehrengerichtsbarkeit; in Zukunft sollten die Ehrengerichte Hilfsorgane des Kommandeurs bei der Erziehung des Offizierkorps werden. Nach preußischer Anschauung gehörte die pflichtgemäße Dienstausübung mit zur Standesehre des Offiziers. »Ehre zu haben, bedeutet nach dieser preußischen Auffassung nicht nur den Anspruch auf moralische und soldatische Achtung, sondern in deutlicher Weise darüber hinaus, den dienstethischen Anforderungen des Dienstes vollauf, und mehr als dies, zu genügen[256].« Am 2. Mai 1874 trat die neue »Verordnung über die Ehrengerichte der Offiziere im preußischen Heer« Wilhelms I. in Kraft. Darin hieß es unter anderem: »Ich will, daß die heute von Mir vollzogene Verordnung über die Ehrengerichte der Offiziere in Meinem Heere in dem Geiste verstanden und angewendet wird, der Mein Heer von alters her ausgezeichnet hat[257].«

Im folgenden verlangte der Kaiser von seinen Offizieren, daß ihnen »wie bisher so auch in Zukunft, die Ehre das höchste Kleinod« zu sein habe, die zu wahren, »die heiligste Pflicht des einzelnen und des gesamten Standes sein müsse«. Der Kaiser versteht unter Ehre hauptsächlich drei Bereiche: peinlich genaue Erfüllung der Dienstpflichten, eine saubere, bescheidene Lebensführung, und »die Pflege der bewährten Überlieferung ritterlichen Sinnes«. Damit wurde den Offizieren ein Verhalten zur Auflage gemacht, das die Würde ihrer Sonderstellung im Staat rechtfertigen sollte: »Wahre Ehre kann ohne Treue bis in den Tod, feste Entschlossenheit, strenge Verschwiegenheit, wie ohne aufopfernde Erfüllung selbst der anscheinend kleinsten Pflichten nicht bestehen. Sie verlangt, daß auch in dem äußeren Leben des Offiziers sich die Würde ausdrückt, die aus dem Bewußtsein hervorgeht, dem Stande anzugehören, dem die Verteidigung von Thron und Vaterland anvertraut ist.« Daraus folgt die Forderung, geeigneten Umgang zu pflegen, »Handlungen, welche dem Ruf des einzelnen oder der Genossenschaft nachteilig werden können«, zu unterlassen und sich »von allen Ausschweifungen, Trunk und Hazardspiel« fernzuhalten. Wilhelm I. wendete sich gegen übertriebenen Luxus und appellierte an Kameradschaft und Korpsgeist, die Hilfestellung geben könnten, »auf Abwege geratene Kameraden in die richtigen Bahnen« zurückzuleiten, »unnütze Händel und unwürdige Zänkereien zu vermeiden«. In der Verordnung erklärte der Kaiser ausdrücklich, daß er »einen Offizier, welcher imstande ist, die Ehre eines Kameraden in frevelhafter Weise zu verletzen«, ebensowenig in seinem Heere dulden werde »wie einen Offizier, welcher seine Ehre nicht zu wahren weiß«.

Die Verordnung über die Ehrengerichte Wilhelms I. verfolgte hauptsächlich das praktische Ziel, die Qualität des Offizierkorps zu gewährleisten und die Sonderrolle der Offiziere in der Gesellschaft zu rechtfertigen. Angesichts zunehmender liberaler und sozialdemokratischer Opposition sollte dieser umfassende Ehrenkodex aber auch die Geschlossenheit des Offizierkorps und dessen Bindung an die Krone sichern, ein Gesichtspunkt, der für die Erhaltung der Monarchie von außerordentlicher politischer Bedeutung sein mußte. In diesem Kontext sind ohne Zweifel gleichermaßen die Bestimmungen des Heiratskonsenses zu sehen[258]. Für den einzelnen Offizier, besonders für junge Leutnante, verlangte dieser Ehrenkodex die Beachtung so zahlreicher Konventionen, daß sein Verhalten in und außer Dienst fast schablonenhaft eingeengt wurde[259]. Das ausgeprägte Verhaltensmuster der Offiziere dürfte eine Ursache für ihr oft maniriertes Auftreten in der Öffentlichkeit gewesen sein, ein bekanntlich ergiebiges Thema für Karikaturisten des »Simplizissimus«.

Andererseits ist es bei einem so hochgeschraubten Ehrenkodex wenig überraschend, daß zwischen Anspruch und Wirklichkeit mit der Zeit eine geradezu unüberbrückbare Kluft entsteht. Bei der ständigen Heeresvermehrung fanden seit den Gründerjahren zunehmend Söhne reicher Bürgerlicher Aufnahme in das Offizierkorps der Kaiserarmee, die sehr wohl an den Privilegien des Offizierstandes interessiert waren, aber teilweise gar nicht daran dachten, auf die Annehmlichkeiten des Wohlstandes zu verzichten, während sie dem oft tristen Dienst des Truppenalltags nicht viel abgewinnen konnten. Besonders unter Wilhelm II. war die traditionelle Anspruchslosigkeit der preußisch-deutschen Offiziere nicht mehr zu wahren. In manchen Garderegimentern wurde die Auswahl des Offiziernachwuchses geradezu nach plutokratischen Gesichtspunkten vorgenommen. So schreibt Endres: »Unter Wilhelm II. wurden sehr viele Regimenter sehr teuer. Es war nur wohlhabenden Leuten möglich, in ihnen zu dienen. Es gab Regimenter, wo ein bestimmter hoher Monatswechsel vom Vater des Aspiranten verlangt wurde. [. . .] Seit der Gründerzeit 1870 zog das Geld als ein gewichtiger und sehr schädlicher Faktor auch in die Armee ein [. . .] es degradierte bei den Reichen den ernsten Beruf zu einem koketten Sport[260].« Auch bei den Garderegimentern in

Berlin spielten Geld und adlige Herkunft eine große Rolle, und bei Hofe war es gesellschaftlich nicht unbedeutsam, welchem Regiment man zugehörte[261]. In Köln-Deutz gab es das Kürassier-Regiment Graf Gessler (Rheinisches) Nr. 8, dessen Offiziere sich ausschließlich aus begüterten bürgerlichen Familien rekrutierten und das deshalb spöttisch als »Verein der berittenen Kaufleute« bezeichnet wurde. Die Armee des Deutschen Reiches wurde so zum Spiegelbild der Klassengesellschaft der Wilhelminischen Epoche. Man kann die ideell gedachte Ehrengerichtsordnung Wilhelms I. unter der Regentschaft seines Enkels tatsächlich in dem Satz zusammenfassen: »Gehorsam gegen den Fürsten, Autokratie gegen das Volk, beides ›absolut‹[262].« Auf der anderen Seite muß hervorgehoben werden, daß sich das Offizierkorps der Kaiserarmee im Ersten Weltkrieg hervorragend bewährt hat. Auch die Gardeoffiziere, die vor dem Kriege im Mittelpunkt der öffentlichen Kritik standen, sind an den Brennpunkten der Front rücksichtslos eingesetzt worden; gerade die Verlustziffern unter den Gardeoffizieren sprechen eine erschütternde Sprache.

3. Die Militarisierung der Gesellschaft am Beispiel der Zabern-Affäre

Es kann kein Zweifel darüber bestehen, daß in der Zeit von 1871 bis zum Ausbruch des Ersten Weltkrieges die Gesellschaft in Deutschland, aber auch in

Wilhelm II., Deutscher Kaiser, König von Preußen (Reg. 1888–1918)

Frankreich, Österreich und Rußland zunehmend militarisiert worden ist, d. h. Prinzipien, Ehr- und Wertvorstellungen des Militärs wurden auf das Zivilleben übertragen. Auch im politischen Bereich gewann die Armeeführung bald die Oberhand, eine Tatsache, die im Ersten Weltkrieg mit der Dominanz Hindenburgs und Ludendorffs unübersehbar geworden war. Aber auch vor Ausbruch des Krieges gab es deutliche Anzeichen, welche Sonderrolle die Armee beziehungsweise die Armeeführung spielte. So trugen zum Beispiel alle Reichskanzler bei besonderen Anlässen mit historisch-militärischem Hintergrund (z. B. Denkmalseinweihungen, Kaiserparaden und dergleichen) Uniform; »an der königlichen Tafel nahm der Reichskanzler Bethmann Hollweg als Major unterhalb

179

der Obersten und Generäle Platz; der tüchtige Finanzminister v. Scholz hielt es für den glücklichsten Augenblick seines Lebens, als er die Uniform eines Vizefeldwebels, zu dem er es als Bürgerlicher nur gebracht hatte, kraft königlicher Huld mit der eines Leutnants vertauschen konnte[263].«

Die Sonderstellung des Militärs in Deutschland wurde kurz vor Ausbruch des Krieges am Beispiel der sogenannten Zabern-Affäre deutlich. In der Garnisonstadt Zabern im Elsaß fühlte sich die Zivilbevölkerung beschimpft, nachdem ein 20jähriger Leutnant einen wegen unbefugten Waffentragens und groben Unfugs vorbestraften Soldaten ermahnt hatte, Schlägereien aus dem Wege zu gehen; gleichzeitig wies der Leutnant den Rekruten auf das Recht auf Notwehr hin, indem er sagte: »Wenn Sie aber angegriffen werden, dann machen Sie von der Waffe Gebrauch. Wenn Sie dabei so einen Wackes niederstechen, dann bekommen Sie von mir zehn Mark.« Der Korporalschaftsführer fügte hinzu: »Und von mir noch drei Mark.« – So die offizielle Presseverlautbarung des Regiments.

»Der Sinn des Wortes ›Wackes‹ ist umstritten; es bedeutet ursprünglich ›soviel wie Strolch, Bummler, Taugenichts, überhaupt liederlicher Mensch‹; aber wenn es von einem Altdeutschen gebraucht wird, so hat es für viele Elsäßer den Beiklang einer nationalen Diskreditierung [. . .] und wird als schwere Beleidigung empfunden[264].«

Rekruten, die Zeugen dieser Szene geworden waren, wandten sich an die örtliche Presse, die zunächst relativ sachlich darüber berichtete. Als man aber in Zabern feststellte, daß das Regiment offenbar nicht die Absicht hatte, gegen den Leutnant einzuschreiten, sondern im Gegenteil den Sachverhalt herunterspielte, reagierte die Bevölkerung immer aufgebrachter. Aufgrund der allgemeinen Erregung setzte das Regiment anscheinend mit Billigung des Kommandierenden Generals des XV. Armeekorps, General v. Deimling, bewaffnete Militärstreifen ein, die ohne jede Rechtsgrundlage Zivilpersonen, darunter zwei Landgerichtsräte, festnahmen. Die beiden Juristen wurden nach einer Auseinandersetzung mit dem Regimentskommandeur wieder freigelassen, während die übrigen Verhafteten in einem Keller der Kaserne festgehalten wurden.

Damit erregte der Fall Zabern in der gesamten deutschen, ja sogar internationalen Presse Aufsehen. Trotz heftigster Kontroversen im Reichstag und der Verabschiedung eines (in der Verfassung nicht vorgesehenen) Mißtrauensvotums gegen den Reichskanzler wurde die Ohnmacht der Zivilbehörden gegenüber der Armee offenkundig »und im weiteren Sinn: des zivilen Bürgers gegenüber dem Militär [. . .]; sie wurde durch den Freispruch der verantwortlichen Offiziere nach einem skurrilen Militärgerichtsverfahren noch unterstrichen[265].«

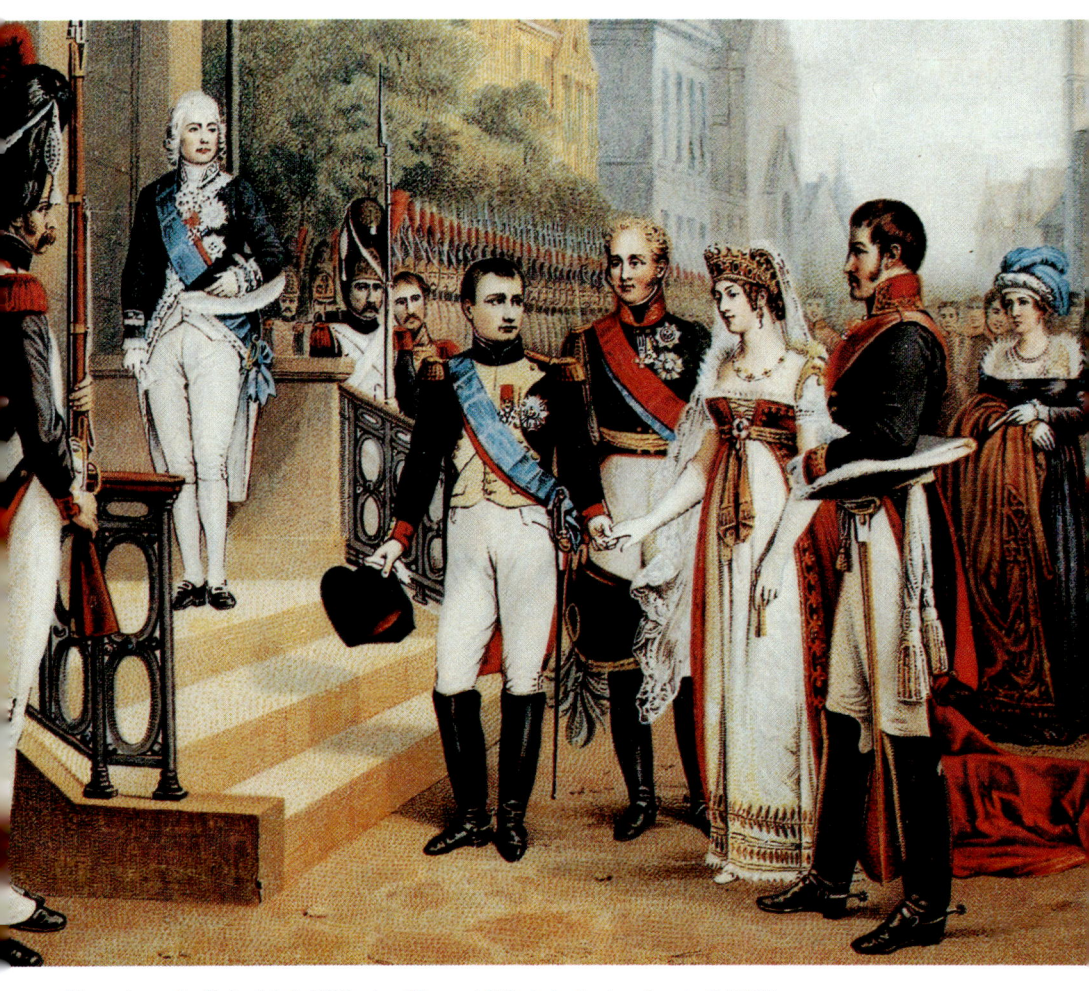

Napoleon I., Friedrich Wilhelm III. und Königin Luise im Juli 1807

Dragoner in Litewka und Freiwilliger Jäger 1813

Die verbündeten Monarchen in der Völkerschlacht bei Leipzig am 18. Oktober 1813

Theodor Körner trägt seinen Kameraden das Schwertlied vor

Erzherzog Carl

König Max I. Joseph
von Bayern

K. K. Landwehr 1809.
Am Tisch:
Mannschaften aus
verschiedenen
Kreisen, stehend:
Mannschaften, Offizier,
Feldwebel, Korporal

General Graf von Triva

Schlacht bei Bapaume
1871

Siegesparade auf dem Odeonsplatz in München 1871

Kaiser Wilhelm II. und seine Armee –
eine Farbzeichnung auf Wunsch des Kaisers

4. Traditionalismus und Ausbildung

In der praktischen Ausbildung erstarrte die Armee – von Ausnahmen abgesehen – im Traditionalismus[266]. Das ist jedenfalls eine der Thesen des Romans »Jena oder Sedan« von Franz Adam Beyerlein, der 1903 erschien und – schon 1904 zum 16. Mal aufgelegt – eine Gesamtauflage von 200 000 Exemplaren erreichte[267]. Heute würde man sagen, daß dieser Roman zu der damaligen Zeit ein Bestseller gewesen ist und in seiner Wirkung mit Hans Hellmut Kirsts Roman »08/15« verglichen werden kann. Beyerlein schildert den Dienstbetrieb eines Feldartillerie-Regiments irgendwo an der Grenze zu Böhmen aus der Perspektive der Mannschaften, Unteroffiziere und Offiziere, wobei der Kommandeur eine positiv gemeinte Sonderrolle spielt, obgleich er in Wahrheit seinen Dienstpflichten nicht hinreichend nachkommt, weil er die ihm bekannten Mißstände in seinem Regiment nicht zu unterbinden versteht. Auch das bescheidene gesellschaftliche Leben der Offiziere, ihrer Damen und der dazugehörige Garnisonklatsch wird lebendig geschildert. Natürlich wird in dem Roman übertrieben; die Skandale, die vielleicht in einem Jahr in der gesamten Armee vorgekommen sein mögen, werden hier einem einzigen Regiment zugeschrieben. Andererseits werden unter anderem dem Kommandeur des Regiments militärische Einsichten in den Mund gelegt, die ohne weiteres auch von Roon stammen könnten; ebenso können andere Passagen des Romans unschwer historisch belegt werden.

Geht man davon aus, daß Beyerlein den Truppenalltag einigermaßen richtig darstellt, so bestand der tägliche Dienst hauptsächlich aus stupiden Formal- und Reinigungsdiensten, während eine kriegsmäßige Ausbildung weitgehend vernachlässigt wurde. Zweimal im Jahr ging das Regiment auf einen Truppenübungsplatz zum Scharfschießen. Da die Rekruten sich bei diesem Anlaß die Wirkung ihrer Kartätschengeschosse ansehen konnten, mußte auch dem einfachsten Soldaten klar werden, daß angesichts dieser Waffenwirkung stundenlanges »Griffeklopfen«, wie sie es bei einem benachbarten Infanterie-Regiment gesehen hatten, als Vorbereitung für einen Krieg nicht mehr einsichtig war.

Im Manöver wurden sinnlose Reiterattacken gegen eindeutig überlegene Artilleriestellungen geritten: »Aber die vier Reiterregimenter kommen heran, auf vier-, drei-, zwei-, hundert Meter. Dann ›H-a-l-t!‹ Der Schiedsrichter galoppiert heran, die weiße Binde kaum sichtbar unter Fangschnüren und Krimskrams, den Schnurrbart bis über den Helmrand gesträubt, das Einglas im Auge. Mein alter schnauzbärtiger Oberst sprengt ihm entgegen, die Hand am Helm, und nimmt ihm das Wort aus dem Mund: ›Wir sind selbstverständlich zermalmt, Excellenz?‹ Dem anderen entfällt das Monokel. ›Aber natürlich‹ macht er. ›Für eine Stunde Retablierung außer Gefecht!‹« Mit solchen Beispielen suggerierte der Romanautor, die deutsche Armee habe sich an der Wende vom 19. zum 20. Jahrhundert in einem ähnlichen Zustand befunden wie die preußische Armee vor den Niederlagen von Jena und Auerstedt. Die Armee vor Jena habe sich in ihrem unter Friedrich II. erworbenen Ruhm gesonnen und dabei die Zeichen der Zeit nicht zur Kenntnis genommen, während die Kaiserarmee Anfang des 20. Jahrhunderts im Begriff stehe, sich auf den Lorbeeren von Sedan auszuruhen und weit davon entfernt sei, sich auf die in zunehmendem Tempo verändernde Waffentechnik einzustellen. – Tatsächlich haben Reiterattacken während der Kaisermanöver – so wie sie in dem Roman geschildert werden – stattgefunden, in Wahrheit aber waren sich alle Beteiligten darüber einig, daß solche Angriffe in einem wirklichen Ernstfall nicht mehr durchführbar waren. Die sogenannten Seydlitz-Attacken bei den Kaisermanövern sind einer persönlichen Marotte Wilhelms II. zuzuschreiben und waren eine imposante Schau für die Beteiligten.

Die zweite unübersehbare These Beyerleins, die hinter seiner Romanhandlung steht, besagt, daß die Armee nicht die »Erziehungsschule der Nation« sei, sondern der Sozialdemokraten. Denn in der Romanhandlung werden die Mannschaften von schnauzenden Unteroffizieren oder blasierten Offizieren so schlecht behandelt, daß clevere Sozialdemokraten aus der Stadt, die übrigens von den Einheiten besonders registriert und überwacht wurden, die Königstreue des gutwilligsten Wehrpflichtigen leicht erschüttern konnten[268]. Das Bildungsgefälle zwischen Stadt und Land, das auf den Mannschaftsstuben oft zugunsten der überzeugten Sozialdemokraten ausging, konnte auch nicht durch den Einfluß gebildeter Bürgersöhne aufgefangen werden, weil diese als Einjährig-Freiwillige nicht kasernenpflichtig waren. Und die Einjährig-Freiwilligen hatten oft so viel Geld, daß sie die Unteroffiziere korrumpieren konnten. Im übrigen herrschte eine ausgeprägte Wehrungerechtigkeit, wie aus der Darstellung Beyerleins unschwer zu entnehmen, aber auch historisch belegt ist[269]. Auch die Fragwürdigkeit des Duells wird von Beyerlein erörtert. In der Romanhandlung provoziert ein Leutnant ein Duell mit einem älteren Kameraden, weil er sich über diesen im Dienst geärgert hatte.

Die Ehrengerichtsordnung Wilhelm I. knüpfte also an eine Tradition an, die nach heutigen Wertvorstellungen geradezu unsinnig erscheint. Auch seine sonstigen Vorstellungen von der Ehrenhaftigkeit der deutschen Offiziere wurden nicht immer eingehalten; Trinkgelage, Hazardspiel und der Umgang mit leichten Mädchen wurden anscheinend augenzwinkernd übersehen.

Im Jahre 1904 erschien von einem gewissen Leutnant Bilse (= Fritz von der Kyrburg) der Roman »Aus einer kleinen Garnison«, der den Anspruch erhob, ein militärisches Zeitbild zu geben. Bilse schildert gleichermaßen das Garnisonsleben eines Grenzregimentes und erzählt eine Handlung, die der Tendenz nach dem Buch Beyerleins entspricht, aber wegen der Vielzahl der geschilderten Skandale weniger glaubhaft wirkt. Bilse konnte sich aber in Wahrheit weitgehend auf Tatsachen abstützen, wie aus einer apologetischen anonymen Schrift unter dem Titel »Beyerlein, Bilse und Genossen«[270] hervorgeht. Aus dieser Schrift ist zu entnehmen, daß es um den Roman »Aus einer kleinen Garnison« einen Prozeß gegeben hat; in der genannten Schrift heißt es dazu: »Der Prozeß Bilse hat leider ergeben, daß ein Teil aus einer kleinen Garnison geschilderten Vorgänge wirklich stattgefunden hat. Vielleicht sogar ein großer Teil.« Und: »Wie war es nun möglich, daß solche Zustände, die jeder Sittlichkeit Hohn sprechen, in einem

Frühjahrsparade des 1. Garderegiment zu Fuß, 1914

Offizierkorps geduldet wurden, Zustände, die man nach Bilse in keinem anderen Kreise geduldet hätte? [. . .] Der Kriegsminister hat den Grund schon genannt. Es ist die Persönlichkeit des Kommandeurs. Und so fest ist im Offizierkorps die Disziplin gewurzelt, daß selbst ein so weicher Vorgesetzter wie dieser längere Zeit hindurch solche Zustände gehen lassen konnte, ohne daß die besseren und älteren Elemente im Offizierkorps dagegen Front machten.«

Die apologetische Schrift ist noch in anderer Hinsicht aufschlußreich; so hat es in der deutschen Armee Anfang des 20. Jahrhunderts offensichtlich eine größere Zahl Fahnenflüchtiger gegeben, die aus Furcht vor Strafe nicht selten Selbstmord verübten. Zu diesem Sachverhalt wird folgendermaßen Stellung genommen: »Schwäche des Charakters erlaubt dem Manne nicht, sich den Härten einer längeren Freiheitsstrafe auszusetzen und andererseits hat seine bisherige Umgebung so aufklärend auf ihn gewirkt, daß er an kein Jenseits glaubt und das Leben achtlos von sich wirft wie ein unbequemes Gewand. Und in der öffentlichen Meinung tragen die Zustände in der Armee die Schuld an solchen Vorkommnissen.« Der Verfasser läßt hier eine stark ausgeprägte sozial-darwinistische Haltung erkennen, die in den führenden Kreisen des Deutschen Reiches weit verbreitet gewesen ist[271]. Ferner wird zugegeben, daß es in der deutschen Armee zu Mißhandlungen Untergebener gekommen ist, wobei allerdings vermerkt wird, daß die Zahl der Aburteilungen dieses Vergehens rückläufig sei. In diesem Zusammenhang wird die Schuld weniger den Tätern als vielmehr den Opfern angelastet, in deren Köpfen sich eine Fülle von Unbotmäßigkeit angesammelt habe. »Die kommen nun in Reih und Glied und sie, die im vollen Sinne des Wortes taten, was sie wollten, ohne nach Gott im Himmel oder nach den Eltern auf Erden zu fragen, sollen nun plötzlich auf einen Wink gehorchen und vielleicht einem Unteroffizier, der sie nicht mit Glacéhandschuhen anfaßt. Wie leicht stellt sich da Widerstand ein, und schwer gereizt läßt sich der Unteroffizier zu einer Mißhandlung verleiten.«

An anderer Stelle läßt der Verfasser erkennen, daß er einen wirtschaftlich unabhängigen Leutnant nicht für wünschenswert hält; dahinter steht anscheinend die Auffassung, daß junge Offiziere, die von ihren Angehörigen finanziell unterstützt werden müssen, die Gewähr bieten, mit absoluter Sicherheit keine Sozialdemokraten zu sein. Folgerichtig wird auch der Aufstieg von Unteroffizieren in das Offizierkorps schroff zurückgewiesen, weil »die breite Grenze zwischen Unteroffizieren und Mannschaften einerseits und Offizieren andererseits« auf jeden Fall bestehen bleiben müsse.

5. Die Rolle der Kriegervereine in der Traditionspflege

a) Historischer Rückblick

Krieger- bzw. Veteranenvereine sind keineswegs eine Erfindung des 19. Jahrhunderts. Veteranenvereine gab es bereits seit dem 1. Jahrhundert vor Christus in der Römischen Republik und später unter den römischen Kaisern; sie hatten seinerzeit die Funktion einer Art Sozialversicherung. Ausgediente Legionen erhielten meist als geschlossener Verband Landzuweisungen, so daß die ehemaligen Soldaten als Bauern ein auskömmliches Leben finden konnten.

In der Neuzeit wurden die ersten deutschen Kriegervereine etwa Mitte des 18. Jahrhunderts gegründet. Preußen war der erste deutsche Staat, der die Vereinigung ehemaliger Soldaten nicht ungern sah und förderte. Der Zweck dieser Vereinigungen war anfangs relativ bescheiden; man sah die Hauptaufgabe darin, verstorbenen Kameraden bei der Beerdigung militärisches Ehrengeleit zu gewähren. Die Vereine nannten sich deshalb meist Militär-Begräbnis-Vereine. Die allerhöchste Kabinettsordre vom 22. Februar 1842, die bis zum Jahre 1903 die gesetzliche Grundlage des Preußischen Kriegervereinswesens war, ging noch von diesem Zweck aus[272]. Mit dem Revolutionsjahr 1848 tauchten bereits Überlegungen auf, den Kriegervereinen eine politische Zielsetzung zu geben; die Veteranen, die sich für eine monarchische, nationale Gesinnung und Treue für das angestammte Königs- und Herrscherhaus verpflichtet sahen, glaubten nunmehr, in der Lage zu sein, ein Bollwerk gegen die sozialistischen Kräfte errichten zu können.

Die Veteranenverbände, die aus den Freiheitskriegen hervorgegangen waren, verloren rasch an Bedeutung, weil ihnen aufgrund der langen Friedenszeit einerseits der Nachwuchs fehlte, während andererseits die Veteranen der Kriege von 1813-1815 Zug um Zug verstarben und die wenigen Weiterlebenden wegen ihres

Reservistenrequisit des Niedersächsischen Feldartillerie-Regiments Nr. 46, III. Btl. Wolfenbüttel, Dienstzeit 1901-1903

hohen Alters politisch nichts mehr bewirken konnten. Viele Vereine hatten sich deshalb selbst aufgelöst.

Die Kriege 1864, 1866 und vor allem 1870/71 bewirkten hinsichtlich des Kriegervereinswesens einen ungeahnten Aufschwung. Allenthalben bildeten sich neue Vereine mit hohen Mitgliedszahlen. Da mit den Roonschen Heeresreformen die Allgemeine Wehrpflicht halbwegs verwirklicht worden war, nahmen die Kriegervereine nunmehr gediente Soldaten auf, auch wenn sie an keinem Feldzug teilgenommen hatten. Damit war das Nachwuchsproblem behoben.

Bis 1909 wuchs die Zahl der örtlichen Vereine auf 28 000 an, die insgesamt 2,5 Millionen Mitglieder hatten; ihr Dachverband war seit 1892 der sogenannte »Kyffhäuserbund«, der sich in deutsche Landeskriegerverbände und Ortsverbände untergliederte. Die preußischen Kriegervereine standen seit dem 1. Januar 1899 unter dem persönlichen Protektorat des Deutschen Kaisers und Königs von Preußen; der Preußische Landeskriegerverband hatte zu diesem Zeitpunkt eine Gesamtzahl von 1,4 Millionen Mitgliedern[273].

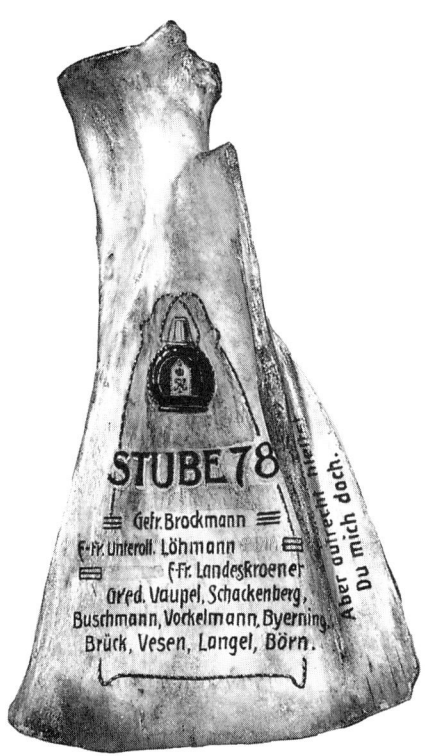

»Der alte Knochen« als beliebtes Reservistenrequisit

(Die Beschriftung zeigt: STUBE 78, Gefr. Brockmann, F-Fr. Unteroff. Löhmann, F-Fr. Landeskroener, Gefr. Vaupel, Schackenberg, Buschmann, Vockelmann, Byerning, Brück, Vesen, Langel, Börn. – Aber aufrecht mien, Du mich doch.)

b) Zielsetzung der Vereine

Die Zielsetzung der Kriegervereine ergibt sich aus den Satzungen, die aufgrund langjähriger Erfahrung vom Vorstand des Preußischen Landeskriegerverbandes ausgearbeitet worden waren. Nach dieser »Normalsatzung« hatten sich die Kriegervereine folgende Ziele gesetzt:

»a) Die Liebe und Treue für Kaiser und Reich, Landesfürst und Vaterland bei seinen Mitgliedern zu pflegen, zu bestätigen und zu stärken sowie die Anhänglichkeit an die Kriegs- und Soldatenzeit im Sinne kameradschaftlicher Treue und nationaler Gesinnung aufrecht zu erhalten;

b) Feier vaterländischer Gedenktage;

c) Die Leichen verstorbener Mitglieder mit den üblichen militärischen Gebräuchen nach Maßgabe der allerhöchsten Kabinettsordres vom 22. Februar 1842 und vom 6. Juni 1844 zur Gruft zu geleiten;

d) Gewährung einer Beihilfe zu den Kosten der Beerdigung an die Hinterbliebenen, sowie Unterstützung der Kameraden bei unvermutet eintretenden Unglücksfällen, nach Lage des Vereinsvermögens[274].«

Hauptzweck der Kriegervereine war also die Traditionspflege; dazu gesellte sich aber eine massive politische Zielrichtung: strikte Opposition gegen die sozialdemokratische Bewegung. Demnach war es gänzlich ausgeschlossen und mit den Satzungen unvereinbar, daß ehemalige Soldaten, die Mitglieder der sozialdemokratischen Partei waren oder diese in Wort und Tat mittelbar unterstützten, Mitglieder der Kriegervereine sein konnten. Mehr noch, die Kriegervereine glaubten, die Wahlen zum Reichstag entscheidend beeinflussen zu können.
Wenn die Voraussetzung zur Mitgliedschaft das Bekenntnis zu einer bürgerlichen Partei sein mußte, dann würde jedes Wahlergebnis ganz entscheidend von der Mitgliederzahl in den Kriegervereinen abhängig sein.
1903 verteilten sich die Mitglieder auf die verschiedenen Bundesstaaten des Deutschen Reiches wie folgt:

Bundesstaat	Kriegervereinsmitglieder auf 100 Wahlberechtigte
Preußen	14,7
Bayern	16,6
Sachsen	19,1
Württemberg	15,4
Baden	27,0
Hessen	17,4
Mecklenburg-Schwerin	14,7
Sachsen-Weimar	19,8
Mecklenburg-Strelitz	11,8
Oldenburg	18,2
Braunschweig	18,3
Sachsen-Meiningen	22,2
Sachsen-Altenburg	21,9
Sachsen-Coburg-Gotha	24,7
Anhalt	16,9
Schwarzburg-Sondershausen	23,7
Schwarzburg-Rudolstadt	17,2
Waldeck	24,9
Reuß ältere Linie	15,1
Reuß jüngere Linie	15,4
Schaumburg-Lippe	24,0
Lippe	25,4
Lübeck	11,9
Bremen	12,2
Hamburg	5,8
Elsaß-Lothringen	6,1

Tatsächlich haben sich jedoch die Erwartungen der Kriegervereine nicht erfüllt; aufgrund der Wahlergebnisse zum Reichstag mußte geschlossen werden, daß auch Angehörige der Kriegervereine sozialdemokratisch gewählt hatten.

Bitter war auch die Einsicht der verantwortlichen Funktionäre, daß die Kriegervereine mit den sozialdemokratischen Gewerkschaften bezüglich ihres sozialen Programms bei weitem nicht konkurrieren konnten.

Während der Jahres-Mitgliederbeitrag für Angehörige der Kriegervereine nur 12 Pfennige betrug, verlangten die Gewerkschaften von ihren Mitgliedern bis zu 40 Pfennig in der Woche! Deshalb konnten die Gewerkschaften in Notfällen ungleich wirksamere wirtschaftliche Unterstützung gewähren.

Mit einem Erlaß vom 21. Dezember 1898 hatte Kaiser Wilhelm II. das Protektorat über den preußischen Landes-Kriegerverband übernommen. Er hatte in diesem Zusammenhang geschrieben: »Ich tue es in dem Vertrauen, *daß die Vereine in der Pflege unverbrüchlicher Treue gegen König und Vaterland stets ihre vornehmlichste Aufgabe erblicken werden und wünsche, daß die Kriegervereine auf dieser Grundlage sich kräftig weiter entwickeln und ihrem Ziele, alle ehemaligen Angehörigen Meiner Armee und Marine unter ihrer Fahne zu sammeln, immer näher kommen mögen.«* Trotz dieser offiziellen Unterstützung traten Offiziere und Beamte, die bei der Armee gedient hatten, in relativ geringer Zahl den Kriegervereinen bei. Nicht zuletzt aus diesem Grund haben die Kriegervereine ihre selbstgesetzten politischen Ziele selten voll erfüllen können.

6. Die Wehrkonzeption der sozialdemokratischen Opposition mit traditioneller Eigendynamik

Gegen die bestehende Wehrpflichtarmee nach Roonschem Muster haben die Sozialdemokraten von Anfang an ihre Opposition angemeldet. Ähnlich wie Karl v. Rotteck sahen die verantwortlichen Sozialdemokraten in der stehenden Armee das Instrument des Klassenfeindes, das bei Bedarf zur Unterdrückung der Arbeiterklasse eingesetzt werden würde. Die Sozialdemokraten forderten deshalb die allgemeine Volksbewaffnung, wobei »jeder Bürger Soldat und jeder Soldat Bürger« sein solle. Die Sozialdemokraten konnten sich nur einen demokratischen Staat vorstellen, wenn auch das Heer demokratisiert werden würde.

Auf dem 5. Vereinstag der deutschen Arbeitervereine in Nürnberg im Jahre 1868 hatte man ein militärisches Standardprogramm beschlossen, das wie folgt umrissen werden kann[275]: Danach wird die Allgemeine Wehrpflicht nur in einer Volkswehr verwirklicht, die bei dem bestehenden System nur eine »Phrase« ist, weil bei weitem nicht alle waffenfähigen Männer eingestellt werden können. Dagegen geht die Volkswehr von dem Grundsatzgedanken aus, daß »jeder waffenfähige Mann [. . .] zum Wehrdienst und zur Verteidigung des Vaterlandes bereit und fähig sein« soll. Der Soldat der Volkswehr ist »Staatsbürger in Waffen« mit allen staatsbürgerlichen Rechten und Pflichten. Der Soldat besitzt also auch das Wahlrecht und ist an die Verfassung gebunden. Der Soldatenberuf kann unter dieser Voraussetzung auch keinen besonderen Stand mehr darstellen, der gegenüber anderen Berufsgruppen privilegiert ist. Dabei gehen die Sozialdemokraten davon aus, daß der Dienst in der Volkswehr wesentlich kürzer sein kann, weil der überflüssige und geisttötende Kasernen- und Paradedienst entfällt; statt dessen genügten jährlich wenige Wochen, um aus einem Bürger einen kriegs- und feldtüchtigen Soldaten zu machen. Um dies erzielen zu können, werden regelmäßige Waffenübungen als Teil der Jugenderziehung betrachtet. Im Gegensatz zu der offiziellen Auffassung hat die Armee nicht Erziehungsschule der Nation zu sein, sondern soll sich allein auf die praktische Ausbildung beschränken.

Der Gehorsam des »Staatsbürgers in Waffen« darf keineswegs blind sein, sondern ist an die Gesetze gebunden. Der als Soldat dienende Bürger hat zwar im Dienst seinen militärischen Vorgesetzten Gehorsam zu leisten, »steht aber im übrigen vollkommen auf gleicher Stufe mit ihnen«[276].

Außerdem wurde gefordert, die Militärgerichtsbarkeit abzuschaffen; künftig sollten sich Soldaten nur noch vor bürgerlichen Gerichten verantworten müssen. Auf diese Weise würde für den einzelnen die persönliche Sicherheit gegen Übergriffe seiner Vorgesetzten hergestellt. Kurzum: »Ein bewaffnetes Volk ist ein freies Volk, es läßt sich von niemandem unterdrücken.«

Das Standardprogramm der Sozialdemokraten hatte seinerzeit keinerlei Aussicht auf praktische Durchführung; es enthält jedoch eine ganze Reihe von Ideen, die den Grundsätzen der Inneren Führung der Bundeswehr entsprechen. Insofern kann hier eine Traditionslinie ausgemacht werden, die zwar im 19. Jahrhundert innerhalb der Armee keine praktische Bedeutung hatte, aber dennoch eine Eigendynamik entwickelt hat, die bis in die Gegenwart wirksam geblieben ist.

7. Mit Begeisterung in den Krieg – Das Ergebnis verfehlter Traditionspflege?

Trotz der genannten Romane und ihrer zweifellos nicht unerheblichen Wirkung in der Öffentlichkeit sowie anderer Einschränkungen hatte die Armee des Kaiserreiches für die Bevölkerung in keiner Weise an Faszination verloren. Die Masse der wehrpflichtigen Soldaten blickte mit Stolz auf die Wehrdienstzeit zurück. Außerdem hatten gediente Soldaten bei zivilen Arbeitgebern Vorteile und wurden Ungedienten auch bei gleicher Qualifikation vorgezogen. Für das Bildungsbürgertum war es wegen der gesellschaftlichen Sonderrolle des Offizierkorps zu einer Prestigefrage geworden, mindestens den Dienstgrad eines Leutnants der Reserve zu erreichen. Im übrigen sollte nicht unterschätzt werden, daß die Armee auch für Unterhaltung sorgte. In einer Zeit, in der es weder Fernsehen noch Kinos gab und die Möglichkeiten der Freizeitgestaltung sehr begrenzt waren, hatten die sonntäglichen Militärkonzerte für die Bevölkerung eine große Anziehungskraft. Bei allen größeren Festtagen, nationalen Gedenktagen, Kaisers Geburtstag und anderen Anlässen führte die Armee mitunter große Truppenparaden vor und zeigte sich so dem Beobachter von ihrer Schokoladenseite. Alles in allem stellt Manfred Messerschmidt fest, daß die Armee in keinem anderen Staat Europas »in so hohem Maß Rückhalt und Anerkennung in der Gesellschaft« fand, »wie in Preußen-Deutschland«[277].

Im Bewußtsein der Deutschen hatte die Armee nicht zuletzt deshalb einen großen Stellenwert, weil Anfang des 20. Jahrhunderts von vielen eine reale Kriegsgefahr gesehen wurde. Spätestens seit der zweiten Marokko-Krise von 1911 fühlten sich die Deutschen von feindlichen Mächten eingekreist. In der deutschen und europäischen Bevölkerung war die Auffassung weit verbreitet, daß ein großer Krieg in naher Zukunft unvermeidbar sei. Werner E. Mosse datiert den Beginn dieser allgemeinen Kriegsstimmung früher und analysiert die weitverbreitete Haltung in der deutschen Bevölkerung zum Krieg in dieser Zeit wie folgt:

»Seit der Marokkokrise von 1905 war das Klima der Diplomatie in Europa fast unerträglich schwül geworden. Allenthalben rechnete man in den herrschenden Kreisen mit einem baldigen Konflikt. [. . .] Der Krieg erschien als eine Erlösung von unerträglichen Spannungen, als eine Patentlösung für scheinbar unlösliche Probleme in einer allzu kompliziert gewordenen Situation. Für die von inneren Problemen bedrängten Herrschaftsschichten bedeutete ein Krieg den Ausweg aus einer gefährdeten Situation. Interessengruppen [. . .] erhofften sich ungeheure Profite. [. . .] Viele Durchschnittsbürger nahmen die Notwendigkeit eines Krieges als etwas vom Schicksal Bestimmtes hin. Andere erwarteten in ihm ein mystisches Erlebnis. Wieder andere sahen im Krieg ein Mittel der allgemeinen ›Verjüngung‹, der Zerstörung antiquierter und überholter sozialer und politischer Formen, der Schaffung einer neuen und besseren Gesellschaftsordnung. Weniger Phantasiebegabten hingegen versprach Krieg zumindest ein ›großes Abenteuer‹. [. . .] So entstand eine künstliche Kriegshysterie, der viele Leute unterlagen[278].«

Militärische Fachleute rechneten damit, daß Deutschland in einen Zweifrontenkrieg verwickelt werden würde. Von dieser Lage ging der nach dem Generalstabschef Graf v. Schlieffen benannte Plan aus, der eine grandiose Umfassungsschlacht im Westen vorsah und als Voraussetzung für die Kriegführung im Osten einen raschen Sieg über Frankreich einplante. Als es 1914 zum Krieg

Alfred Graf von Schlieffen,
preußischer Generalfeldmarschall,
Chef des Generalstabes der Armee

kam, gab es zum Schlieffen-Plan keine Alternative. Da nach dem Schlieffen-Plan der deutsche Aufmarsch die Neutralität Belgiens verletzte, begann der Erste Weltkrieg auf deutscher Seite mit einer Völkerrechtsverletzung, was den Eintritt Englands in den Krieg zur Folge hatte.

Die Tatsache, daß sich bei Ausbruch des Ersten Weltkrieges Millionen junger Männer, teilweise noch im Schüleralter, begeistert zu den Fahnen meldeten und es nicht erwarten konnten, an die Front geschickt zu werden, läßt den Schluß zu, daß in Deutschland seit Ende des 19. Jahrhunderts eine nationalistisch-militaristische Traditionspflege betrieben worden ist, die im Grunde genommen unverantwortlich war. Wenn ein Krieg mit allgemeiner Begeisterung begonnen wird, dann müssen in der Bevölkerung Wertmaßstäbe gezüchtet worden sein, die jedenfalls nach heutiger Einschätzung nicht wünschenswert sein können. Es ist jedoch zu berücksichtigen, daß es sich um eine andere Zeit handelte, um eine Zeit, in der der Krieg noch als ein legitimes Mittel angesehen wurde. Tapferkeit oder die Bewährung vor dem Feind galten als Tugenden an sich, die – daran glaubten jedenfalls viele – jeder Jüngling einmal erfahren haben müsse, um auf diese Weise schneller zum Mann heranzureifen. Diese Auffassung wurde nicht allein in der Armee vertreten; auch die Kirchen, Universitäten und Schulen hatten großen Anteil daran, daß die Bevölkerung in diesem Sinne eingestimmt wurde. – Eine ähnliche Entwicklung hatte in Frankreich, Österreich und Rußland parallel stattgefunden. Wenn sich also in ganz Europa militärische Tugenden verselbständigten, dann war in der Tat der Gedanke naheliegend, die Tüchtigkeit der militärischen Machtinstrumente irgendwann einmal zu erproben. Die militärische Traditionspflege in Europa seit Ende des 19. Jahrhunderts ist deshalb ein wesentlicher Schlüssel zum Verständnis der Ursachen, die zum Ausbruch des Ersten Weltkrieges geführt haben.

Anmerkungen

1 Siehe Mann, Deutsche Geschichte, S. 57.
2 Siehe Braubach, Von der Französischen Revolution bis zum Wiener Kongreß, S. 7 ff.; ferner Mann, Deutsche Geschichte, S. 57 ff.
3 Siehe Schoeps, Preußen. Geschichte, S. 105; ferner Braubach, Von der Französischen Revolution bis zum Wiener Kongreß, S. 11.
4 Zit. nach Howard, Der Krieg in der europäischen Geschichte, S. 110; siehe Reinhard, Le Grand Carnot, Bd 2, S. 100–108 (Beleg bei Howard, S. 193).
5 Siehe Howard, Der Krieg in der europäischen Geschichte, S. 110 f.
6 Ebd., S. 108 f.; ferner Ortenburg, Mit Gott für König und Vaterland, S. 18.
7 Siehe Haffner, Preußen, S. 126; ferner Schoeps, Preußen. Geschichte, S. 105.
8 Porbeck, Über die Ursachen, S. 389 (die Schreibweise wurde der modernen Orthographie angepaßt); siehe Höhn, Scharnhorsts Vermächtnis, S. 18.
9 Siehe Höhn, Scharnhorsts Vermächtnis, S. 18 f.
10 Ebd., S. 20.
11 Thesenartige Zusammenfassung ebd., S. 20 f.
12 Berenhorst, Betrachtungen über die Kriegskunst, S. 460.
13 Ebd., S. 460 f.
14 Höhn, Revolution, Heer, Kriegsbild, S. 238.
15 Ebd., S. 237 ff.; ders., Scharnhorsts Vermächtnis, S. 24 ff.
16 Höhn, Revolution, Heer, Kriegsbild, S. 239.
17 Bülow, Geist des neuern Kriegssystems, S. 176. (Die Schreibweise wurde der modernen Orthographie angepaßt.)
18 Ebd., S. 181.
19 Ebd., S. 202.
20 Ebd., S. 207.
21 Zit. nach Eduard Bülow, in: Militärische und vermischte Schriften, S. 47 f.
22 Siehe Schoeps, Preußen. Geschichte, S. 108 f.; ferner: Haffner, Preußen, S. 172.
23 Siehe Braubach, Von der Französischen Revolution bis zum Wiener Kongreß, S. 42.
24 Schoeps, Preußen. Geschichte, S. 108.
25 Siehe Braubach, Von der Französischen Revolution bis zum Wiener Kongreß, S. 43; Schoeps, Preußen. Geschichte, S. 108; Haffner, Preußen, S. 172.
26 Siehe Braubach, Von der Französischen Revolution bis zum Wiener Kongreß, S. 45.
27 Siehe Haffner, Preußen, S. 173; ferner Schoeps, Preußen. Geschichte, S. 108.
28 Siehe Braubach, Von der Französischen Revolution bis zum Wiener Kongreß, S. 47; Haffner, Preußen, S. 173.
29 Ortenburg, Mit Gott für König und Vaterland, S. 19.
30 v. d. Goltz, Von Roßbach bis Jena und Auerstedt, S. 59.
31 Ebd., S. 82.
32 Scharnhorst in seinem Bericht vom 4. Januar 1808, zit. ebd., S. 46 (die Schreibweise wurde der modernen Orthographie angepaßt).
33 Hier und im folgenden ebd., S. 78.
34 Granier, Die Franzosen in Berlin, S. 17.
35 Hamburger Korrespondent vom 17. Okt. 1806. Siehe v. d. Goltz, Von Roßbach bis Jena und Auerstedt, S. 504. Leipzig gehörte nicht zu Preußen, sondern zu Sachsen, das mehr oder weniger gezwungen an der Seite Preußens in den Krieg gezogen war.

36 Minerva, Berlin 1807, H. I, S. 554.
37 Siehe Konferenzen und Verträge, S. 235.
38 Zit. nach Schoeps, Preußen. Geschichte, S. 115.
39 Haffner, Preußen, S. 175.
40 Siehe Hartmann, in: Allgemeine Deutsche Biographie, Bd 7, S. 700 ff.
41 Schoeps, Preußen. Geschichte, S. 118.
42 U. a. abgedruckt in: 1806. Das preußische Offizierkorps, S. 7–10.
43 Ebd., S. 11 f.
44 Vaupel, Die Reorganisation des Preußischen Staates, Bd I, S. 8 f.
45 1806. Das Preußische Offizierkorps, S. 12.
46 Es ist deshalb mit Recht angezweifelt worden, ob die Art und Weise der Tätigkeit des Personalgutachterausschusses mit dem Grundgesetz vereinbar gewesen ist. Siehe Wiggershaus, Zur Debatte, S. 56.
47 Siehe Vaupel, Die Reorganisation des Preußischen Staates, S. 8-11.
48 Angeregt durch eine Denkschrift des Rittmeisters von der Marwitz, die dem König im Februar 1807 vorgelegt wurde. Siehe Kayser, Marwitz, S. 135 ff.
49 Abgedruckt in: Winter, Die Reorganisation des Preußischen Staates, Bd I, S. 302-363, 320 ff. Die Denkschrift wurde am 12. September 1807 in Riga fertiggestellt.
50 Hardenberg hatte vor allem bei den Historikern des 19. Jahrhunderts keine gute Presse, offenbar weil er in London und Braunschweig in handfeste Gesellschaftsskandale verwickelt war. Am 19. Juni 1807 heiratete er zum dritten Mal. Nach den moralischen Maßstäben des 19. Jahrhunderts war ein solcher Lebenswandel unverzeihlich. So urteilt der angesehene Historiker Heinrich v. Sybel wie folgt: »Sonst bleibt er, was er gewesen ist, liebenswürdig, leichtsinnig und sittenlos, im Arbeiten selten gründlich. Im Urteil vielfach diletantisch.« (Art. Hardenberg, K. A. Frhr. v., in: Allgemeine Deutsche Biographie, Bd 10, S. 579). Wer Hardenberg so abwertet, hat entweder von ihm nichts gelesen oder muß andere Gründe gehabt haben; möglicherweise sollte dagegen Frhr. vom und zum Stein als »Lichtgestalt« aufgebaut werden. Hans Haußherr (Hardenbergs Reformdenkschrift Riga 1807, in: HZ 157 [1938], S. 267–308) nimmt an, die Wirkung der Denkschrift sei gering gewesen. Schoeps (Preußen. Geschichte, S. 124) vertritt die These, Hardenberg sei im Vergleich zu Stein »der größere Praktiker« und vor allem geistig »beweglicher« gewesen. Haffner (Preußen, S. 176) schreibt entschieden: »Unverkennbar war Hardenberg von den beiden [Reformern] der bessere Politiker. Stein, ein Charakter zwischen Martin Luther und Michael Kohlhaas, wollte immer mit dem Kopf durch die Wand und ist im ganzen als Politiker gescheitert. [. . .] Hardenberg, viel geschickter und geschmeidiger, übrigens auch privat kein Puritaner wie Stein, sondern Weltmann, Kavalier und Lebenskünstler wie Metternich und Talleyrand, erreichte 1810 als ›Staatskanzler‹ eine Stellung, wie sie vor ihm in Preußen niemand und nach ihm nur Bismarck gehabt hat, und hielt sie bis zu seinem Tod 1822. In der entscheidenden Krise von 1813 machte er, weit mehr als der König, praktisch die preußische Politik.« – Haffners Urteil dürfte der historischen Realität am nächsten kommen.
51 Winter, Die Reorganisation des Preußischen Staates, Bd I, S. 313 f.
52 Ebd., S. 320 ff. Möglicherweise sind mit den *gelehrten* Offizieren die Angehörigen der von Scharnhorst gegründeten »Militärischen Gesellschaft« gemeint.
53 Ebd.
54 Schoeps, Preußen. Geschichte, S. 124.
55 Rigaer Denkschrift (wie Anm. 49), S. 321.
56 Winter, Die Reorganisation des Preußischen Staates, S. 364-569, Abschnitt B. »Dermalige Lage des Militärwesens«, S. 420-432.
57 Das ergibt sich aus den Ausführungen Hardenbergs (wie Anm. 49).
58 Zit. nach Pertz, Gneisenau, Bd 1, S. 318.
59 Ebd., S. 318 ff.
60 Berenhorst wurde u. a. vorgeworfen, er habe »den Zustand des gemeinen Soldaten, selbst des subalternen Officiers, noch kläglicher« dargestellt als »er wirklich – wenigstens im Ganzen – ist«. Dadurch mache er den Betroffenen ihre Lage zusätzlich unerträglich. Berenhorst wies den impliziten Vorwurf, er habe eine Rebellion anzetteln wollen, mit dem Hinweis zurück, die »gemeinen Soldaten« würden ohnedies seine Schriften nicht lesen. Statt dessen hoffe er auf die »väterliche Mildigkeit« der Herrscher in Deutschland (Betrachtungen über die

Kriegskunst, S. 477 f.). Für den Kritiker Berenhorst ging es also nicht darum, offenkundige Mängel in der Armee abzustellen, sondern einzig um die Frage, die Disziplin in der Armee nicht zu gefährden.

61 Aus einem Brief an Clausewitz vom 27. November 1807, abgedruckt bei Pertz, Freiherr vom Stein, Bd 2, S. 187 ff.; außerdem: Linnebach, Scharnhorsts Briefe, Nr. 226.

62 Siehe Pertz, Freiherr vom Stein, Bd 2, S. 13.

63 Handbuch der deutschen Wirtschafts- und Sozialgeschichte, Bd 2, S. 279.

64 Der Minister vom Stein mußte wegen eines kompromittierenden Briefes an den Prinzen von Sayn-Wittgenstein vom 15. August 1808 (abgedr. bei Pertz, Freiherr vom Stein, Bd 2, S. 231 ff.), der Napoleon in die Hände gefallen war, auf dessen Forderung aus dem preußischen Dienst entlassen werden. Stein wurde außerdem von Napoleon geächtet, und nicht einmal der preußische König konnte seinem ehemaligen Minister in seinem Staatsgebiet sicheres Asyl gewähren. Dieser Umstand zeigt schlaglichtartig die Abhängigkeit Preußens von Frankreich. Stein trat später in russische Dienste.

65 Schoeps, Preußen. Geschichte, S. 119.

66 Abgedruckt bei Pertz, Freiherr vom Stein, Bd 2, S. 23–27; ferner: Publikationen aus den Preußischen Staatsarchiven, Bd 30, S. 210. Siehe Schoeps, Preußen. Geschichte, S. 119.

67 Text der Kabinettsordre abgedr. bei Pertz, Freiherr vom Stein, Bd 2, S. 28.

68 Siehe Schoeps, Preußen. Geschichte, S. 121.

69 In den 18 »Großstädten« Preußens mit mehr als 20 000 Einwohnern lebten damals etwa 6% der Gesamteinwohner; in den Mittelstädten zwischen 6 000 und 20 000 Einwohnern noch einmal um 7%. Schoeps, Preußen. Geschichte, S. 122.

70 Siehe Ortenburg, Mit Gott für König und Vaterland, S. 24.

71 Siehe Schoeps, Preußen. Geschichte, S. 127; Ortenburg, Mit Gott für König und Vaterland, S. 24.

72 Nach der 3. Pariser Konvention war das preußische Heer in 6 Infanterie- und 3 Artilleriebrigaden zu gliedern. Frankreich forderte 140 Millionen Francs Kriegskontributionen und die Garantie für den Bau von drei Militärstraßen. – Um dies zu erzwingen, hielt Frankreich drei Festungen besetzt. Siehe Hermann, Deutsche Militärgeschichte, S. 150.

73 Denkschrift Scharnhorsts vom 31. 7. 1807, abgedr. in: Vaupel, Die Reorganisation des preußischen Staates, Bd 1, S. 19–23; Zitat S. 21. (Die Schreibweise wurde der modernen Orthographie angepaßt.) Siehe Schoeps, Preußen. Geschichte, S. 127; Hermann, Deutsche Militärgeschichte, S. 158. Die Überlegung war übrigens nicht neu; auch in der alten preußischen Armee hatte man wegen der zahlreichen Beurlaubungen überzählige Rekruten ausgebildet.

74 Hermann, Deutsche Militärgeschichte, S. 160.

75 Siehe Vaupel, Die Reorganisation des preußischen Staates, Bd 1, S. 320-332, zit. ab S. 323.

76 Ebd. Siehe Höhn, Scharnhorsts Vermächtnis, S. 181.

77 Denkschrift Gneisenaus, in: Vaupel, Die Reorganisation des preußischen Staates, Bd 1, S. 549.

78 Abgedruckt ebd., S. 463 f. (die Schreibweise wurde der modernen Orthographie angepaßt); siehe Höhn, Revolution, Heer, Kriegsbild, S. 567; siehe Hermann, Deutsche Militärgeschichte, S. 160.

79 Abgedruckt in: Preußische Militair-Gesetz-Sammlung, S. 46-66.

80 Ebd., S. 46. Damit scheint zum erstenmal in europäischen Kriegsartikeln die Fürsorgepflicht des obersten Kriegsherrn positives Recht geworden zu sein.

81 Abgedruckt in: Vaupel, Die Reorganisation des preußischen Staates, Bd 1, S. 10.

82 Abgedruckt in: Preußische Militair-Gesetz-Sammlung, S. 58 ff.

83 Ebd., S. 64 ff.

84 Siehe Pertz, Gneisenau, Bd 1, S. 681 f.

85 Siehe Pertz, Freiherr vom Stein, Bd 2, S. 91. Es waren im übrigen nicht nur Offiziere, sondern auch zahlreiche Beamte brotlos geworden. Eine vom Prinzen August veranlaßte Sammlung erhielt zwar bedeutsame Geldzuwendungen, doch war die Zahl der Bedürftigen so groß, daß aus diesem Fond jeder nur einen Taler erhalten konnte. Aus den nach Maßgabe der Tilsiter Friedensbestimmungen verlorengegangenen polnischen Gebiete wurden ungefähr 7 000 preußische Beamte mit ihren Familien vertrieben, die vom Staat in keiner Weise versorgt werden konnten. Siehe auch Ortenburg, Mit Gott für König und Vaterland, S. 25.

86 Zit. nach Hermann, Deutsche Militärgeschichte, S. 155; siehe Höhn, Scharnhorsts Vermächtnis, S. 224 f. Siehe auch die Denkschrift Gneisenaus »Über das Avancement der
   Bürgerlichen zu Offizierstellen« vom 2. 7. 1808, abgedr. in: Vaupel, Die Reorganisation des
   preußischen Staates, Bd 1, S. 490.
87 Abgedruckt in: Vaupel, Die Reorganisation des preußischen Staates, Bd 1, S. 533 f.
88 Die intellektuellen Anforderungen waren übrigens noch recht bescheiden; folgende Kenntnisse galten als erforderlich:
   »1. Erträgliche Schreiben in Hinsicht der Kalligraphie und Orthographie;
    2. Arithmetik inclusive Proportionen und Brüchen;
    3. Ebene Geometrie, die ersten Anfangsgründe;
    4. Plan zeichnen, verständlich, aber nicht schön;
    5. Elementargeographie;
    6. Allgemeine Weltgeschichte; vaterländische Geschichte.« Ebd., S. 535.
89 Ebd.
90 Die Feldzüge wurden später »Befreiungskriege« genannt, weil der ursprüngliche Begriff
   »Freiheitskriege« nicht nur die Befreiung von französischer Fremdherrschaft assoziierte,
   sondern auch den politischen Freiheitwillen der Deutschen beinhaltete. Als nach der Niederwerfung Napoleons die restaurativen Kräfte in Deutschland wieder Oberhand gewannen,
   wurden die »Freiheitskriege« in der offiziellen Sprachregelung in »Befreiungskriege« umbenannt; der Ausdruck der Sprachregelung fand so Eingang in die spätere Geschichtsschreibung, wobei die Verfasser den reaktionären Klang des Begriffes nicht immer erkannt zu
   haben scheinen. Im Rahmen dieser Arbeit wird deshalb der historische Terminus »Freiheits-
   krieg« verwendet. Siehe Wohlfeil, Vom Stehenden Heer, S. 25.
91 Das Folgende in Anlehnung an Ortenburg, Mit Gott für König und Vaterland, S. 32 f.
92 Zit. nach Droysen, Graf York von Wartenburg, Bd 2, S. 80. Siehe Haffner, Preußen, S. 179,
   der zugleich darauf hinweist, daß diese Szene in keinem preußischen Schulbuch nachgelesen
   werden könne.
93 Siehe Ortenburg, Mit Gott für König und Vaterland, S. 33; Haffner, Preußen, S. 179.
94 Siehe, Eckert, Von Valmy bis Leipzig, S. 232.
95 Abgedruckt ebd., S. 232 ff.
96 Siehe Scharnhorst »Instruktion für die Regimenter, die Jäger-Detachements betreffend«
   vom 19. März 1813; auszugsweise abgedruckt ebd., S. 235 ff. Darin kommt auch zum
   Ausdruck, daß man sich von diesen Sondereinheiten eine »Pflanzschule« für den Offizier-
   und Unteroffiziernachwuchs versprach.
97 Siehe von der Marwitz, Aus dem Nachlasse, Bd 1, S. 548; ferner Ritter, Staatskunst und
   Kriegshandwerk, Bd 1, Kap. 4, Anm. 3, S. 345: »Die (ungedruckte) Dissertation meines
   Schülers Ulrich Meurer: Die Rolle nationaler Leidenschaft der Masse in der Erhebung von
   1813 gegen Napoleon (Freiburg 1953), führt aus einem sehr reichen Quellenmaterial den
   Nachweis, daß es sich bei der so legendär umrankten freiwilligen »Volkserhebung« von 1813
   um militärisch unbedeutende Kräfte handelte und daß von einem politisch und militärisch
   wirksam gewordenen »Volkshaß« gegen Napoleons Herrschaft keine Rede sein kann, soweit
   die Masse des Volkes in Betracht kommt.«
98 Abgedruckt bei Schoeps, Preußen. Geschichte, S. 347 f.
99 Siehe Ortenburg, Mit Gott für König und Vaterland, S. 36.
100 Siehe Frauenholz, Entwicklungsgeschichte, Bd 5, S. 148 ff. (die Schreibweise wurde der
    modernen Orthographie angepaßt).
101 Vollständige Verordnung über die Organisation der Landwehr, § 5. Abgedruckt bei Frauen-
    holz, Entwicklungsgeschichte, Bd 5, S. 157.
102 Ebd., Erste Beilage, Ziff. 4.
103 Ebd., Ziff. 5.
104 Ebd., Dritte Beilage.
105 Ortenburg, Mit Gott für König und Vaterland, S. 37.
106 Ebd. Siehe ferner zum Aufgebot der Landwehr: Höhn, Revolution, Heer, Kriegsbild,
    S. 614 ff.; ders., Scharnhorsts Vermächtnis, S. 278 ff.; Eckert, Von Valmy bis Leipzig,
    S. 238 ff.; Schoeps, Preußen. Geschichte, S. 138; Hermann, Deutsche Militärgeschichte,
    S. 168 f.
107 Quelledition von Eckert, Von Valmy bis Leipzig, S. 212 f.; an dieser Stelle der Denkschrift

hatte übrigens der König am Rande vermerkt: »Als Poesie gut.« Für das Folgende ebd., S. 249 ff.

108 Siehe Verordnung vom 17ten Julius 1813. – Betreffend der Modifikationen des Landsturmedikts vom 21ten April d. J. [1813], abgedruckt ebd., S. 260 ff.

109 Siehe Schoeps, Preußen. Geschichte, S. 143; Ortenburg, Mit Gott für König und Vaterland, S. 65 f.

110 Siehe Haffner, Preußen, S. 180.

111 Siehe Schoeps, Preußen. Geschichte, S. 145.

112 Siehe Ritter, Staatskunst und Kriegshandwerk, Bd 1, S. 105 f.; Schoeps, Preußen. Geschichte, S. 146.

113 Zitat nach Ritter, Staatskunst und Kriegshandwerk, Bd 1, S. 106.

114 Ebd., S. 108.

115 Ebd., S. 108 f.; dagegen vertritt Haffner, Preußen, S. 180, die These, daß Preußen in diesem Krieg nur eine Nebenrolle gespielt habe. Das trifft aber nur zu, wenn man den mehr als 20 Jahre dauernden Krieg der europäischen Mächte gegen Frankreich in seiner Gesamtheit betrachtet. Die Endphase des Krieges ist in ihrer Durchführung eindeutig von Blücher und Gneisenau bestimmt worden.

116 Abgedruckt bei Delbrück, Gneisenau, Bd 4, S. 148–150, Zitat S. 150.

117 Ebd., Tatsächlich ist später im Jahre 1815 die Sprengung der Brücke versucht worden, scheiterte aber an der Unfähigkeit des Sprengmeisters.

118 Ritter, Staatskunst und Kriegshandwerk, Bd 1, S. 112

119 Ebd., S 114.

120 Abgedruckt bei Delbrück, Gneisenau, Bd 4, S. 574–578; Zitat S. 576.

121 Ebd., S. 544 f. (Zwei Briefe Gneisenaus an General v. Müffling vom 29. Juni 1815); siehe Ritter, Staatskunst und Kriegshandwerk, Bd 1, S. 114 f., S. 122.

122 Siehe Ritter, Staatskunst und Kriegshandwerk, Bd 1, S. 117.

123 Ebd., S. 119.

124 Karl und Maria Clausewitz, Nr. 200, S. 401. Clausewitz schrieb am 12. Juli 1815 in Fontainebleau an seine Frau: »Die großen Märsche [. . .] haben es unmöglich gemacht, überall strenge Disziplin zu halten, aber auch außerdem hat sich unter unseren Offizieren häufig ein Geist der Habsucht gezeigt, über den wir so oft bei den Franzosen ausgespuckt haben.« Dagegen hat es bei den Engländern keine Ausschreitungen gegeben; ebd., S. 399: »Welch eine feindliche Stellung wir dadurch [Kontributionsforderungen und der Versuch, die Jena-Brücke zu sprengen] gegen die Franzosen und Ludwig XVIII. bekommen, kannst Du leichter beurteilen, um so mehr, als die Engländer [. . .] keine Kontributionen erheben und nicht plündern.«

125 Ritter, Staatskunst und Kriegshandwerk, Bd 1, S. 109 f.

126 Abgedruckt bei Eckert, Von Valmy bis Leipzig, S. 215 (die Schreibweise wurde der modernen Orthographie angepaßt).

127 Ebd., S. 219.

128 Hier und im folgenden ebd., S. 221.

129 Vollständig abgedruckt bei Eckert, Von Valmy bis Leipzig, S. 222 ff.

130 Arndt, Katechismus, S. 17. Die Tatsache, daß die beiden Schriften im Kriegsjahr 1914 wieder abgedruckt wurden, mag ein Indiz dafür sein, daß man mit den Grundsätzen des Verfassers auch für die Zeit des Ersten Weltkrieges weitgehend einverstanden war.

131 Pertz, Gneisenau, Bd 3, S. 623–676; mit philologisch kritischem Apparat abgedruckt in: Carl von Clausewitz, Bd 1, S. 682–751. Im folgenden hieraus zitiert.

132 Siehe Krüger, Adolf Hitlers Clausewitzkenntnis.

133 Rotteck, Über stehende Heere und Nationalmiliz.

134 Ebd., S. 59 (die Schreibweise wurde der modernen Orthographie angepaßt).

135 Ebd., S. 62.

136 Ebd., S. 65.

137 Ebd., S. 69.

138 Ebd., S. 73.

139 Allmayer-Beck/Lessing, Das Heer unter dem Doppeladler, S. 184.

140 Ebd., S. 182.

141 Siehe ebd.

142 Handschreiben des Kaisers, abgedruckt in: Erzherzog Carl, Bd 5, S. 92 f.
143 Siehe Allmayer-Beck/Lessing, Das Heer unter dem Doppeladler, S. 185.
144 Zit. nach Erzherzog Carl, Bd 5, S. 90. (Die Schreibweise wurde der modernen Orthographie angepaßt.)
145 Ebd., S. 96.
146 Ebd., S. 102 ff.
147 Ebd., S. 138.
148 Ebd., S. 145.
149 Das Kaiserliche Patent ist abgedruckt ebd., S. 151 ff.
150 Allmayer-Beck/Lessing, Das Heer unter dem Doppeladler, S. 187.
151 Siehe hierzu Criste, Erzherzog Carl, S. 299 ff.
152 Das Schreiben des Kaisers ist abgedruckt in: Erzherzog Carl, S. 199 ff.
153 Siehe Criste, Erzherzog Carl, Bd 2, S. 385 ff.
154 Schreiben des Kaisers abgedruckt in: Erzherzog Carl, S. 205.
155 Siehe Allmayer-Beck/Lessing, Das Heer unter dem Doppeladler, S. 191 f.
156 Siehe Criste, Erzherzog Carl, Bd 2, S. 402.
157 Allmayer-Beck/Lessing, Das Heer unter dem Doppeladler, S. 193.
158 Siehe Criste, Erzherzog Carl, Bd 2, S. 400.
159 Zit. nach Allmayer-Beck/Lessing, Das Heer unter dem Doppeladler, S. 193.
160 Siehe Criste, Erzherzog Carl, Bd 2, S. 436: Der Erzherzog schrieb am 14. April 1808 an den Kaiser, daß er die Auffassung Stadions teile. »Eure Majestät können die Pläne Napoleons nicht mehr mißkennen. Es kann keine Frage mehr sein, was er wolle – er will alles.« Carl trat deshalb für eine solide Rüstung ein, war aber weit davon entfernt, zum Kriege zu raten.
161 Erzherzog Carl schrieb am 20. Juli 1808 an seinen Oheim, den Herzog Albert von Sachsen-Teschen: »Dieser direkte Briefwechsel zwischen dem Kaiser und den Prinzen, die Befehle, die er ihnen sendet, von deren Inhalt wir oft gar nichts erfahren, ist sehr schädlich. Die Prinzen betrachten die Landwehr wie ihre Armeen, sie ordnen an, befehlen, disponieren, requirieren Waffen, Monturen, Tuche etc., die für das Heer bestimmt waren, kurz, sie machen was sie wollen. Der Kaiser mischt sich ebenfalls hinein, genehmigt in den Tag hinein, ohne zu fragen, was ein teuflisches Chaos verursacht.« Zit. nach Criste, Erzherzog Carl, Bd 2, S. 444.
162 Ebd., S. 458.
163 Ebd., S. 460.
164 Das erste Heldenzeitalter bezieht er auf die Epoche Maria Theresias.
165 Der Beitrag über die bayerische Armee stützt sich weitgehend auf Frauenholz, Eingliederung. Ferner: Leyh, Feldzüge; Du Moulin Eckart, München und Wien.
166 Siehe dazu den Beitrag von Marwitz in diesem Band.
167 »Verordnung über den Stellenkauf der Offiziere«, abgedruckt bei Frauenholz, Entwicklungsgeschichte, Bd 5, Beilage LXVIII, S. 268.
168 Frauenholz, Eingliederung, S. 30.
169 Ebd.
170 »Höchst-landesherrliche Verordnung des Militär-Kantons-Reglement betreffend vom 7. Jänner 1805«, abgedruckt bei Frauenholz, Entwicklungsgeschichte, Bd 5, Beilage LXXV, S. 274–291.
171 Leyh, Feldzüge, S. 56.
172 Das Konskriptions-Gesetz vom 29. März 1812 ist auszugsweise abgedruckt bei Frauenholz, Entwicklungsgeschichte, Bd 5, Beilage LXXXXV, S. 331–339.
173 Siehe Endres, Abriß der Bayerischen Heeresgeschichte, S. 36 f.
174 Bayern 1813. Vaterländisches Gedenkbuch.
175 Die zahlreichen Beispiele für die Verquickung von Patriotismus und Religion in der Lyrik des 19. Jahrhunderts bei Zimmer, Auf dem Altar des Vaterlandes, S. 61 ff.
176 Meinecke, Boyen, Bd 1, S. 385 f.
177 Ebd., S. 417 ff.
178 Ebd., S. 410.
179 Ebd., Beilage 3, S. 418.
180 Ebd., S. 418 f.
181 Abgedruckt in der Preußischen Militair-Gesetz-Sammlung, S. 106 ff.

182 Zu den verschiedenen Versionen über den Ursprung der schwarzrotgoldenen Fahne: Symbole und Zeremoniell (= Bd 3 dieser Reihe), S. 28 ff.

183 Allmayer-Beck/Lessing, Die kaiserlichen Kriegsvölker, S. 216. Über die Wahl der Farbkombination Schwarz-Weiß-Rot für die Flagge des späteren Deutschen Reiches grundlegend Zechlin, Entstehung.

184 Allmayer-Beck/Lessing, Das Heer unter dem Doppeladler, S. 241.

185 Daß dieser Ausdruck in Offizierkreisen nach 1848 offenbar geläufig war, ergibt sich aus dem Nachlaß von Wilhelm Frhr. Hiller v. Gaertringen (1809–1866). Siehe Allgemeine Deutsche Biographie, Bd 12, S. 427 f.; Soldatisches Führertum, Bd 7, S. 92 ff. (Der Nachlaß befindet sich in Privatbesitz).

186 Siehe Schoeps, Preußen. Geschichte, S. 164 f.

187 Haffner, Preußen, S. 221.

188 Huber, Deutsche Verfassungsgeschichte, Bd I, S. 537.

189 Ebd.

190 Siehe Konferenzen und Verträge, S. 455 ff.

191 Siehe Schoeps, Preußen. Geschichte, S. 158.

192 Abgedruckt in: Konferenzen und Verträge, Teil II, Bd 3, S. 456.

193 Schoeps, Preußen. Geschichte, S. 159; siehe Haffner, Preußen, S. 183 f.

194 Siehe dazu Näf, Geschichte der Heiligen Allianz. Der ursprüngliche Entwurf des Zaren und der von Metternich beinflußte endgültige Vertragstext sind dort abgedruckt, S. 34 ff.

195 Huber, Deutsche Verfassungsgeschichte, Bd 1, S. 704.

196 Ebd., S. 705.

197 Der erste Entwurf einer »Ordnung und Einrichtung der Burschenschaften« stammt von Jahn und Friedrich Friesen (1785-1814) aus dem Jahre 1811. Friesen war Lehrer an der Plamannschen Anstalt in Berlin und Mitbegründer der Turnbewegung. Er kämpfte in den Freiheitskriegen ebenfalls bei den Lützower Jägern, geriet in Gefangenschaft und wurde von den Franzosen erschossen. Huber, Deutsche Verfassungsgeschichte, Bd 1, S. 707.

198 Ebd., S. 709.

199 Ebd., S. 715.

200 Ebd., S. 717.

201 »Die politische Demonstration, später zur ermüdenden und vielfach banalen Begleiterscheinung des politischen Lebens verflacht, war damals ein epochemachender Vorgang, der die Teilnehmer und Anhänger mit Energien beseelte und den die Gegner als Anmaßung und Herausforderung empfanden.« Ebd., S. 718.

202 Ebd.

203 Ebd., S. 719. Fast alle erreichbaren Quellen zum Wartburgfest bei Kühn, Das Wartburgfest.

204 Der Philosophieprofessor Jakob Friedrich Fries, der zuerst in Heidelberg, dann in Jena lehrte, war derjenige, der die Überzeugungsethik Kants popularisierte und so breiteren Kreisen zugänglich machte. Huber, Deutsche Verfassungsgeschichte, Bd 1, S. 713.

205 Großherzog Carl August kann im Vergleich zu seinen Standesgenossen als relativ liberal eingeschätzt werden; er war der erste, der für seinen Herrschaftsbereich die im Artikel 13 der Wiener Bundesakte geforderte landständische Verfassung eingeführt hatte. Aber auch z. B. in Württemberg verhandelte der König (Friedrich I., dann Wilhelm I.) über eine Verfassung; sie wurde 1819 verabschiedet.

206 Von daher kennt man mit einiger Sicherheit die Zahl der Teilnehmer; denn diese Verpflichtung war von 468 Studenten unterschrieben worden. Siehe Kühn, Das Wartburgfest, S. 36 f.

207 Siehe Tümmler, Wartburg, S. 54.

208 Die Liste der Bücher ist abgedruckt bei Kühn, Das Wartburgfest, S. 86 f. Siehe Huber, Deutsche Verfassungsgeschichte, Bd 1, S. 719 f.; siehe Tümmler, Wartburg, S. 54.

209 Dazu der Aufsatz von Tümmler, Wartburg, S. 49–106.

210 Huber, Deutsche Verfassungsgeschichte, Bd 1, S. 726.

211 Ebd.

212 Ebd., S. 726.

213 Seit dem Anschlag auf König Albrecht I. (1308) hatte es in Deutschland kein politisches Attentat mehr gegeben. Der Mord an Wallenstein (1634) geschah auf Anordnung der Regierung in Wien. Siehe Huber, Deutsche Verfassungsgeschichte, Bd 1, S. 729. Hinter dem

Attentäter Sand, der selbst keine besondere geistige Leuchte war, standen mit ziemlicher Wahrscheinlichkeit andere politische Studentenführer. In Verdacht der Beihilfe war vor allem Karl Follen geraten, was aber nicht hinreichend bewiesen werden konnte, weil Sand alle Schuld auf sich nahm. Nach dem Attentat gab es in Deutschland eine erregte Debatte über die Frage, ob die politische »Überzeugungstat« moralisch gerechtfertigt sei. Dies ist besonders eindrucksvoll belegt durch ein Schreiben des Theologieprofessors Wilhelm de Wette an die Mutter des Attentäters; de Wette billigt zwar nicht den Mord an Kotzebue, der das Resultat eines Irrtums gewesen sei; doch werde »der Irrtum [. . .] aufgewogen durch die Lauterkeit der *Überzeugung*, die Leidenschaft wird geheiligt durch die gute Quelle, aus der sie fließt«. Zit. ebd., S. 730; siehe Treitschke, Geschichte des neunzehnten Jahrhunderts, Bd 2, S. 526 f. – Wegen dieses Schreibens verlor de Wette sein Lehramt.

214 Die Deutsche Bundesakte vom 8. Juni 1815 ist vollständig abgedruckt bei Huber, Dokumente, Bd 1, S. 75 ff.
215 Abgedruckt bei Treitschke, Deutsche Geschichte, Bd 2, S. 634 ff.
216 Ebd., S. 635.
217 Huber, Deutsche Verfassungsgeschichte, Bd 1, S. 735.
218 Siehe Treitschke, Deutsche Geschichte, Bd 2, S. 534 f.
219 Ebd., S. 555.
220 Ebd., S. 556; für diese Entwicklung macht Treitschke auf preußischer Seite den Staatskanzler Hardenberg verantwortlich.
221 Siehe Höhn, Die Armee als Erziehungsschule, S. 53 ff.
222 Mann, Deutsche Geschichte, S. 194.
223 Ebd., S. 195.
224 Denkwürdigkeiten aus dem Leben des Grafen von Roon, Bd 1, S. 136.
225 Abgedruckt bei Schoeps, Preußen. Bilder, S. 158 f.
226 Denkwürdigkeiten aus dem Leben des Grafen von Roon, Bd 1, S. 140.
227 Ebd., S. 143; siehe Schoeps, Preußen. Geschichte, S. 199.
228 Moltke, Gesammelte Schriften, Bd 4, S. 129 f. Die Schreibweise wurde der modernen Orthographie angepaßt. Das Zitat Moltkes bezieht sich auf die Einberufung der Landwehr im Jahre 1848, um Aufstände in Holstein und in den östlichen Gebieten Preußens niederzuwerfen. Ähnliche Erfahrungen machte man bei den Mobilisierungen 1849/50 und 1859. Siehe Hermann, Deutsche Militärgeschichte, S. 209.
229 Haffner, Preußen, S. 227.
230 Siehe Hermann, Deutsche Militärgeschichte, S. 209.
231 Die Denkschrift ist vollständig abgedruckt in: Denkwürdigkeiten aus dem Leben des Grafen von Roon, Bd 2, S. 521 ff.
232 Ebd., S. 527.
233 Ebd., S. 529.
234 Ebd., S. 555.
235 Siehe Hermann, Deutsche Militärgeschichte, S. 209.
236 Militärische Schriften Wilhelms des Großen, Bd 1, S. 154. Siehe Ritter, Staatskunst und Kriegshandwerk, Bd 1, S. 146.
237 Siehe Ritter, Staatskunst und Kriegshandwerk, Bd 1, S. 144.
238 Zumindest setzten die operativen Planungen Moltkes selbständiges Handeln der nachgeordneten Führer im Sinne der jeweils höheren Führungsebene voraus. Siehe Kessel, Moltke, S. 449: »Nur aufgrund des historisch-kritischen Realismus, der jede Individualität in ihrem Rahmen wirken ließ und willkürliches Eingreifen vermied, die sowohl für Moltke wie für das 19. Jahrhundert überhaupt charakteristisch erscheint: eine Mischung von Leitung und Gewährenlassen.«
239 Abgedruckt bei Demeter, Offizierkorps, S. 249 ff.
240 In dem neueren Handbuch von 1939 fehlt dieser Hinweis. Vielmehr heißt es dort ausdrücklich (wie es im übrigen zuvor auch zur Führungstradition gehört hatte), daß sich der Chef des Generalstabes bei abweichender Lagebeurteilung für die Durchführung des Willens seines oberen Führers einzusetzen hat: Handbuch für den Generalstabsdienst im Kriege, Teil I, (= H. Dv. g. 92), S. 15. Siehe ferner Erfurth, Geschichte des deutschen Generalstabes; Stein, Die Entwicklung der Gefechtsart Verteidigung, S. 59.
241 Felddienstordnung, Berlin 1887, S. 20 f.

242 Zit. nach Bradley, Guderian, S. 46. Bradley stützt sich auf handschriftliche Notizen aus dem Nachlaß Guderians.
243 Hartung, Deutsche Verfassungsgeschichte, S. 280 f.; Hermann, Deutsche Militärgeschichte, S. 251. Die Veto-Rechte Preußens wären auch nach demokratischen Gesichtspunkten berechtigt bzw. durchsetzbar gewesen, weil etwa zwei Drittel der Bevölkerung sowie etwa zwei Drittel der Fläche des Deutschen Reiches preußisch waren.
244 Hermann, Deutsche Militärgeschichte, S. 251; siehe Hartung, Deutsche Verfassungsgeschichte, S. 274–297.
245 Trotzdem hat es in der deutschen Kaiserarmee immer auch den Typus des gebildeten Offiziers gegeben. In Preußen wurde es immerhin als traditionswidrig angesehen, wenn sich ein Adliger einem wissenschaftlichen oder künstlerischen Beruf widmete. Siehe Stolberg-Wernigerode, Die unentschiedene Generation, S. 202: »Erst wenn sich der Erfolg einstellte, wurde diese Regelwidrigkeit verziehen. [. . .] Für Deutschland und vornehmlich für Preußen war es bezeichnend, daß Colmar Freiherr von der Goltz unter dem Vorwurf zu leiden hatte, ein halber Gelehrter zu sein, weil er sich auch als Historiker und Militärschriftsteller betätigt hatte. Seine Willenskraft wurde dadurch nicht gemindert. Seine Kritiker konnten gerade ihm Mangel an Initiative und strategischer Begabung nicht vorwerfen.«
246 Ebd., S. 201; in diesem Zusammenhang ist zu berücksichtigen, daß im 19. Jahrhundert, teilweise sogar bis heute bezüglich der »Bildung« eines Menschen das Ideal Alexander v. Humboldts im Sinne des Humanismus zum Maßstab gemacht wurde beziehungsweise wird. Ob die sogenannte humanistische Bildung den Bedürfnissen praktischer Lebenstüchtigkeit entspricht, ist aber eine offene Frage; viele so ausgebildete Menschen haben nicht hinreichend moderne Sprachen gelernt und tun sich oft schwer, einfache technische Zusammenhänge zu erklären.
247 Hermann, Deutsche Militärgeschichte, S. 290.
248 Endres, Soziologische Struktur, S. 303. Siehe Hecker, Rathenau, S. 12.
249 Siehe Höhn, Die Armee als Erziehungsschule, S. 186.
250 Zit. ebd., S. 189.
251 Ebd., S. 213 f. Siehe Korrespondenzblatt für die evangelischen Geistlichen der deutschen Armee, Nr. 11, Februar 1891, S. 92.
252 Zit. nach Höhn, Die Armee als Erziehungsschule, S. 209. Siehe Korrespondenzblatt für die evangelischen Geistlichen der Armee, Nr. 2, Mai 1891, S. 11.
253 Siehe Höhn, Die Armee als Erziehungsschule, S. 214 f.
254 Wie wenig gesetzliche Regelungen bezüglich des Duellwesens bewirkten, erhellt die Tatsache, daß in Frankreich zur Zeit Ludwigs des XIII. die Teilnahme an einem Duell mit der Todesstrafe bedroht war, Zweikämpfe aber dennoch an der Tagesordnung waren. Erst mit Richelieu kam das Gesetz zur Anwendung, weil dieser darin ein ausgezeichnetes Mittel erblickte, mißliebige Adlige zu liquidieren.
255 Siehe Handbuch für Heer und Flotte, Bd 3, Art. Ehrengericht.
256 Messerschmidt, Einführung, S. 79.
257 Hier und im Folgenden zit. nach Hesse, Die soldatische Tradition, S. 86 ff. Quellenangabe: Kompendium über Militärrecht. Siehe Messerschmidt, Einführung, S. 79 ff.; siehe Hermann, Deutsche Militärgeschichte, S. 291 f.
258 Siehe Messerschmidt, Einführung, S. 80.
259 Siehe Major Krafft, Dienst und Leben. Der Verfasser gibt in seinem Buch eine Fülle von praktischen Hinweisen für die Lebensführung junger Offiziere, wobei er die Kenntnis der allgemeinen Umgangsformen voraussetzt. Beachtete der Offizier diesen Leitfaden, dann war er in seinem gesellschaftlichen Umgang und in seinem Freizeitverhalten – jedenfalls in einer kleinen Garnisonsstadt – ungemein eingeschränkt.
260 Endres, Soziologische Struktur, S. 299 f. Siehe Hecker, Rathenau, S. 28.
261 Siehe Schoenaich, Mein Damaskus, S. 48 f.
262 Demeter, Offizierkorps, S. 153.
263 Wehler, Kaiserreich, S. 158 f.
264 Schenk, Der Fall Zabern, S. 8.
265 Wehler, Kaiserreich, S. 163.
266 Schulte, Die deutsche Armee, S. 548, gelangt in seiner Untersuchung zu ähnlichen Ergebnissen: »Gefangen zwischen innenpolitischer Funktion und Tradition einerseits und den Anfor-

derungen des modernen Krieges andererseits blieb sie [die Armee] in einem durch innenpolitische Rücksichten dominierten Stadium ihrer Entwicklung blockiert.«

267 Alle folgenden Zitate in: Beyerlein, Jena oder Sedan, S. 567.
268 Die Registrierung von Sozialdemokraten in der Armee ist historisch verbürgt. Höhn, Die
   Armee als Erziehungsschule, S. 140 ff. Das Verhältnis zwischen Armee und Sozialdemokraten beruhte zumindest seit Anfang des 20. Jahrhunderts auf zahlreichen gegenseitigen
   Mißverständnissen. Erst durch jahrzehntelange Forschungen weiß man, daß in der SPD der
   »Revisionismus« überwog. Die Gegenseite (politische Rechte, Armee, Polizei) nahm die
   »revolutionären« Agitatoren der SPD beim Wort, sprach von Umsturzpartei, bewertete
   revisionistische Äußerungen als Täuschungsmanöver, während es in Wirklichkeit umgekehrt stand: Reformpartei mit revolutionärem Getue. Deshalb empfahl die SPD ihren
   Mitgliedern, sich während der Militärdienstpflicht mustergültig zu führen. Aber dieses
   »mustergültige Verhalten« wurde von den militärischen Vorgesetzten als nicht »echt« betrachtet, sondern vielmehr als Taktik der Revolution mißverstanden.
269 Nur 6% der Wehrpflichtigen kam 1911 aus den Großstädten, während 64,1% der Rekruten
   der Landbevölkerung zugerechnet werden mußten, obwohl nur noch 42% der Gesamtbevöl-
   kerung auf dem Lande lebte. Siehe Wehler, Kaiserreich, S. 162: »Auch hier versuchte die
   Armee, auf jahrhundertelang verinnerlichte Untertanenmentalität der Landbewohner bau-
   end, die Quote der tendenziell ›roten‹ Städte möglichst gering zu halten. Ihnen gegenüber
   konnten die traditionellen Methoden der Soldatenschinderei nur auf die Gefahr hin ange-
   wandt werden, daß ein sozialdemokratischer Abgeordneter sie der Öffentlichkeit bekannt-
   machte.«
270 Erschienen bei Mittler & Sohn, Berlin 1904. Über den Roman Beyerleins erschien wenig
   später im selben Verlag eine weitere anonyme Schrift unter dem Titel »Jena oder Sedan? Ein
   Wort zur Abwehr.« Ziel des Verfassers ist der Versuch, Beyerleins Roman in das Reich der
   Fabel zu verbannen. Zitate S. 21–23.
271 Stolberg-Wernigerode, Die unentschiedene Generation, S. 59: »Von Darwin übernahm man
   kritiklos die Lehre der Auslese vom Überleben des Stärkeren, kosmopolitische Gesinnung,
   ›Humanitätsduselei‹ waren danach Zeichen der Dekadenz.«
272 Westphal, Das Deutsche Kriegervereinswesen, S. 3.
273 Siehe Westphal, Handbuch für die Kriegervereine, S. 10.
274 Abgedruckt ebd., S. 18 f.
275 Siehe Höhn, Die Armee als Erziehungsschule, S. 31 f.
276 Zit. ebd., S. 133.
277 Messerschmidt, Die politische Geschichte der preußisch-deutschen Armee, S. 58. Messerschmidt erblickt allerdings darin eine der Ursachen für »die innere Entfremdung zwischen
   den Demokratien des Westens und Deutschland«.
278 Mosse, Krise, S. 7.

Dritter Teil:

Die militärische Tradition in der Reichswehr und in der Wehrmacht 1919–1945

von Gustav-Adolf Caspar

I. Traditionsbewußtsein und Traditionspflege in der Reichswehr 1919–1933

1. Die Verarbeitung des Kriegserlebnisses von 1914/18 und das Aufkommen neuer Traditionen

a) Erlebnis und Erinnerung

Schon beim Kriegsausbruch ist der 1914 lebenden Generation die ungeheure Bedeutung der Ereignisse bewußt gewesen. Die – heute kaum verständliche – allgemeine Begeisterung über den Kriegsbeginn war eine europäische Erscheinung. Man erwartete eine Befreiung von den Hemmnissen und dem Überdruß des Alltags, mit einem siegreichen Kriegsende verband man die Hoffnung auf Sicherung der eigenen Zukunft. Die Ereignisse der folgenden Jahrzehnte sind zweifellos nur vor dem Hintergrund des August 1914 zu verstehen.

Der Ausbruch patriotischer Stimmung in Deutschland reichte besonders tief und war zumindest für die jüngere Generation von der damaligen Jugendbewegung beeinflußt. Das Empfinden der jungen freiwilligen Soldaten schilderte Ernst Jünger: »Wir hatten Hörsäle, Schulbänke und Werktische verlassen und waren in den kurzen Ausbildungswochen zusammengeschmolzen zu einem großen, begeisterten Körper. [. . .] Aufgewachsen im Geiste einer materialistischen Zeit, wob in uns allen die Sehnsucht nach dem Ungewöhnlichen, nach dem großen Erleben. Da hatte uns der Krieg gepackt wie ein Rausch. In einem Regen von Blumen waren wir hinausgezogen in trunkener Morituri-Stimmung. Der Krieg mußte es uns ja bringen, das Große, Starke, Feierliche. Er schien uns männliche Tat, ein fröhliches Schützengefecht auf blumigen, blutbetauten Wiesen. Kein schönrer Tod ist auf der Welt. [. . .] Ach, nur nicht zu Hause bleiben, nur mitmachen dürfen[1]!«

Selbst ein »nüchtern-skeptischer Betrachter wie Thomas Mann« schrieb in einem Aufsatz »Gedanken im Kriege« (September 1914): »Erinnern wir uns des Anfangs – jener nie zu vergessenden Tage, als das nicht mehr für möglich Gehaltene hereinbrach! Wir hatten an den Krieg nicht geglaubt, unsere politische Einsicht hatte nicht ausgereicht, die Notwendigkeit der europäischen Katastrophe zu erkennen. Als sittliche Wesen aber – ja, als solche hatten wir die Heimsuchung kommen sehen, mehr noch: auf irgend eine Weise ersehnt; hatten im tiefsten Herzen gefühlt, daß es so mit der Welt nicht mehr weitergehe. [. . .] Es war der nie erhörte, der gewaltige und schwärmerische Zusammenschluß der Nation in der Bereitschaft zu tiefster Prüfung – einer Bereitschaft, einem Radikalismus der Entschlossenheit, wie die Geschichte der Völker sie vielleicht bisher nicht kannte[2].« In diesem Zusammenhang ist auch auf die gewichtigen Stimmen der damaligen deutschen Universitätslehrer hinzuweisen[3].

Wie in jedem neuen Zeitabschnitt kam es zu einem Wandel des Bewußtseins, unterstützt von einer neuartigen Kriegspropaganda mit Massenpresse und Flugblättern. Geprägt wurden dadurch neue Begriffe: das Begriffspaar Front/Etappe, neue Idole: die »Feldherren« Hindenburg und Ludendorff, auch der Sturmangriff der Kriegsfreiwilligen bei Langemarck am 11. November 1914 und neue Symbole: Feldgrau, Stahlhelm und über den bestehenden Wert noch hinausgehend das Eiserne Kreuz[4]. Vor allem erwuchsen neue Ideale: die Kameradschaft im Schützengraben, die viele vorherige Klassengegensätze überbrückte und aus der sich die programmatische Volksgemeinschaft der Rechtsparteien ableitete, das vorbildhafte soldatische Führertum sowie die Bewährung und Opferbereitschaft des über sich selbst hinauswachsenden einzelnen Frontsoldaten gegenüber der modernen Technik im Materialkrieg.

Die in ungeahnte Höhe anwachsenden Verluste wurden vielerseits als Opfer für die Zukunft kommender Generationen empfunden und propagiert. Infolgedessen meinte keine Regierung, ihrer Bevölkerung einen Verständigungsfrieden ohne außenpolitischen Gewinn zumuten zu können. Auch innenpolitisch entstanden Ansprüche auf zunehmende Mitwirkungsrechte der Frontsoldaten. Wilhelm II. sah sich 1917 deshalb veranlaßt, eine Neugestaltung des preußischen Wahlrechts anzukündigen – allerdings ohne eine präzise Festlegung, die bei den zeitgemäßen, kontroversen Tendenzen zu egalitärer Demokratie und zu Elitebewußtsein offen gelassen wurde.

Diese politischen Erwartungen wurden in den letzten Kriegsjahren durch zunehmende Kriegsmüdigkeit und das Bewußtsein der Sinnlosigkeit des Krieges abgelöst. Derartige Stimmungen gab es auch in den Armeen und Flotten anderer kriegführender Nationen, sie gerieten aber in den Jahren nach Kriegsende überwiegend in Vergessenheit zugunsten eines in der Erinnerung bald verklärten Kriegserlebnisses. Diese internationale Erscheinung hatte einen realen Hintergrund, die der britische Historiker Howard folgendermaßen erklärt: Aufgrund der verbesserten Transport- und Versorgungsmöglichkeiten seien die Soldaten stets nur »wenige Wochen lang ununterbrochen äußersten Belastungen ausgesetzt« worden, für die Verbände seien danach Ruhezeiten eingetreten. So hätten die Weltkriegssoldaten Verhältnisse vorgefunden, »um die ihre Vorgänger in früherer Zeit sie mit gutem Grund beneidet hätten. Sie wurden regelmäßig und ausreichend ernährt. Manchem ging es [. . .] sogar besser als zu Hause im Zivilleben.« Das oft verbreitete Kriegsbild eines »beinahe ununterbrochenen Schreckens« habe den

Erfahrungen vieler Soldaten widersprochen. Sie hätten nach ihrer Rückkehr ins Zivilleben »oft nur Enttäuschung und Trostlosigkeit, [. . .] auch wirkliche Not« erlebt. »Bei Kameradschaftsabenden nach dem Krieg konnten sie sich – vielleicht um so leichter, je älter sie wurden – in der Überzeugung bestärken, daß das Gemeinschaftserlebnis mit seinen Abenteuern, seinen Herausforderungen und seinen siegreichen Augenblicken, seiner die materielle Existenz des Einzelnen sichernden und ihn zivilen und häuslichen Verpflichtungen enthebenden Qualität in der Tat die glücklichste Zeit ihres Lebens gewesen war[5].« Howard weist zutreffend darauf hin, daß aus dieser »rückblickenden Verklärung«, aus der Suche nach »Sündenböcken« und andererseits nach »Glanz und Sicherheit militärischer Hierarchien« die rechtsradikalen Bewegungen der zwanziger Jahre entstanden sind.

b) Eine besondere Kriegsfolge in Deutschland: Die Entstehung halbmilitärischer Verbände

Der Zusammenbruch vom November 1918, der folgende Waffenstillstand, die enttäuschten Hoffnungen auf die 14 Punkte des amerikanischen Präsidenten Wilson und der als ungerecht empfundene Friedensvertrag von Versailles bildeten Voraussetzungen für eine besondere Kriegsnachwirkung in Deutschland. Vornehmlich war es die verhängnisvolle Dolchstoßlegende[6], die – von der militärischen Autorität Ludendorffs gefördert – ein Nichtanerkennen der bestehenden außen- und innenpolitischen Zustände geradezu herausforderte. Opfer, Leiden und Leistungen des Weltkrieges durften demnach nicht umsonst sein, ein Wiedererstarken, sogar eine Revanche sollte zielbewußt angestrebt werden.
Die vom Erleben des Krieges, seines Ausgangs und der folgenden Not und Enttäuschung erzeugten Emotionen ließen bei den Deutschen eine zuvor noch nie erlebte Bereitschaft zu politischem Mitwirken und sogar zu persönlichem Engagement entstehen. Auf einer verhältnismäßig überparteilichen, politisch nur indirekt wirksamen Ebene profitierten die Kriegervereine von dieser Bereitschaft. Der im Jahre 1899 nach langjährigen Bemühungen entstandene »Kyffhäuserbund der Deutschen Landeskriegerverbände« – benannt nach einem Ausschuß, der den Bau des Kyffhäuser-Denkmals ermöglicht hatte – war 1907 trotz des damaligen Verbots, Sozialdemokraten aufzunehmen, zu einer Stärke von 2,5 Millionen Mitgliedern gelangt[7]. Als Dachverband für 23 Landeskriegerverbände und etwa 30 000 einzelne Vereine erreichte der Bund in den Nachkriegsjahren die Zahl von 3 Millionen Mitgliedern. Er hatte sich bereits 1919 durch Satzungsänderung von seiner Bindung an die Monarchie gelöst und sich den nunmehr staatstragenden Sozialdemokraten geöffnet. Generalfeldmarschall v. Hindenburg übernahm im September 1919 das Ehrenpräsidium. Der Bund, ab 1921 »Deutscher Reichskriegerbund ›Kyffhäuser‹« benannt, führte Reichskriegertage – z. B. 1925 in Leipzig mit über 100 000 teilnehmenden ehemaligen Soldaten – durch[8]. Die eigentlichen

Aktivitäten des Verbandes lagen jedoch bei den örtlichen Vereinen und vor allem bei den Regimentsvereinen, deren Wirken in Zusammenhang mit der Traditionspflege in der Reichswehr zu erörtern ist[9]. Dabei ist nicht zu übersehen, daß hinter der überparteilichen, unpolitischen Fassade der Vereine des Reichskriegerbundes nicht nur die Pflege der Kameradschaft und der militärischen Tradition stand. Die Vertretung der Interessen und Vorstellungen der ehemaligen Soldaten mußte bei den Gegebenheiten der zwanziger Jahre unvermeidbar mit den Zielsetzungen der Rechtsparteien zusammenlaufen. Das politische Klima nach dem Ersten Weltkrieg ließ es auch nicht zu einer internationalen versöhnenden Zusammenarbeit der Kriegervereine kommen, wie sie seit Anfang der fünfziger Jahre selbstverständlich geworden ist.

Mit dem gleichen Ziel, die Stimmen der Frontkämpfer zu vertreten, darüber hinausgehend aber offen und kämpferisch für parteipolitische Ziele eintretend, entstanden nacheinander die Kampfbünde Stahlhelm, SA, Reichsbanner und Rotfrontkämpferbund. Durch farbige Hemden uniformierte politische Kampfbünde gab es zwar auch in anderen Staaten, die scharfen Gegensätze zwischen den Verbänden und ihre Mitgliederstärke waren aber eine Besonderheit der Weimarer Republik. Dabei überraschen nachträglich zahlreiche Übereinstimmungen: alle Kampfbünde hoben den »Frontsoldaten« hervor, dessen Vermächtnis zu vertreten sei, waren militärisch gegliedert und uniformiert, hatten Fahnen, Musik sowie »Führer« auf allen Gliederungsebenen. So gab es den »Gauführer« auch bei den Rotfrontkämpfern[10]. Übereinstimmend hütete man sich aber davor, Ansätze zu militärischer Ausbildung zu überschreiten oder eine offene Bewaffnung einzuführen, weil derartige Versuche zum sofortigen Verbot durch die an den Versailler Vertrag gebundenen Reichs- bzw. Landesregierungen führten.

Aufmarsch des »Stahlhelm«
h i e r : Reichsführertagung in Hannover am 24. September 1933

Schon im Dezember 1918 wurde – allerdings zunächst auf lokaler Ebene – der erste Verband durch den Magdeburger Mineralwasserfabrikanten und Hauptmann d. R. Franz Seldte (1882–1947)[11] gegründet. Unter dem symbolhaften Namen »Stahlhelm, Bund der Frontsoldaten 1918« wuchs diese Organisation zunächst nur von Ort zu Ort aufgrund persönlicher Verbindungen, wurde dann jedoch – unter Anlehnung an die Deutschnationale Volkspartei (DNVP) und an die nationalliberale Deutsche Volkspartei (DVP) – »zum Kern- und Orientierungspunkt der konservativ-nationalistischen Wehrverbände der Weimarer Republik«. Der Stahlhelm gewann bis Mitte der zwanziger Jahre etwa 300 000 Mitglieder und erreichte 1930 zwischen 400 000 und 500 000, vorübergehend 1933 sogar rund 1 Million Mitglieder[12].

Die nationalsozialistische »Sturmabteilung« (SA) entstand zwar bereits im Herbst 1921, ragte aber über Jahre nicht über mehrere andere, zahlenmäßig unbedeutende rechtsradikale Wehrverbände hinaus. Noch nach Hitlers Wahlsieg vom September 1930 gab es in Deutschland nur 60 000 SA-Leute. Erst danach begann der Ausbau zur straff geführten Massenorganisation unter dem Stabschef Ernst Röhm (1887–1934). Die SA verfügte im Januar 1933 – einschließlich der bis 1934 unterstellten SS – über 300 000 Mann und überflügelte den Stahlhelm erst im Verlauf des Jahres 1933 an Mitgliederstärke[13].

Dagegen erreichte das »Reichsbanner Schwarz Rot Gold, Bund republikanischer Kriegsteilnehmer« sehr schnell die Stärke einer Massenorganisation. Als Gegengewicht gegen die zahlreichen Bünde im sogenannten nationalen Lager entstanden bereits 1921/22 in mehreren Teilen Deutschlands lokale sozialdemokratische Schutzformationen, unter anderem in München eine »Sicherheitsabteilung der Sozialdemokratischen Partei« sowie in Magdeburg eine »Republikanische Notwehr«[14]. Der naheliegende Gedanke, eine republikanische Schutzorganisation nicht nur innerhalb der SPD, sondern gemeinsam mit den Anhängern anderer republikanischer Parteien aufzubauen, führte zur Gründung des Reichsbanners Schwarz Rot Gold. Obwohl die Initiative nur von Sozialdemokraten ausging – dem Magdeburger Oberpräsidenten Otto Hörsing (1874–1937), dem dortigen Redakteur Karl Höltermann (1894–1955) und dem späteren Magdeburger Polizeipräsidenten Horst Baerensprung –, nahmen schon an der Gründungsversammlung in Magdeburg am 22. Februar 1924 Vertreter der Deutschen Demokratischen Partei (DDP) und des Zentrums teil. Bereits am 1. Oktober 1924 zählte das Reichsbanner zweieinviertel Millionen Mitglieder, für 1926 wurden sogar dreieinhalb Millionen genannt. Der spätere Reichstagspräsident Paul Löbe (SPD) stellte den neuen Verband am 5. Juni 1924 im Reichstag mit den Worten vor: »Sie werden in wenigen Wochen eine republikanische Organisation von Stahlhelmern und Wehrwölfen, nicht mit diesen Namen [...] aber von opferbereiter deutscher Jugend, auf den Füßen stehen sehen, die die Freiheit ihres Volkes verteidigen wollen[15].« Als größter Kampfverband zeigte das Reichsbanner gegen Ende der zwanziger Jahre Schwächen: Die hohe Mitgliederzahl und die gleichzeitige Überalterung führten – ebenso übrigens im Stahlhelm – zu nachlassender Aktivität, während die fanatisierten jungen Leute von der SA und bei den Rotfrontkämpfern sich anschickten, die Straße zu beherrschen. Höltermann betrieb deshalb Anfang 1931 die Errichtung von »Schutzformationen« (Schufo) innerhalb des Reichsbannes mit dessen leistungsfähigen jüngeren Mitgliedern. Neben den »Braunhemden« der SA und den »Feldgrauen« des Stahlhelms traten nunmehr die »Grünhemden« der Schufo in der Öffentlichkeit auf[16].

Als vierter Kampfbund, dem der Durchbruch zur Massenorganisation gelang, ist der Rote Frontkämpferbund (RFB) zu nennen. Sein Name geht auf die Reste der im November 1923 verbotenen mitteldeutschen proletarischen Hundertschaften zurück. Auslösend für die von der KPD im Sommer 1924 vorangetriebene Gründung war der sogenannte Blutsonntag von Halle/Saale am 11. Mai 1924: Stahlhelm und andere Verbände hatten anläßlich der Wiedereinweihung eines dort mutwillig zerstörten Moltke-Denkmals zu einem »Deutschen Tag« aufgerufen. Zwischen mehreren Hundert von auswärts angefahrenen Kommunisten und der Polizei entwickelte sich ein Feuergefecht, bei dem es 8 Tote und 16 Schwerverletzte gab. Nach diesem Ereignis kam es zur »spontanen« Gründung erster Ortsgruppen des Kampfbundes. In der Mitgliedschaft der KPD waren Uniform (Russenbluse mit Ledergürtel und sogenannte Leninmütze), Gruß, Emblem, Fahneneid, Kommando-Reglement und Spielmannszüge als »reaktionärer Klimbim« zunächst nur schwer durchzusetzen. Im Vergleich zur Wählerschaft der KPD blieb deswegen die Mitgliedschaft des RFB mit etwa 65 000 verhältnismäßig gering, allerdings wurden auf dem KPD-Parteitag 1927 und später in Walter Ulbrichts offizieller Darstellung Zahlen von 200 000 bzw. 150 000 Mitgliedern genannt[17]. Nachdem im Zusammenhang mit Aktivitäten des RFB allein in Berlin während der ersten drei Maitage 1929 über 30 Tote zu beklagen waren, wurde der Bund verboten. Seine Tätigkeit wurde jedoch illegal fortgesetzt.

Während sich Stahlhelm, Reichsbanner und SA in ihrem Bekenntnis zu Volk und Vaterland sowie zur deutschen militärischen Tradition einander zu übertreffen suchten, führte der RFB seine Überlieferung ausschließlich auf die sowjetische Linie zurück. Viele Rotfrontkämpfer fanden aber »durchaus nicht ein problemloses Verhältnis zu ihren Vorbildern, der ›Roten Armee‹ und dem ›Vaterland der Werktätigen‹«[18]. Allerdings hatte man in den zwanziger Jahren mögliche deutsche Vorbilder noch zu sehr in unerfreulicher, wenig verklärter Erinnerung. Weder die »Volksmarinedivision« vom Winter 1918/19 noch die Rote Ruhrarmee von 1920 erschienen damals geeignet, eine Tradition zu begründen. Hatte doch die Rote Ruhrarmee einen derartigen Terror ausgeübt, daß Ende März 1920 sogar der Dortmunder Kommunistenführer Meinberg den Einmarsch regulärer Truppen forderte[19].

Unterschiedlich zwischen den Verbänden war vor allem die Auffassung vom Krieg, wie sie sich in der im folgenden darzustellenden Literatur widerspiegelt. Im Stahlhelm vertrat man eine sinngebende Auffassung vom Kriege, wie sie insbesondere Ernst Jünger vermittelte. Die radikalere Auffassung der Nationalsozialisten mit ihrer Verherrlichung des Kampfes ging darüber hinaus. Im Reichsbanner sah man den Weltkrieg in der – noch zu erörternden – Sicht Erich Maria Remarques und bezog damit eine Einstellung, über die nach dem Zweiten Weltkrieg weitgehend ein Konsens besteht. Der RFB lehnte selbstverständlich den »kapitalistischen« Krieg grundsätzlich ab, faßte aber in kommunistischer Sicht den revolutionären Krieg uneingeschränkt positiv auf.

Nicht zu verkennen sind schließlich Übereinstimmungen zwischen den vier einander entgegenwirkenden Frontkämpferverbänden: Die militärische Leistung und der soldatische Geist wurden anerkannt, durch eine ausgedehnte pseudomilitärische Tätigkeit trugen sie darüber hinaus zur Militarisierung der Bevölkerung bei. Nie zuvor hatte es in Deutschland für Zivilisten eine solche massenhafte Beteiligung an Gepäckmärschen, Appellen und Vorbeimärschen gegeben, und diese Anspannung sollte sich nach 1933 noch steigern. Bemerkenswerterweise wurde bereits 1926 in der von Jünger geprägten Monatsschrift »Die Standarte« gegen »den stundenlangen Vorbeimarsch endloser Stahlhelmkolonnen« vor Seldte polemisiert[20]. Nach den Übertreibungen der NS-Zeit war dann fast niemand mehr bereit, sich an derartigen Zeit- und Kräftevergeudungen zu beteiligen. Das war aber nur eine der Erfahrungen, die zum hoffnungslosen Scheitern aller Versuche führten, nach Gründung der Bundesrepublik Deutschland erneut derartige Verbände aufzubauen[21].

c) Die literarische Verarbeitung des Kriegserlebnisses

Ebenso wie in anderen Ländern setzte in Deutschland bereits während des Krieges eine literarische Verarbeitung des Geschehens ein. Der kleine Band »Der Wanderer zwischen beiden Welten« von Walter Flex (1887–1917, gefallen auf der Insel Oesel)[22] fand ein besonders starkes und nachhaltiges Echo, eine Verbindung zwischen Kriegserlebnis und Jugendbewegung wurde deutlich. So hieß es: »Das Herz seiner Leute muß man haben, dann hat man von selbst Disziplin« und »Leutnantsdienst tun heißt seinen Leuten vorleben, das Vorsterben ist dann wohl einmal ein Teil davon«. Ein anderer, noch während des Krieges berühmt gewordener Dichter war der Marineschriftsteller Gorch Fock (1880–1916, gefallen in der Skagerrak-Schlacht).

Die bedeutendste Verarbeitung der Kriegsereignisse gelang dem unmittelbar aus seinem Erleben schöpfenden Ernst Jünger (geb. 1895), Träger des Ordens pour le mérite und Reichswehroffizier bis 1923. Die folgenden Zitate aus seinem 1922 erschienenen Werk »Der Kampf als inneres Erlebnis« zeigen – zugleich in einer hervorragenden sprachlichen Form – eine zuvor und danach nicht mehr vertretene überhöhte Sinngebung des Krieges[23]:

»als der Krieg die Gemeinschaft Europas zerriß, als wir hinter Fahnen und Symbolen, über die mancher längst ungläubig gelächelt, uns gegenüberstellten zu uralter Entscheidung. Da entschädigte sich der wahre Mensch in rauschender Orgie für alles Versäumte. Da wurden seine Triebe,

zu lange schon durch Gesellschaft und ihre Gesetze gedämmt, wieder das Einzige und Heilige
und die letzte Vernunft. [. . .] Die Feuertaufe! Da
war die Luft so von überströmender Männlichkeit geladen, daß jeder Atemzug berauschte, daß
man hätte weinen mögen, ohne zu wissen
warum. O, Männerherzen, die das empfinden
können! [. . .] Der Geist der Materialschlacht
und des Grabenkampfes, der rücksichtsloser,
wilder, brutaler ausgefochten wurde als je ein
anderer, erzeugte Männer, wie sie bisher die Welt
nie gesehen hatte. [. . .] Dann kam, nur dem Ras-
sigsten vergönnt, der Rausch vor der eigenen
Kühnheit. Es gibt nichts Tathafteres als den
Sturmlauf auf Feldern, über denen des Todes
Mantel flattert, den Gegner als Ziel. Das ist Leben im Katarakt. [. . .] Schlägt die Vorbereitung
nicht durch, bleibt drüben nur ein Maschinenge-
wehr intakt, so werden diese Prachtmenschen im
Ansturm über das Niemandsland wie ein Rudel
von Hirschen zusammengeknallt. Das ist der
Krieg. Das Beste und Wertvollste, die höchste
Verkörperung des Lebens ist gerade gut genug,
in seinen unersättlichen Rachen geschleudert zu
werden. [. . .] Es ist auch unsäglich spannend,
wenn Menschen im Kampf sich begegnen. Von
diesen Augenblicken erzählen sie ihr Leben lang.
Neulich fand ich im Brief eines gefallenen Ame-
rikaners: ›Krieg ist sehr interessant. Noch inter-
essanter als Tigerjagd.‹ [. . .] Der Kampf gehört

Nunquam retrorsum, semper prorsum!

Ernst Jünger als Hauptmann

zu den ganz großen Leidenschaften. Und noch keinen habe ich gesehen, den nicht der Augenblick
des Sieges erschüttert hätte [. . .] man hört im Urlaub oft von Leuten, die weit vom Schuß
gefühlvolle Betrachtungen lieben. ›Ja, wenn sie einem wenigstens etwas getan hätten.‹ [. . .] Daß
man den Gegner achten kann und ihn trotzdem bekämpfen, nicht als Menschen, sondern als
reines Prinzip, daß man für eine Idee einstehen kann mit allen Mitteln des Geistes und der Gewalt
bis zum Flammenwurf und zum Gasangriff, das werden sie nie verstehen.«

Jünger war der profilierteste aus einer großen Reihe von Autoren der Frontkämp-
fergeneration, die aus ihrem Erleben heraus dem Krieg einen höheren Sinn
verleihen wollten. Dabei wiederholte sich die Vorstellung, der Krieg habe werthaf-
tes Verhalten erweckt: unter anderem Bewährung durch den Kampf, Pflichterfüllung, Kameradschaft der Schützengrabengemeinschaft, vorbildliches soldatisches
Führertum und Opfertod für die Zukunft der Volksgemeinschaft[24].
Gegenüber den Schriften dieser »nationalen« Autoren wie Franz Seldte, Werner
Beumelburg, Franz Schauwecker, Josef Magnus Wehner oder Edwin Erich Dwin-
ger hatten die Verfasser einer kritischen, die Sinnlosigkeit des Krieges hervorhe-
bender Literatur ab 1929 einen zunehmend schweren Stand. Das bekannteste

Werk dieser Richtung – »Im Westen nichts Neues« von Erich Maria Remarque (1898–1970) – erreichte in den Jahren nach seinem Erscheinen zwar eine Millionenauflage wie kein anderer Band der Kriegsliteratur. Der Einfluß dieses »Bestsellers« auf das Bewußtsein der damaligen Generation hielt aber nicht an, ebenso begrenzt war die Nachwirkung der Bände von Ludwig Renn und Edlef Köppen[25]. Diese drei kritischen Kriegsdarstellungen enthielten im übrigen nicht einmal eine grundsätzliche Negierung soldatischer Wertvorstellungen im Sinne radikaler Pazifisten. In der Darstellung des Grauens der Materialschlacht übertrafen Remarque und Köppen keineswegs Jünger, dem eine Verharmlosung des Krieges nicht vorzuwerfen ist.

Der Unterschied zur Literatur des »Soldatischen Nationalismus« lag also in der Sinngebung und in der Zielsetzung dieser rechts stehenden Autoren. An deren politischer Wirksamkeit besteht kein Zweifel, sie wird in allen späteren Untersuchungen festgestellt. In ihrem Rückblick auf die Kriegsjahre »fanden Rechtsparteien und -gruppen, nationalistische Bünde und Zirkel über alle Divergenzen hinweg ihren gemeinsamen Nenner. [. . .] Die Glorifizierung der Materialschlachten war nicht nur eine konservative Einigungsparole, sie enthielt zugleich einen gezielten Angriff auf die ›unheroische Republik‹ und die ›defätistischen‹ Linksparteien[26].« »Das Kriegserlebnis wurde zu einem entscheidenden Leitmotiv für die Protesthaltung gegen die Weimarer Republik ausgestaltet[27].«

Über diese sachliche Feststellung hinausgehend ist es leicht, vom heutigen Erfahrungsstand her gegen die damalige Kriegsliteratur, vor allem gegen Jünger, zu polemisieren[28]. Dabei wird vergessen, daß es die dort hervorgehobene kämpferische Haltung schon lange gab, die ein Beispiel menschlichen Handelns ist, mit dem man rechnen muß. Außerdem ist die Frage zu beantworten, weshalb die kritisierte Kriegsliteratur damals ein so großes Echo fand. Zahlreiche Frontkämpfer haben tatsächlich ihr Erleben bei Jünger, Schauwecker, Beumelburg und anderen zutreffender gedeutet befunden als bei Remarque[29]. Hinzu kamen die politischen Überzeugungen über das zu tilgende »Unrecht« von Versailles sowie die Meinung, die erbrachten Opfer und das durchlebte Leiden dürften nicht vergeblich gewesen sein. Revanche-Einstellungen dieser Art hat es in der Weltgeschichte immer wieder gegeben. Verhängnisvoll und nicht vorhersehbar war aber, daß das hierdurch geprägte Bewußtsein vieler Deutscher von einem gewissen- und verantwortungslosen Regime für dessen verbrecherische Katastrophenpolitik ausgenutzt wurde.

Nach dem Zweiten Weltkrieg hat die deutsche Kriegsliteratur zwar auch ein erhebliches Ausmaß erreicht, sie spielte aber keine so wichtige Rolle in der politisch-geistigen Auseinandersetzung und in der Einwirkung auf die militärische Tradition wie in den zwanziger Jahren. Thematisch wurde nach 1945 weniger die Kampfsituation behandelt, wichtiger war das Schicksal des einzelnen im Gewissenskonflikt, in der Kriegsgefangenschaft oder bei der Vertreibung, daneben aber auch die einfache Erlebnisbeschreibung[30].

Im Zusammenhang mit der Kriegsliteratur sind die sogenannte Kriegslyrik und das Soldatenlied zu erwähnen. Gedichte über den Krieg und die durch ihn hervorgerufenen Stimmungen entstanden in einer ungeheuren Zahl[31], sie fanden jedoch kein nachhaltiges Echo. Demgegenüber blieben zahlreiche neue Soldatenlieder erhalten und wurden in den folgenden Jahren viel gesungen – auch wenn die meisten nicht annähernd das literarische Niveau von Flex' »Wildgänse rauschen durch die Nacht« erreichten. Der »Bedarf« an Marschliedern für die Verbände der Weimarer Zeit und der NS-Jahre erzeugte geradezu einen »Boom« an neuen Liedern; sie reichten vom imitierten Landsknechtslied bis zum primitiven politischen Kampflied. Diese Massenproduktion und -konsumtion von Liedern diente wohl kaum der guten deutschen Gesangstradition. Einander feindliche Verbände sangen zur gleichen Melodie unterschiedliche Texte[32]. Eine umfassende Untersuchung über das deutsche Soldatenlied fehlt, ist wohl auch kaum möglich. Man wird die beliebtesten und besten Lieder aus der Masse des Liedguts nicht herausfinden können, da die Verbreitung der Lieder örtlich und zeitlich sehr schwankte.

d) Die historische Darstellung

Mindestens ebenso wirkungsvoll wie die Kriegserlebnis-Literatur war die wissenschaftliche und volkstümliche Geschichtsschreibung über die Weltkriegsjahre. Neben einer gewaltigen Anzahl von Einzeldarstellungen und Aufsätzen über die Kriegsereignisse fanden viele Erinnerungswerke führender Persönlichkeiten eine große Verbreitung[33].

Noch größeres Gewicht kam der offiziellen Kriegsgeschichtsschreibung aufgrund umfangreicher Aktenbestände zu. Die amtliche kriegsgeschichtliche Darstellung war bis 1919 die Aufgabe der kriegsgeschichtlichen Abteilungen des Großen Generalstabs gewesen. Als mit der Unterzeichnung des Versailler Vertrages die Auflösung des Großen Generalstabs unausweichlich geworden war, legte der hierzu – eigentlich mit der Umgliederung zum späteren Truppenamt – beauftragte Generalmajor Hans v. Seeckt (1866–1936) am 12. Juli 1919 eine Denkschrift und einen Antrag zur Umwandlung der kriegsgeschichtlichen Abteilungen in ein Reichsarchiv vor. Seeckt setzte darin u. a. das Ziel, die Geschichte zur Volkserziehung der breiten Massen zu verwerten und eine »Einwirkung auf das Ausland [. . .] gegen den Verleumdungsfeldzug unserer Gegner« anzustreben[34]. Eine derartige Zielsetzung – unter der damaligen Situation durchaus verständlich – erklärt die Schwierigkeiten, unter denen das im September 1919 geschaffene Reichsarchiv den Weltkrieg darzustellen hatte.

Als Hauptwerk des Reichsarchivs erschienen in den Jahren 1925 bis 1944 vierzehn Bände über den Landkrieg 1914–1918[35]. Diese auf umfangreicher Aktenauswertung beruhenden Bände beschränkten sich auf den militärischen Kriegsverlauf und fanden bei ihrem Erscheinen große Anerkennung. In heutiger Sicht fehlt dem Werk eine – den Verfassern damals offiziell untersagte – Einbindung in politische und wirtschaftliche Zusammenhänge und ein kritischeres Werten. Außerdem gab das Reichsarchiv eine volkstümliche Reihe über einzelne Kampfhandlungen – in zeitlich ungeordneter Folge – heraus. Im ersten Band dieser »grünen Reihe« behandelte Beumelburg die Kämpfe um den Douaumont 1916. Ziel der Reihe sollte es sein, den inneren Zusammenhang der gewaltigen Geschehnisse vorzuführen, die Einzeltaten deutscher Männer vor Vergessenheit zu bewahren und den gefallenen Helden des Krieges das verdiente Denkmal zu setzen[36]. Die ersten Bände wurden kostenlos vielen Volks- und Schulbibliotheken übergeben.

Das Marinearchiv bearbeitete eine Schilderung des Seekrieges 1914–1918. Hierzu waren im Unterschied zum Reichsarchiv nicht nur ehemalige Offiziere und Beamte beauftragt, die Marine konnte bis zur Mitte der zwanziger Jahre auch einige aktive Seeoffiziere wie den späteren Großadmiral Erich Raeder (1876–1960) für diese Aufgabe einsetzen. Der erste Band erschien bereits 1920, in dem dort enthaltenen Vorwort wurde offen die Zielsetzung des Werkes beschrieben:»Jeder Band soll dem deutschen Volk ins Bewußtsein rufen, welche Taten es auf allen Meeren in seiner Marine und diese wieder durch die Männer, die sie schufen und führten, vollbracht, und was es durch die Einbuße seiner Seegeltung verloren hat. Die harten Lehren des Krieges, die Erkenntnis der Fehler werden den Wiederaufbau vorbereiten[37].«

Die 1929 von Werner Beumelburg veröffentlichte, einbändige, populäre, fast romanartig zu lesende Darstellung des Weltkrieges erreichte eine nahezu prägende Breitenwirkung[38]. Im Vorwort berief sich der Verfasser auf das Erbe der Gefallenen. »Das Vermächtnis heißt Männlichkeit, Kameradschaft und Liebe zum Vaterland.« So herrschte zu Beginn der dreißiger Jahre in Deutschland ein Geschichtsbild vor, in dem die legendären Kampf- und Führungsleistungen der deutschen Weltkriegssoldaten zum verpflichtenden Vermächtnis wurden.

Demgegenüber gewann die – erst in den fünfziger Jahren einsetzende – Darstellung des Zweiten Weltkrieges fast durchweg einen anderen, mehr nach wissenschaftlichen Methoden orientierten Charakter. Sie suchte von Anfang an nicht nach verpflichtenden Traditionen, sondern bemühte sich um die Beantwortung der Fragen, wie es gewesen sei und wie das Ungeheuerliche geschehen konnte.

e) Die Nachwirkung im deutschen Volk

Neben der Literatur und Geschichtsschreibung wirkten die Presse und der aufkommende Film mit ihrer – zunächst unterschiedlichen – Kriegsverarbeitung auf die Bevölkerung ein. Massive Auseinandersetzungen über den Kriegsfilm »Im Westen nichts Neues« (nach Remarques Romanvorbild entstanden) im Dezember 1930 führten zu dem Verbot dieses Films. Damit bahnte sich schon vor 1933 eine überwiegend positive Kriegsdarstellung in diesem Massenmedium an[39]. Für das Bewußtsein der Bevölkerung spielten die Ehrung der Gefallenen und das Gestalten von Gedenktagen eine zunehmende Rolle. Das damit verbundene

Das von Ernst Barlach gestaltete Gefallenen-Denkmal im Magdeburger Dom wurde 1933 entfernt, in den Nachkriegsjahren jedoch wieder aufgestellt

Gegen die auf dem Gefallenen-Denkmal des Inf. Rgt 76 in Hamburg dargestellte Auffassung richteten sich in den letzten Jahren wiederholt Anschläge

Der Volkstrauertag wurde zum Heldengedenktag; hier ein Bild der Feier am 17. März 1935 vor dem Ehrenmal in Berlin

221

Auftreten der Reichswehr in der Öffentlichkeit ist noch anzusprechen. Hier ist auf die unterschiedliche Auffassung hinzuweisen, die in Gefallenendenkmälern und in der Gestaltung des Volkstrauertages offenbar wurde. Denkmäler und Feiern konnten die Leiden und Opfer des Krieges beklagen oder heroisieren. Im Verlauf der zwanziger Jahre wurde der Volkstrauertag[40] – schon vor seiner Umbenennung 1934 – immer mehr zum »Heldengedenktag«. Von dieser Tendenz abweichende Denkmäler, wie z. B. solche von Ernst Barlach, wurden angefeindet.

Die wohl überhaupt wichtigste Einwirkung ist in der Jugenderziehung an Schulen und Hochschulen – zugleich durch die Einflüsse der Jugendbewegung – zu sehen. Die verschiedenen Gruppen der bündischen Jugend – weniger durch ihre Mitgliederzahl, sondern mehr durch ihren elitären Anspruch bedeutend – hatten sich unter dem Eindruck des Kriegserlebnisses dem »Begriff und Ethos des Soldatentums« angeschlossen[41]. Für die Vermittlung nationaler und soldatischer Wertvorstellungen wurde eine »Gegenwärtigkeit« der Gefallenen[42] benutzt. In einer Langemarck-Feier, die für Bünde und Schulen dieser Zeit beispielhaft war, sagte ein Chor der Gefallenen: »Wir starben für Euch. Der Alten trauriges Weinen scheuchte uns Schatten unter schwere Erde zurück. Wir aber wollen leben mit euch, durch euch. Wir wollen lachen und singen in euch. Wir müßten sonst noch einmal marschieren.« Der Chor der lebenden Jungen antwortete darauf: »Graue Kameraden stehen mitten unter uns. Unser Lachen – ihr Lachen. Unser Leben – ihr Leben. Erbe ungeheurer Taten, Marschgenossen gleichem Ziele zu. Heute und immer[43].«

Unübersehbares Ergebnis einer solchen Erziehung war eine Aufwertung des Soldatischen. Die Frontkämpfer wurden Leit- und Vorbild einer ganzen Generation. Der so beeinflußte Zeitgeist begünstigte die Wirksamkeit der zugleich zunehmenden Pflege militärischer Tradition, denn Traditionen können sich gegen das vorherrschende Bewußtsein einer Generation kaum durchsetzen.

f) Die Wirkung auf die Soldaten und die Ausprägung neuer Traditionen

Zugleich mit der dargestellten literarischen und historischen Verarbeitung des Kriegserlebnisses sowie mit der Tätigkeit halbmilitärischer Verbände wuchs das Ansehen der Reichswehr und des Soldaten im Verlauf der zwanziger Jahre. Trotz der geringen Laufbahnchancen vermehrte sich der Andrang von Bewerbern zu den geringen jährlichen Einstellungen in das 100 000-Mann-Heer und in die kleine Marine auf das Vielfache des Bedarfs. Eigene Erinnerung, literarische und historische Darstellung vertieften in der Reichswehr die berechtigte Vorstellung einer – über die Leistungen früherer siegreicher Feldzüge hinausgehenden – Bewährung im Weltkrieg und trugen zur Festigung und Ergänzung der deutschen militärischen Tradition bei. So führte die nicht eingestandene Niederlage von 1918 zu keinem Bruch oder zu keiner Neuorientierung der Tradition wie nach den Zusammenbrüchen von 1806/07 und 1945. Das Ergebnis war vielmehr eine Bestätigung, eine Ausweitung und sogar eine Überhöhung soldatischer Tradition. Das Bewußtsein vom besonderen Rang des Militärs wurde mit neuer Qualifizierung aufgrund der Taten der Kriegsjahre aus dem Kaiserreich in die Republik übernommen. So weit die Reichswehrführung hieran mitwirkte, blieb sie im Rahmen der damals allgemein üblichen Militärpolitik: auch im Ausland kam es nach 1918 nicht zu einem tiefgreifenden Umdenken über Soldatentum und Krieg. Die politisch-geistige Entwicklung der zwanziger Jahre bot zwar neuorientierende Ansätze, sie wurden allerdings nur von einer der Reichswehr distanziert gegenüberstehenden Minderheit vertreten.

In die bisherige militärische Tradition wurden zunächst die Namen bewährter Persönlichkeiten wie Hindenburg und gefallener Frontkämpfer wie Manfred v. Richthofen als Kampfflieger und Otto Weddigen als U-Boot-Kommandant aufgenommen, diese Namen stehen für eine größere Reihe. Auch herausragende Kampfhandlungen erhielten eine symbolhafte Bedeutung: Tannenberg, Langemarck, Verdun, Skagerrak. Am wichtigsten für das Aufkommen neuer Traditionen aus den Jahren 1914–1918 wurden jedoch zwei qualitativ und quantitativ veränderte Wertvorstellungen: soldatische Kameradschaft und soldatisches Führertum.

Die Frontkameradschaft des Schützengrabens hatte für das politische Denken der rechtsgerichteten Parteien eine große Bedeutung als Vorstellung von der Volksgemeinschaft ohne Klassengegensätze erhalten[44]. Unabhängig davon wertete die Reichswehrführung den wichtigen Gedanken der Frontgemeinschaft für die Erziehung in der Truppe aus. In den neuen Berufspflichten des deutschen Soldaten, die die bisherigen Kriegsartikel ersetzten und vom Reichspräsidenten Friedrich Ebert und Reichswehrminister Otto Geßler am 2. März 1922 unterzeichnet wurden, hieß es im Artikel 7: »Der Soldat muß mit seinen Kameraden in Eintracht leben. Er darf sie im Kampf, in Not und Gefahr nicht verlassen und muß ihnen nach Kräften helfen, wenn sie seines Beistandes bedürfen. Besonders soll er seinen jüngeren und unerfahrenen Kameraden als Berater zur Seite stehen und hierdurch ebenso wie durch seine eigene vorbildliche Führung erzieherisch auf sie einwirken[45].« Neu war darin vor allem die verpflichtende Forderung zur Kameradschaft des Vorgesetzten. Tatsächlich entwickelte sich in Reichswehr und Wehrmacht ein fortschrittliches Verhältnis zwischen Offizieren, Unteroffizieren und Mannschaften, das dem Fronterlebnis sowie den Vorstellungen von Jugendbewegung und Volksgemeinschaft entsprach.

Die erweiterten Ansprüche an die soldatische Führung hingen damit zusammen. Auch auf diesem Gebiet gab es neben den modernen militärischen Überlegungen ausgedehnte politische Erwartungen und Forderungen nach Führertum und Gefolgschaft[46]. Die Übersteigerung der Führerideologie des Nationalsozialismus sind bekannt[47], ebenso ihr katastrophales Ergebnis in Staat und Wirtschaft. Dieser Irrweg sollte jedoch nicht Anlaß geben, die traditionelle Bedeutung von

Führung, Disziplin, Befehl und Gehorsam im militärischen Bereich in Frage zu stellen. Die bereits genannten Erinnerungswerke und historischen Darstellungen bestätigten die hervorragende Rolle der höheren militärischen Führung bei den Operationen des Ersten Weltkrieges und festigten die schon zuvor entstandene Tradition des Generalstabsdenkens. Daß der oberen Führung keine Überwindung des verlustreichen Stellungskrieges gelang, war nicht ein Mangel an Erkenntnis, Ideen und Plänen, sondern lag am damaligen Fehlen der Mittel für eine bewegliche Kampfführung auf beiden Seiten. Auf der mittleren und unteren Ebene wurde 1914–1918 – unübertrieben gesagt – millionenfach die Wirkung guter oder versagender soldatischer Führung erlebt. Die Weite des Gefechtsfelds forderte mehr als in vorherigen Feldzügen die Verantwortung des auf sich allein gestellten Führers und die später so genannte Auftragstaktik heraus. Diese Erfahrungen fanden ihren Niederschlag in zwei wichtigen Dienstvorschriften, die der General v. Seeckt als Chef der Heeresleitung schon 1921/22 herausgab: Führung und Gefecht der verbundenen Waffen (F.u.G.) und die Ausbildungsvorschrift für die Infanterie (A.V.I.). Die grundlegenden Ausführungen der Führungsvorschrift vom 1. September 1921 über den militärischen Führer sowie über Auftrag, Lage und Entschluß[48] wurden in die Vorschrift »Truppenführung« von 1933 inhaltlich weitgehend und teilweise wörtlich übernommen. Sie gelangten neu bearbeitet auch in die verschiedenen Ausgaben der Führungsvorschrift für das Bundeswehr-Heer.

Auch die A.V.I. vom 26. Oktober 1922 hatte – bis 1945 gültig – eine weitreichende Bedeutung für die Ausbildung im Heer. In ihr hieß es: »Der Führer ist das Vorbild seiner Leute. Seine Haltung und sein Beispiel reißen die Truppe zu opfermutigen Taten fort; sie folgt dem Eindruck, den Kaltblütigkeit und Entschlossenheit hervorbringen; großen Einfluß auf sie hat die Art, wie die Befehle erteilt werden. Der Führer muß den Weg zum Herzen seiner Untergebenen finden und durch Verständnis für ihr Fühlen und Denken, durch Wohlwollen, nie rastende Fürsorge, Gerechtigkeit, zielbewußten Willen und persönliche Tüchtigkeit sich ihr Vertrauen erwerben. Dieses ist die beste Stütze der Mannszucht in Gefahr und Not, Weichheit aber schadet.

Alle in der Truppe stehenden Führer haben die Ehrenpflicht, die Anstrengungen und Entbehrungen mit ihren Leuten zu teilen, bei Erleichterungen zurückzustehen.

Neben der Überlegenheit der Leistungen des einzelnen und der Truppe schafft Überlegenheit der Führung einen Ausgleich gegen höhere Zahl und Technik des Feindes[49].«

Diese Forderungen an Führung und Truppe wurden zur deutschen soldatischen Tradition und beeinflußten seitdem in hohem Maß das militärische Denken und Selbstbewußtsein.

Zusammenfassend bleibt festzustellen: Die Aufwertung des Soldatischen und die damit einhergehende Hervorhebung der militärischen Tradition hat – weit über die Truppe hinausgreifend – die nach 1920 aufwachsende Generation nachhaltig geprägt. Vornehmlich hierdurch sind die hervorragenden Leistungen der aus diesen Jahrgängen stammenden Wehrmachtsoldaten zu erklären. So gesehen hat die Vermittlung soldatischer Tradition – neben dem Einfluß des vom politisch-gesellschaftlichen Umfeld geprägten Zeitgeistes – die Kriegführung Hitlers ermöglicht. Es konnte deshalb nicht ausbleiben, daß nach der Katastrophe von 1945 die militärische Tradition in Deutschland zunächst abgelehnt und ihre Wiederaufnahme bis heute mit Mißtrauen verfolgt wird. Deshalb und wegen der grundsätzlich veränderten Auffassung zum Krieg als Mittel der Politik kam nach 1945 eine so ausgedehnte politische Aufwertung des Kriegserlebnisses wie nach 1918 nicht mehr in Frage[50].

2. Die Bedeutung der Tradition für das Selbstverständnis der Reichswehr

a) Vom Kaiserheer und von der Kaiserlichen Marine zum Reichsheer und zur Reichsmarine der Republik

Die zahlreichen Ereignisse und Entscheidungen der Anfangsjahre der Reichswehr können hier nicht angesprochen werden; ihr Verlauf – vom sogenannten Bündnis des Vorsitzenden des Rats der Volksbeauftragten Friedrich Ebert mit dem Ersten Generalquartiermeister Wilhelm Groener am 10. November 1918 bis zum Abschluß der vertraglich vorgeschriebenen Truppenverminderung 1921 – ist wiederholt untersucht und dargestellt worden[51]. Neben der Nachwirkung des Kriegserlebnisses sind für das entstehende Selbstverständnis der Reichswehrsoldaten drei wichtige Einschnitte zu nennen:

☐ der Zusammenbruch der Monarchie und die Auflösung der bisherigen Streitkräfte

☐ die Errichtung von Freikorps und deren zuletzt im Kapp-Lüttwitz-Putsch deutlich gewordene Problematik

☐ die Annahme des Versailler Vertrags mit den in seiner Folge einzuhaltenen militärischen Bestimmungen.

Die überraschend schnelle Beseitigung der Jahrhunderte alten monarchischen Ordnung in Deutschland hinterließ – ebenso wie die Meutereien in der Marine und der Zerfall von Heeresverbänden in den Garnisonen – einen Schock und ein lange nachwirkendes Trauma[52]. Der Einsatz von Freikorps – als derzeit einzige verwendbare Verbände – bei innenpolitischen Unruhen führte einerseits zu einer Gegnerschaft eines Teils der Bevölkerung gegen die entstehende Reichswehr und förderte andererseits einen politisierenden Freikorpsgeist bei einigen Verbänden. Die Durchführung der militärischen Bestimmungen des Versailler Vertrags zwang zur Entlassung der Mehrzahl derjenigen Soldaten, die sich gerade erst für die Festigung der neuen Republik im Innern und an der Ostgrenze eingesetzt hatten. Aufgelöst wurden selbstverständlich die Freikorps, mit denen Schwierigkeiten zu erwarten waren. Der Kapp-Lüttwitz-Putsch[53] erschütterte die Disziplin und die Kameradschaft in der aufzubauenden Reichswehr in einer krisenhaften Weise: es ging um die Frage, wie weitgehend man sich mit der neuen, weithin nur als provisorisch aufgefaßten politischen Ordnung identifizieren könne.

Mit den gesetzlichen Regelungen des Gesetzes über die Bildung einer Vorläufigen Reichswehr vom März 1919, mit der Weimarer Verfassung vom 11. August 1919 und mit dem Wehrgesetz vom 23. März 1921[54] wurde »die Wehrmacht der Deutschen Republik« (§ 1 des Wehrgesetzes) dem Reichspräsidenten, in seiner Vertretung dem Reichswehrminister unterstellt. Durch diese klare Unterstellung unter die politische Spitze der Republik ließ sich jedoch das Problem der inneren Überzeugung der Soldaten nicht lösen. Da es – trotz mehrfacher Versuche im Winter 1918/19 – nicht gelungen war, ein neues Heer von republikanisch-demokratisch eingestellten Soldaten aufzustellen, und weil die politischen Parteien untereinander in harter Konfrontation standen, lag die Lösung nahe, die Reichswehr aus der Politik herauszuhalten. Der Soldat wurde nicht nur zum selbstverständlichen Gehorsam verpflichtet, ihm wurde mit dem § 36 des Wehrgesetzes eine politische Betätigung und eine Parteizugehörigkeit untersagt sowie das aktive und passive Wahlrecht vorenthalten. Mit dieser Lösung, die übrigens von allen Parteien außer der KPD und der USPD angenommen wurde, konnte in der bestehenden Übergangszeit eine politische Auseinandersetzung in der Truppe verhindert werden.

Dieses Heraushalten aus der Politik traf mit der vorherrschenden Meinung der führenden Offiziere zusammen. Man sah eine doppelte Gefahr für die Disziplin der Truppe: einerseits im Geist der Freikorps, andererseits in den Bemühungen eines republikanischen Führerbundes, die Reichswehr an die neue politische Ordnung heranzuführen. Besonders der Generalmajor Hans v. Seeckt (1866–1936) strebte wegen dieser Besorgnis[55] die Errichtung einer disziplinierten Reichswehr an, die zwar der politischen Führung gegenüber loyal bleiben sollte, zugleich aber der politischen Ordnung distanziert gegenüberstehen und eigene militärpolitische Ziele verfolgen konnte. Auf dem Wege zur Stabilisierung der Reichswehr scheute sich Seeckt nicht, gegenüber den Freikorps hart durchzugreifen und die Verminderung des Heeres auf 100 000 Mann als unabwendbar durchzusetzen. Er zog sich damit eine lange andauernde Gegnerschaft von Rechtsradikalen und zahlreichen verabschiedeten Offizieren zu. Zugleich ließ er aber eine kühle Auffassung über die neue politische Ordnung erkennen. Als aufgrund des Artikels 176 der Weimarer Verfassung die Vereidigung der Reichswehrsoldaten auf die Verfassung angeordnet wurde, gab er an die ihm unterstellten Generalstabsoffiziere einen Erlaß heraus, in dem es hieß: »Für den, der sich entschlossen hat, zum Wohl des Vaterlandes auch unter der republikanischen Staatsform zu dienen, ist der Eid auf die Verfassung die logische Folge[56].« Das Vaterland, das Deutsche Reich, wurde damit nicht nur der gültigen Verfassung übergeordnet, sondern auch von seiner verfassungsmäßigen Form losgelöst betrachtet.

In der für das Weiterbestehen der Reichswehr kritischen Lage nach dem Scheitern des Kapp-Lüttwitz-Putsches war es bezeichnend, daß der Reichspräsident Ebert keinem anderen General als Seeckt die erforderliche Autorität zutraute und ihn an die Spitze des Heeres stellte. Seeckts erster Biograph v. Rabenau hat in seinem vor 1940 entstandenen Buch einen Gegensatz Seeckts zur Weimarer Republik stark überzeichnet, gleichwohl untersagte Hitler eine neue Auflage des Bandes [57]. Die auf sorgfältiger Quellenarbeit beruhende neuere Biographie Meier-Welckers – des ersten Amtschefs des Militärgeschichtlichen Forschungsamtes – berichtigte dieses in der Nachkriegsliteratur verbreitete, zu negative Bild über Seeckt. Trotz seines bis zuletzt guten gegenseitigen Verhältnisses zu Ebert[58] bleibt aber das historische Urteil bestehen, daß Seeckt ein Heranführen der Reichswehr an die Republik unterlassen und eine Führungsrolle als oberster Soldat beansprucht hat, die in einer funktionierenden parlamentarischen Demokratie untragbar wäre. Deshalb kann Seeckt – trotz seiner hohen Verdienste – für die heutige Bundeswehr kein Vorbild sein. Das gilt auch, wenn das lange Zeit verbreitete Wort von der Reichswehr als »Staat im Staate« inzwischen in Frage gestellt und durch die Formulierung des Historikes Golo Mann ersetzt wurde: die Reichswehr sei in der Republik ein Fremdkörper gewesen, aber die Republik habe ja nur aus Fremdkörpern bestanden. »In das, was selber niemals integriert war, konnte sich die Armee beim besten Willen nicht integrieren[59].«

Friedrich Ebert, Reichspräsident 1919–1925, begleitet von General von Seeckt (mit Mütze)

b) Tradition als Motiv für den Zusammenhalt

Je stärker sich am Selbstverständnis der Reichswehr das Dienen für das Deutsche Reich als angeblich überparteilicher und »unpolitischer« Richtpunkt herausstellte, um so näher lag die Rückbesinnung auf die nationale und militärische Vergangenheit. Aus ihr konnte man in Anbetracht der trostlos erscheinenden Gegenwart, die unter den Bedingungen der Niederlage und des Versailler Vertrages stand, für die Zukunft eine gemeinsame Überzeugung vom Wiederaufstieg Deutschlands nähren. Die Pflege der Tradition bot deshalb einen hervorragenden Ansatzpunkt zum Überwinden von Meinungsverschiedenheiten über den Grad der Anpassung an die neue politische Ordnung. Die brisanten Fragen über die Rolle der Freikorps und über die Haltung zu Republik und Demokratie blieben ausgeklammert, wenn man sich zur Tradition der bisherigen Streitkräfte bekannte.

Wie nie zuvor in der Geschichte der deutschen Streitkräfte kam es deshalb in der Reichswehr zu einer Pflege militärischer Tradition. Neben einer verbreiteten Bereitschaft in der Truppe gab es hierzu eine anregende Unterstützung von den Kriegervereinen und Wehrverbänden, in denen sich die militärfreundlich gebliebenen Frontkämpfer zusammengeschlossen hatten. Auch die militärische Führung förderte den Gedanken der Traditionspflege. Ein erster bemerkenswerter Vorschlag zu dieser Thematik wurde am 30. September 1919 vom Chef des Stabes des Reichswehr-Gruppenkommandos 2 (Kassel), Generalmajor v. Loßberg, unterzeichnet. Darin hieß es: »Die Erhaltung der Überlieferung des alten Heeres auch in der Reichswehr wird von allen Seiten als dringendes Erfordernis angesehen. Der Übergang zum Söldnerheer, [...] der Kampf im eigenen Lande [...], nehmen uns so viele unserer bisherigen Ideale, daß uns nur noch der Gedanke an die ruhmvolle Vergangenheit die Mittel gibt, dem Soldaten das Standesbewußtsein einzuimpfen, ohne das er zum Söldner herabsinkt.« Zur Praxis der Traditionspflege wurde angeregt, die Überlieferung der Truppenteile der alten Armee auf die neuen Truppen zu übertragen. Letztere sollten in einem Erinnerungsraum geeignete Erinnerungsstücke der alten Verbände aufbewahren[60].

Ganz besonders förderte Seeckt als Chef der Heeresleitung die Traditionspflege in der Reichswehr. Er beschrieb seine Auffassung vom Sinn der militärischen Tradition wie folgt: »Das Bewußtsein, Mitträger eines großen historischen Ruhmes zu sein und sich hierdurch vor anderen auszuzeichnen, hat einen ganz unleugbaren Einfluß auf den Wert einer Truppe. Diese Erkenntnis hat in allen Heeren zu einer Pflege der Tradition geführt, die sich auch auf äußerliche Dinge erstreckte. Wer für die Eigenart der militärischen Psyche keinen Sinn hat, wird diese Äußerlichkeiten als Spielereien ansehen und ihre tiefere Bedeutung nicht begreifen[61].«

Wie sehr viele Soldaten hat Seeckt die militärischen Traditionsveranstaltungen »mit fast romantischem Zug« (Meier-Welcker) empfunden. So schrieb er am 3. September 1922 vom Übungsplatz Königsbrück aus an seine Frau: »3. Division, also die ehemaligen Garde-, brandenburgisch, schlesischen posenschen Re-

gimenter. Fluten von Erinnerungen, Se-
dantag! [...] Essen mit 400 Offizieren;
ich sprach auf den Tag und ermahnte bei
dieser preußischsten aller Divisionen
nicht zu vergessen, daß wir Preußen wären und das Heil nicht anderswoher zu
erwarten hätten. Adlerland, der rote
Brandenburger, der schwarz-weiße
Schlesiens, der Ordensadler der posenschen Lande, der Garde-Adler mit den
breiten Schwingen. Kurz ich sprach mich
warm. Dann Zapfenstreich von über 300
Musikern. Draußen unter dem Nacht-
himmel; ich lege dir das Programm bei.
Gestern eine sehr schöne Übung bei
strahlendem Wetter auf der blühenden
Heide, restlose Zufriedenheit. Bei der Parade der Division zog ich den Degen und

Generaloberst Hans von Seeckt,
Chef der Heeresleitung 1920–1926

führte das III. Bataillon 9 vorbei, das Alexander Bataillon[62].« Auf diese Weise traf
Seeckt auf Zustimmung in der Truppe, ebenso auch durch Sprache und Inhalt
seiner Erlasse.

c) Die Zuteilung von Traditionsverbänden im Reichsheer

In seinem bedeutsamen Erlaß »Grundlagen der Erziehung des Heeres« wies
Seeckt die Kommandeure an, »den Grundstein für neue Tradition« ihrer Ver-
bände zu legen[63]. Die Einzelheiten der Traditionspflege im Reichsheer regelte der
Chef der Heeresleitung in einem Erlaß vom 24. August 1921, durch den jeder
Kompanie des 100 000-Mann-Heeres die Pflege der Überlieferung eines Verban-
des der alten Armee zugewiesen wurde. Einleitend hieß es hierzu: »Wenn die
Heeresleitung mit der Übertragung der Überlieferungen des alten Heeres an
Truppenteile des neuen Reichsheeres die Pflege der ruhmreichen Geschichte unse-
rer Waffen anstrebt, so erwarte ich mit Bestimmtheit, daß jeder Soldat der Wehr-
macht sich in erster Linie als Mitglied seines neuen Truppenteiles fühlt und seine
Befriedigung darin sucht, daß dieser es dem alten gleich tut[64].« Die jeweils gültige
Zuweisung der »Stammtruppenteile« ist in den Ranglisten des Deutschen Reichsheeres 1923 bis 1932 enthalten. Wünsche der Truppe oder der alten Soldaten und
Standortwechsel bedingten zahlreiche Änderungen, die in der Zeit der Wiederauf-
rüstung bis 1939 durch ständige Neuaufstellungen und Umgliederungen zu einem
vollends unübersichtlichen Wechsel der »Zuständigkeit« für die Traditionspflege
führten[65]. Die offizielle Zuweisung brachte durch den damit verbundenen Ausschluß anderer, aufgrund persönlicher Kontakte gewünschter Beziehungen zwi-

schen Gruppen alter Soldaten und der Truppe gewisse Probleme mit sich. Die spätere Luftwaffe lehnte deshalb die Einrichtung der Traditionstruppenteile ab, die Reichsmarine übernahm sie nur für ihre Dienststellen an Land. In der Bundeswehr gibt es – aus mehreren Gründen – keine offiziellen Zuweisungen einer Verbandstradition, dafür ist die aufgrund persönlicher Beziehungen zu alten Soldaten entstandene Traditionspflege verbreitet[66].

Die Intensität der Pflege von Verbandstraditionen war im Reichsheer von den örtlichen Verhältnissen, teilweise ununterbrochenen organisatorischen Zusammenhängen sowie den jeweiligen Initiativen der Kompaniechefs und Kommandeure abhängig und dementsprechend unterschiedlich. Oft entstanden mit den übergebenen Erinnerungsstücken der alten Verbände eindrucksvolle Sammlungen und »Traditionsecken«. Besonderes Gewicht erhielt die Übernahme der Tradition ehemals herausgestellter Regimenter – z. B. der preußischen Garde. In solchen Truppenteilen der Reichswehr wurden auch heraushebende Traditionsabzeichen wie der Schwedter Adler oder der Braunschweiger Totenkopf getragen, bei der Musik gab es besondere Schellenbäume oder den Paukenhund mit Paukenwagen[67]. Seeckt bezeichnete die Pflege der Tradition später als geglückt und nutzbringend[68]. Das Zusammenwirken der Traditionskompanien mit alten Soldaten in Verbänden und Regimentsvereinen bedeutete zweifellos eine wertvolle Unterstützung der Reichswehr, führte jedoch auch zu noch anzusprechenden Problemen.

d) Der Stellenwert der monarchischen Tradition

Das Ende des Jahrhunderte alten Landesfürstentums und seiner seit 1871 immer bedeutender gewordenen kaiserlichen Spitze war ein tiefer Einschnitt in die militärische Überlieferung. Außerdem ergaben sich Schwierigkeiten in der Traditionspflege, indem bei der Würdigung der alten Armee ihre Verbindungen zur Monarchie nicht immer zu übergehen waren. So waren Angehörige von Fürstenhäusern bei militärischen Gedenktagen anwesend oder ehemalige Soldaten brachten in Anwesenheit von Reichswehrsoldaten einen Hochruf auf den Kaiser und früheren »obersten Kriegsherrn« aus. Übertriebene Empfindlichkeiten, aber auch Taktlosigkeiten kamen bei solchen Anlässen auf beiden Seiten vor, bei republikanischen Politikern wie auch bei monarchietreuen Soldaten. So trug der Abgeordnete Künstler (USPD) am 11. November 1921 im Reichstag eine Anfrage vor, in der er kritisierte, daß die Reichswehr in München eine Kompanie zur Beerdigung »des Ludwig Wittelsbach« gestellt habe[69]. Der damalige Major v. Schleicher führte dagegen aus, dem verstorbenen König habe als Generalfeldmarschall diese militärische Ehre gemäß Heeresverordnung zugestanden.

Die vielfachen persönlichen Beziehungen von älteren Offizieren zu den Fürstenhäusern ließen sich verständlicherweise nicht verbieten. Solche Verbindungen gab es auch bei führenden Politikern aufgrund ihrer zurückliegenden Tätigkeit, z. B. beim Reichswehrminister Geßler zu den Wittelsbachern und beim Reichsaußenminister Stresemann zu den Hohenzollern. Die von Generaloberst v. Seeckt genehmigte Teilnahme des ältesten Kronprinzensohnes an einer Reichswehrübung war insofern keineswegs eine herausfordernde Demonstration für die Monarchie. Dieser Vorgang ist vielmehr als eine der Eigenmächtigkeiten des Chefs der Heeresleitung gegenüber seinem Minister zu betrachten, er war nur der Anlaß, nicht die Ursache der Verabschiedung Seeckts[70].

Trotz der publikumswirksamen Berichte über monarchistische Tendenzen in der Reichswehr und des durchaus anhaltenden Treuebewußtseins vieler Offiziere zu den einstigen Herrscherhäusern nahm im Verlauf der zwanziger und dreißiger Jahre die Monarchieverbundenheit der Soldaten ab. Die einstige Auffassung vom Gottesgnadentum der Monarchen war im Weltkrieg dahingeschwunden, man hatte zwar nominell für den Kaiser, in Wirklichkeit aber für Volk und Vaterland gekämpft. Die Kritik an Wilhelm II. dehnte sich aus. Auf den jungen Generalstabsoffizier v. Manstein, den späteren Generalfeldmarschall, machte es starken Eindruck, als 1917 der Kaiser beim Vortrag eines Armeeoberbefehlshabers eine wenig sinnvolle Weisung von sich gab, aber ohne weiteres hinnahm, daß man seine Äußerung einfach ignorierte[71].

Die auch im Volk verbreiteten monarchistischen Stimmungen und Sympathien entsprachen den wirklichen politischen Möglichkeiten und Absichten der zwanziger Jahre immer weniger und wurden zu nostalgischen Lippenbekenntnissen[72].

Mit dem Nachrücken jüngerer Offiziere schwand das persönliche Verhältnis zu den Fürstenhäusern. Im Traditionsverhältnis zu den alten Streitkräften gab es jedoch keinen Bruch, sondern einen Wandel: man wollte z. B. die Bedeutung der Marine aus der Zeit vor 1914 wiedergewinnen, dagegen nicht unbedingt wieder eine »Kaiserliche Marine« sein.

Verbreitet war jedoch eine bestimmte Erwartungshaltung gegenüber dem Staatsoberhaupt, von dem man sich traditionell besonders hervorgehoben sah und von dem man ein ins militärische Bild passendes Auftreten bei der Truppe erwartete. Die Wahl des Generalfeldmarschalls v. Hindenburg zum Reichspräsi-

Generalfeldmarschall Paul von Hindenburg, Reichspräsident 1925–1934

denten wirkte deshalb auf die Reichswehr wie die Erhebung eines »Ersatzkaisers«. Bei militärischen Anlässen trug Hindenburg Uniform, bei Manöverbesuchen stand dem alten Feldmarschall das letzte Wort zu. Eine für die Festigung der Republik in der Truppe negative Praxis hatte damit ein Ende: Vor allem Seeckt hatte sich darum bemüht, den »zivilen« Reichspräsidenten Ebert und Minister Geßler bei Manövern der Truppe möglichst fern zu halten; Geßler sollte nicht zu Pferde erscheinen.

In diesem Zusammenhang sind die hohen Verdienste des Reichspräsidenten Ebert um die Reichswehr hervorzuheben, die in der Truppe viel zu wenig bekannt wurden. Ebert wirkte weniger durch seine Erscheinung – der Impressionist Max Liebermann hatte über ihn geäußert: »ein vortrefflicher Mann, aber man kann ihn nicht malen«[73] –, sondern in seiner »sicheren, natürlichen einfachen Art des Auftretens [. . .] Sprechens [. . .] Zuhörens[74]«. Damit hinterließ er einen starken Eindruck bei der Besatzung des Kreuzers »Medusa« nach einer Ostseefahrt. Geßler berichtete, wie unterschiedlich die Werftarbeiter beim Besuch der Reichspräsidenten in der Reichswerft Wilhelmshaven reagierten: Ebert empfand eine peinliche Teilnahmslosigkeit, Hindenburg wurde mit Hochrufen begrüßt[75]. Ein Traditionsbewußtsein für das republikanische Staatsoberhaupt fehlte also nicht nur den Soldaten.

e) Reichswehr und republikanisches Staatsbewußtsein

Das eigentliche Problem lag im Fehlen einer positiven republikanischen Einstellung in der Reichswehr. Die rein militärisch bedeutsame Traditionspflege in Heer und Marine blieb fast ohne Verbindung zur Republik und zur parlamentarischen Demokratie. Wie wenig man sich sogar bei der politischen Führung zunächst von einer stärkeren Einbindung der Reichswehr in diese Richtung versprach, zeigt der Artikel 1 der Berufspflichten des deutschen Soldaten vom 2. März 1922: »Eingedenk seines hohen Berufs, das Vaterland und seine Verfassung zu schützen, muß der Soldat stets eifrig bemüht sein, seine Pflichten treu und gewissenhaft zu erfüllen.« Nachdem Ende der zwanziger Jahre Reichswehrminister Groener und Seeckts Nachfolger General Heye versuchten, die Truppe stärker an die Republik heranzuführen, lautete die Neufassung der Berufspflichten vom 9. Mai 1930 immerhin: »Die Reichswehr ist das Machtmittel der gesetzmäßigen Reichsgewalt. Sie schützt die Grenzen des Deutschen Reiches und seinen Bestand nach außen und nach innen. Das Deutsche Reich ist eine Republik. Ihrer Verfassung schwört der Soldat die Treue[76].« Auch von dieser Formulierung aus war es noch ein weiter Weg bis zum Soldatengesetz von 1956 mit der Pflicht zum Eintreten für die demokratische Grundordnung.

Der Eid auf die Verfassung[77] begründete zwar eine feste Bindung des Soldaten an die verfassungsmäßige Ordnung und wurde auch durchaus als eine solche Bindung empfunden. Eine öffentliche Wirkung blieb jedoch aus; die bei zwölfjähriger Dienstzeit wenigen neu eintretenden Soldaten wurden von ihren Vorgesetzten unmittelbar in der Kaserne vereidigt, es gab keinen zeremoniellen Rahmen mit Ansprachen hochgestellter politischer Repräsentanten und bezeugende Anteilnahme der örtlichen Bevölkerung.

Um eine demokratisch-republikanische Gesinnung in der Reichswehr zu schaffen, forderte vor allem die SPD wiederholt einen staatsbürgerlichen Unterricht in der Truppe[78]. Diese Anregungen wurden jedoch – abgesehen von Vorträgen für Offiziere – nicht verwirklicht. Mit der Einführung eines derartigen Unterrichts in der Truppe wären unter den damaligen Verhältnissen kaum die erwünschten Wirkungen erzielt worden, ganz abgesehen von der Frage, welche Offiziere damals zur Vermittlung einer politischen Bildung überhaupt geeignet gewesen wären.

Als der Reichsgerichtsprozeß gegen drei Ulmer Offiziere 1930 deren Anfälligkeit für den Nationalsozialismus gezeigt hatte, wies der Abgeordnete Dr. Julius Leber (SPD) im Reichstag auf das Fehlen der staatspolitischen Überzeugung bei den Soldaten hin. Seeckt habe irrtümlich gemeint, es komme nur auf die Disziplin an, die Pflicht müsse aber auch einen ideellen Inhalt haben. »Wenn wir der Jugend in der Armee diese Ideale und Symbole vorenthalten, dann regiert die Gefahr, unter der wir heute leiden. Dann läuft die Jugend anderen Ideen nach und sucht sich andere Symbole.« Die nationalsozialistische Bewegung habe es verstanden, »den jungen Leuten Ersatz zu bieten für das, was die Republik ihnen nicht bieten mochte. [. . .] Deswegen ist es eine der großen Aufgaben [. . .], daß wir die Armee zu einem republikanischen Denken erziehen, erziehen zu den Idealen der Republik[79].« Mit diesen Ausführungen deutete Leber am 19. März 1931 nicht nur auf einen Mangel in der Reichswehr, sondern auf die größte Schwäche der Republik hin.

Der Weimarer Republik fehlten die dauerhaften Erfolge, und ihrer Reichswehr fehlte die Zeit, um eine republikanische Tradition aufwachsen zu lassen. Die geringen Fortschritte der Bemühungen Groeners und Heyes, die Reichswehr an die Republik heranzuführen, zeigen immerhin, daß in einer ruhigen Entwicklung das erwünschte Einordnen der Streitkräfte möglich gewesen wäre. Mit der Weltwirtschaftskrise und ihren Folgen für Deutschland erstarkten jedoch die Kräfte des Links- und Rechtsradikalismus – damit endeten die Ansätze zur Stabilisierung, nicht nur bei der bewaffneten Macht.

Obwohl der Begriff Tradition in der Reichswehr weitaus häufiger als zuvor verwendet wurde, war ein Reflektieren über diesen Begriff noch nicht so verbreitet wie in den späteren Jahrzehnten. Ein Artikel des damaligen Oberst Muff zeigt aber, daß man sich durchaus der Probleme bewußt war, wenn in der Truppe »der jungen Republik« die Tradition der alten Armee mit ihren monarchischen Erinnerungen gepflegt wurde. Der Verfasser wies mit Recht darauf hin, daß noch keine anderen Traditionen für den deutschen Soldaten vorhanden seien. Keine Armee könne jedoch ohne Bewahrung ihrer Tradition bestehen[80].

3. Die Traditionspflege in der Reichswehr

a) Änderungen bei den Symbolen und an den Uniformen

In den Tagen der sogenannten Novemberrevolution war mit der roten Fahne ein Gegensymbol gegen das Schwarz-Weiß-Rot des Kaiserreiches gesetzt worden. Von nationalistischer Seite – Alldeutsche Blätter, Deutsche Zeitung und Burschenschaften – wurde demgegenüber damals an das großdeutsche Schwarz-Rot-Gold von 1848 erinnert. In den folgenden Monaten forderten Persönlichkeiten wie Theodor Heuss, der Staatsrechtler Hugo Preuß, der Soziologe Max Weber und der Historiker Friedrich Meinecke ein Anknüpfen an die demokratische Tradition von 1848. Die Weimarer Nationalversammlung entschied sich nach 16 Debatten zur Flaggenfrage mit den Stimmen der SPD und des Zentrums sowie der meisten Abgeordneten der Demokratischen Partei für die neuen Reichsfarben Schwarz-Rot-Gold[81]. Als Kompromißlösung gegenüber dem Argument, im weltweiten Seeverkehr sei Deutschland nur unter den bisherigen Reichsfarben bekannt, wurde eine schwarz-weiß-rote Handelsflagge mit den neuen Reichsfarben in der oberen inneren Ecke geschaffen. Diese Lösung wurde als Artikel 3 in die Weimarer Verfassung aufgenommen.

Der so begonnene Symbolstreit der Weimarer Republik erstreckte sich von Anfang an und mit besonderer Leidenschaft auf Heer und Marine. Man verwies darauf, daß unter der alten schwarzweißroten Kriegsflagge viele Kameraden der Marine im Weltkrieg gefallen waren. Außerdem befand man sich in einer Trotzreaktion: meuternde Soldaten hatten im November 1918 die schwarzweißrote Kokarde von ihren Mützen entfernt, die im Dienst verbliebenen Soldaten und die Freikorps behielten dagegen die alte Reichskokarde. Eine ähnliche symbolhafte Bedeutung hatten in diesen Tagen die Schulterstücke der Offiziere erhalten, weil Revolutionäre in vielen Fällen den Offizieren diese Dienstgradabzeichen abgerissen hatten. Als die Marinebrigade Ehrhardt während des Kapp-Lüttwitz-Putsches mit schwarzweißroten Fahnen in Berlin einzog, wurde der Symbolstreit erneut verschärft.

Die erforderlichen Klärungen durch die politische Führung kamen demgegenüber recht zögernd. Im Jahre 1920 wurde unter Minister Geßler für die Dienstmützen eine neue Reichskokarde eingeführt, ein ovales Schild mit dem Reichsadler auf goldenem Grund. Diese Uniformänderung ließ sich in der Truppe nur schwer durchsetzen, demonstrativ wurde die alte Kokarde weitergetragen oder auf die weiche Feldmütze – an der sich wie bisher nur die Landeskokarde befand – ausgewichen. Es kam sogar zu Bezeichnungen wie »Pleitegeier« oder zu einem Antrag von Vertrauensleuten, die alte Kokarde weitertragen zu dürfen, da die neuen »bei längerem Tragen im Regen abfärben und dann nur noch als gelber Fleck« wirkten[82].

234

Erst nach langer Bearbeitungszeit der Ministerialbürokratie kam am 11. April 1921 eine Flaggenverordnung heraus. Der Flaggendualismus wurde damit jedoch nicht beseitigt, sondern vertieft. Die neuen verfassungsmäßigen Reichsfarben bestimmten nur das Bild der Standarte des Reichspräsidenten, der Flagge des Reichswehrministers und der Reichspostflagge. Bei den anderen amtlich bestätigten Fahnen herrschten die schwarzweißroten Farben vor. So erhielt die Reichswehr eine Flagge, die in der Mitte des schwarzweißroten Tuches ein Eisernes Kreuz und nur in der oberen inneren Ecke die neuen Reichsfarben zeigte[83]. Diese Flagge ersetzte die bisherige Reichskriegsflagge, war also auf allen Kriegsschiffen zu hissen. Im täglichen Dienst der Truppe zu Lande erschien diese Fahne nur selten, da die Kasernen und Dienstgebäude nur zu bestimmten Anlässen beflaggt wurden. Immerhin konnte sich in der Reichswehr daraufhin die Meinung festsetzen, die alten Reichsfarben seien für die Soldaten vorherrschend. Das zeigte sich u. a. bei der Beflaggung von Privatwohnungen oder – bei Trauerfällen – an schwarzweißroten Kranzschleifen und forderte bei solchen oder anderen Anlässen die wiederholte Kritik der republikanischen Parteien heraus. Mit einem Erlaß vom 17. August 1927 verbot schließlich der Reichswehrminister Geßler für die Soldaten das Zeigen der alten Reichsfarben ohne gleichzeitige Berücksichtigung der Farben Schwarz-Rot-Gold, da er das einseitige Bevorzugen der alten Farben als eine durch § 36 des Wehrgesetzes verbotene politische Stellungnahme und Betätigung betrachtete[84]. Bei der Beflaggung von Dienstgebäuden sollten Reichsfahne und Reichskriegsflagge in gleicher Anzahl gesetzt werden. Die heftigen, heute fast als kurios empfundenen Auseinandersetzungen über die Flaggenfrage waren damals nicht nur ein Problem der Reichswehr: 1926 stürzte die Regierung des Reichskanzlers Luther über eine Verordnung, nach der von deutschen diplomatischen und konsularischen Dienststellen im Ausland neben der Reichsflagge die schwarzweißrote Handelsflagge zu führen war. 1929 versuchte der Reichskanzler Müller (SPD), durch einen Erlaß die Teilnahme von Vertretern der Reichsbehörden an Veranstaltungen davon abhängig zu machen, daß dabei die »Reichsfarben an hervorragender Stelle gezeigt werden«[85].

Die bisherigen, zu Beginn des Weltkrieges aus dem Felde zurückgeführten Truppenfahnen der alten Armee wurden bei den stellvertretenden Generalkommandos, ihren örtlich nachfolgenden Stäben und später in den Landesmuseen aufbewahrt. Sie wurden bei besonderen Anlässen – z. B. bei Gedenktagen – in größerer Anzahl von sogenannten Fahnenkompanien in der Öffentlichkeit geführt, nicht aber einzeln bei den Traditionskompanien. Während des Bestehens des 100 000-Mann-Heeres gab es keine Erwägung, für die neuen Verbände – deren Gliederung ohnehin nur zwangsmäßig aufgrund des Versailler Vertrages zustandegekommen war – eigene Truppenfahnen zu stiften. Vermutlich hätte damals schon die Frage, mit welchen Symbolen und Farben diese Truppenfahnen gestaltet werden könnten, zu großen Schwierigkeiten geführt.

Für die Uniformänderungen in der Reichswehr gab es zwei unterschiedliche Veranlassungen:

☐ den Versuch, zur alten Armee einen Abstand herzustellen und die Symbole der Monarchie zu ersetzen;

☐ die zu allen Zeiten bei Uniformänderungen berücksichtigte modische Entwicklung, also die Kleidsamkeit nach dem Zeitgeschmack.

Um für die Truppen der Republik einen Abstand von der Vergangenheit herzustellen, gab der preußische Kriegsminister Walther Reinhardt (1872–1930) am 19. Januar 1919 eine Verordnung heraus, durch die er neue Dienstgradabzeichen in Form von Ärmelstreifen für Offiziere und von Winkeln für Unteroffiziere einführte. Damit wurde einem Wunsch der Soldatenräte nach Abschaffung der Schulterstücke entgegengekommen. Die Verordnung setzte sich aber nicht durch, die Freikorps sahen sich ohnehin nicht daran gebunden. In der Vorläufigen Reichswehr wurden unter dem Vorwand des »Auftragens« alter Uniformen die bisherigen Dienstgradabzeichen weitergetragen. Zusammen mit einer Kleiderordnung für die Reichswehr wurden die Dienstgradabzeichen und Unteroffiziertressen Ende 1920 auch offiziell wieder bestätigt[86]. Im Reichstag reagierte hierauf der Sprecher der SPD mit äußerster Schärfe gegen »den ganzen militärischen Firlefanz von ehemals«, der den Soldaten zu einer »militärischen Operettenfigur« mache, er nannte die Schulterstücke »Symbole der Monarchie« und ihr Einführen »eine äußerst schwere Provokation der republikanischen Teile des deutschen Volkes«[87]. Reichswehrminister Geßler stellte dagegen die Frage, ob die Schulterstücke bei der unter sozialdemokratischer Führung stehenden preußischen Sicherheitspolizei als republikanische Abzeichen zu verstehen seien. In dieser zur symbolhaften Bedeutung hochstilisierten Frage hatte die Reichswehrführung dem Wunsch der Truppe entsprochen. Die im Grundsatz erforderliche Einführung der neuen Reichskokarde war aber gegen Willensäußerungen aus der Truppe durchgesetzt worden. Keine Schwierigkeiten gab es mit den neuen Koppelschlössern, auf denen an Stelle der Krone der Reichsadler eingeprägt war.

Die übrigen Uniformänderungen richteten sich nach der Mode und der Kleidsamkeit und riefen deshalb in der Truppe keinen Widerspruch hervor. Das unbeliebte »Krätzchen« wurde 1919 durch eine weiche Feldmütze mit Schirm ersetzt. 1927 erhielten die Dienstmützen der Offiziere und Generale die doppelte Mützenkordel – die im Soldatenjargon sogenannte »Gehirnbremse«. Im gleichen Jahr wurden braune Lederkoppel mit Schulterriemem für Offiziere und Generale – nach angloamerikanischem Modevorbild – eingeführt. Der »Traditionswert« solcher Uniformdetails, z. B. kamen die unpraktischen Schulterriemen 1939 wieder außer Gebrauch, wird von Soldaten und von der Öffentlichkeit oft überschätzt.

b) Das Auftreten der Reichswehr in der Öffentlichkeit

In den ersten Jahren ihres Bestehens wurde die Reichswehr so häufig zu innen-politischen Ordnungsaufgaben eingesetzt, daß dadurch das Ansehen bei dem Teil der Bevölkerung, gegen den sich diese eigentlichen Polizeiaufgaben richteten, negativ geprägt wurde. Truppe und Führung wollten deshalb – und wegen ihrer traditionellen Berufsauffassung, zum Schutz des Vaterlandes nach außen bereit-zustehen – möglichst frühzeitig die Ordnungsfunktionen abgeben. Das gelang endgültig jedoch erst, als auf Antrag Seeckts der seit dem Herbst 1923 bestehende militärische Ausnahmezustand am 28. Februar 1924 beendet wurde. Im normalen Verlauf der Ausbildung traten die Soldaten für die Öffentlichkeit wieder vornehm-lich in ihrem herkömmlichen Bild auf: bei Märschen, Manövern und während ihres täglichen Dienstes in den Kasernen oder auf den Standortübungsplätzen. Wie es stets und überall üblich war, zog die Truppe vor allem das Publikum an, wenn sie von Musikkorps begleitet wurde und bei Besichtigungen oder Manöver-ende einen Vorbeimarsch durchführte. Seeckt zeigte sich nach seinen Manöver-besuchen im Sommer 1924 erfreut darüber, daß die Reichswehr in allen Schichten der Bevölkerung offensichtlich geschätzt werde. Er warnte aber vor einer Vorstel-lung vom Heer als einer »Art Schautruppe zum Vergnügen der Einwohner«. Die beste Propaganda sei »ernste Pflichterfüllung und stille aufopfernde Arbeit«[88].

Das offizielle Auftreten der Reichswehr in der Öffentlichkeit blieb in den Jahren der Weimarer Republik auf wenige Anlässe beschränkt. Staatsbesuche aus dem Ausland fanden nur vereinzelt statt, der erste Staatsbesucher für die Republik war im Februar 1928 der afghanische König Amanullah. Zu dessen Begrüßung trugen die Heeresoffiziere erstmals den neu eingeführten Schulterriemen, so entstand in der Truppe der Begriff »Amanullah-Schulterriemen«. Im Jahr darauf besuchte der ägyptische König Fuad die Reichshauptstadt – im Vergleich zur vorherigen Monarchie, zum Dritten Reich oder gar zu den zahllosen Staatsbesuchen der gegenwärtigen Jahrzehnte ein äußerst dürftiges Programm. Die großen interna-tionalen Konferenzen der zwanziger Jahre fanden ohnehin in der Schweiz (Lo-carno, Montreux, Genf), in Frankreich oder Italien statt.
Auch die Begräbnisse dieser Zeit hatten nicht den öffentlichkeitswirksamen Cha-rakter der späteren Jahre, ganz abgesehen von der erst im Fernsehzeitalter er-reichbaren größeren Massenwirkung. Trauerfeiern mit Beteiligung der Reichs-wehr fanden für den 1922 ermordeten Reichsaußenminister Rathenau und für den 1925 verstorbenen Reichspräsidenten Ebert statt. Im Spätherbst 1925 nahm die 4. (MG) Kompanie des Infanterieregiments 9 als Traditionskompanie der preu-ßischen Fliegertruppe in Anwesenheit des Reichspräsidenten v. Hindenburg an der Beisetzung des 1918 gefallenen Kampffliegers Manfred Frhr. v. Richthofen teil, dessen Sarg aus Belgien überführt worden war[89]. Auch bei den Begräbnissen verdienter Generale waren Ehrenformationen der Reichswehr anwesend. Dabei ging es wiederholt auch um die Beisetzung einst regierender Monarchen wie König

Wachablösung vor dem Reichspräsidentenpalais; am Tage der Skagerrakschlacht löste die Marine die Wache ab

Ludwig III. von Bayern 1921 oder Friedrich August III. von Sachsen 1932, als Generalfeldmarschällen standen beiden diese militärischen Ehren zu.

Für die Wachaufgaben am Reichspräsidentenpalais war seit dem Herbst 1920 im ständigen Wechsel eine Kompanie des Reichsheeres nach Berlin kommandiert worden, für die beteiligten Soldaten eine beliebte Abwechslung in ihrer zwölfjährigen Dienstzeit. Jeweils am Tage der Skagerrakschlacht, dem 31. Mai, wurde die Wache von der Reichsmarine gestellt. Obwohl unter dem Reichspräsidenten v. Hindenburg das offizielle Auftreten der Wachtruppe sowie allgemein das Zeremoniell bei seinen Truppenbesuchen allmählich aufgewertet wurde, blieben die Anlässe hierzu relativ selten und die Zahl der beteiligten Soldaten wie der Zuschauer war sehr begrenzt.

Am häufigsten traten die Truppenteile des Reichsheeres in der Öffentlichkeit auf wenn es galt, am Volkstrauertag oder an Regimentsstiftungstagen der Gefallenen zu gedenken oder Grundsteine für Denkmäler zu legen, Gefallenen-Denkmäler einzuweihen und Gedenktafeln zu enthüllen. Bei diesen Anlässen waren regelmäßig auch die Regimentsvereine oder in größerem Umfang der Deutsche Reichskriegerbund »Kyffhäuser« anwesend. Die dabei gehaltenen Reden – vornehmlich von ehemaligen Offizieren – sowie die Kritik der politischen Parteien daran führten schon frühzeitig zu einschränkenden Bestimmungen über die Teilnahme der Reichswehrsoldaten an Erinnerungsfeiern. Seeckt bezeichnete die während eines Frontkämpfertages im Berliner Stadion am 25. August 1921 gehaltenen Reden von zwei verabschiedeten Generalen »als zweiten Kapp-Putsch«[90].

So wurden 1922 auch die für einen Besuch des Generalfeldmarschalls v. Hindenburg in Königsberg/Ostpreußen vorgesehenen Kundgebungen der Kriegervereine und des Heimatbundes für politisch erklärt und die Teilnahme von aktiven Soldaten durch den Reichswehrminister verboten. Sogar auf unmittelbaren Beschluß der Reichsregierung wurde der Besuch Hindenburgs bei der Garnison Königsberg von den anderen Veranstaltungen getrennt und in die dortige Pionierkaserne verlegt, wo unter Ausschluß der Öffentlichkeit eine Parade stattfinden sollte. Dennoch kam es am 11. Juni 1922 während des Hindenburg-Besuchs in Königsberg zu Friktionen. An den öffentlichen Kundgebungen nahmen 120 000 Personen teil, zugleich hatten KPD und USPD Gegendemonstrationen zur Störung organisiert. Als Teile des Artillerieregiments 1 nach der geschlossenen Veranstaltung von der Pionierkaserne in ihre Unterkunft zurückmarschierten, wurden sie von Demonstranten mit Stockhieben und Steinwürfen angegriffen; außerdem wurde versucht, den Soldaten die Waffen zu entreißen. Die Truppe ging zur Selbstverteidigung über, ein Demonstrant wurde durch Bajonettstich getötet, vier andere erlitten Schußverletzungen – die Soldaten hatten also scharfe Munition mitgeführt. In der gespannten Situation nach dem Rathenau-Mord am 24. Juni 1922 diskutierte der Reichstag über die Ereignisse in Königsberg und über Vorfälle in 12 anderen Garnisonen. Am 18. Juli 1922 beschloß das Parlament, zur Prüfung dieser Vorfälle einen Untersuchungsausschuß einzusetzen[91]. Der am 19. Februar 1923 vorgelegte Bericht des Ausschusses erbrachte keine konkreten Vorwürfe gegen Minister Geßler oder gegen führende Persönlichkeiten der Reichswehr, so daß auf eine weitere Plenardebatte verzichtet wurde.

c) Das Reichsheer und die Regimentsvereine

Die Problematik der Traditionspflege und der Anlaß zur Kritik lagen weniger in fehlenden Weisungen der Führung oder in mangelhafter Disziplin bei der Truppe, sondern in der eindeutigen politischen Tendenz derjenigen ehemaligen Soldaten, die in den Regimentsvereinen und im »Kyffhäuser« das Wort führten. Der sozialdemokratische Wehr- und Polizeiexperte Schützinger zitierte 1922 eine Äußerung des ehemaligen Generals v. Schoenaich: »Das Hauptübel sind die Regimentsvereine. Die terrorisieren die Offiziere der Reichswehr ganz furchtbar. Ich kenne einige ganz verständige Reichswehroffiziere, die nur aus Furcht vor diesem Terror ihrer alten Kameraden nicht nach außen republikanische Farbe bekennen[92].«

Ein Verbot oder auch nur eine Zensur der Reden der Vereinssprecher ließ sich im demokratischen Rechtsstaat selbstverständlich nicht durchsetzen. Auch der Versuch, die Teilnahme der Reichswehr an Veranstaltungen der Regimentsvereine von einer vorherigen Vorlage der Ansprachen abhängig zu machen, bot keine

Sicherheit vor Ausfällen gegen die politische Ordnung. Die Reichswehroffiziere wurden jedoch verpflichtet, Veranstaltungen zu verlassen, wenn es dort zu Hetzreden gegen die Republik kam. Daraufhin – und wegen der ab 1924 eintretenden Stabilisierung der innenpolitischen Lage – zeigten die Redner der Vereine größere Vorsicht. So gab es in den späteren zwanziger Jahren kaum noch spektakuläre Vorfälle bei gemeinsamen Traditionsveranstaltungen von Vereinen und beteiligter Truppe.

Das gemeinsame Auftreten von aktiven und ehemaligen Soldaten erregte in der damaligen Öffentlichkeit auch deshalb besondere Aufmerksamkeit, weil den außer Dienst stehenden Offizieren das Tragen der alten Uniformen erlaubt war. Bei gemeinsamen Veranstaltungen gab es ein buntes Bild: Reichswehrsoldaten, denen die Bekleidung mit alten Uniformen klar untersagt war, standen zusammen mit Trägern von Pickelhauben, Husaren- und Marineuniformen sowie den besonders exotisch wirkenden Kolonialsoldaten mit Tropenhut. Bis 1918 hatten alle verabschiedeten aktiven Offiziere das Recht, ihre Uniform weiter zu tragen, »außer in Ausübung ihres etwa neu ergriffenen Berufes«. Reserveoffiziere durften nur bei militärischen Veranstaltungen, auch der Kriegervereine, sowie bei der eigenen Trauung Uniform tragen. Nach Kriegsende vermehrte sich die Zahl der berechtigten ehemaligen Offiziere ganz erheblich, außerdem wurde mehr Gebrauch vom Recht des Uniformtragens gemacht als zuvor. Gleichzeitig bestand nach Abschaffung der Ehrengerichte keine Instanz mehr, die dieses Recht im Fall von Unwürdigkeit untersagen konnte. So gingen ehemalige Offiziere aller Dienstgrade in Uniform zu politischen Veranstaltungen, was ihren Kameraden in der

Hindenburg am Tannenbergdenkmal, anwesend zahlreiche Weltkriegsoffiziere –
z. B. Generalfeldmarschall August von Mackensen (mit Husarenmütze) – und Abordnungen
der Kriegervereine

Reichswehr gemäß § 36 des Wehrgesetzes verboten war. 1921 versuchte das Reichswehrministerium, durch eine Verordnung des Reichspräsidenten das Uniformtragen einzuschränken, das Verbot mußte aber wieder gelockert werden. Generalfeldmarschall v. Mackensen wandte sich hierzu an seinen langjährigen Chef des Stabes, den nunmehrigen Chef der Heeresleitung General v. Seeckt. Vor allem kam man in dieser Angelegenheit kaum voran, weil die Polizeibehörden die erforderlichen Kontrollen nicht übernehmen und die Wehrkreisbefehlshaber die ihnen zugewiesene Genehmigungspflicht als unerwünschte politische Entscheidungen betrachteten. Auch die 1925 im Reichstag verhandelte gesetzliche Regelung brachte keine grundsätzliche Wende, da ein allgemeines Verbot des Uniformtragens wegen des erwarteten rechtlichen Widerspruchs und wegen der im Artikel 129 der Weimarer Verfassung garantierten »wohlerworbenen Rechte« der Berufssoldaten nicht ausgesprochen wurde[93].

Mit welcher Vorsicht in der Heeresführung die Genehmigung von größeren Veranstaltungen mit Traditionsverbänden behandelt wurde, zeigt die Vorbereitung für die Grundsteinlegung des Tannenbergdenkmals. Der Programmvorschlag des Wehrkreisbefehlshabers in Ostpreußen, Generalleutnant Heye, wurde als zu weitgehend abgelehnt. Seeckt begründete die erforderliche Zurückhaltung mit den hintergründigen Worten, es würde sich sonst – offenbar wegen erwarteter Gegendemonstrationen – »notwendigerweise eine vielgestaltige Betätigung der Reichswehr ergeben«. Die Gedenkfeier am 10. Jahrestag des Endes der Einkreisungsschlacht verlief am 31. August 1924 ohne Zwischenfall. Gemeinsam mit Generalfeldmarschall v. Hindenburg schritt Seeckt die Front der angetretenen Ehrenkompanie und der Abordnungen aus dem Reichsheer ab, blieb aber bei der Truppe, als Hindenburg anschließend an der langen Strecke der Verbände vorbeifuhr. In seiner Ansprache sagte Seeckt im Namen der Reichsregierung: »Wie dieser Grundstein das Denkmal tragen soll, so sei die dankbare Erinnerung an den Tag von Tannenberg eine der Grundlagen unserer Arbeit für ein gesichertes, starkes Preußen, für ein einiges Reich, für das deutsche Heer[94].«

Berichte vom Verlauf der zahlreichen Traditionsveranstaltungen und Gefallenengedenkfeiern und »Traditionspreisschießen«, bei denen ehemalige und aktive Soldaten zusammentrafen, sind in den Regimentsgeschichten und in damaligen Presseberichten aufzufinden. Jede Kompanie war jährlich meist an mehreren Veranstaltungen beteiligt. Als Beispiel für die Begeisterung, mit der an größeren Kundgebungen damals teilgenommen wurde, sei aus dem Bericht des Chefs der 1. Kompanie des Infanterieregiments 16 (Paderborn) über die zweitägige Teilnahme seiner Kompanie mit vier Fahnen der alten westfälischen Regimenter am Reichskriegertag in Dortmund 1932 zitiert:

»Am 2. Juli gegen 13 Uhr traf die Kompanie, von den Dortmundern jubelnd begrüßt, auf dem Südbahnhof ein und marschierte zu ihrem Standquartier. [. . .] Als die Kompanie zum Abbringen der Fahnen zum alten Rathaus und von dort ins Stadion rückte, säumten Tausende die Straßen. Der Marktplatz stand Kopf an Kopf voll Menschen, die jubelnd die Kompanie begrüßten [. . .] (Fortsetzung 3. Juli)

Mit großer Begeisterung wie am Vortage wurde die Kompanie von den 40 000 ehem. Soldaten empfangen, als sie mit den entfalteten Fahnen der alten Regimenter in das Stadion zum Festgottesdienst einmarschierte. Im Anschluß an den Gottesdienst war eine zweistündige Verpflegungsrast im Schwimmbad der Stadt Dortmund. Inzwischen marschierten seit 11 Uhr die Kriegervereine zur Paradeaufstellung in den Dortmunder Volkspark auf. Als gegen 14 Uhr der Vorsitzende des Reichskriegerbundes, General der Artillerie a. D. von Horn, zu seinen alten Kameraden über Freiheit, Ehre und Vaterland sprach, war dieser Aufmarsch noch nicht beendet. Und dann ging wieder eine neue Begeisterungswelle durch die 150 000 alten Soldaten und die unendliche Masse der Zuschauer. Die Marschmusik der Fahnenkompanie schmetterte über das Feld. Im strammen Parademarsch marschierte sie an den Tribünen vorbei und nahm zwischen den Fahnen der Kriegervereine Aufstellung. Der Befehlshaber der 6. Division, Generalleutnant Fleck, ergriff das Wort: Die Reichswehr habe die Fahnen der alten Armee zum Reichskriegertag gebracht, um allen dadurch sichtbar zu bekunden, wie sehr sich die Reichswehr mit dem Kyffhäuserbund innig verbunden fühle. Er wünsche, daß das ungetrübte Verhältnis zwischen den alten und jungen Soldaten ein Symbol der wiederaufstehenden deutschen Freiheit sein möge, damit das Vaterland dereinst seiner Fesseln ledig, wieder groß und frei werden könne. [...] Als dann unter dem Preußen-Marsch die Kompanie im Exerziermarsch abrückte, war die begeisterte Menge nicht mehr zu halten. Der Marsch durch die Stadt glich einem wahren Triumphzug. Bis in die späten Abendstunden stand die Menge vor dem alten Rathause, um die Posten und deren Ablösung zu sehen. Im Hansa-Saal des Dortmunder Rathauses fanden die Fahnen der ruhmreichen Westfälischen Regimenter einen würdigen Aufstellungsplatz[95].«

Ohne ein Zusammenwirken mit dem Reichskriegerbund »Kyffhäuser« und mit den Regimentsvereinen wären Traditionsveranstaltungen in diesem Umfang nicht möglich gewesen. Der Wert des in der Reichswehr verbreiteten Traditionsbewußt-

Fahnenkompanie des Heeres, hier ein Bild – etwa 1935 – aus Nürnberg

seins für ihr Selbstverständnis wurde damals allgemein empfunden und ist auch bei nachträglicher Betrachtung unbestreitbar. So urteilte der Militärhistoriker Oberst a. D. Teske 1962: »Die Truppenteil-Tradition, das heißt die Fortführung des Namens und Geistes der Regimenter usw. der alten Armee, war damals weder eine Spielerei mit Äußerlichkeiten noch ein wehmütiges Erinnern an vergangene glänzende Tage. In einer Zeit, in der der Begriff ›Soldat‹ nicht hoch im Kurse stand, galt es, seinen Trägern eine feste innere Stütze zu geben[96].« Inwiefern der oft angesprochene »Erfahrungsaustausch« zwischen ehemaligen und aktiven Offizieren oder Unteroffizieren auf Bierabenden von unmittelbarem Nutzen gewesen ist, sei dahingestellt. Nutzbringend waren jedoch sicherlich die vielfachen persönlichen Beziehungen der Traditionskompanien zu den Angehörigen »ihrer« Regimentsvereine. Man empfand in der Truppe die Vereine – trotz ihrer lästigen politischen Eskapaden – als regionale und allgemeine Unterstützung. Außerdem berücksichtigten die Kompaniechefs bei der Auswahl ihres Nachwuchses gern die Empfehlungen aus den Regimentsvereinen.

Dieser Sachverhalt – es wurden also bei Neueinstellungen die der Republik distanziert oder gar feindlich gegenüberstehenden Kreise bevorzugt – und andere Probleme in der Zusammenarbeit mit den Vereinen wurden von weiterblickenden Offizieren durchaus erkannt[97]. Man gelangte zwar noch nicht zu dem heutigen Urteil, daß die Traditionspflege »die Integration der Reichswehr in die Republik zumindest erschwerte«[98]. Aber man besaß ein gesundes Selbstbewußtsein als legitimierter Waffenträger; die Distanz zu den Kriegervereinen, insbesondere aber zu der Soldatenspielerei der Wehrverbände wie dem »Stahlhelm«, nahm allmählich zu.

d) Die Traditionspflege in der Reichsmarine

Wegen des überragenden Anteils der deutschen Armeen an den Einigungskriegen 1864–1871, in denen die damalige preußische und nachfolgende Marine des Norddeutschen Bundes keine bedeutsame Rolle spielte, stand die Kaiserliche Marine nicht so im Rampenlicht des öffentlichen Bewußtseins wie das Heer. Dennoch wuchs allmählich die Bedeutung der Marine, da der deutsche Überseehandel nach 1871 erheblich anstieg, was die Notwendigkeit einer politischen Interessenvertretung in Übersee zur Folge hatte. Hinzu kam der Erwerb von Kolonien, der einen verstärkten Einsatz von Seestreitkräften in Übersee seit 1884 erforderte. Diese Faktoren führten zu einem wachsenden Selbstwertgefühl der noch jungen Flotte. Kaiser Wilhelm II. (1859–1941, Regierungszeit 1888–1918) gab darüber hinaus wichtige Impulse zum Ausbau der Marine, er stimmte in seiner Flottenbegeisterung mit dem Zeitgeist überein. Man erwartete im Zeitalter des Imperialismus vom weltweiten machtpolitischen Auftreten eine Zunahme des eigenen Anteils am Welthandel und eine Garantie künftigen Wohlstands. Mit der

Großadmiral Alfred von Tirpitz,
Staatssekretär des Reichsmarineamtes
1897–1916

Ernennung des Konteradmirals Alfred Tirpitz (1849–1930) zum Staatssekretär des Reichsmarineamtes begann 1897 der planmäßige Aufbau einer deutschen Hochseeflotte. Wegen der enormen Kosten waren erhebliche Widerstände im Reichstag zu überwinden. Hierbei leistete der populäre Flottenverein, dessen Mitgliederzahl 1909 die Millionengrenze überschritt, eine wirksame Hilfe im Sinne der Interessen von Handel und Industrie[99].

Eine eigene Tradition mußte die deutsche Flotte erst entwickeln, Zeremoniell und Uniformierung lehnten sich schon in der preußischen Marine dem Vorbild der damals größten Marine, der Royal Navy, an, wenngleich auch starke Einflüsse von der niederländischen Marine ausgingen. Erste Anzeichen einer deutschen Überlieferung kamen in der sich wiederholenden Namensgebung für den Ersatz ausgeschiedener Schiffe auf: neben den vielen monarchiegebundenen und neutralen Namen aus Tier- und Sagenwelt gab es Benennungen nach deutschen Ländern, Städten und verdienten Generalen, bezeichnenderweise aber kaum nach Persönlichkeiten aus der deutschen Marinegeschichte, die eben noch keine prägenden Persönlichkeiten hervorgebracht hatte.

So fiel es der Kaiserlichen Marine begreiflicherweise schwer, Kontinuitäten aus der Vergangenheit abzuleiten. Man konnte an die Hansezeit und an den Versuch des Großen Kurfürsten, eine Marine ins Leben zu rufen, anknüpfen. Diese Suche nach einer Tradition begann im Zusammenhang mit dem Aufbau der Hochseeflotte seit Ende der 90er Jahre. Man versuchte, unmittelbare historische Bezüge zur Hansezeit und zur Barockzeit herzustellen. Ganz deutlich wurde dies beim Bau der Marineschule Mürwik bei Flensburg, die im Jahre 1910 bezogen wurde. Der Bau folgte dem Stil der niederdeutschen Backsteingotik des deutschen Ordens. Damit sollte bewußt eine Kontinuität zur Seemacht der Hanse und des Ordensstaates, der zugleich mächtigstes Mitglied dieses Städtebundes war und als Vorläufer des Hohenzollernstaates gewertet wurde, hergestellt werden. Diese traditionsbezogene Ausbildungsstätte für den Nachwuchs der Marineoffiziere ist – wie keine andere Schule der Streitkräfte – bis heute gut geeignet, Erinnerungsstücke aller Art aufzunehmen und sichtbar zu machen.

Ein anderer Ansatz zur Marinetradition ist im Verhältnis der Marinesoldaten zu ihrer Flagge zu sehen. Die alte Reichskriegsflagge mit dem Balkenkreuz in der Mitte ähnelte der englischen Kriegsflagge mit dem Georgskreuz[100]. Der Stolz der

Besatzungen auf ihr Flaggensymbol ist nicht nur durch zeitgebundene Emotionen zu erklären. Was es damals bedeutete, die Nationalfarben weltweit zeigen zu können, ist durchaus nachzuempfinden. Als das deutsche Kanonenboot »Iltis« am 23. Juli 1896 während eines Taifuns an der chinesischen Küste strandete, in zwei Teile brach und sank, stimmte der Rest der Besatzung das Lied »Stolz weht die Flagge Schwarz-Weiß-Rot« an, das aus diesem Anlaß in den späteren Jahren einen hohen Stellenwert in der Traditionspflege der Marine einnahm[101].

Im Ersten Weltkrieg erzielte die Kaiserliche Marine zwar beachtliche Erfolge – im überseeischen Kreuzerkrieg, im Handelskrieg mit U-Booten und nicht zuletzt in der einzigen großen Seeschlacht des Krieges, am 31. Mai 1916 vor dem Skagerrak. Doch weitere strategisch bedeutsame Wirkungen der kaiserlichen Marine blieben weitgehend unbekannt und bis heute in der Forschung kaum beachtet: Die Hochseeflotte sperrte allein durch ihre kampfstarke Präsenz die Ostseezugänge für alliierte Zufuhren nach Rußland und trug damit nicht unwesentlich zum frühen Zusammenbruch des Zarenreiches bei, zumal auch der Seeweg durch die Dardanellen und den Bosporus für die Alliierten gesperrt blieb. Die Marineführung hatte es allerdings versäumt, in der Ostsee früher als mit dem erst 1917 durchgeführten Angriff auf die baltischen Inseln mögliche Offensiverfolge zu erringen.

Erst unmittelbar vor Ende des Krieges, angesichts der Gefahr, daß ohne nochmaligen Einsatz der Flotte die enorme Seerüstung künftig als nutzlos gelten könne, befahl die Marineführung eigenmächtig, d. h. ohne Abstimmung mit der politischen Führung des Reiches, einen Flottenvorstoß in Richtung Ärmelkanal. Die daraufhin bei Teilen der Besatzungen der Großkampfschiffe entstandene Furcht vor einem sinnlosen Prestigeopfer führte zu Gehorsamsverweigerungen, zur Absage des Unternehmens und zur Ausbreitung der Revolte auf Garnisonen an der Küste und bald darauf in vielen anderen Städten. So endete nach heutigem Urteil der Erste Weltkrieg für die Marine »trotz hervorragender Einzelleistungen und -erfolge mit dem katastrophalen Ergebnis, daß nicht nur ihre strategischen Konzeptionen für den Einsatz der Hochseeflotte und für den U-Boothandelskrieg versagt hatten, sondern daß sie auch die Führungsprobleme des inneren Dienstes nicht hatte bewältigen können, was schließlich – im Unterschied zum Heer – zum totalen Zusammenbruch der Teilstreitkraft führte und den allgemeinen Umsturz im Reich beschleunigte«[102].

Die Ereignisse am Kriegsende erschütterten nachhaltig das Selbstbewußtsein der Marineoffiziere, darüber hinausgehend ergab sich die politische Frage, ob ein weiteres Bestehen der Marine in dem vom Versailler Vertrag gewährten Umfang sinnvoll sei. Die Erfolge der aus Freiwilligen zusammengestellten Marinebrigaden bei der Wiederherstellung der öffentlichen Ordnung in mehreren Städten sowie die als symbolische Aktion aufgefaßte Selbstversenkung der von den Briten internierten deutschen Hochseeflotte stärkten vorübergehend das Selbstvertrauen der Marineführung. Die aufkommenden nationalistischen und rechtsradikalen Tendenzen bei der Marinebrigade Ehrhardt und der von dieser Brigade ausgehende Kapp-Lüttwitz-Putsch und seine Folgen ließen jedoch die Ansätze zu einer Konsolidierung scheitern. Republiktreue Deckoffiziere, Unteroffiziere und Mannschaften nahmen in Wilhelmshaven und anderen Standorten ihre Offiziere in Schutzhaft, die Autoritätskrise in der vorläufigen Reichsmarine erreichte ihren Höhepunkt[103].

In dieser Lage hatte im Sommer 1920 die Reichsregierung über die Frage zu entscheiden, ob Deutschland auf eine neben dem Heer eigenständige Marine verzichten und sich auf eine Küstenverteidigungsmarine beschränken solle. Nach der Selbstversenkung der deutschen Hochseeflotte mußten die letzten einigermaßen modernen Kreuzer ausgeliefert werden, der Reichsmarine verblieben nur überalterte Schiffe.

Reichspräsident Ebert neigte zunächst der naheliegenden Auffassung zu, die militärische Führung und Verwaltung der Marine dem Chef der Heeresleitung zu unterstellen. Obwohl viele Marineoffiziere resignierten und der Reichswehrminister Geßler sich anfangs nicht festlegte, fiel am 24. August 1920 aufgrund der Vorlagen führender Marineoffiziere die Entscheidung zugunsten der Erhaltung einer eigenständigen Marine, für die nun auch Geßler eintrat. Seeckt hatte kurz vorher eine Unterstellung der Marineführung unter die Heeresleitung abgelehnt[104].

Der zum Chef der Marineleitung berufene Vizeadmiral Behncke setzte sich tatkräftig für eine Konsolidierung der Reichsmarine ein und sorgte dafür, daß neben den bestehenden Minensuchverbänden zunächst die Kreuzer *Medusa* und *Hamburg*, danach bis 1924 zwei weitere Kreuzer und vier Linienschiffe in Dienst gestellt wurden. Zur Besetzung von Küstenverteidigungsanlagen wurden 6 Kü-

Admiral Reinhard Scheer,
Chef der Hochseeflotte 1916–1918

stenwehrabteilungen gebildet, die Infanteriebataillonen des Heeres glichen und 1926 in Marineartillerieabteilungen umgegliedert wurden[105]. Der Personalbestand der Marine reichte deshalb nicht aus, um die vom Versailler Vertrag zugestandene Anzahl von größeren Schiffen zu unterhalten.

Unter diesen »Überlebens«-Bedingungen der Marine erscheint das damalige Bemühen um eine »positive« historische Darstellung des Seekriegs 1914/18 als ein verständliches Engagement. Bereits im Vorwort des ersten, vom Marinearchiv herausgegebenen Bandes der Reihe »Der Krieg zur See 1914–1918« wurde offen das Ziel gesetzt, eine Traditionsbildung aufgrund der im Kriege vollbrachten Taten zu fördern. Kritik am Führungsverhalten verantwortlicher Seeoffiziere kam kaum auf, die Meinungen des Großadmirals v. Tirpitz und des langjährigen Chefs der Hochseeflotte, Admiral Scheer, wurden eingeholt und berücksichtigt[106]. Scheer als »Sieger vom Skagerrak« wurde zu einer Symbolfigur, obwohl diese Seeschlacht keine strategischen Auswirkungen gehabt hatte.

Die zur Förderung des Gedenkens an den Erfolg der deutschen Hochseeflotte gegründete Skagerrak-Gesellschaft bereitete umfangreiche jährliche Feierlichkeiten vor. Es gab sogar wiederkehrend einen »Skagerrakball«. Der damalige Hauptmann Vincenz Müller – später führend am Aufbau der NVA beteiligt – erinnerte sich, den dienstältesten Offizier der Marine in der Wehrmachtabteilung des Reichswehrministeriums 1930 gefragt zu haben, was man wohl sagen würde, wenn das Heer »einen Verdunball veranstaltete und zu Ehren der Toten der Schlacht von Verdun tanzte«? Er erhielt die Antwort, die Verhältnisse bei Heer und Marine seien doch sehr unterschiedlich[107]. Die Kritik an der überzogenen Herausstellung der Skagerrakschlacht blieb bis 1945 sehr zurückhaltend, weil man wußte, wie sehr das Prestige der Marine von diesem Ereignis abhängig gemacht worden war. Diese Rücksichtnahme wirkt bis in die Gegenwart nach[108].

Neben dieser heute kritisch bewerteten Traditionslinie gab es in der Reichsmarine fortschrittliche Bemühungen, durch moderne Methoden der Menschenführung einen neuen militärischen Führungsstil zu schaffen; letzterer ist seitdem in die deutsche Marinetradition aufgenommen worden. In Anbetracht der negativen Kriegserfahrungen legte Admiral Behncke großen Wert auf eine gesteigerte Bedeutung des Bereichs der Fürsorge für den Untergebenen, es sei notwendig, »daß der Offizier – mehr als früher – mit dem Mann lebt und volles Verständnis für seine Eigenart gewinnt«[109]. In diesem Zusammenhang entstanden zahlreiche Ausarbeitungen von Marineoffizieren, z. B. die Winterarbeit des damaligen Kapitänleutnants und späteren Wehrbeauftragten des Bundestages Hellmuth Heye über den »Einfluß der zwölfjährigen Dienstzeit auf Dienstbetrieb und Manneszucht«. Heye forderte einen »Geist freudigen Gehorsams«, Befehle sollten nicht einengend wirken, es sollten »Verantwortungsbewußtsein, Pflichtgefühl, Kameradschaft, Berufsfreude« entstehen[110]. Nach Admiral Raeders Erinnerungen war es »für jeden Vorgesetzten in der Marine ein stiller Schwur, daß niemals wieder ein November 1918 in der Marine eintreten dürfe, wie groß auch immer die Belastung oder Beanspruchung in der Zukunft von irgendeiner Seite sein würde«[111].

Die Reichsmarine pflegte ihre Tradition in ähnlicher Weise wie das Heer. Es gab für die an Land stationierten Truppenteile auch Traditionskompanien, denen die Überlieferungen der Kaiserlichen Seebataillone und Matrosenartillerie zugewiesen worden war[112]. An Stelle der mit dem Heer zusammenwirkenden Regimentsvereine stellten die Marinevereine die Verbindung mit den alten Soldaten her. Diese 53 Vereine waren in der Dachorganisation des »Bundes deutscher Marinevereine« zusammengeschlossen; 1930 hatten sie 40 700 Mitglieder. Daneben gab es weiterhin den im Vergleich zur Vorkriegszeit erheblich zusammengeschmolzenen »Deutschen Flottenverein«, der 1919 zum »Deutschen Seeverein« umbenannt wurde und dessen Mitgliederzahl trotz vieler Durchhalteappelle von 37 000 im Jahre 1925 auf 26 000 im Jahre 1930 zurückging[113].

Der Versuch, die Tradition ganzer Geschwader oder einer Aufklärungsgruppe der Kaiserlichen Marine auf einzelne Schiffe zu übertragen, bewährte sich nicht[114]. Um so wirksamer war die unmittelbare Übertragung von Namen bewährter Schiffe. Ohnehin bildet bei der Marine das einzelne Schiff den selbstverständlichen Kristallisationspunkt einer Tradition; Geschwader oder Flottillen wechseln als taktische Zusammenfassungen ständig – im Unterschied zu den Verbänden im Heer. Der erste Kreuzer-Ersatzbau der Reichsmarine erhielt den Namen des erfolgreichen Kreuzers *Emden*; die folgenden Ersatzbauten mit ihren Städtenamen boten ebenfalls den Vorteil, daß sie einmal auf erfolgreiche Namensträger zurückgingen und sich andererseits aus diesen Benennungen »Patenschaften« ergaben. Die Ansprache beim Stapellauf des Kreuzers *Köln* hielt 1929 der Kölner Oberbürgermeister Dr. Adenauer. Die Stapelläufe waren und sind ein öffentlichkeitswirksames Ereignis, das in der Traditionspflege aller Marinen herausgestellt wird. In der Weimarer Zeit war der Stapellauf des parlamentarisch heiß umkämpften ersten Ersatzes für die veralteten Linienschiffe, des Panzerschiffs A am 19. Mai 1931, ein besonderes Ereignis. Anwesend waren sowohl der Reichspräsident v. Hindenburg wie der Reichskanzler Dr. Brüning. Das Schiff erhielt den Namen *Deutschland*, diese Benennung hatte es bereits 1849 in der deutschen Reichsflotte und zweimal in der Kaiserlichen Marine gegeben[115].

Stapellauf des Panzerschiffs »Deutschland« am 19. Mai 1931

Hilfreich für die Öffentlichkeitsarbeit und indirekt auch für die wachsenden Marinetraditionen war die Wiederaufnahme der weltweiten Auslandsreisen, zunächst mit den alten Kreuzern *Hamburg* und *Berlin*, ab 1926 mit den Neubauten *Emden, Karlsruhe* und *Köln*. Hinzu kamen die Reisen der Flotte in europäischen Gewässern. Das Selbstwertgefühl der Marine steigerte sich durch den Erfolg der Auslandsbesuche. Jeder Marinesoldat fühlte sich als »Botschafter in Blau« verpflichtet, werbend für Deutschland aufzutreten.

In einem Merkblatt für Offiziere »Erziehungsfragen in der Reichsmarine« äußerte der Chef der Marineleitung am 1. November 1929 seine Gedanken zur Tradition. Raeder ging von dem englischen Bericht aus, nach dem auf dem – 1914 bei den Falklandinseln – sinkenden Kreuzer *Nürnberg* vier Mann mit letzter Kraft die Kriegsflagge hochhielten bis sie untergingen. Für die Reichskriegsflagge als Sinnbild der Tradition nannte er die Reichsfarben als Farben der alten Marine – gemeint war das Schwarz-Rot-Gold von 1848/49 –, die Farben der Kaiserlichen Marine und das Eiserne Kreuz der preußischen Marine. Neben den äußerlichen Erinnerungen durch Denkmale, Namen, Gedenktafeln und dergleichen sei es notwendig, »daß die Tradition innerlich erfaßt wird. Nur dann wird die Verpflichtung, die in unserem Traditionserbe liegt, richtig erfüllt und [. . .] die Pflege der Tradition [. . .] von wirklich erzieherischem Wert sein«. Der junge Soldat müsse »ein begeisterndes Vorbild haben«. Hierzu sollten »nicht nur die Leistungen der Führer, sondern auch die heldenhaften Taten von Deckoffizieren, Unteroffizieren und Mannschaften dem Soldaten nahe gebracht werden«. Abschließend hieß es: »Richtig aufgefaßte Tradition bewirkt festen Zusammenschluß sowohl innerhalb der Truppe wie zwischen Vorgesetzten und Untergebenen. Berufsstolz, der den Soldaten zum vollen Einsatz seiner geistigen und körperlichen Kraft anspornt, und dankbares Gedenken an die gefallenen Kameraden[116].«

In seinen Memoiren erwähnte Raeder zu Recht die Erfolge der von diesen idealen Vorstellungen geprägten Erziehung und Ausbildung. Eine große Dienstfreude habe alle Soldaten erfaßt; er meinte im Rückblick, ihre Haltung als »äußeren und inneren Marinestil« bezeichnen zu können. »Ich wollte eine Isolierung der Marine, auch eine solche geistiger Art, unbedingt verhindern; vielmehr strebte ich die Bildung einer großen ›Marinefamilie‹ in ganz Deutschland an, die gleichzeitig die Trägerin des Seegedankens sein sollte[117].« – Diese Ausführungen machen deutlich, daß die Traditionspflege in der Reichsmarine – ebenso wie im Heer – gegen Ende der zwanziger Jahre durchaus zu einer Anpassung an die Republik und für eine allmähliche Einordnung in einen konsolidierten demokratischen Staat bereit gewesen ist. Gewisse Neigungen zur »Schönfärberei« eigener Leistungen und zum Nationalismus sind aus den besonderen Bedingungen beim »Überleben« der Marine und in der Entwicklung ihrer eben erst entstehenden Tradition erklärlich. Die Traditionspflege der Reichsmarine hat während der zwanziger Jahre zweifellos ihrer inneren Stabilisierung und der Motivierung ihrer Soldaten gedient. Daß sie dabei für Erinnerungen und Wünsche über eine deutsche Großmachtstellung besonders offen war, ergab sich aus ihrer Rolle vor 1914.

4. Die Kritik der politischen Parteien an der Traditionspflege

a) Die Sozialdemokraten

Die umfangreichste Kritik an der Traditionspflege in der Reichswehr leistete die deutsche Sozialdemokratie. Ihre Führung hatte unter dem Zwang der Verhältnisse des Winters 1918/19 einsehen müssen, daß es nicht gelang, neue republikanische Verbände aufzubauen. Der Versuch des sozialdemokratischen Reichswehrministers Gustav Noske (1868–1946), aus den vorhandenen Freiwilligenverbänden und der daraus zusammengestellten Vorläufigen Reichswehr zuverlässige Streitkräfte der Republik zu errichten, wurde von der Partei allgemein unterstützt. Selbst die später besonders kritischen Politiker betrachteten anfänglich nationalistische und monarchistische Äußerungen von Soldaten mit Gelassenheit; so erklärte Scheidemann sogar noch nach dem Kapp-Lüttwitz-Putsch, es sei töricht, anzunehmen, »am Tage nach dem Sturz der Monarchie ein republikanisches Heer aufstellen zu können. Als mich ungefähr ein Jahr nach dem Zusammenbruch des Alten ein französischer Journalist fragte, ob wir im Heer noch monarchistische Offiziere hätten, antwortete ich ihm: Wir haben jetzt seit 50 Wochen eine Republik; Ihr habt sie seit 50 Jahren: Habt Ihr in Eurem französischen Heer keine monarchischen Offiziere mehr?« An die Soldaten gewandt meinte Scheidemann: »Habt ihr Soldaten nicht daran gedacht, daß Euch erst die Republik zu gleichberechtigten Menschen gemacht hat[118]?«

Nach dem Ausscheiden der SPD aus der Reichsregierung nahm die Schärfe ihrer Kritik an der Reichswehr jedoch zu. Es ist in der Truppe nicht immer richtig verstanden worden, daß diese Kritik in erster Linie gegen die jeweils verantwortlichen Regierungen und die sie stützenden Parteien gerichtet war, erst in zweiter Linie waren die Soldaten angesprochen, die damit nicht grundsätzlich abgelehnt wurden, sondern nur in ihrer Haltung zugunsten der Republik beeinflußt werden sollten. Die Verschärfung der innenpolitischen Gegensätze nach dem Kapp-Lüttwitz-Putsch, das Erstarken der Rechtsparteien, der Flaggenstreit, die aufkommenden Aktivitäten der Regimentsvereine und vieler ehemaliger Offiziere, vor allem aber die Serie von Mordanschlägen auf republikanische Politiker wirkten sich auch in der Reichswehr aus, obwohl Minister Geßler, General v. Seeckt und Admiral Behncke sich bemühten, die Streitkräfte aus diesen politischen Gegensätzen herauszuhalten. Berichte über örtliche Traditionsveranstaltungen und über politische Äußerungen von Soldaten veranlaßten die SPD und die USPD, in mehreren Anfragen und Interpellationen ihre Kritik im Reichstag einzubringen.

Die Diskussion über diese Interpellationen fiel Anfang Juli 1922 mit der Debatte über das Gesetz zum Schutz der Republik zusammen, das nach dem Mord an Reichsaußenminister Rathenau eingebracht wurde. Der SPD-Abgeordnete Vogel äußerte dabei Verständnis für Wiedersehensfeiern von Regimentskameraden und zu Gedächtnisfeiern für Gefallene. Aber diese Feiern seien nicht von einem hierzu angemessenen Geist getragen. »Die Toten müssen das Agitationsmaterial für Bestrebungen der Lebenden gegen die heutige Staatsform, gegen die Republik, die Verfassung, die Regierung liefern.« Der SPD-Sprecher schilderte aus seiner Sicht Vorfälle in Königsberg und in anderen Garnisonen und forderte das Verbot der dienstlichen wie außerdienstlichen Teilnahme der Reichswehr an Regimentsfeiern, das Verbot des Tragens der alten Uniformen und die Aufhebung »der das alte Militärsystem verherrlichenden, das Ansehen der Republik schädigenden Traditionskompagnien«. In Vertretung des erkrankten Ministers antwortet der Major v. Schleicher, die Gedenkfeiern seien »fast durchweg völlig einwandfrei verlaufen«. Die SPD-Zeitung »Vorwärts« habe am 22. Juni 1922 berichtet, »sieht man sich die Teilnehmer solcher Feiern an, so findet man erschreckend viele Arbeiter dabei«. Der DVP-Abgeordnete und spätere Reichskanzler Cuno wies die Kritik am Besuch Hindenburgs in Ostpreußen und am Verhalten der Reichswehr zurück. Während der folgenden Rede eines deutschnationalen Sprechers endete die Reichstagssitzung in einem Tumult[119].

Die viel weitergehende Kritik der USPD an der Reichswehr unterschied sich grundsätzlich von der Politik der Mehrheits-SPD. Schon 1920 hatte ein USPD-Sprecher im Reichstag erklärt: »Ihre Reichswehr ist doch letzten Endes nichts anderes als eine Söldnertruppe, die vor Ihren Geldschränken, vor Ihren Fabriken und sonstigen Dingen stehen soll.« Man müsse die Reichswehr als Institution beseitigen und durch das »System der Roten Armee« ersetzen[120]. Der Abgeordnete Rosenfeld forderte am 5. Juli 1922 ein Verbot »des Herumtragens [. . .] der provozierenden schwarz-weiß-roten Fahnen, die mit Recht als Mörderfahnen bezeichnet worden sind«. Auf einen Zuruf wegen der roten Fahnen antwortete er: »Die roten Fahnen stehen in keinem Gegensatz zu den Fahnen der deutschen Republik, sie zeigen nur, daß wir uns nicht begnügen mit der heutigen kapitalistischen Republik, sondern daß unsere Forderung die sozialistische Republik ist[121].«

Im Herbst 1922 schloß sich die SPD mit der 1917 abgespalteten USPD wieder zusammen. Obwohl der Kurs der sozialdemokratischen Politik dadurch nicht verändert wurde, entstanden in der Formulierung einer gemeinsamen Wehrpolitik anhaltende Schwierigkeiten[122]. Das zeigte sich an einer härteren Kritik, die gerade an der Traditionspflege in der Reichswehr während der Haushaltsdebatten der folgenden Jahre regelmäßig fortgesetzt wurde. Wegen der Verbindungen der Traditionskompanien zu den Regimentsvereinen ergab sich der zusätzliche Vorwurf, daß die Reichswehr ihren Ersatz aus den Kreisen der Vereinsmitglieder auswähle[123]. Eine Abschaffung der Einrichtung der Traditionskompanien, ein Verbot des Tragens der alten Uniformen für ehemalige Soldaten oder ein Verbot für die Truppe, an Veranstaltungen teilzunehmen, erreichte die SPD jedoch nicht. Ein verbales Entgegenkommen des Ministers Geßler im Reichstag mit den Worten: »In erster Linie hat die Reichswehr nicht die Pflege des Vergangenen zur Pflicht, sondern die Pflege des Dienstes gegenüber dem neuen Staat«[124], führte ebenso wie die zunehmende Vorsicht bei den Kommandeuren zu einer allmählichen Beruhigung der Diskussion um Traditionsveranstaltungen.

Einen nochmaligen Höhepunkt erreichte die sozialdemokratische Kritik in der letzten Reichstagsdebatte über die Reichswehr im März 1931. Im Hinblick auf den Prozeß vor dem Reichsgericht gegen einige junge Offiziere, die im Standort Ulm eine nationalsozialistische Zelle gebildet hatten, forderte der Abgeordnete Dr. Leber eine Erziehung zu den Idealen der Republik. »Wer die Geschichte kennt, weiß, daß die Tradition der Republik, der deutschen Nation in keiner Weise vor der kaiserlichen Tradition zurückzustehen braucht. [...] Die Leitsterne der Monarchie und ihrer Kämpfe waren Glanz, Ruhm und Ehre der Krone. Die Republik hat andere Ideale.« Diese seien den jungen Soldaten beizubringen und könnten diese begeistern, er erinnerte in diesem Zusammenhang an 1848, an Stein, Scharnhorst, Gneisenau, Arndt, Lassalle und Friedrich Ebert[125].

b) Die Kommunisten

Die Wehrpolitik der KPD verfolgte nicht das Ziel, die Traditionspflege zu verändern. Wiederholt bekannte man sich dazu, die Reichswehr – das »Klasseninstrument der Bourgeoisie« – abschaffen zu wollen. Als Vorbild wurde die Armee der Sowjetunion genannt. KPD-Abgeordnete sprachen immer wieder von angeblichen planmäßigen Vorbereitungen eines neuen Krieges sowie von Soldatenmißhandlungen oder von Übergriffen gegen Arbeiter. Zugleich bekannte man sich zur Zersetzungsarbeit in der Reichswehr[126]. Die wiederholten Hinweise der SPD auf die Zusammenarbeit des Reichsheeres mit der Roten Armee wurden von den Kommunisten als politische Polemik ignoriert, abgestritten oder verharmlost.

c) Die Mittelparteien

Von den Parteien der Mitte beteiligte sich vor allem die Deutsche Demokratische Partei (DDP) – der auch der Minister Geßler angehörte – an der Diskussion über die Traditionspflege. Ende März 1920 forderte ihr Sprecher, die Offiziere müßten zuverlässig auf dem Boden der Verfassung stehen. »Wer von den Herren kein ehrliches Treuebekenntnis zur Verfassung abgeben will, der muß verschwinden. [...] So, wie früher der Regimentskommandeur für seine Offiziere verantwortlich war, so ist er uns heute verantwortlich, und wenn in einem Regiment leere und sinnlose deutschnationale nationalistische Demonstrationen gemacht werden, die die Bevölkerung empören, die den Riß, der durch das Volk geht, noch größer machen, dann ist der Regimentskommandeur für sein Offizierkorps verantwortlich.« Die schwarzrotgoldenen Farben seien nicht nur die Farben der deutschen Republik, sondern auch der Reichswehr[127].

Die Reichswehrminister Otto Geßler (rechts) und Wilhelm Groener bei der Übergabe der Ministergeschäfte im Januar 1928

Der Abgeordnete Dr. Goetz stellte 1922 fest, nur wer kein Heer wolle, könne auch auf unentbehrliche Dinge verzichten. Unentbehrlich sei nicht nur soldatische Tüchtigkeit und Manneszucht, »sondern auch ein soldatischer Geist, ein Stück Überlieferung, ohne das weder ein Beamtentum noch eine Armee noch eine Arbeiterschaft denkbar ist. Jeder lebt von gewissen Überlieferungen, die von starken Führern herkommen und von gemeinsamen großen Erlebnissen[128].«

1929 schlug der Abgeordnete Dr. Külz vor, die Reichswehr müsse sich um eine »vollkommen neue Tradition« bemühen. Er äußerte Verständnis dafür, daß die Reichswehroffiziere mit Verehrung der früheren Wehrmacht zugetan seien. Die Träger der alten Tradition machten es aber den gegenwärtigen Offizieren oft schwer, mit Abstand diese Tradition aufrecht zu erhalten. Oft sei der selbstverständliche Takt unterblieben. Die Reichswehr müsse sich von allen gegen den Staat gerichteten Organisationen fern halten. In einer späteren Reichswehrdebatte meinte Külz, die Achtung vor den Leistungen und der Geschichte der alten Armee widerspreche einer staatstreuen Gesinnung nicht[129].

Die Bayerische Volkspartei, dem christlichen Zentrum nahestehend, aber konservativer orientiert, stimmte wie die nationalliberale Deutsche Volkspartei der Traditionspflege in der Reichswehr ohne kritische Einschränkungen zu. Der BVP-Sprecher sagte hierzu 1931: »Das Berufsideal des Soldaten ist die Vaterlandsliebe, [...] der Wille, dem Vaterland nach besten Kräften zu dienen. Dieses Berufsideal hat eines seiner Fundamente in der Tradition der Armee. Die Erinnerung an die alte Armee und ihre Leistungen darf in der neuen Wehrmacht nicht verlorengehen. In der Tradition wird sie den besten Rückhalt für ihre eigenen Ideale [...] finden [...]. Was unsere deutsche Armee im großen Kriege geleistet hat, steht ohne Beispiel in der Geschichte da[130].«

Der wehrpolitische Sprecher der Zentrumspartei hielt sich mit Äußerungen für oder gegen die Traditionspflege in der Reichswehr zurück. Als im Reichstag über die noch übliche Anrede in der dritten Person diskutiert wurde, nutzte er die Möglichkeit einer parteipolitischen Polemik mit dem Hinweis, nach seiner Kenntnis legten auch sozialdemokratische Polizeipräsidenten Wert auf diese Distanz in der Anrede »von unten«[131].

d) Die Deutschnationalen

Die konservative DNVP trat stets für die Belange der Reichswehr ein und stellte die Leistungen des alten Heeres heraus. Ihre wehrpolitischen Redner v. Gallwitz und v. Lettow-Vorbeck waren aus dem Weltkrieg als hervorragende Generale bekannt. Weiterführende Beiträge zur Thematik der Tradition kamen von den Deutschnationalen jedoch nicht, auch der jüngere deutschnationale Abgeordnete Treviranus blieb merkwürdig farblos, als er 1929 eine Pflege der Tradition im »Geist: ›ich dien‹!« verlangte[132].

Beachtenswert war aber die Aussage des Abgeordneten v. Lindeiner-Wildau von der Konservativen Vereinigung, einer Ende 1929 aus der DNVP des Hugenberg-Kurses ausgeschiedenen Gruppe. Das Ringen um neue Ziele und Ideale für die Reichswehr – wie sie der Sozialdemokrat Leber gefordert hatte – erkannte dieser Sprecher an. »Aber wir werden diese neuen Ziele und Ideale den jungen deutschen Menschen nicht geben, wenn wir in die Pflege der Erinnerung an das Gewesene, wenn wir in der dankbaren Ehrfurcht vor der Tradition unserer Nation irgendwelche Aufspaltungen hineinbringen, die dieser Geschichte wesensfremd sind und deshalb zerreißend und unnatürlich wirken müssen. Es ist schlechterdings nicht möglich, diesem Volk eine getrennte republikanische und monarchische Tradition zu geben[133].«

e) Die Nationalsozialisten

Mit ihrem – gelinde gesagt – rüden Auftreten im Reichstag verfolgten die nationalsozialistischen Abgeordneten noch deutlicher als ihre kommunistischen Kollegen keinerlei staatstragende Mitarbeit, sondern nur den Sturz der bestehenden Ordnung. So sind in den Wehrdebatten von den Sprechern der NSDAP – Graf zu Reventlow und Generalmajor a. D. Ritter v. Epp – keine Aussagen zur Stützung der Reichswehr und ihrer Tradition zu finden, sie forderten aber das Erhalten des Wehrwillens und Wehrgedankens im Volk[134].

Der Begriff »Tradition« spielte auch in Hitlers »Mein Kampf« sowie in seinen in späteren Jahren aufgezeichneten Tischgesprächen keine wesentliche Rolle[135]. Auch seine Reden enthielten das Wort »Tradition« nur als eine gut klingende Leerformel, wenn er zum Beispiel – schon als Reichskanzler – am 23. März 1933 im Reichstag erklärte, das Volk dürfe mit stolzer Befriedigung auf seine Reichswehr sehen, sie sei »der Träger unserer besten soldatischen Tradition«[136]. Deshalb kann als nachträgliche Erkenntnis festgestellt werden: Hitler und die von ihm geprägte NSDAP hatten zur Pflege und zum Inhalt der deutschen militärischen Tradition nur eine verfälschende Beziehung. Er verstand es aber – wie noch dargestellt wird – meisterhaft, Soldaten und Öffentlichkeit über diesen Sachverhalt hinwegzutäuschen.

Schon in seinen früheren Äußerungen zur Wehrpolitik verwendete Hitler den Begriff »Tradition« sehr zweckbestimmt, um die Soldaten wie die Bevölkerung für sich zu gewinnen und in seine kämpferische Weltanschauung zu integrieren. Diese Zielsetzung zeigte sich bereits in seiner Münchener Rede vom 15. März 1929 über das Verhältnis des Nationalsozialismus zur Reichswehr; zur Tradition sagte er dabei: »Heute ist jeder deutsche Offizier noch übersonnt von dem Ruhm einer 300jährigen ehrenvollen Tradition. Heute ist jeder deutsche Offizier noch der Repräsentant eines Standes, der früher als Ehrenstand angesehen wurde. So wie in 12 Jahren aber das neue Regiment den Begriff Reichskanzler aus der zauberhaften Höhe eines Bismarck herunterziehen konnte, auf das Niveau von heute, so genügen 60 Jahre [. . .] einer antinationalen Heeresorganisation, um den Offizier aus seiner früheren Stellung zu beseitigen und hinunterzuziehen zum Polizeiwachtmeister[137].«

Im Juni 1930 veröffentlichte Hitler einen Artikel »Reichswehr und deutsche Politik«, er betrachtete darin die Aufgabe der Streitkräfte nur als eine zur Vorbereitung und Durchführung des Kampfes[138]. »Armeen zur Erhaltung des Friedens gibt es nicht, sondern nur zum siegreichen Durchfechten des Krieges [. . .] unabhängig vom Gequassel im Reichstag. [. . .] Die Führung und die Ausbildung war in der alten Armee nur vom Gedanken an den Krieg beherrscht. Daher konnte es auch zur Bildung einer Tradition kommen, die fortlaufend mit den innersten Werten dieser Organisation verwachsen war. [. . .] Sowie ein Heer den grundsätzlich kriegerischen Zweck seines Daseins verkennt oder aufgibt, löst es auch die Beziehungen zu einer Tradition auf, die im wesentlichen kriegerischen Ursprungs ist. Eine pazifistisch-demokratische Truppe von heute hat keine innere Verbindung mehr mit einer Tradition von gestern. [. . .] Daher mag die heutige Reichswehr tausendmal ›Traditionskompanien‹ bilden, es wird dies nicht den Bruch der Tradition zu verhindern vermögen.«

Hitler setzte seine Ausführungen mit einem Angriff auf die Reichswehrführung fort, sie habe mit »Konzessionen an den marxistisch-pazifistisch-demokratischen Teil unseres Volkes« keinen »Anschluß an das Volk finden können«. Innere Beziehungen zur Armee könne »der bewußt nationale Kern des Volkes« nur zum »Militär [. . .] mit kriegerischen Zwecken und nicht [zur] Wach- und Schließgesellschaft internationaler Börseninteressen« finden. Seeckt habe die »Entfernung knorriger, bewußt und betont nationaler Führer« befürwortet und damit »das Instrument geschaffen, das ihn selbst [. . .] fahren ließ«. Nach diesen demagogischen Angriffen ging Hitler zu einem werbenden Lob an die Soldaten über: »So schlecht sich die moralischen Qualitäten der Reichswehr entwickeln müssen, wenn sie immer mehr in der Rolle einer inneren Staatspolizei verkommt, so hervorragend ist der rein technische Ausbildungswert der Gegenwart.« Die Reichswehr könne »ohne weiteres das Rahmenheer sein für das kommende deutsche Volksheer«.

Ganz abgesehen vom fehlenden Durchdenken der Rolle von Streitkräften in der Politik – insbesondere im technischen Zeitalter – bewies Hitler mit diesem Gedankengang, wie wenig er die Tradition der alten deutschen Armeen in ihrer religiös-sittlichen Bindung an die christlichen Konfessionen und in ihrer Einbindung an die rechtsstaatliche Monarchie verstand. Es ging ihm auch nicht um eine Weiterentwicklung und Modernisierung dieser Traditionsinhalte, sondern ganz klar um eine Verfälschung im Sinne seiner kämpferischen Weltanschauung und um eine Verführung der Soldaten zu seinen maßlosen, verbrecherischen Zielen.

5. Zusammenfassung

Die hier nur ausschnitthaft dargestellten Tendenzen und Ereignisse um die Traditionspflege der Reichswehr sowie das damalige politische Echo darauf machen es verständlich, daß während der Aufstellung der Bundeswehr das Problem »Tradition« erfahrungsgemäß mit großer Vorsicht und Zurückhaltung aufgefaßt wurde[139].

Eine einseitige Verurteilung, wie sie z. B. Vincenz Müller mit dem Satz aussprach: »Die Pflege der Tradition und des Wehrgedankens durch die Reichswehr lief so bewußt auf die Förderung des radikalen Nationalismus hinaus«[140], enthält sicherlich Teilwahrheiten. Die Interessenidentitäten, die sich zwischen der Reichswehr und den radikalen Rechtsparteien ergeben hatten, werden noch angesprochen. Eine besondere Verbindung oder Sympathie der aktiven und ehemaligen Soldaten zu den national orientierten Rechtsparteien ist ohnehin eine international verbreitete, sachlich naheliegende Erscheinung. Aber: die meisten Traditionsveranstaltungen der Weimarer Zeit verliefen durchaus als kameradschaftliche Treffen und als Gedenkfeiern für die Gefallenen, nicht als maßlose Hetze gegen die Republik. Das wurde wiederholt offiziell anerkannt. Auch waren die Reichswehrsoldaten wie auch die ehemaligen Frontkämpfer der Regimentsvereine und des »Stahlhelm« disziplinierter und gemäßigter als die radikalen Leute von der SA und dem Rotfrontkämpferbund, die schon wegen ihres jüngeren Alters meist keine »Frontsoldaten« gewesen waren.

Außerdem ist darauf hinzuweisen, daß die Republik in ihrer inneren Zerrissenheit eine gerechtere Würdigung der Vergangenheit und die Entwicklung einer eigenen Tradition weitgehend versäumte. Über die erwähnte Kritik Julius Lebers hinausgehend hatte sein Parteifreund und späterer Weggefährte im Widerstand, Theodor Haubach, bereits 1926 geschrieben: »Der links eingestellte Deutsche mit seiner nur negativen Einstellung zum reaktionären Geschichtsbild, mit seiner ganzen unhistorisch eingerichteten Auffassung zeigt uns, wie ohnmächtig er auf die Dauer gegenüber einem Gegner ist, dessen Willensbildung auf der großen Macht der Vergangenheit beruht, und sei diese Vergangenheit noch so lächerlich und primitiv gedeutet[141].«

Gegenüber diesem Mangel vertrat der Reichswehrminister Generalleutnant a. D. Wilhelm Groener (1867–1939), der sich zusammen mit der ihm unterstehenden Reichswehrführung seit 1928 verstärkt um ein Heranführen der Streitkräfte an die Republik bemühte, eine zeitgemäße, ausgewogene Einstellung zur Tradition. In einer Ansprache vor den Offizieranwärtern des Heeres an der Infanterieschule Dresden äußerte er sich im Frühjahr 1930 zur Tradition und wiederholte diese Sätze vor dem Reichstag:

»Niemals ist ein scharfer Schnitt zu machen zwischen Vergangenheit und Gegenwart, niemals ein Schnitt zwischen Altem und Neuem. So manche glaubten, einen solchen Schnitt machen zu können zwischen der Wehrmacht, die vor dem Weltkrieg bestanden hat, und der Wehrmacht von heute. Das ist unmöglich, und daß das unmöglich ist, das hat selbst die russische Wehrmacht der heutigen Zeit bewiesen. Denn auch diese mußte auf das alte zaristische Heer zurückgehen, um wirklich eine Wehrmacht zu werden. Nur die Formen zerbrechen und müssen neu gebildet werden, je nach dem Fließen der Geschichte, und so sind auch wir genötigt, uns neue Formen zu schaffen unter den veränderten Verhältnissen der Zeit. Aber wir brauchen eine Synthese zwischen Vergangenheit und Zukunft. Wir brauchen eine organische Verbindung zwischen dem, was war, und dem, was werden will. Man nennt diese Verbindung Tradition. Mit diesem Wort wird häufig Unfug getrieben. Jeder versteht etwas anderes darunter. Wenn man darüber in Zeitungen oder sonst in einem Buche liest, so kann man oft nur den Kopf schütteln über die verkehrte Auffassung, die einem entgegentritt. Falsch ist, an Äußerlichkeiten der Vergangenheit hängenzubleiben. Falsch ist, an veralteten Formen und veralteter Ausbildung sich festzuklammern. Falsch ist, veraltete Gebräuche, wenn sie noch so liebenswert in der Vergangenheit waren, in die Zukunft mit hinüberzunehmen. Falsch ist, die Vergangenheit im Übermaß zu feiern und damit der Zukunft das Recht auf neues Leben zu bestreiten. Vor dem Tempel der Tradition steht das Wort eingegraben: Was du ererbt von deinen Vätern hast, erwirb es, um es zu besitzen! Nach diesem Wahlspruch wollen wir die Tradition pflegen. Wir wollen täglich neu erwerben, was uns die alte Wehrmacht als tüchtiges Erbe hinterlassen hat. Wir wollen dabei aber auch an das Cromwell-Wort denken: Wenn wir nicht danach streben, besser zu werden, hören wir auf, gut zu sein. Wenn wir die Tradition richtig pflegen wollen, so müssen wir vor allem eines besitzen: Es muß das Sehnen nach geistiger Freiheit in uns lebendig sein. Nur dann werden wir die Vergangenheit so beurteilen können, so schätzen lernen, wie es nötig ist, um für den Fortschritt zu arbeiten[142].«

Es mußte in Deutschland nicht zur Herrschaft Hitlers und des Nationalsozialismus kommen. In den Jahren um 1930 gab es in Tradition und Zeitgeist Tendenzen, die bei ruhiger Entwicklung eine Stabilisierung der parlamentarischen Demokratie gefördert hätten. Unter dem Druck der für die Republik ungünstigen Ereignisse und Entwicklungen gelang diese Stabilisierung nicht. Die Gegenwirkung derjenigen Kräfte im Zeitgeist, die eine autoritäre Ordnung und eine nationalistische Zielsetzung anstrebten und sich dabei auf die Tradition des »Frontsoldaten« beriefen, nahm deshalb erheblich zu. So entstand ein geistiges Klima, in dem Hitler die Macht ergreifen konnte und in dem es später zu Entartungserscheinungen in Politik und Kriegführung kam, die man in einem modernen Kulturvolk für unmöglich hielt.

II. Traditionsbewußtsein und Traditionspflege in der Wehrmacht 1933–1945

1. Die Ausweitung und der Mißbrauch der soldatischen Tradition in den Anfangsjahren der NS-Herrschaft

a) Die Interessenidentitäten und der Loyalitätswettlauf

Am 30. Januar 1933 sahen nicht nur die Nationalsozialisten in der Ernennung Hitlers zum Reichskanzler eine tiefgreifende Wende, auch für die Öffentlichkeit des In- und Auslandes war die neue Regierung nicht das Ergebnis eines normalen Regierungswechsels. Allerdings vollzog sich mit diesem Tage noch nicht die später sogenannte »Machtergreifung«. Der 85jährige Reichspräsident v. Hindenburg, Vizekanzler v. Papen sowie die deutschnationalen und parteilosen Minister schienen Hitler und die beiden anderen nationalsozialistischen Regierungsmitglieder fest eingerahmt zu haben – eine verbreitete Fehlkalkulation. Weite Kreise des deutschen Volkes erwarteten von der neuen Regierung einen Ausweg aus wirtschaftlicher und politischer Krise, ein Ende von Not und Mißerfolgen, eine Wiederherstellung »nationaler Freiheit« und herkömmlicher Ordnung. Diese Hoffnungen, gestützt von einer hemmungslosen Propaganda, führten zu der vielzitierten »Atmosphäre vernunftsfeindlichen Überschwangs« des Jahres 1933. In dieser Situation war es verständlich und kaum anders zu vermuten, daß in der Wehrmacht[143] die Soldaten aller Dienstgrade diese Hoffnungen teilten und die ersehnte militärische Wiedererstarkung erwarteten. Über den Verlauf der Ereignisse und die Fülle der Probleme der hiermit einsetzenden und bis 1945 zunehmenden Verstrickung der Wehrmacht in das NS-Regime liegt eine umfangreiche Literatur[144] vor, die frühe Darstellung eines Zeitzeugen zu einem Teilaspekt trägt den weitgehend zutreffenden Titel »Schuld und Verhängnis«[145].

Vor der Behandlung der Traditionspflege in der Wehrmacht wird hier einleitend nur auf drei wichtige Ausgangspunkte verwiesen:

☐ die für Hitler äußerst günstige Ernennung Blombergs zum Reichswehrminister
☐ die Teilidentität der Ziele von Wehrmacht und Hitler
☐ der Loyalitätswettlauf[146].

Der am 30. Januar 1933 zum Minister ernannte Generalleutnant Werner v. Blomberg (1878–1946) war zuvor Wehrkreisbefehlshaber und Divisionskommandeur in Ostpreußen, außerdem war er gleichzeitig als militärischer Sprecher der deutschen Delegation bei der Genfer Abrüstungskonferenz tätig. Hindenburg wählte ihn für das wichtige Reichswehrministerium aus, weil Blomberg ein Kritiker des zu ersetzenden Reichskanzlers und Reichswehrministers v. Schleicher war[147]. Blomberg löste auch unverzüglich den engsten Mitarbeiter Schleichers im Reichswehrministerium, den Leiter des Ministeramtes v. Bredow, durch seinen eigenen bisherigen Chef des Stabes, Oberst Walter v. Reichenau (1884–1942), ab. Blomberg und Reichenau haben gemeinsam – obwohl in ihrer Persönlichkeitsstruktur und ihrem Denken sehr unterschiedlich – als neue politische Führung der Wehrmacht in einem überraschend schnellen Tempo eine Annäherung an Hitler und an den Nationalsozialismus vollzogen. Von der hier darzustellenden militärischen Tradition wollten sich beide nicht lösen, vielmehr wollten sie eine Erneuerung und Modernisierung der bisherigen Tradition durch eine Synthese mit dem von ihnen als zukunftsträchtig gehaltenen Nationalsozialismus herbeiführen. – Weitere wichtige Personalveränderungen in der Wehrmachtspitze gab es 1933 zunächst nicht. Erst im Oktober 1933 wurde der als kritisch bekannte Generalleutnant Adam versetzt, sein Nachfolger als Chef des Truppenamts des Heeres wurde Generalleutnant Ludwig Beck (1880–1944). Aufgrund einer unmittelbaren Entscheidung Hindenburgs trat am 1. Februar 1934 an die Stelle des ausscheidenden Chefs der Heeresleitung General Kurt Frhr. v. Hammerstein-Equord der Generalleutnant Werner Frhr. v. Fritsch (1880–1939), obwohl Blomberg – ebenso wie Hitler – gern den gerade erst zum Generalmajor beförderten Reichenau an der Spitze des Heeres gesehen hätte.

Die Wehrmachtführung 1935. Der oberste Befehlshaber Hitler, begleitet vom dienstältesten Heeressoldaten Generalfeldmarschall von Mackensen und vom Reichskriegsminister Generaloberst Werner von Blomberg, dahinter die Oberbefehlshaber von Heer, Luftwaffe und Kriegsmarine: Werner Frhr. von Fritsch, Hermann Göring und Erich Raeder

Die Sympathien zwischen der Reichswehr und den Rechtsparteien bestanden aufgrund einer weit zurückreichenden Entwicklung; solche Verbindungen waren auch bei ausländischen Streitkräften in entsprechender Weise verbreitet. Gleichzeitig – vornehmlich bei älteren Offizieren – vorhandene Bedenken gegen Erscheinungsformen des Nationalsozialismus konnte Hitler 1933 zwar nicht beseitigen, aber stark überdecken. In einer Ansprache am 3. Februar 1933 trug der neue Reichskanzler dem im Hause des Chefs der Heeresleitung versammelten Kreis der wichtigsten Generale und Admirale seine künftigen Absichten vor. Die dabei genannten Ziele – die Wiedergewinnung politischer Macht, Ablehnung des Pazifismus, des Marxismus und der Bestimmungen des Versailler Vertrages, Förderung des Wehrwillens, Aufbau der Wehrmacht, Einführung der allgemeinen Wehrpflicht, Überlassung der innenpolitischen Auseinandersetzungen an die NS-Organisationen, andererseits das Versprechen, die Wehrmacht in ihrer überparteilichen Rolle zu belassen und nicht mit der SA zusammenzulegen – fanden durchaus die Sympathie der Anwesenden. Einige scharfe Formulierungen, vor allem das erwähnte mögliche Fernziel, neuen Lebensraum im Osten zu erobern und rücksichtslos zu germanisieren, wurde in der Unterhaltung nach Hitlers Weggang mit Schillers Wort quittiert, »stets war die Rede kecker als die Tat«[148]. Aus diesen nicht ganz ernst genommenen Bemerkungen Hitlers eine Kenntnis der bevorstehenden Gewalt- und Kriegspolitik oder gar ihre Billigung abzuleiten, ist zweifellos übertrieben. Zutreffend ist aber die Feststellung, daß bei der Wehrmacht und bei Hitler eine Teilidentität der Ziele vorgelegen hat, die ein langfristiges enges Zusammenwirken begünstigte.

Noch stärker als mit dieser Teilidentität geriet die Wehrmachtführung unter Blomberg und Reichenau durch einen von ihr aufgenommenen »Wettlauf« mit den NS-Organisationen um die Loyalität zu Hitler in eine später nicht mehr umkehrbare Annäherung. Die Bemühungen um besondere Loyalität waren teilweise wegen der Konkurrenzsituation zur SA gegeben, die unter ihrem Stabschef Röhm weitgehende wehrpolitische Ziele verfolgte. Darüber hinaus bedachte Reichenau mit diesem Kurs bereits die Zeit nach dem voraussehbaren Tod des 86jährigen Reichspräsidenten[149]. Die schuldhafte Mitwirkung Blombergs und Reichenaus an den Aktionen des 30. Juni 1934 sowie die von ihnen angeordnete Eidesleistung der Wehrmacht auf Hitler am 2. August 1934 waren die bedeutsamsten Schritte in dem folgenreichen Loyalitätswettlauf.

Im Rückblick ist es offensichtlich, daß diese Annäherung an Hitler ein Fehler war, der entscheidend zum Weg in die deutsche Katastrophe beitrug. So hat auch keine andere der sich gleichermaßen anpassenden Gruppen ihre gleichartigen Fehler ebenso schwer büßen müssen wie die Berufssoldaten – weder die Juristen, die Wirtschaftsprominenz, die Ärzte, die Professoren, die Lehrer und schon gar nicht die Künstler. Immerhin war es 1933 nicht grundsätzlich abwegig, eine Erfolgschance in einem »Wandel durch Annäherung«[150] zu sehen. Auf dem Wege hierzu war schon 1933 – und danach zunehmend – zu differenzieren über den Grad der Anpassungsbereitschaft in der Wehrmacht[151], die längst nicht mehr so relativ monolithisch war wie zur Zeit Seeckts. Außerdem herrschte in der Wehrmacht eine wunschbildhafte Vorstellung über Hitler und den Nationalsozialismus vor, die in ihrer allerdings unterschiedlichen Ausprägung eine notwendige Abgrenzung und Gegenwirkung erschwerte.

b) Der Tag von Potsdam

Der Brand des Reichstagsgebäudes am 27. Februar 1933 zerstörte symbolhaft die eigentliche Tagungsstätte des deutschen Parlaments; trotz des Nutzens, den die Nationalsozialisten daraus zogen, war die Brandstiftung nach heutigen Erkenntnissen nicht deren Werk, sondern die Einzeltat eines holländischen Anarchisten. Hier interessieren nicht die Folgen der aufgrund des Reichstagsbrands erlassenen »Notverordnung zum Schutz von Volk und Staat« – u. a. für das Ergebnis der Reichstagswahl vom 5. März –, sondern die Feierlichkeiten zur Eröffnung des neugewählten Reichstags am 21. März 1933 in der Potsdamer Garnisonskirche. Ganz gezielt wurde dazu die bedeutsamste Stätte preußischer Tradition am Grabe Friedrichs des Großen ausgesucht, das gewählte Datum des Frühlingsbeginns und des Jahrestages der Eröffnung des ersten deutschen Reichstags durch Bismarck 1871 sollten einen Neubeginn symbolisieren. Gemessen an den vorherigen und noch mehr an den späteren Handlungsweisen der Nationalsozialisten erscheint das großangelegte Schauspiel an der Stätte des Glockenspiels mit dem Lied »Üb' immer Treu' und Redlichkeit« als schamloser Betrug.

Ganz anders empfand die Mehrzahl der Zeitgenossen die meisterhaft inszenierten Feierlichkeiten: der alte Reichspräsident, die Ministerialbürokratie, aktive und ehemalige Generale, aber auch die anwesenden Vertreter oder die am Rundfunk mithörenden Massen des Bürgertums, der Beamten und der Soldaten fühlten sich ergriffen von der vorgeführten Vereinigung des revolutionären Nationalsozialismus mit den Kräften, die preußische und christliche Tradition verkörperten. Es lohnt, in verschiedenen Augenzeugenberichten über die Wirkung dieses denkwürdigen Tages nachzulesen. Die kritische Wertung der »Potsdamer Rührkomödie« (so Friedrich Meinecke) kam nachweisbar erst aus späterer Zeit[152]. Damals schien das in der Weltpresse wiedergegebene Bild der Verneigung des Kanzlers vor Hindenburg als dem Verweser der nationalen Tradition auszusagen: Hitler habe sich »jung, und gläubig und voller Ehrfurcht, dieser Tradition gebeugt«[153].

Diese Täuschung des deutschen Volkes durch eine bis dahin nie erlebte Propagandaaktion war von dem wenige Tage zuvor zum »Reichsminister für Volksaufklärung und Propaganda« ernannten Joseph Goebbels vorbereitet worden. Er vermerkte am 17. März in seinem Tagebuch: »Die Potsdamer Feier soll zum erstenmal im Stil nationalsozialistischer Formgebung abgehalten werden.« Einen Tag später hieß es: »Der Potsdamer Tag geht in Ordnung. Er wird von nachhaltiger Wirkung sein.« Am 19. März orientierte sich Goebbels an Ort und Stelle: »Bei solchen Staatsfeiern kommt es auf kleinste Kleinigkeiten an[154].«

262

Die Potsdamer Garnison spielte eine hervorragende Rolle in der zeremoniellen Gestaltung des Tages. Die gut berechnete Wirkung auf die beteiligten Soldaten wird aus einem Bericht eines Obergrenadiers deutlich: »So recht kam uns wieder einmal unsere bevorzugte Stellung als Soldaten in den Sinn, diesem historischen Augenblick aus nächster Nähe beiwohnen zu dürfen. Jeder Einzelne, dem es vergönnt war, an diesem historischen Tage mitzuwirken, wird mir zustimmen, wenn ich sage, daß es einer der schönsten und nie zu vergessenden Augenblicke, die ein Mensch im Leben haben kann, gewesen ist[155].«

Auch den Kirchen beider Konfessionen wurde mit einleitenden Gottesdiensten eine Mitwirkung zugewiesen, der eigentliche Staatsakt war von Kirchenmusik umrahmt.

Hindenburg sagte in seiner Begrüßungsansprache: »Der Ort, an dem wir uns heute versammelt haben, mahnt uns zum Rückblick auf das alte Preußen, das in Gottesfurcht durch pflichttreue Arbeit, nie verzagenden Mut und hingebende Vaterlandsliebe groß geworden ist und auf dieser Grundlage die deutschen

Der Tag von Potsdam am 21. März 1933: Hitlers Verneigung vor dem Reichspräsidenten

Stämme geeint hat. Möge der alte Geist dieser Ruhmesstätte auch das heutige Geschlecht beseelen, möge er uns frei machen von Eigensucht und Parteizank und uns in nationaler Selbstbestimmung und seelischer Erneuerung zusammenführen zum Segen eines in sich geeinten, freien, stolzen Deutschlands[156]!«

Anschließend hielt Hitler eine seiner wirksamsten Reden, die mit gemäßigten Hinweisen auf Reform, Aufbau und Frieden psychologisch sehr genau auf die Erwartungen der Zuhörer eingestimmt war. Mehrfach sprach er dabei über den ihm eigentlich wesensfremden Begriff Tradition. So behauptete er von der Zeit seit dem November 1918: »Das Schlimmste war die bewußte Zerstörung des Glaubens an die eigene Kraft, die Entwürdigung unserer Traditionen und damit die Vernichtung der Grundlagen eines festen Vertrauens!« Das Volk habe sich mit der Wahl vom 5. März zu seiner Regierung (er meinte seine Mehrheit mit Hilfe der Deutschnationalen) bekannt und dank des Verstehens des Reichspräsidenten »die Vermählung vollzogen zwischen den Symbolen der alten Größe und der jungen Kraft. [. . .] Wir wollen die großen Traditionen unseres Volkes, seiner Geschichte und seiner Kultur in demütiger Ehrfurcht pflegen als unversiegbare Quellen einer wirklichen inneren Stärke und einer möglichen Erneuerung.«

Nach dem Staatsakt fand vor der Garnisonskirche ein Vorbeimarsch des Infanterieregiments 9, von Teilen des Reiterregiments 4 und des Artillerieregiments 3 sowie von Abordnungen der Schutzpolizei, der SA, der SS, des Stahlhelms und der Kriegervereine statt.

Das von Goebbels vorausgesagte Echo auf diese Veranstaltung beschrieb ein Blatt der bürgerlichen Rechten am folgenden Tag: »Wie eine Sturmwelle ist gestern die nationale Begeisterung über Deutschland dahingefegt[157].« An keinem anderen Beispiel ist die Gefahr eines Mißbrauchs der Tradition so gut erkennbar wie an dem – deshalb so eingehend geschilderten – Tag von Potsdam.

c) Die Herausstellung des Soldatentums in der Öffentlichkeit

In Deutschland setzte 1933 ein öffentliches Herausstellen der bewaffneten Macht in einem Ausmaß ein, wie es zuvor im In- und Ausland noch nicht zu beobachten war. Obwohl die zahllosen Neuaufstellungen, Verbandsteilungen, Einführung neuer Waffen und Fahrzeuge sowie die damit verbundenen ungeheuren Organisations- und Ausbildungsaufgaben eine geradezu hektische Beanspruchung fast aller Soldaten auslöste, wurden insbesondere das Heer und die gänzlich neu aufgestellte Luftwaffe zu den verschiedensten politischen Veranstaltungen hinzugezogen. Die wichtigsten jährlich wiederkehrenden Anlässe dazu waren: der Heldengedenktag, Hitlers Geburtstag – seitdem er Staatsoberhaupt war, gab es in Berlin und in größeren Garnisonen an diesem Tag Paraden –, der zum »Tag der Arbeit« deklarierte 1. Mai, der im Spätsommer stattfindende Reichsparteitag der NSDAP in Nürnberg sowie im Winterhalbjahr ein »Tag der Wehrmacht«, an dem zum Zweck der Geldsammlung für das »Winterhilfswerk« die Bevölkerung Kasernen besuchen und an vielfältigen Vorführungen und Mitfahrten auf Militärfahrzeugen teilnehmen konnte. Weitere Anlässe zum öffentlichen Auftreten der Wehrmacht waren die häufiger gewordenen Staatsbesuche ausländischer Gäste, die zahlreichen Manöver, die besonders attraktiven Flugvorführungen der neuen Luftwaffe und große Trauerfeiern. Das hervorragendste Beispiel für letztere war die Gedenkfeier für den verstorbenen Reichspräsidenten v. Hindenburg im Tannenberg-Denkmal am 7. August 1934.

Ohne eine gesteuerte Verpflichtung nahm die Bevölkerung an diesem Auftreten der Wehrmacht begeisterten Anteil. Die Popularität der Soldaten beruhte dabei keineswegs nur auf Militärmusik und dem Besichtigen neuer Fahrzeuge, Flugzeuge oder sonstiger Geräte. Bei örtlichen Veranstaltungen unter Teilnahme der verschiedenen Organisationen des NS-Staates bildete das Erscheinen der Truppen stets den unübersehbaren Höhepunkt. Abgesehen von den Vorführungen aller Art, die der modernen Öffentlichkeitsarbeit zuzuordnen sind und in einem angemessenen Rahmen bei allen modernen Streitkräften durchgeführt werden, lag das Auftreten der Wehrmacht in der Öffentlichkeit oder zur Ehrung wichtiger Persönlichkeiten des In- und Auslandes vorwiegend auf der Linie bisheriger Traditionen. In zwei Bereichen wich man aber von der Überlieferung ab: Eine Teilnahme der Truppe bei politischen Veranstaltungen wie Parteitagen oder Maifeiertag gab es zuvor nicht. Außerdem verfälschte sich der Sinn der öffentlichen Paraden: ur-

Trauerfeier für den verstorbenen Reichspräsidenten im Tannenberg-Denkmal am 7. August 1934

Wehrmachtparade vor Hitler am 20. April 1938

sprünglich galten sie der Überprüfung der Vollständigkeit und Ausbildung einer Truppe, dann der Ehrung einer führenden Persönlichkeit oder der attraktiven Selbstdarstellung der beteiligten Soldaten zur Feier eines Ereignisses oder Manöverendes. Nun wurden stundenlange Paraden – wie z. B. aus Anlaß von Hitlers 50. Geburtstag im April 1939 – zum offensichtlichen Zweck der Einschüchterung möglicher äußerer und innerer Feinde benutzt[158].

Die im Dritten Reich betriebene Verbreitung soldatischen Denkens zeigte sich auch in der höchsten Erscheinungs- und Auflagenzahl militärischer Literatur aller Art, vor allem bei volkstümlichen Darstellungen und Erlebnisschriften für die Jugend[159]. Wirtschaftliche Unternehmen wie Zigarettenfirmen oder Sparkassen benutzten für ihre Reklame militärische Bilder, die von Kindern aller Altersklassen gesammelt wurden.

Derartiges trug zur Ausweitung militärischer Grundkenntnisse und zur Vermehrung des Interesses an der Wehrmacht bei, es konnte für die Stellung des Soldaten eine Stärkung bedeuten. So wurde der allgemeine Auftrieb für die Wehrmacht in den Jahren nach 1933 von der Wehrmacht- und Heeresführung trotz ihrer unterschiedlichen Auffassungen über die Annäherung an Hitler als Beweis für die Überlegenheit und Unangreifbarkeit der eigenen Position betrachtet – eine durchaus nicht abwegige Lagebeurteilung, die sich endgültig erst ab 1938 als Irrtum erwies.

Die Nachteile einer allgemeinen Uniformierung und Pseudomilitarisierung zahlreicher NS-Verbände wie SA und Hitlerjugend waren der militärischen Führung selbstverständlich bewußt. Eine verantwortungsbewußte, fachlich gediegene Ausbildung und eine Erziehung zu sittlich gebundenen Wertvorstellungen mußte auf die Dauer darunter leiden, wenn die Wehrpflichtigen vor und nach ihrem Wehrdienst von Dilettanten ausgebildet wurden, die dabei durch politische Indoktrination und sinnlose Formaldienst-Schleiferei Überdruß erzeugten. Diese Gefahr erhöhte den inneren Abstand, den die meisten aktiven Offiziere zu dem Führerkorps der NS-Organisationen empfanden.

Auf einem Gebiet nahm die öffentliche Aktivität der Truppe während der Aufrüstungsjahre ab: die Zahl der Veranstaltungen mit alten Soldaten verminderte sich. Der Kyffhäuserbund mit den Regimentsvereinen und der Stahlhelm wurden seit 1933 schrittweise gleichgeschaltet und der SA unterstellt, ab 1938 bestand nur noch der NS-Reichskriegerbund Kyffhäuser[160] – Maßnahmen der Hitlerregierung, die sich keine vorherige Regierung hätte leisten können. Andererseits waren weder die Wehrmacht noch die ehemaligen Soldaten aufeinander so angewiesen wie in den zwanziger Jahren. Die ehemaligen Soldaten konnten inzwischen bei Reserveübungen ihre Verbindung zur Truppe aufrechterhalten, dieser fehlte für Zusammenkünfte mit älteren – außerhalb des Reservestatus stehenden – Soldaten die Zeit; auch war von solchen Traditionsveranstaltungen kein Nutzen mehr zu erwarten, da die inzwischen erweiterte Öffentlichkeitsarbeit der Wehrmacht viel umfangreichere Kreise erfaßte. Dennoch wurde bis 1939 trotz aller Umgliederungen und Neuaufstellungen die Zuweisung der Traditionspflege von Stammtruppenteilen fortgesetzt, nunmehr selbstverständlich oberhalb der Kompanieebene. Bei der Aufstellung neuer Waffengattungen kam es bei dieser Traditionsübernahme jedoch zu vielen zufälligen, bisweilen sogar sinnlosen Zuweisungen, so daß dieses Gebiet der Traditionspflege auch deshalb an Bedeutung verlor.

Die vielseitigen Bemühungen, ein ganzes Volk zu Soldaten zu machen, zeigten bis 1939 erhebliche Wirkungen. Die aus anderen Gründen in den zwanziger Jahren begonnene Aufwertung des Soldatentums – besonders auch im erzieherischen Bereich[161] – setzte sich fort und hatte einen entscheidenden Anteil daran, Hitlers spätere Kriegführung zu ermöglichen.

d) Der Mißbrauch und die Verfälschung der Tradition durch Hitler

Mit den vorstehenden Ausführungen wurde gezeigt, daß Hitler durch die Nutzung der militärischen Tradition in weiten Kreisen des deutschen Volkes und vor allem bei den Soldaten entscheidende Vorteile für die Sicherung und Durchsetzung seiner Politik bezog, in dem er – zunächst sehr glaubhaft – eine militärische Kontinuität vortäuschte. In diesem Zusammenhang ist darauf zu verweisen, daß Hitler auch andere Traditionen und Symbole usurpierte: den 1. Mai sowie die rote Farbe der Fahne und der Plakate ahmte er der Arbeiterbewegung nach, zum Erntedankfest versuchte er, die bestehenden kirchlichen und bäuerlichen Überlieferungen zu verdrängen, der Jugendbewegung entnahm er mehrere Zeremonien und Begriffe. Da die Nutzung älterer Traditionen und Symbole ein legitimes Mittel politischer Führung ist, erhebt sich hier nochmals die Frage, ob sich Hitler auch innerlich und in seinen langfristigen politischen Zielsetzungen zu den Werten dieser benutzten Traditionen bekannte.

Die aufgrund der historischen Forschung[162] zu gebende Antwort kann nur lauten: Hitler war aufgrund seiner Weltanschauung von den Werten der von ihm nach außen vertretenen Traditionen nicht überzeugt, er lehnte sie vielmehr ab und benutzte sie nur in ihrer psychologischen Wirkung, um seine Ziele zu erreichen. Er hat damit bewußt das deutsche Volk und seine Soldaten getäuscht und die Tradition mißbraucht. Auf Hitlers einseitig zweckbestimmte Auffassung von der Tradition wurde bereits bei der Kommentierung seiner älteren Aussagen zur Wehrpolitik und in der Bewertung des Tages von Potsdam verwiesen[163]. Der frühere Bundestagspräsident Hermann Ehlers machte auf ein Wort Hitlers über die »verfluchte Tradition« aufmerksam, »weil er genau wußte, daß Menschen, die aus einer echten Tradition heraus leben, seinem [. . .] Handeln [. . .] stärksten Widerstand entgegensetzen«[164]. Aus der Vielzahl der historischen Aussagen zur Verfälschung der Tradition durch Hitler sei der Historiker Hans Mommsen zitiert: »In der Phase der Machteroberung hatten sich die Nationalsozialisten in ihrer Propaganda als Sachwalter des preußischen Erbes stilisiert. Tatsächlich ist den preußischen Traditionen, wie immer man sie begreift, niemals so strikt zuwidergehandelt worden wie in der Periode des Dritten Reiches[165].« Die nach 1945 häufig behauptete Überlieferungslinie Luther – Friedrich II. – Bismarck – Hitler, die schon Goebbels mehrfach verwendete, weist u. a. Sebastian Haffner entschieden zurück: »Hitler steht in keiner deutschen Tradition, am wenigsten in der protestantisch-preußischen, die, Friedrich und Bismarck nicht ausgenommen, eine Tradition nüchtern-selbstlosen Dienens am Staatswohl gewesen ist. Nüchtern-selbstloser Dienst am Staatswohl ist das letzte, was man Hitler – auch dem erfolgreichen Hitler der Vorkriegsjahre – zubilligen kann[166].«

Nun ist Hitler ein soldatisches Denken und Auftreten nicht gänzlich abzusprechen[167], es handelte sich bei ihm jedoch nur um eine Teilidentifikation mit dem herkömmlichen militärischen Denken und mit der überlieferten soldatischen Disziplin. Wenn er die Tradition äußerlich zunächst unverändert bestehen ließ, so mißbrauchte er sie für die Ziele seines Herrschaftssystems und strebte an, die für ihn nützlichen Wertvorstellungen durch ständige Indoktrination im Sinne seiner eklektischen Weltanschauung, in der er ständigen Rassenkampf forderte, allmählich zu verändern. Man kann also von einer »Unterwanderung« der Tradition sprechen, auf die Wehrmacht wurde dabei ein starker nationalsozialistischer Einfluß ausgeübt.

Nach dieser Klärung erhebt sich die Frage, weshalb sich die damalige Generation so täuschen und mißbrauchen ließ. Das gilt an erster Stelle für Hindenburg, der sich keiner vorherigen Regierung so gewogen zeigte wie der Hitlers mit seinem Vizekanzler Papen. Diese Täuschung gelang bei weiten Kreisen bis in den Krieg hinein. Konnte man aber nicht annehmen, Hitler werde sich seinerseits der Tradition anpassen und sich in seinen Zielen mäßigen, wie er es – endlos wiederholt – öffentlich verkündete? Dieser Erwartung gemäß war Hitler ein Opportunist, der seine Gegner zwar durch starke Worte einschüchtern, in Wirklichkeit aber seine Ziele realpolitisch beschränken würde, gerade auch unter Einfluß seiner gemäßigten Mitarbeiter. Man meinte, mit dem Volkstribunen Hitler nachholen zu können, was man bisher an nationalen Zielen nicht erreicht hatte. Die historische Forschung[168] zeigt indessen, daß Hitler – wie auch aus seinem Verhalten in dem von ihm entfesselten Krieg zu erkennen ist – zielbewußt nach seinen weit überzogenen Ideen handelte, auch wenn er sich opportunistisch gab, möglicherweise zeitweilig sogar innerlich dieser Linie folgte und opportunistische Mitarbeiter oft in ihrem Wirken gewähren ließ. Es ist nachfolgend noch darzustellen, daß die Wehrmacht bis in die Anfangsjahre des Krieges hinein vorwiegend durch die Überzeugung motiviert war, die Gunst des Zeitpunkts zum Erreichen solcher nationaler Ziele zu nutzen, wie sie auch andere Völker in der Geschichte errungen hatten. Dennoch: es lag ein verhängnisvoller Irrtum der Mehrheit der damaligen Generation darin, die immerhin veröffentlichten Thesen Hitlers in seinem Buch »Mein Kampf« im Ansatz gebilligt sowie viele andere Äußerungen nationalsozialistischer Totalitätsansprüche und Verbrechen nicht geglaubt oder nicht ernst genug genommen zu haben[169].

Ein weiterer Beleg dafür, daß es Hitler nicht um eine Pflege des Traditionsbewußtseins, sondern um das Erzeugen psychologischer Wirkungen, eines Massenrausches, ankam, war der Stil der großen nationalsozialistischen Kundgebungen. Die großen Schaustellungen mit ihren grandiosen Theatereffekten sollten die Massen der Bevölkerung für ihren »Führer« mobilisieren[170]. Den Höhepunkt bildete dabei häufig eine kulthafte Totenehrung, eine makabre Übereinstimmung mit dem Totenkult des sowjetischen Kommunismus.

2. Die Annäherung der Wehrmacht und ihrer Tradition an die nationalsozialistische Ordnung

a) Die äußerliche Anpassung: Uniformen und Symbole

Während die Weimarer Republik erst nach Jahresfrist die Berücksichtigung der schwarzrotgoldenen Farben an der Mützenkokarde und an der Reichswehrflagge durchsetzte, kam für die Wehrmacht die erste symbolische Anpassung schon am 14. März 1933. Der Reichspräsident verordnete das Tragen der schwarzweißroten Kokarde an der Dienstmütze an Stelle der 1920 eingeführten Reichskokarde und an der Feldmütze an Stelle der bisher getragenen Landeskokarde. Die schwarzrotgoldene Oberecke auf der Reichswehrflagge mit dem Eisernen Kreuz wurde abgeschafft, ebenso die republikanischen Farben auf der Flagge des Reichswehrministers und der Dienstflagge der Reichsbehörden[171].

Im Zusammenhang mit dem Gesetz über den Neuaufbau des Reiches – die Funktion der Landeskommandanten war schon im Juli 1933 beseitigt worden – ersetzte der Reichspräsident am 17. Februar 1934 die Landeskokarde an der Dienstmütze durch das Hoheitsabzeichen der NSDAP, den fliegenden Adler mit dem umkränzten Hakenkreuz. Dieses Abzeichen war von Heer und Marine auch an der rechten Seite des Uniformrockes zu tragen. Die spätere Luftwaffe erhielt eine besondere Form dieses fliegenden Adlers. Das Hoheitsabzeichen mit angelegten Schwingen ersetzte zugleich das Landeswappen auf einer Seite des Stahlhelms[172]. Das Koppelschloß behielt die Aufschrift »Gott mit uns«, dem Reichsadler wurde jedoch das Hakenkreuz hinzugefügt.

Größere Kriegsschiffe übernahmen später ein bronzenes Hoheitsabzeichen am Heck, die Boote an der Kommandobrücke. Die deutschen Militärflugzeuge führten das Hakenkreuz am Seitenleitwerk, am Rumpf und an den Tragflächen das Balkenkreuz[173], das auch als Kennzeichen der Panzerfahrzeuge diente.

In nachträglicher Sicht überrascht es, mit welcher Bereitwilligkeit das Hakenkreuzsymbol in der Wehrmacht übernommen wurde. Hierzu haben im damaligen Bewußtsein wohl zwei wesentliche Umstände beigetragen: hinter der Verordnung stand noch die Autorität Hindenburgs und außerdem hatten im deutschen Volk die Parteisymbole und der Parteigruß »Heil Hitler« eine erstaunlich schnelle Verbreitung gefunden.

Überdies haben die Soldaten trotz aller Würdigung von nationalen Symbolen das parteiliche Attribut des neuen Hoheitsadlers nicht sehr ernst genommen, wie ein Beispiel zeigt: An einem Sonnabend des Jahres 1934 befand sich das Panzerschiff *Deutschland* am Liegeplatz in Wilhelmshaven, zur Freizeitbetreuung der Besatzung musizierte die Bordkapelle. Währenddessen legte der Kreuzer *Köln* an, kollidierte leicht mit dem Panzerschiff und riß an dessen Heck den Hoheitsadler ab, der im Wasser verschwand. Zur Freude seiner Besatzung ließ daraufhin der Kommandant sein Musikkorps intonieren »Fuchs, du hast die Gans gestohlen«[174].

Nachdem durch das Reichsflaggengesetz vom 15. September 1935 die seit März 1933 gleichberechtigt mit der Hakenkreuzfahne als Nationalflagge dienende schwarzweißrote Fahne abgeschafft und die Hakenkreuzfahne zur einheitlichen deutschen Nationalfahne erklärt worden war, führte der Reichskriegsminister am 5. Oktober 1935 eine neue Reichskriegsflagge ein. Sie entsprach der Hakenkreuzfahne, enthielt jedoch als Elemente der alten Reichskriegsflagge das Balkenkreuz sowie in der oberen Innenecke das Eiserne Kreuz. Der Fahne wuchs eine besondere Bedeutung zu, da ab Herbst 1936 alle Kasernen und Dienstgebäude der Wehrmacht täglich diese Flagge zu zeigen hatten[175].

Am 16. März 1936, zum ersten Jahrestag der Verkündung der deutschen »Wehrfreiheit« und der Wiedereinführung der allgemeinen Wehrpflicht, verlieh Hitler neue Truppenfahnen an die Wehrmacht. Die Verbände des Heeres und der Luftwaffe sowie die Landverbände der Marine erhielten Truppenfahnen, die motorisierten und berittenen Verbände des Heeres Standarten. Die Grundfarbe der neuen Feldzeichen für Heer und Luftwaffe bildeten die jeweiligen Waffenfarben, d. h. die Farben der Aufschläge an den Uniformen. Als Symbole für die Gestal-

tung der Feldzeichen dienten das Eiserne Kreuz, der Reichsadler und das Hakenkreuz; die Truppenfahne der Kriegsmarine verwendete zusätzlich den Anker, so
daß diese Fahne weniger Hakenkreuze zeigte – selbstverständlich ohne ideolo-
gisch abzustufenden Hintergrund. Am 14. September 1936 übergab der Reichskriegsminister während des Reichsparteitags der NSDAP die neugestifteten Truppenfahnen[176].

Weitere äußerliche Anpassungen sind hier nur beispielhaft zu nennen. Unabwendbar war für die Wehrmacht zweifellos die Übernahme der Erweiterung der Nationalhymne durch das Horst-Wessel-Lied im September 1933, über den inhaltlichen
und musikalischen Mißgriff dieser Anfügung konnte es damals keine Diskussion
geben. Daß im April 1934 zum Geburtstag des Reichskanzlers Hitler eine Münchener Kaserne dessen Namen erhielt, war jedoch ein bezeichnendes Entgegenkommen des Ministers v. Blomberg. Dieser politisch motivierten Namensgebung
folgten gleiche oder ähnliche auf die Staatspartei bezogene Kasernenbenennun-
gen. Ebenso war die erstmals für den September 1934 verfügte Teilnahme der
Wehrmacht am jährlichen Reichsparteitag der NSDAP in Nürnberg nicht mehr
zurückzunehmen und wurde zur Regel[177].

Immerhin gelang es, bei der Aufstellung der Luftwaffe den traditionellen militärischen Gruß einzuführen. In den getarnten Verbänden des Luftsportverbandes,
aus dem die ersten Fliegerverbände hervorgingen, war nämlich der sogenannte
Deutsche Gruß üblich gewesen[178]. Der Hitlergruß wurde erst am 21. Juli 1944 in
der Wehrmacht eingeführt, nur der Gruß ohne Kopfbedeckung und der Gruß vor
dem »Führer« war schon vorher mit ausgestrecktem rechtem Arm auszuführen.

b) Die inneren Anpassungen

Wesentlicher und die bisherige militärische Tradition beeinflussend waren die
zahlreichen Maßnahmen Blombergs und Reichenaus, um die Wehrmacht dem
Nationalsozialismus, besonders aber dem Regierungschef Hitler näher zu bringen. Es kann hier nicht die lange Reihe der Erlasse und öffentlichen Äußerungen
der obersten Wehrmachtführung in den Jahren 1933 bis 1935 aufgeführt werden,
die den in seiner Bedeutung bereits angesprochenen Loyalitätswettlauf und die
damit verbundene Indoktrinierung einleiteten[179]. Obwohl Blomberg die militärische Tradition nicht grundsätzlich verändern wollte, ist seiner Äußerung aus dem
Jahr 1935 über die Bedeutung der Tradition ein gewisser Kurswechsel zu entnehmen: »Tradition besteht nicht in Wiederholung oder im Rückwärtsdrehen der
Geschichte, sondern im Gegenteil in einer bewußt vorwärtsschreitenden Fortführung des begonnenen Werkes über das Erreichte hinaus mit den frischen Kräften
und unter den Gegebenheiten der lebendigen Gegenwart, in deren Dienst wir
stehen. So wird Tradition zur starken Bejahung des nach Gestaltung drängenden
Lebens um uns herum und zur Brücke in eine hellere Zukunft unseres Volkes.
Dann strömt uns aus ihr auch die Kraft, die uns vorwärts bringt[180].«

Der in der Abteilung Inland des Wehrmachtamtes tätige Major Foertsch bemühte sich, diese opportunistische Formel seines Ministers sowie dessen Weg der engen Zusammenarbeit mit dem NS-Regime so zu begründen, daß die eigenständige Stellung der Wehrmacht als »Staatseinrichtung [. . .], die organisch gewachsen ist und eine tiefe Tradition in sich birgt«, erhalten blieb. Im Sinne der von Blomberg geforderten »vorwärtsschreitenden Fortführung« meinte er: »Eine neue staatliche Grundlage ist geschaffen und soldatisches Denken zum Grundsatz dieser Staatsführung erhoben. Das Führerprinzip, das Leistungsprinzip, der Gedanke der Volksgemeinschaft mit der Losung, daß Gemeinnutz vor Eigennutz stehen soll, sind Grundelemente soldatischen Denkens[181].« So formuliert ließ sich immerhin ein Bruch mit den Erwartungen und Traditionen der Reichswehrzeit vermeiden.

Eine noch von Hindenburg unterzeichnete Neufassung der Pflichten des deutschen Soldaten trat an die Stelle der bisherigen Fassung von 1930. Nach Meinung von Foertsch habe aus der Fassung von 1930 »die Sorge um den Bestand des Staates« gesprochen, 1934 dagegen der »freudige Dienst am neuen Staat«[182]. Den Wortlaut des neuen Pflichtkatalogs mit 8 Ziffern mußte sich jeder deutsche Soldat, der zwischen 1934 und 1945 Wehrdienst leistete, einprägen[183]. Ziffer 1 lautete nunmehr: »Die Wehrmacht ist der Waffenträger des deutschen Volkes. Sie schützt das Deutsche Reich und Vaterland, das im Nationalsozialismus geeinte Volk und seinen Lebensraum. Die Wurzeln ihrer Kraft liegen in einer ruhmreichen Vergangenheit, in deutschem Volkstum, deutscher Erde und deutscher Arbeit. Der Dienst in der Wehrmacht ist Ehrendienst am deutschen Volk.« Abgesehen von der Straffung des Textes und der Vorwegorientierung auf die noch nicht gültige allgemeine Wehrpflicht hatte die Ziffer 1 der neuen Pflichten den Bezug auf die Republik und ihre Verfassung durch Hinweise auf Nationalsozialismus und Lebensraum ersetzt.

Auch mit dieser durch die Autorität Hindenburgs gedeckten Anpassung wurde ein offener Bruch mit der bisherigen Tradition vermieden. Aber es war nun der Weg für alle weiteren Anpassungen bis 1945 geöffnet und festgelegt, auch wenn noch nicht andeutungsweise von der Erweiterung des Lebensraums gesprochen wurde.

Auf dem langen Wege der inneren Anpassung der Wehrmacht waren 1934 zwei Maßnahmen besonders bedeutsam: die Einführung des Arierparagraphen in die Wehrmacht am 28. Februar und die Vereidigung auf Hitler nach dem Tode des Reichspräsidenten am 2. August.

Die von Blomberg verfügte Entlassung derjenigen Soldaten, die nach den für das Berufsbeamtentum schon im April 1933 angeordneten Bestimmungen als »nichtarisch« galten, betraf zwar nur 10 Offiziere, 11 Offizieranwärter, 16 Unteroffiziere und 32 Mannschaftsdienstgrade, rief aber in der Truppe Betroffenheit hervor. Die Entlassungs- und Überprüfungsaktion war eine schwerwiegende Einmischung in die Wehrmacht und in die dort praktizierte Kameradschaft[184], wurde letztlich aber hingenommen.

Die Vereidigung vom 2. August 1934 auf Hitler betraf alle Soldaten und kettete die

Die Wehrmacht wurde unmittelbar nach Hindenburgs Tod auf Hitler vereidigt, die Soldaten trugen zur Trauer eine schwarze Armbinde

Wehrmacht bis 1945 an den nunmehrigen »Führer«. Der Eid lautete: »Ich schwöre bei Gott diesen heiligen Eid, daß ich dem Führer des Deutschen Reiches und Volkes, Adolf Hitler, dem Oberbefehlshaber der Wehrmacht, unbedingten Gehorsam leisten und als tapferer Soldat bereit sein will, jederzeit für diesen Eid mein Leben einzusetzen.« Die Bedeutung dieses Schritts ist kaum zu überschätzen. Die Problematik des Zustandekommens und des Inhalts sowie die Folgen des geradezu überstürzt formulierten Eides sind vielfach dargestellt worden[185]. Hier ist auf drei wichtige Unterschiede dieses Eides zu den vorhergehenden – in der deutschen militärischen Tradition stehenden – Eidesformeln hinzuweisen:

☐ Die einbezogene religiöse Formel hatte im Zeitalter der Monarchie einen anderen Sinn als bei Hitler, der wohl bisweilen vom »Allmächtigen« oder von der »Vorsehung« sprach, aber selbst keine religiöse Bindung empfand. Deshalb bestand nur eine »scheinbare Beziehung auf den Fahneneid der Monarchie [. . .] wobei die Formel ›Gott‹ rückblickend unheimlich wirkt«[186].

☐ Die Bindung an die institutionelle Person des Monarchen war in der Weimarer Republik durch die Treue zur Reichsverfassung abgelöst worden, diese wiederum war im Dezember 1933 durch die Begriffe »Volk und Vaterland« ersetzt worden. Ein institutioneller Wertbezug dieser herkömmlichen Art, mit dem ein Mißbrauch immerhin erschwert werden konnte, fehlte in dem Eidestext von 1934.

☐ Die früheren Eide[187] auf die jeweiligen Monarchen waren begrenzt durch einen Bezug auf die geltenden Kriegsartikel sowie auf die Formel »treu und redlich zu dienen«, so hieß es auch noch im Text vom Dezember 1933. Die gegenseitige Treue und Redlichkeit zwischen Obrigkeit und Soldaten sollte dadurch sichergestellt werden. Der »unbedingte Gehorsam« gegenüber einem traditionslosen Parteiführer gab derartige Sicherheiten nicht, auch wenn diese Unbedingtheit die nach dem Militärstrafrecht geltenden Grenzen des Gehorsams bestehen ließ.

Wie verhängnisvoll sich dieser Eid der am 2. August 1934 dienenden und der nach ihnen bis 1945 in die Wehrmacht eingetretenen Soldaten auswirken sollte, hat wohl niemand geahnt: weder Blomberg als verantwortlicher Minister noch Reichenau als Eidesformulierer, andererseits wohl auch nicht der einzige bekannte Verweigerer des Eides, Generalmajor Stephanus, der damals aus der Wehrmacht ausschied.

Die Wirksamkeit der hier nur im Überblick geschilderten verordneten Anpassungen auf die Soldaten sowie auf ihre Wertvorstellungen ist nicht zu bezweifeln. Der von Blomberg und Reichenau befohlenen politischen Annäherung stand in der Truppe während der Anfangsjahre des NS-Regimes eine entsprechende Bereitschaft und Erwartung gegenüber, besonders bei den jüngeren Soldaten und im Nachwuchs. Am stärksten zeigten sich nationalsozialistische Tendenzen bei den reaktivierten ehemaligen Offizieren[188]. Propaganda und modische Schlagwörter wie »Volk ohne Raum« – so hieß ein allerdings kaum gelesener Kolonialroman –, »Lebensraum«, »Rasse« und Thesen über angebliche jüdische Eigenarten beeinflußten die Überzeugungen im Volk und bei den Soldaten. Dabei konnte an gewisse ältere Überlieferungen angeknüpft werden: antisemitische, antiaufklärerische und antiparlamentarische Strömungen waren nicht neu. Die – auch bei anderen Völkern – verbreitete nationalistische Grundstimmung führte stellenweise schon zu einer Sicht, gewisse Nationen seien minderwertig. Alle diese Vorstellungen stammten aber aus dem politischen Bereich und hatten mit den überlieferten soldatischen Wertvorstellungen sowie den ihnen zugrunde liegenden ritterlichen Tugenden nichts zu tun. So hat Brigadegeneral a. D. Karst mit Recht die Behauptung zurückgewiesen, »die soldatischen Traditionen der Deutschen hätten dem Hitlerismus zu wenig Widerstand entgegengesetzt«. Eher sei »zutreffend, daß die deutschen Soldaten zum Teil deswegen Hitler nicht genügend entgegentraten, weil sie nicht mehr in der Tradition wurzelten«[189].

c) Besonderheiten bei der Kriegsmarine

Die Reichsmarine – ab 1935 offiziell nur noch Kriegsmarine genannt – hatte bis Anfang 1933 fünf neue Kreuzer und 12 moderne Torpedoboote übernommen, das erste 10 000-t-Panzerschiff *Deutschland* stand unmittelbar vor der Indienststellung. Ein zweites Panzerschiff und die ersten neuartigen Schnellboote befanden sich in Bau[190]. Eine weitere Vergrößerung der Flotte war nur bei einem machtpolitischen Erstarken Deutschlands zu erwarten. Die Bildung der Regierung Hitler wurde deshalb in der Marine begrüßt, uneingeschränkter als im Heer, das auch unter anderen Regierungen seit 1932 mit einer beträchtlichen Erweiterung zu rechnen hatte. Hitler stand zwar maritimem Denken fern, die Marineführung konnte aber vermuten, daß der kontinental orientierte Hitler für seine Politik letztlich doch eine starke Flotte brauchen würde. Der durch seinen Ressortegoismus bekannte Admiral Raeder verstand es geschickt, Hitlers Interesse an der Marine bei dessen Schiffsbesuchen und anderen Gelegenheiten ständig zu steigern. Zugleich vermied die gesamte Marine jegliche Kritik am Nationalsozialismus. Die Marineleitung folgte deshalb dem von Blomberg und Reichenau gesteuerten Kurs der Annäherung an Hitler ohne die in der Heeresführung gehegten Bedenken, zudem hatte man fachliche Einmischungen der Wehrmachtspitze nicht zu befürchten.

Einen besonderen Auftrieb für die Kriegsmarine bildete das Flottenabkommen mit Großbritannien vom Juni 1935, die Briten billigten Deutschland eine Seerüstung in Höhe von 35 Prozent ihrer eigenen Tonnage zu. Diese Übereinkunft förderte zeitweilig eine aus den Anfangszeiten der deutschen Marine stammende englandfreundliche Tendenz. Es kam zu einer Phase freundschaftlicher Flottenbesuche. An der Beisetzung des Großadmirals Lord Jellicoe – des einstigen britischen Befehlshabers am Skagerrak – nahm der deutsche Flottenchef als einziger Ausländer beim Geleit des Sarges teil[191].

Die Vergrößerung der Marine verlief wegen der langen Konstruktions- und Bauzeiten für größere Schiffe nicht so stürmisch wie die Neuaufstellung von Verbänden des Heeres und der Luftwaffe. Die bereits erwähnten, in den zwanziger Jahren entwickelten Grundsätze moderner Menschenführung wurden weiterentwickelt. Eine frühzeitige, planmäßige Aufstellung förderte das innere Zusammenwachsen von Besatzungen neuer Schiffe. Der besondere Zusammenhalt im Marineoffizierkorps – die »Crew« eines Jahrgangs gab es im Heer vergleichsweise nur bei den Generalstabsoffizieren – ist sogar als Bestandteil der Marinetradition zu betrachten.

An der Marineschule Mürwik wurde im Rahmen eines Leitfadens für den Unterricht eine Richtlinie für »Die Bedeutung der Tradition« erarbeitet. Ausgehend vom Traditionsbegriff des Reichskriegsministers v. Blomberg wurde eine Traditionspflege gefordert, aus der Handlung erwachsen sollte: »eine Art der Pflege der Tradition, daß wir den Blick zurückwenden, das feststellen, was für die Gegenwart Wert hat, es der Vergangenheit entreißen und die Nutzanwendung daraus ziehen[192].« Der Nutzen sollte in der »Charakterbildung« liegen. Mit diesen Schwerpunkten in der Traditionspflege – Nutzen für Handlung und Charakterbildung – näherte man sich zweifellos den dynamischen, auf Hervorhebung der Willensstärke zielenden Auffassungen des Nationalsozialismus.

Auch das in mehreren Auflagen verbreitete Buch »Der Marineoffizier als Führer und Erzieher« des damaligen Korvettenkapitäns Sorge befaßte sich im Rahmen der Thematik Menschenführung und Offizierausbildung mit den Aufgaben der Traditionspflege[193]. Sorge blieb jedoch bei wenigen zeitgemäßen Zugeständnissen, vor allem im Abschnitt »Nationalsozialistische Schulung« und stimmte in seiner Betonung von vorbildhafter Moral und von religiöser Einstellung mit den Überzeugungen seines Oberbefehlshabers Raeder überein. Sorge hat – wie viele andere Offiziere der Wehrmacht – seine nationalen Auffassungen in den Nationalsozialismus hineinprojiziert und von dieser Haltung her jede weitere politische Gleichschaltung der Wehrmacht als überflüssig erklärt.

Ebenfalls 1937 erschien das »Traditionshandbuch der Kriegsmarine« von Korvettenkapitän a. D. Busch. Dieser Band ist aus der zahlreichen Militärliteratur der Jahre nach 1933 deshalb hervorzuheben, weil Heer und Luftwaffe ein derartiges, systematisch erarbeitetes Handbuch nicht besaßen. Nach einer kurzgefaßten Schilderung der deutschen Seegeschichte brachte Busch einen Traditionskalender, in dem fast für jeden Tag des Jahres ein Ereignis aus der deutschen Marinegeschichte beschrieben wurde[194]. Es folgte eine Beispielsammlung für die Traditionspflege in der Marine, eine Schilderung der Traditionsstätten, eine alphabetische Sammlung und Erläuterung der Schiffsnamen der deutschen Marine sowie eine Reihe von kurz geschilderten Einzelgeschehnissen aus der deutschen Seegeschichte. Der durch ein Namens- und Sachverzeichnis erschlossene Band war eine sehr praktische Hilfe für die Traditionspflege.

Das hervorragendste Ereignis für die Tradition der Kriegsmarine in den Jahren vor 1939 war die Einweihung des Marine-Ehrenmals Laboe am 31. Mai 1936, am 20. Jahrestag der Skagerrakschlacht[195]. Im Rahmen der Feierlichkeiten fand vor Hitler und den versammelten Oberbefehlshabern eine Parade der gesamten deutschen Flotte statt. Der Bau des Ehrenmals hatte wegen der von den Marinevereinigungen aufzubringenden Kosten nahezu neun Jahre gedauert.

Wirksame Schlagzeilen für die Öffentlichkeit lieferten auch die Stapelläufe großer Schiffe. Die Namensvergabe folgte meist den früheren Beispielen: die Schlachtschiffe *Scharnhorst*, *Gneisenau* und der Schwere Kreuzer *Blücher*. Neu war die Benennung nach bedeutenden deutschen Admiralen: die Panzerschiffe *Admiral Scheer*, *Admiral Graf Spee*, der Schwere Kreuzer *Admiral Hipper* sowie zuletzt das Schlachtschiff *Tirpitz*. Auch die ersten neuen Zerstörer erhielten neben ihrer Bezeichnung Z 1–22 Namen von Angehörigen der Kaiserlichen Marine, meist Seeoffizieren, die 1914/18 gefallen waren[196].

Nach Anschluß Österreichs sollte der zum Stapellauf heranstehende Schwere Kreuzer den Namen des österreichischen Admirals Tegetthoff, des Siegers der

Seeschlacht von Lissa 1866, erhalten. Um den italienischen Verbündeten nicht zu verletzen, benannte man das Schiff jedoch *Prinz Eugen*[197].

Am Tage des Stapellaufs des Schlachtschiffs *Tirpitz* wurde der Oberbefehlshaber der Kriegsmarine, Raeder, am 1. April 1939 zum Großadmiral befördert.

Als 1939 der Krieg begann, befand sich der geplante umfangreiche Ausbau der Flotte noch in den Anfängen. Dennoch war die deutsche Kriegsmarine aufgrund ihrer gefestigten inneren Struktur befähigt, vielfältigere und weiterreichende Aufträge zu erfüllen, aber auch härtere Rückschläge hinzunehmen als im Ersten Weltkrieg. Das besondere Traditionsbewußtsein der Marine hatte dabei sicherlich einen – allerdings nicht meßbaren – Anteil.

d) Traditionsbildung in der Luftwaffe

Die deutsche Militärfliegerei wurde in der Reichswehrzeit durch viele geheime Maßnahmen gefördert, am bemerkenswertesten war dabei die bis 1933 durchgeführte Ausbildung auf dem Flugplatz Lipezk am Don in der Sowjetunion[198].

Der eigentliche Aufbau einer Luftwaffe, nach britischem Vorbild als selbständiger Wehrmachtteil, begann jedoch erst 1933 unter dem Reichsminister der Luftfahrt, Hermann Göring (1893–1946). Wegen ihrer Entstehung unter einem führenden Nationalsozialisten wurde die deutsche Luftwaffe damals – aber auch in der Nachkriegszeit – meist als besonders nationalsozialistisch betrachtet. Dieses Urteil ist jedoch sehr einzuschränken: der Einfluß von militärfliegerisch im Reichsheer und in der Reichsmarine vorbereiteten Offiziere auf den Aufbau der deutschen Luftwaffe ab 1933 ist weitaus nachhaltiger gewesen als der ihres großspurigen, aber vielseitig anderswo engagierten Oberbefehlshabers. In der Generalität der Luftwaffe gab es zwar einige NS-Idealisten, aber ebenso Nichtnationalsozialisten und Gegner dieser Partei[199]. In der Fliegertruppe war – ihrem Auftrag des vollständigen Neuaufbaus entsprechend – ein gegenwartsbezogener fliegerischer Geist verbreitet, der als eine gänzlich unpolitische Mischung aus sportlichem und technischem Interesse zu bezeichnen ist. Ebenso war man in der Aufbauphase der neuen Waffengattungen Flak und Luftnachrichtentruppe ganz mit der Erprobung neuen Geräts und der Ausbildung beschäftigt. Die Entwicklung einer eigenen Tradition mußte eine spätere Aufgabe bleiben.

Eine Beschäftigung mit der Tradition lag der Luftwaffe wohl auch wegen ihrer kurzen Entstehungsgeschichte nur wenig; auch in ausländischen Streitkräften bot die lange, ruhmreiche Vergangenheit für Heer und Flotte mehr Stoff zur Traditionspflege. Dennoch wollte die Luftwaffenführung – wie ein Aufsatz im Jahrbuch der deutschen Luftwaffe 1940 aufzeigte – in der Wehrmacht nicht allein ohne Tradition dastehen[200]. Die Fliegertruppe des Ersten Weltkrieges mit ihren 7 000 Gefallenen und ihren herausragenden Soldaten wurde deshalb vom Tag der proklamierten Gründung der Luftwaffe am 10. März 1935 an als Vorläuferin der deutschen Luftwaffe herausgestellt. Das erste in Dienst gestellte Jagdgeschwader erhielt am 14. März den Namen *Richthofen*, am 3. April 1935 wurden zwei Kampfgeschwader nach den Weltkriegsfliegern Boelcke und Immelmann benannt. Dem zu Hitlers Geburtstag 1936 vom Kyffhäuser-Bund gestifteten Kampfgeschwader wurde der Name *Hindenburg* verliehen; ein Jagdgeschwader, das die SA als Geburtstagsgeschenk finanziert hatte, bekam den Namen des SA-Führers Horst Wessel. Schließlich erhielten noch weitere Geschwader Namen: nach dem tödlich verunglückten ersten Generalstabschef der Luftwaffe, Wever, nach dem Freikorpskämpfer Schlageter, nach der im spanischen Bürgerkrieg eingesetzten deutschen *Legion Condor* – diesen Namen erhielten auch je ein Flak- und ein Luftnachrichten-Regiment – sowie schließlich ein Aufklärungsgeschwader *Tannenberg* wegen der in dieser Schlacht 1914 bewährten Hilfe der Aufklärungsflieger[201]. Obwohl die Soldaten der benannten Verbände Ärmelbänder mit den eingestickten verliehenen Namen trugen, spielte die – während des Krieges fortgesetzte – Namensvergabe im Dienstbetrieb der Luftwaffe keine Rolle. Im Schriftverkehr wurden die Abkürzungen der Geschwader mit ihrer Numerierung benutzt. Der verliehene Name führte auch nicht zu einem Eliteanspruch, eine Ausnahme bildete allerdings das in einem anderen Zusammenhang anzusprechende Regiment *General Göring*.

Nicht nur in den Verbänden, auch in der Generalstabsausbildung der Luftwaffe wurde an die Fliegertruppe von 1914/18 erinnert. In seiner Ansprache bei der Eröffnung der Luftkriegsakademie Gatow hob der Generalstabchef der Luftwaffe, Generalmajor Wever, nicht nur den bedeutendsten Jagdflieger, sondern auch den Organisator der damaligen Luftstreitkräfte, Oberst von der Lieth-Thomsen, hervor[202]. Obwohl sich die Generalität der Luftwaffe um ihre Eigenständigkeit bemühte und insofern eine Erinnerung soldatischer Überlieferung aus Heer und Marine vermieden wurde, sind in der Luftwaffe mit den unzähligen Gemeinsamkeiten im militärischen Dienst der Wehrmacht letztlich auch die deutschen soldatischen Traditionen im umfassenden Sinn wirksam gewesen.

3. Die gewahrten Eigenständigkeiten in der Tradition des Heeres

a) Ausbildung und Selbstverständnis

Ausbildung und Erziehung im Heer waren durch den seit 1933 voll durchgesetzten Vorrang der Politik sowie durch die dargestellte Anpassungspolitik des Reichswehrministers v. Blomberg so eingeengt, daß die Truppe von der nationalsozialistischen Propaganda in Wort und Schrift dienstlich und außerdienstlich erfaßt wurde. Aus der langen Reihe von Äußerungen und Erlassen Blombergs, der ab Juni 1935 den Titel des Reichskriegsministers führte und am 20. April 1936 zum Generalfeldmarschall ernannt wurde, war der geheime Erlaß »Erziehung in der Wehrmacht« vom 16. April 1935 besonders wichtig. Der Wehrmacht mit der gerade eingeführten allgemeinen Wehrpflicht wurde der Rang einer »Erziehungsschule der Nation« zugewiesen und eine »Erziehungsarbeit an der Jugend im Geiste des Nationalsozialismus« verordnet[203].

Im Rahmen dieser Einengungen blieben Ausbildung und Selbstverständnis des Heeressoldaten aber in einem erstaunlichen Umfang unbeeinflußt. So bezogen sich die Dienstvorschriften dieser Zeit klar auf die militärfachlichen Fragen sowie auf allgemeine, herkömmliche militärische Grundsätze. Das zeigte sich besonders in der wichtigen Vorschrift »Truppenführung« (TF 33), die maßgeblich von Generalleutnant Beck geprägt worden war.

Auch die verbreiteten Militärzeitschriften »Wissen und Wehr« und das »Militärwochenblatt« sowie die verschiedenen Ausgaben des »Reibert, Dienstunterricht im Heere« blieben in den ersten Jahren nach 1933 ganz vorwiegend fachbezogen und enthielten nur einzelne Beiträge mit Zugeständnissen an den Nationalsozialismus.

Während Blomberg sehr weitgehend mit Hitlers Zielsetzung übereinstimmte, durch die Wehrmacht an den auszubildenden Jahrgängen nationalsozialistische Erziehungsarbeit zu leisten, sah Fritsch die umgekehrte Möglichkeit,

Generaloberst Werner Frhr. von Fritsch, Chef der Heeresleitung bzw. Oberbefehlshaber des Heeres 1934–1938

durch »Haltungsschulung« die nationalsozialistischen Einwirkungen einzudämmen. Verständlicherweise paßte sich auch der Oberbefehlshaber des Heeres in seinen öffentlichen Äußerungen und Erlassen den Bedingungen des Regimes an; die Truppe hat den Hintergrund der Aussagen der Heeresführung jedoch verstanden. Einer der wichtigsten Zeitzeugen, General a. D. Graf v. Kielmansegg – damals Leutnant –, urteilte darüber: »Wenn das Gleiche von Blomberg, Reichenau oder von Fritsch kam, so wurde das von den meisten verschieden empfunden. Fritsch konnte noch so viel ›NS-mäßig‹ reden, die Mehrheit der Offiziere wußte, was er wirklich damit wollte bzw. nicht wollte und bewertete es dementsprechend[204].«

Nicht nur die Ausbildung, auch die Planung und das Selbstverständnis im Heer richteten sich nach dem traditionellen soldatischen Auftrag der Landesverteidigung. Im Truppenamt, das ab Juni 1935 wieder Generalstab des Heeres hieß, beschränkte man sich bis zum Dezember 1937 auf die Verteidigungsplanung. Es gab übrigens auch keine Vorbereitung auf die Anfang März 1936 von Hitler befohlene Besetzung des entmilitarisierten Rheinlandes[205].

Sein besonderes Augenmerk richtete Beck als Chef des Generalstabes auf eine gewissenhafte, sorgfältige Ausbildung des Generalstabsnachwuchses. Bei der 125-Jahrfeier der Kriegsakademie und der gleichzeitigen Eröffnung der neugestalteten Ausbildungsstätte in Berlin-Moabit hielt Beck eine programmatische Festansprache. Die Rede enthielt – wenn man nachträglich die Anwesenheit Hitlers betrachtet – geradezu prophetische Warnungen. Ohne jegliche politische oder ideologische Anbiederung hob Beck die Grundsätze der Generalstabsarbeit hervor, über die es in den folgenden Jahren zu vielen Zusammenstößen von militärischer und politischer Führung kommen sollte. Für die künftige militärische Fortbildung forderte er »systematische Denkarbeit«, er erinnerte an Moltkes Wort »Genie ist Arbeit«. Erste Voraussetzung sei »die Erziehung und Schulung des Geistes an Hand der Kriegswissenschaften. [...] Wir brauchen Offiziere, die den Weg logischer Schlußfolgerungen in geistiger Selbstzucht systematisch zu Ende gehen, deren Charakter und Nerven stark genug sind, das zu tun, was der Verstand diktiert. [...] Das sogenannte ›blitzartige Erfassen des Augenblicks‹« sei »von geringerem Wert als die aus klarer, scharfsinniger, alle Möglichkeiten erschöpfende Gedankenarbeit gereifte Erkenntnis der Erfordernisse der Lage«. Beck warnte vor der Gefahr, daß der militärische Führer »nicht mit den Dingen rechnet, wie sie sind, sondern wie er sie zu sehen wünscht«[206]. Leider ist nicht bekannt, wie der unsystematisch arbeitende, intuitiv handelnde Hitler diese Grundsätze aufgefaßt hat. Es liegt nahe, Hitlers bis 1945 anhaltendes Mißtrauen gegen Generalstabsoffiziere auch auf diese Rede zurückzuführen.

Beck stand mit seinen Forderungen nicht allein, auch wenn man berücksichtigt, daß seine besondere Gründlichkeit und Bedächtigkeit von jüngeren Mitarbeitern nicht nur bewundert wurde[207]. Insgesamt wurde das Heer der Vorkriegszeit von fachlich eigenständiger Ausbildung, vom überlieferten Selbstverständnis und darauf beruhender Erziehung bei weitem stärker geprägt als von der gleichzeitigen nationalsozialistischen Indoktrination. Die heute lückenlos belegten Äußerungen und Schriften der Indoktrination sind in ihrem großen Umfang unbestritten, die Wirkung der erhofften Einflußnahme ist jedoch schwer zu messen und skeptisch zu beurteilen, ein Zeitzeuge nennt den in der Truppe benutzten Begriff »Regenmantelverhalten«[208]. Außerdem läßt sich im militärischen Schrifttum bis in den Krieg hinein eine Anzahl von Veröffentlichungen aufzählen, die dem Nationalsozialismus fernstanden und sogar vorsichtig kritische Äußerungen enthielten. Ein besonders deutliches Beispiel hierzu ist ein im Mai 1940 gehaltener Vortrag des Generalleutnants v. Rabenau, Chef der Heeresarchive, der unter dem Titel »Geistige und seelische Probleme im jetzigen Krieg« als Sonderheft des OKW herausgegeben wurde und bemerkenswerterweise in der NSDAP-Schriftenreihe »Deutsche Wehrkraft« erschien. Erst nach dem Erscheinen wurde von einem Gauleiter Kritik an der Schrift geübt, weil dort die Notwendigkeit reli-

Generaloberst Ludwig Beck, Chef des Truppenamtes bzw. des Generalstabs des Heeres 1933–1938

giöser Bindung für den Soldaten festgestellt und menschliche »Güte« gefordert wurde[209]. In welchem Umfang Rabenau, der später im Widerstand sein Leben verlor, mit seinem Kernsatz »Bestimmt ist eine Nichtachtung des Menschenlebens unsoldatisch« das Regime verurteilte, war auch 1940 nur zu ahnen.

b) Die innere Einstellung der Heeresführung

Trotz ihrer unvermeidbaren äußeren Anpassung wurden der Heeresführung bis 1938 von den Zeitgenossen hohes Verantwortungsbewußtsein und selbständiges Urteil zugemessen. Entsprechend hoch waren die Erwartungen der traditionsbewußten oder auch oppositionellen Kreise, das Heer und seine Spitze galten als der einzige noch relativ unabhängige Machtfaktor gegen Hitler. Die politische Opposition der Linken und der Mitte befand sich in der inneren oder äußeren Emigration, sie war »ein reines Polizeiproblem. Aber die Konservativen, mit ihren gut verschanzten Positionen in Heer, Diplomatie und Verwaltung, blieben immer ein echtes politisches Problem für ihn – unentbehrlich für den Alltagsbetrieb, halbe Verbündete, aber immer auch halbe Opponenten[210].« In dieser Situation reagierten die NS-Organisationen, besonders die SS, mit einer Kette von Anfeindungen gegen die Heeresführung oder einzelne ihrer Exponenten. Demgegenüber handelte Hitler taktisch geschickt, indem er sich bis 1938 sehr weitgehend von Einmischungen zurückhielt; er berief sogar die Spitzen der Parteiorganisationen und der Wehrmacht kurzfristig zu einer gemeinsamen Versammlung am 3. Januar 1935 in die Berliner Staatsoper, um das gegenseitige Vertrauen und die »unerschütterliche Einigkeit« zu sichern«[211].

Die Wehrmachtführung, Blomberg und Reichenaus Nachfolger Wilhelm Keitel (1882–1946), sah sich demgemäß in den verhältnismäßig ruhigen Jahren 1935 bis Ende 1937 umworben und betrachtete die Lage zu optimistisch. Blomberg und Keitel waren nach heutiger Sicht den besonderen Verantwortungen, die von den Zeitereignissen an sie gestellt wurden, nicht gewachsen. Blomberg dokumentierte das mit seiner bekannten späteren Aussage vor dem Nürnberger Tribunal der Siegermächte: er habe, als er im November 1937 in der Reichskanzlei Hitlers Eroberungspläne erfuhr, gemeint: »kommt Zeit, kommt Rat«.

Fritsch und Beck erkannten den Ernst der Lage, waren aber zunächst auf gemeinsames Handeln mit Blomberg als dem Oberbefehlshaber der Wehrmacht angewiesen. Dieser mußte – aufgrund eigenen Verschuldens – wegen seines Heiratsskandals bereits Ende Januar 1938 zurücktreten. Zugleich wurde Fritsch durch eine infame Intrige gestürzt. Hitler löste außerdem den konservativen Außenminister Frhr. v. Neurath ab, ersetzte mehrere ältere Generale durch jüngere, machte sich zum unmittelbaren Oberbefehlshaber der Wehrmacht und ernannte General Keitel zum Chef des Oberkommandos der Wehrmacht (OKW). Der Öffentlichkeit wurden diese personellen Veränderungen allein als »Verjüngung der Führung« dargestellt; daß mehr dahinter steckte, zeigte das Verbot, in der Wehrmacht über die Hintergründe zu sprechen[212]. Diesem Akt der Gleichschaltung, der schlagartig die Stellung der Wehrmacht im Staat veränderte, folgte schon nach fünf Wochen der von Begeisterungsstürmen der Bevölkerung begleitete Anschluß Österreichs. Ein Zusammenhang in der »Regie« dieser Ereignisse ist allerdings nicht nachweisbar.

Wenn es eines Beweises bedurfte, daß die NS-Führung die innere Einstellung der Heeresführung als potentiell gegensätzlich empfand, so ist dies in der Aktion gegen Generaloberst Frhr. v. Fritsch sowie in seiner mangelhaften Rehabilitierung nach seinem Freispruch wegen erwiesener Unschuld zu erkennen. Die Absetzung und Maßregelung von Generalen fand während des Krieges ihre Fortsetzung, ebenso Hitlers Geschick, mögliche Kritik und daran anknüpfenden Widerstand durch Erfolge zu überdecken und zu ersticken. So lähmte der Anschluß Österreichs zunächst einen gemeinsamen Protestschritt der Heeresführung unter dem neuen Oberbefehlshaber Walther v. Brauchitsch (1881–1948) zugunsten Fritschs; im Herbst 1938 verhinderte der Gewinn des Sudetenlands die erste geplante Aktion des militärischen Widerstands gegen Hitler. Der Widerstand bildete sich im Fall Fritsch dort, wo der Informationsstand über die Hintergründe am besten war: im Amt Abwehr des OKW und im Generalstab des Heeres.

Der entschlossenste Gegner Hitlers in der Wehrmacht wurde damals General Beck, der sich im Sommer 1938 gegen Hitlers Kriegsvorbereitungen während der Sudetenkrise wandte und schließlich zurücktrat. Die Schärfe seiner Kritik zeigt u. a. eine Aktennotiz vom 29. Juli 1938, in der es hieß: »Die Methoden (Bluff, nur Lüge in der Presse, Schauspielertum) schaffen eine Atmosphäre der Unglaubwürdigkeit in jedem Falle, daß auch dann, wenn etwas tatsächlich wahr ist, nicht mehr geglaubt wird. Lüge und Bluff, Schauspielertum haben in der Politik eine Grenze, die man nicht überschreiten sollte, weil das ein Zeichen von Dummheit ist[213].« Becks Nachfolger an der Spitze des Generalstabes, General der Artillerie Franz Halder (1884–1972), war ebenfalls ein überzeugter Kritiker des Regimes, wie seine persönlichen Tagebücher nachweisen. Halders innerer Abstand zu Hitler wird am deutlichsten an seinem – allerdings erst später formulierten – Satz: »Wahres soldatisches Führertum im Sinne deutscher Tradition ist nicht denkbar ohne tiefes Erfassen der Verantwortung vor Gott[214].« Die innere Unabhängigkeit der bedeutendsten Vertreter der Generalität ließe sich mit weiteren Zitaten belegen.

Die Einstellung der jüngeren Heeresoffiziere wurde selbstverständlich durch das Denken der Älteren stark beeinflußt. Ein überliefertes Beispiel zeigt, wie die Begeisterung jüngerer Offiziere über den äußerlichen Aufschwung der Jahre nach 1933 gedämpft wurde: Etwa 1936 meinte der Leutnant Graf v. Kielmansegg zu den von seinem Onkel – dem Oberbefehlshaber des Heeres – geäußerten Befürchtungen: »Onkel Werner, du mußt zugeben, wir leben in großen Zeiten.« Fritsch erwiderte daraufhin: »Ich wünschte oft, es wären kleinere[215].«

Insgesamt ist in den erfolgreich scheinenden Jahren des Dritten Reiches im Heeresoffizierkorps ein inneres Schwanken festzustellen, das übrigens in der gesamten deutschen Führungsschicht verbreitet war. Dieses Schwanken im Urteil, verbunden mit einem Stimmungswechsel unter den vielfältigen Einflüssen und veränderten Situationen, ist nicht mit innerer Richtungslosigkeit gleichzusetzen. Das ständige »Wechselbad« zwischen begeisterter Zustimmung zur Erringung nationaler Ziele, Beruhigung über die nicht selten gemäßigten Reden Hitlers und Empörung über das in Teilbereichen erkannte Gewaltregime können heute wohl nur diejenigen nachempfinden, die sich noch im eigenen Erleben an damalige Warnungen aus der älteren Generation erinnern.

Immerhin ist schon in diesem Zusammenhang darauf zu verweisen, daß es bereits 1938 eine zunehmende Zahl von Offizieren gab, die sich dem Nationalsozialismus immer mehr annäherten, indem sie subjektiv die Auffassung vertraten, Altes und Neues verbinden zu können. Diese Haltung erklärt sich mit Sicherheit mehr aus den Erfolgen Hitlers und weniger aus Fortschritten der Indoktrination. Außerdem wirkte – wie stets in der Menschheitsgeschichte – der persönliche Ehrgeiz: allzuviele rückten gern in die Positionen abgesetzter Vorgänger auf.

c) Die Militärseelsorge

Zur Problematik der Militärseelsorge in der Wehrmacht gibt es mehrere Darstellungen[216], hier ist nur die Auswirkung der religiösen Betreuung auf die militärische Tradition zu behandeln. Die Aufgabe der reinen Seelsorge ist von Ursprung und Sinn her gänzlich abseits der militärischen oder politischen Interessen zu sehen, wenn diese Grenze auch nicht immer eingehalten wurde, insbesondere nicht in den Jahrzehnten vor dem Ersten Weltkrieg[217]. Da die Militärseelsorge aber stets der sittlichen Festigung und damit dem Wertverhalten des einzelnen Soldaten diente, stand sie doch in einem Zusammenhang mit den Inhalten deutscher und europäischer Militärtradition. Um überzeugend zu sein, mußte sich die Militärgeistlichkeit mit besonderer Vorsicht aus politischen und militärischen Gegensätzen heraushalten. Schon der preußische Soldatenkönig Friedrich Wilhelm I. sagte zu einem Feldprediger: »Predige er Christus, alles andere sind Narrenspossen[218].« Die Gefahr, durch Verherrlichung oder – gegenteilig – gänzliche Ablehnung eines Regierungssystems bei den ihrer Obrigkeit dienenden Soldaten unglaubwürdig zu werden, ist für Militärseelsorger sicherlich größer als für ihre Amtsbrüder im zivilen Bereich. Insofern waren auch die Bemühungen Blombergs, Fritschs und Raeders, die Militärseelsorge aus dem Kirchenkampf herauszuhalten, berechtigt. Unter dieser Voraussetzung fand die religiöse Betreuung sogar in Görings Luftwaffe eine vorübergehende Förderung.

Die Leitung der Militärseelsorge oblag einem evangelischen und einem katholischen Militärbischof. Der letztere – Bischof Rarkowski – war im deutschen Episkopat umstritten; seine Ernennung verzögerte sich deshalb. Der evangelische Militärbischof Schlegel, der 1918 noch von Wilhelm II. zur Leitung der evangelischen Militärseelsorge ausgewählt worden war, schied aus Altersgründen 1934 aus. Sein Nachfolger Dohrmann wurde noch von Hindenburg ernannt, in seiner Beurteilung durch Blomberg hieß es: »Seine Predigten – militärisch kurz, klar, kernig und gedankenreich – dringen dem einfachen Mann ebenso ans Herz wie dem Gebildeten. Sein Vortrag ist von Anfang bis zu Ende fesselnd und wirkungsvoll[219].«

Dohrmann erregte Aufsehen durch sein Auftreten während der Trauerfeier für Hindenburg am 7. August 1934 im Tannenbergdenkmal. Hitler beging in seiner Ansprache die unglaubliche Taktlosigkeit, dem verstorbenen Reichspräsidenten, dessen christliche Überzeugung bekannt war, nachzurufen: »Toter Feldherr, geh' nun ein in Walhall!« Der anschließend sprechende Militärbischof machte indessen deutlich, in welcher religiösen Bindung sich Hindenburg selbst gesehen hatte[220]. Der Hinweis auf diesen Unterschied wurde im Offizierkorps verstanden.

Die Arbeit der Militärseelsorge nach 1933 wurde insgesamt weniger durch die eher kontraproduktiv wirkende politische Anfeindung erschwert, hemmender war vielmehr die bereits seit dem 19. Jahrhundert sich ausbreitende kirchliche Gleichgültigkeit bei Soldaten aller Dienstgradgruppen. Hierzu kamen Mangel an Zeit während der Aufstellungs- und Ausbildungstätigkeit der Verbände sowie ein

Mangel an Pfarrern. Unterstützung fand die Militärseelsorge vor allem im Heer. Der damals verbreitete Begriff »Hindenburgfrömmigkeit«[221] zeigt, wie man versuchte, von dem unangreifbaren Vorbild ausgehend, den Soldaten religiös anzusprechen. In der Verbindung von Christentum und Pflege nationaler, militärischer Traditionen gab es auch Auswüchse. Beim Infanterieregiment 9 in Potsdam waren seit 1936 für die Rekruten geschichtlich einweisende Führungen durch die Garnisonkirche unter Begleitung von Militärmusik üblich, bis 1938 der Militärbischof dieses »als heidnischen, nicht zu verantwortenden Gottesdienst« verbot[222]. Die Wirkung der Militärseelsorge auf sittliche Bindung und als Schutz vor Inhumanität und Gewaltmißbrauch war – vor allem im Kriege – sicherlich beträchtlich und hat deshalb indirekt im Sinne europäischen Soldatentums zur Traditionserhaltung beigetragen.

4. Ansätze zu einer Militärtradition Großdeutschlands

a) Der »Anschluß« Österreichs

Der sogenannte Anschluß Österreichs an das Dritte Reich im März 1938 stieß auf weit verbreitete, begeisterte Zustimmung. Der hämmernd wiederholte Ruf »Ein Volk, ein Reich, ein Führer« wurde zu einem symbolhaften Bekenntnisspruch der Volksgemeinschaft zu Gefolgschaft und Führertum hochstilisiert. Ein altes Ziel des großdeutschen Nationalismus schien erfüllt zu sein. Die Begleitumstände des Anschlusses – die politischen Gewaltmethoden und die Verfolgung Andersdenkender – empörten nur eine Minderheit. Ebenso ging man darüber hinweg, daß der traditionsreiche Name »Österreich« durch den künstlichen Begriff »Ostmark« ersetzt wurde. Das Land wurde praktisch aufgelöst und in Reichsgaue aufgeteilt.

Die Angleichung des österreichischen Heeres an das Wehrmachtheer erforderte zweifellos eine tiefgreifende Umgliederung. Zum Einmarsch der deutschen Truppen waren der Oberbefehlshaber des Heeres, Generaloberst v. Brauchitsch, und der für Organisationsfragen zuständige Oberquartiermeister des Generalstabs, Generalleutnant v. Manstein, nach Wien gekommen. Beide waren bei den anschließenden Besprechungen entschlossen, die Vereinheitlichung nicht als »Gleichschaltung« durchzuführen, sondern »den österreichischen Truppen zu helfen, ihre Tradition zu wahren«. So sollte z. B. in Wien eine Zweigstelle des Generalstabs errichtet werden[223]. Die Eingliederung der österreichischen Verbände verlief jedoch nicht nach dieser Absicht. Im Gegenteil: Es kam – unter Entlassung der meisten österreichischen Generale, der Versetzung von 45 Prozent der Leutnante in »reichsdeutsche« Einheiten – zu einer Vermischung österreichischer Verbände untereinander, die zudem von deutschem Führungspersonal durchsetzt wurden. Mithin konnte von einer Auflösung des Bundesheeres gesprochen werden. Es gab keine föderativen Zugeständnisse und keine verbleibenden österreichischen Symbole. Die Enttäuschungen bei den österreichischen Soldaten wurden nur durch das taktvolle Verhalten des Generals List – an der Spitze des neugeschaffenen Gruppenkommandos in Wien – gemildert. Ausgleichend wirkte auch die kameradschaftliche Einstellung der hinzuversetzten »reichsdeutschen« Offiziere.

Österreichische Traditionselemente beließ man nur dort, wo sie die zentralistische Eingliederung nicht stören konnten. So gab es gemeinsame Paraden deutscher und österreichischer Truppen in Wien und anderen Städten, am 20. April 1938 beteiligte sich ein noch österreichisch uniformiertes Bataillon an einer Parade in Berlin[224]. Österreichische Kasernennamen blieben erhalten. Bei der Vereidigung der ersten »ostmärkischen« Rekruten wurden den umgegliederten Truppenteilen der Wiener Garnison die neuen Fahnen und Standarten verliehen und dabei die alten österreichischen Fahnen gezeigt[225]. Zum Stapellauf des neuen Schweren Kreuzers *Prinz Eugen* wurde der ehemalige k.u.k. Admiral v. Horthy, damals als Reichsverweser Staatsoberhaupt des Königreichs Ungarn, hinzugezogen[226]. Ähnliche unverbindliche Gesten gab es in den folgenden Jahren: dem im Sudetengebiet wohnenden, letzten österreichischen Feldmarschall Frhr. v. Böhm-Ermolli wurde das Recht zum Tragen der Uniform eines deutschen Generalfeldmarschalls verliehen[227].

Die niederösterreichische 44. Infanteriedivision erhielt 1943 bei ihrer Neuaufstellung – die Division war im Kessel von Stalingrad vernichtet worden – den Traditionsnamen *Reichsgrenadierdivision Hoch- und Deutschmeister*[228].

Die zentralistische Tendenz der Angliederung wiederholte sich beim Anschluß des Sudetenlands. Die dortigen österreichischen Überlieferungen blieben unberücksichtigt, das Gebiet wurde militärisch auf die benachbarten Wehrkreise aufgeteilt. Verbände und Teileinheiten für die neuen Garnisonen im Sudetenland kamen vor allem aus Sachsen und Schlesien.

Im öffentlichen Bewußtsein gab es über die durch anscheinend normale politische Verhandlungen erreichte Gebietszunahme keine Bedenken, vielmehr kam es in Bevölkerung und Wehrmacht zu einem enormen Schub an Vertrauen zu Hitler und Zuversicht in eine neue, gemeinsame Zukunft des Reiches. Erst der unleugbare Erfolg Hitlers ermöglichte die große Wirkung der begleitenden Propaganda. Warnende Stimmen aus dem politischen und militärischen Widerstand wurden seltener und konnten kaum noch Gehör finden.

In diesem Umfeld ist der Erlaß des Oberbefehlshabers des Heeres »Erziehung des Offizierskorps« vom 18. Dezember 1938 zu verstehen. Brauchitsch ging in seiner Einführung weit über das hinaus, was Blomberg zuvor der Truppe an politischer Angleichung zugemutet hatte. Wörtlich hieß es:

»Adolf Hitler, der geniale Führer, der die tiefe Lehre des Frontkämpfertums in die Weltanschauung des Nationalsozialismus umprägte, hat uns das neue großdeutsche Reich gebaut und gesichert. Nur wer das Gestern, Heute und Morgen in seiner ganzen Schwere und Größe begreift, wird der geschichtlichen Tat dieses Mannes gerecht. Gewaltig ist der Umbruch auf allen Gebieten. Ein neuer deutscher Mensch ist im Dritten Reich herangewachsen, erfüllt von anderen Idealen als die Generation vor uns. Geschaffen ist über Klassen und Stände hinweg eine neue einzigartige Volksgemeinschaft, zu der wir alle – Volk, Wehrmacht und Partei – gehören.

Unerschütterlich ist unsere Treue, fest unser Vertrauen zu dem Mann, der all dies geschaffen, der durch seinen Glauben und seinen Willen dieses Wunder bewirkt hat[229].«

Für diese Formulierung trägt Brauchitsch die Verantwortung; ein so grundlegender Erlaß mußte das Selbstverständnis der Heeressoldaten weitgehend verändern, selbst wenn sein Inhalt den allgemeinen Stimmungen und Erwartungen entsprach. Ähnliche Erlasse Brauchitschs in den ersten beiden Kriegsjahren führten diese politische Anpassung weiter, eine Neuorientierung der militärischen Tradition bahnte sich an. Bei allen diesen Beiträgen[230] des letzten Oberbefehlshabers des Heeres – bevor Hitler im Dezember 1941 diese Position selbst übernahm – zeigte sich aber unmittelbar eine Tendenz, die schon bei Fritsch deutlich hervorgetreten war: Disziplin und Haltung der Soldaten sollten trotz aller unvermeidbaren Politisierung bewahrt bleiben. Ganz bewußt wurde hier eine Auffangstellung zum Erhalten einer eigenständigen Restposition gegenüber der sonst ungehemmten politischen Gewalt vorbereitet. Formale Appelle an Manneszucht, Ehrenhaftigkeit und Disziplin reichten hierzu indessen nicht aus, sie verhinderten auch nicht die Verstrickung vieler Soldaten in »Hitlerhörigkeit«, sogar in Kriegsverbrechen.

b) Neue Verbände mit Eliteansprüchen

Von der Aufstellung und Ausbildung neuer Waffengattungen, insbesondere durch das Entstehen vollmotorisierter Großverbände, waren Einflüsse auf die Weiterentwicklung der militärischen Tradition zu erwarten. Die neuen Panzerdivisionen konnten zu einem »Heer im Heer« werden. Das wollte Beck verhindern. Auch Manstein sah die Gefahr, daß die Infanteriedivisionen nach Absicht des bedeutsamsten Förderers der Panzerwaffe, Heinz Guderian (1888–1953), als »Wollröcke« abgetan und nur zur Besetzung des von Panzern eroberten Gebiets verwendet werden sollten[231]. Die Rolle der Panzerverbände als der entscheidenden Angriffskräfte war aufgrund ihrer Erfolge in den ersten Kriegsjahren aber nicht mehr zu bestreiten. Mit der Vermehrung der Panzerverbände im Heer – Infanteriedivisionen wurden zu Panzerdivisionen umgerüstet – konnte die Gefahr eines Homogenitätsverlustes jedoch vermieden werden. Andererseits entsprachen die während des Krieges eingeführten Begriffe Panzergrenadier, Panzerartillerie und Panzerpionier weitgehend nicht der tatsächlichen Ausstattung der so benannten Verbände.

Als gewollter Eliteverband des Heeres entstand 1939 aus dem Wachregiment Berlin das Infanterieregiment *Großdeutschland*, das nach dem Polenfeldzug zu einem verstärkten vollmotorisierten Regiment erweitert, 1942 zu einer Panzerdivision und 1944 sogar zu einem Panzerkorps vergrößert wurde[232]. 1943 folgten ähnliche Verbandsbenennungen: die bereits erwähnte Division *Hoch- und Deutschmeister* sowie die Neuaufstellung der 60. Infanteriedivision (mot), die aus der Danziger Landespolizei und aus der Danziger SA hervorgegangen war und nun den Namen *Feldherrenhalle*[233] erhielt. Die Vermehrung und zunehmend willkürliche Benennung von Verbänden – insbesondere bei den letzten, im Frühjahr 1945 aufgestellten Divisionen – nahm diesen Truppen jedoch ihren Anspruch auf Elitecharakter. Zur Begründung einer neuen Tradition waren diese späteren Benennungen nicht geeignet.

Auch die Luftwaffe baute ihren Eliteverband auf. In seiner Rolle als preußischer Innenminister unterstand Göring in Berlin eine Landespolizeigruppe z. b. V., die den Namen *General Göring* erhielt und 1935 bei Übernahme der Landespolizei in das Heer als »Leibregiment« Görings zur Luftwaffe kam. Unter wechselnder Gliederung und Ausstattung gehörten zu diesem Verband ein Wachbataillon für protokollarischen Ehrendienst sowie Fallschirmschützen und Flakartillerie[234]. Im Kriege zur Division erweitert, führte der Verband 1944 schließlich den Namen *Fallschirm-Panzerkorps Hermann Göring*.

Die Benennung von Verbänden im Heer war offensichtlich durch die Konkurrenz der Waffen-SS veranlaßt worden, deren Verbände durchweg Namen führten. Die bereits seit 1933 aufgestellte bewaffnete SS erhielt ab 1934 militärisch ausgerüstete Verbände, die SS-Verfügungstruppe. Diese politisch orientierten Kampftruppen wurden vom Heer mit Mißtrauen betrachtet. Die Verfügungstruppe, in der immerhin einige aus der Reichswehr stammende Offiziere eine gewisse Ausrichtung nach soldatischer Tradition anstrebten, und die zu KZ-Bewachung und anderen politischen Aufgaben errichteten Totenkopf-Standarten wurden seit Kriegsbeginn zur bald so genannten Waffen-SS zusammengefaßt[235]. In einer Behandlung der deutschen militärischen Tradition ist die Problematik der nie zum Heer gehörenden Waffen-SS nur insofern von Belang, weil von der SS in ihrem Selbstverständnis als nationalsozialistischer Elitetruppe neue Verhaltensmaßstäbe und neue Formen entwickelt wurden[236]. Indem die SS deutlich von alter militärischer Tradition abwich, ging von ihr die Gefahr aus, die Tradition des Heeres mit langfristiger Wirkung zu verändern. Das politische Kämpfertum mit Tendenzen zum rücksichtslosen eigenen Einsatz, aber auch ebenso rücksichtsloser Behandlung des Feindes und der Bevölkerung in besetzten Gebieten, erstritt im Verlauf des Krieges Erfolge, die im Heer zwar wegen der dahinter stehenden menschenverachtenden Kampfbesessenheit Ablehnung, stellenweise aber auch Bewunderung hervorriefen. Scharf zurückweisend reagierte der nach dem 20. Juli 1944 hingerichtete Generaloberst Hoepner, als der ihm in der Kampfführung unterstehende SS-Gruppenführer Eicke äußerte, Menschen spielten keine Rolle. Hoepner sagte dazu: »Das ist die Mentalität eines Schlächters[237].« Überwiegend entwickelte sich aber eine anerkennende Frontkameradschaft der Heeresverbände zu den tapfer und verlustreich kämpfenden SS-Divisionen. Vorausgreifend ist hierzu anzumerken, daß in den letzten Kriegsmonaten auch bei der Waffen-SS Mißtrauen gegen Hitler erwuchs und dementsprechend eine verstärkte Anlehnung an das Heer gesucht wurde. Gegenüber den Angriffen in der Nachkriegszeit nannte man sich in SS-Kreisen gern »Soldaten wie andere auch«[238].

c) Die ersten Kriegsjahre

Von den vielfältigen, umfangreichen Problemen der Wehrmacht im Zweiten Weltkrieg werden im gegebenen Zusammenhang nur die Bereiche angesprochen, die das vorhandene oder fortentwickelte Traditionsbewußtsein betreffen.

Hitler griff am ersten Tag des von ihm eröffneten Krieges auf eine militärische Tradition zurück: er erneuerte die Stiftung des Eisernen Kreuzes. Für das neugeschaffene Ritterkreuz, das an die Stelle des Ordens pour le mérite trat, gab es während des Krieges mehrere höhere Stufen: Eichenlaub, Schwerter, Brillanten und goldenes Eichenlaub. Außerdem entstand eine Fülle von neuen Auszeichnungen in Form von Steckabzeichen, Kampf- und Leistungsabzeichen, Ärmelschilde und Spangen, die für besondere Waffengattungen oder für die Teilnahme an herausragenden Kampfhandlungen verliehen wurden[239]. Ob diese Fülle von Auszeichnungen noch der eher zur Schlichtheit neigenden preußisch-deutschen Militärtradition entsprach, sei dahingestellt. Das hohe Ansehen dieser Orden und Abzeichen sowie ihrer Träger bewies aber ihre Bedeutung und enthielt Ansätze für neue Überlieferungen.

Die verbreitete Kriegspropaganda mit zahlreichen Schriften und den neuen Medien Hörfunk und Film arbeitete von Kriegsbeginn an äußerst wirksam. Solange die Erfolge anhielten, gingen von ihr Impulse für eine Weiterentwicklung der Militärtradition aus. Die Reihe »Deutschland im Kampf« brachte den Ereignissen unverzüglich folgende Schilderungen des Kriegsgeschehens – selbstverständlich in der Sicht der Wehrmachtpropaganda, die mit dem Propagandaministerium zusammenwirkte. Im Geleitwort zur ersten Septemberlieferung 1939 wurde die Zielsetzung der Reihe beschrieben: Sie solle für die Soldaten das eigene Erlebnis festhalten, der Jugend die Möglichkeit geben, die große Verpflichtung am deutschen Schicksal zu spüren und im gesamten Volk das Gedächtnis an den Freiheitskampf verankern[240]. Der neue Krieg, über dessen Ausbruch die Bevölkerung wie die Soldaten ganz im Gegensatz zu 1914 keinerlei Begeisterung empfanden, wurde sehr gezielt »Großdeutscher Freiheitskampf« genannt. So schien es ein herkömmlicher Krieg, nach dem Sieg über Polen sogar nicht einmal ein Mehrfrontenkrieg zu sein.

Nach den ersten erfolgreichen Feldzügen in Polen, Norwegen und vor allem nach dem mit vergleichsweise geringen Verlusten errungenen Sieg im Westen 1940 kam mit Hilfe der Kriegspropaganda doch noch die zunächst ausgebliebene Begeisterung auf. Die Siegesparaden und die Ernennung von 11 Generalfeldmarschällen wurden bejubelt, sogar in der Wehrmacht fand die Propagandathese von Hitler als »größtem Feldherrn aller Zeiten« eine vorübergehende Zustimmung. Kampflieder für einzelne Waffengattungen oder Kriegsschauplätze erlangten über den Rundfunk schnell eine ungewöhnliche Popularität. Für den West- und Ostfeldzug war bereits vor Angriffsbeginn ein jeweils »passendes« Kampflied »gedichtet« und vertont worden, so daß bereits die ersten Sondermeldungen von diesen Melodien umrahmt werden konnten – zweifellos eine Novität in der Kriegsgeschichte.

Mit der Absicht, eine neue militärische Überlieferung zu schaffen, versammelte Hitler zwischen 1939 und 1943 die jeweils ernannten Leutnante der Wehrmacht, um sie mit einer programmatischen Rede einzustimmen. Die erste Veranstaltung dieser Art fand am 18. Januar 1939 vor einem noch überschaubaren Kreis in der Mosaikhalle der neuen Reichskanzlei statt. Im Kriege vergrößerte sich die Zahl der jungen Offiziere durch Hinzuziehung des Kriegsoffizier- und des SS-Offiziernachwuchses, so daß bei acht derartigen Massenveranstaltungen im Berliner Sportpalast zwischen Januar 1940 und Dezember 1942 jeweils etwa 5 000–12 000 Leutnante oder Fähnriche anwesend waren. Der letzte Offizieranwärterappell fand – wegen der Luftangriffsgefahr in Berlin und in Erinnerung an die Erhebung von 1813 – in der Breslauer Jahrhunderthalle am 20. November 1943 vor angeblich 20 000 Offizieranwärtern statt. Hitlers Reden folgten bei diesem Anlaß regelmäßig einem bestimmten Muster[241], für den heutigen Leser eine erschreckende Aneinanderreihung von vulgärdarwinistischen Aussagen und Plattitüden. Ein immer wiederkehrendes, aufgabenstellendes Thema war das Verhältnis zwischen Bevölkerungszahl und Lebensraum, der einer gesteigerten Volkszahl entsprechend »angepaßt« werden müsse. Die Rolle des Kampfes in der Geschichte und eine sehr einseitige Interpretation der Vergangenheit bildeten einen weiteren Schwerpunkt der Reden, die meist auch auf den rassischen Wert des deutschen Volkes und die angebliche Minderwertigkeit anderer Völker eingingen. Ein durchdachter Rückgriff auf soldatische Tradition fehlte dagegen in Hitlers Reden vor jungen Offizieren vollständig, ebenso unerwähnt blieben Fragen von sittlicher Verantwortung und Menschenführung. Stattdessen hieß es in einem »Blick in die Zwangsläufigkeit des Kampfes überhaupt«, es gelte der Grundsatz »Schlage, oder du wirst geschlagen – töte, oder du wirst getötet«[242]. Am 30. Mai 1942 begrüßte Hitler seine Zuhörer mit dem Satz: »Meine jungen Kameraden! Ein vielleicht tiefernstester(!) Satz eines großen Militärphilosophen besagt, daß der Kampf und damit der Krieg der Vater aller Dinge sei.« Im Verlauf dieser Reden rechnete Hitler Menschenleben auf: »Allein gegenüber dem Stand von 1932 hat es die nationalsozialistische Revolution fertiggebracht, in wenigen Jahren etwas über 2½ Millionen Menschen mehr zur Welt bringen zu lassen. Der jetzige Krieg hat uns heute noch nicht 10 Prozent von dem gekostet, was dadurch allein mehr an Menschenleben in die deutsche Nation hineinfloß[243].« Bei derartigen Belehrungen verwundert es nicht, daß bei vielen damaligen Augenzeugen kein nachhaltiger

Eindruck von diesen Kundgebungen zurückblieb – allenfalls erinnert man sich an den Rausch der Massenveranstaltung und an das »Erlebnis«, den »Führer« gesehen zu haben. Die Offizieranwärterappelle waren deshalb für das Traditionsbewußtsein in der Wehrmacht nur ein Ansatz ohne dauerhafte Wirkung.

Zu der Periode der Siegeszuversicht im Sommer 1940 zurückkehrend, ist auf einen anderen Ansatz zum tiefgreifenden Wandel der herkömmlichen militärischen Vorstellungen in Deutschland hinzuweisen. In Erwartung auf eine Fortsetzung der Kriegführung mit über Europa hinausreichenden weltweiten Wirkungsmöglichkeiten erhielten Kriegsmarine und Luftwaffe einen Vorrang in der Rüstungsplanung; das im überlieferten Denken in der Bedeutung weit voranstehende Heer wurde »auf die 3. Stufe in der Rangfolge der Wehrmachtteile gesetzt«[244]. Hohe Erwartungen entstanden vor allem in der Marine, die mit Stützpunkten an der norwegischen und französischen Atlantikküste verbesserte Operationsvoraussetzungen gewonnen hatte. Realitätsbewußte Marineoffiziere erkannten aufgrund des weiteren Kriegsverlaufs, daß diese Erwartungen illusorisch waren. Es gab jedoch auch ein nationalsozialistisch beeinflußtes Festhalten am Wunschdenken. Ein Beispiel dafür bot der Generaladmiral Saalwächter mit einer Denkschrift vom September 1944, in der er sich gegen Juden und Engländer als »ständige Unruhestifter« in Europa wandte und Grönland als »Abfeuerungsplatz raketenartiger Geschosse gegen die USA« forderte[245]. Dieser Gipfelpunkt von Einsichtslosigkeit und Realitätsferne war jedoch keineswegs typisch für die Kriegsmarine.

An einem Beispiel damaligen Größenwahns und dem daraus entwickelten Versuch, eine neue Tradition zu schaffen, war allerdings die Wehrmacht unbeteiligt. Die in Hitlers Auftrag entstandenen Baupläne für die Neugestaltung Berlins lassen sich nur als Gigantomanie bezeichnen. Bauleidenschaften früherer Herrscher, die von ihnen begründeten Weltreiche durch steinerne Tradition verewigen wollten, wünschte Hitler damit noch zu übertreffen. Der Kontrast zwischen der beabsichtigten eindrucksvollen »Wucht« dieser Großbauten und dem Wirken der Werte echter, lebendiger Tradition kann zudem Hitlers Traditionsverständnis beispielhaft aufzeigen. Für das nach »tausend Jahren« als möglich gehaltene Ende des Großreiches wurde sogar schon an den »Ruinenwert« der geplanten Gebäude gedacht. Der Architekt Speer distanzierte sich später deutlich von diesen Plänen. In seinen Memoiren berichtete er, wie er damals seinem Vater das Modell der vorgesehenen Riesenbauten gezeigt und dieser daraufhin spontan gesagt habe: »Ihr seid komplett verrückt geworden[246]!«

Es gab andererseits auch in den Jahren des erwarteten Sieges Zeichen dafür, daß sich ältere soldatische Traditionen – Ritterlichkeit, Humanität – gegenüber den entsittlichenden Wirkungen der nationalsozialistischen Rassenlehre behaupten konnten. Gegen die völkerrechtswidrigen Aktionen des Sicherheitsdienstes der SS erhob General Blaskowitz, der Oberbefehlshaber der nach Abschluß der Kämpfe in Polen verbliebenen Truppen, scharfen Protest[247] – ebenso Generalmajor Mieth als Chef des Stabes der 1. Armee[248]. Gegen den Verfall der Sittlichkeit als Folge einer Aufforderung Himmlers an die SS, zum Ausgleich der erwarteten Kriegsverluste auch außerhalb der Ehe Kinder zu zeugen, protestierte Generalmajor Groppe offen; zahlreiche interne Protestschreiben im Heer zeigen, daß hier die traditionellen Auffassungen empfindlich verletzt worden waren[249]. Der dienstälteste deutsche Soldat, der 90jährige Generalfeldmarschall v. Mackensen, richtete aufgrund vieler an ihn gerichteter Bitten wegen der von deutscher Seite verübten Ausschreitungen in Polen ein mahnendes Schreiben an den Oberbefehlshaber des Heeres[250]. Tatsächlich hat Brauchitsch, gedrängt auch von den Oberbefehlshabern der Heeresgruppen und einiger Armeen, durch Verhandlungen mit dem Reichsführer SS, Himmler, versucht, Milderungen zu erreichen. Für den Westfeldzug des Jahres 1940 wurde das fast durchweg faire Verhalten der deutschen Wehrmacht auch von den Kriegsgegnern anerkannt.

Neben der besonders in den ersten beiden Kriegsjahren vertretenen Fairness war für den Soldaten der unteren Dienstgrade der Maßstab für gegebene Verhältnisse und mögliche Zukunftserwartungen keineswegs verloren gegangen. Eine Befragung in der Truppe, wer bereit sei, »Wehrbauer« im Osten zu werden, geriet auch ohne Schilderung der ungeklärten Voraussetzungen zu einem völligen Fiasko[251]. Die Kameradschaft in der Truppe ermöglichte überwiegend auch einen freieren Gedankenaustausch als in den meisten Bereichen in Deutschland: wie Ernst Jünger und Gottfried Benn bezeichneten viele den Dienst in der Wehrmacht als »innere Emigration«.

Dennoch: Hätte Hitler weiterhin militärisch Erfolg gehabt, wären die Ansätze zu einer großdeutschen, nationalsozialistisch geprägten Militärtradition unvermeidbar stabilisiert worden. Dazu kam es jedoch nicht. Empfindliche Rückschläge – zunächst im Osten – führten ab Herbst 1941 zu einer gegensätzlichen Tendenz.

5. Die Überforderung der Wehrmacht und der Verfall des Traditionsbewußtseins

a) Die Verbreitung des Zweifels

Zwei Ereignisketten mußten einer wachsenden Zahl von Soldaten aller Dienstgrade während des Rußlandfeldzuges, der gänzlich anders als die vorherigen »Blitzfeldzüge« verlief, allmählich bewußt werden:

☐ offensichtlich fehlerhafte Entscheidungen und falsche Lagebeurteilungen der eigenen obersten Führung,

☐ eine über bisherige Vorstellungen hinausgehende Brutalisierung des Krieges.

Zum einen entstanden Zweifel, die Kritik an der obersten Führung wuchs; zum anderen gab es Entsetzen und Empörung über hier und da beobachtetes Unrecht auf eigener Seite. Letzteres wurde verständlicherweise überwuchert von der propagandistisch ausgebreiteten Kenntnis von völkerrechtswidrigen Übergriffen der Gegenseite. In dieser Stimmungslage ging der verbreitete Optimismus der erfolgreichen Kriegsperiode allmählich verloren; an dessen Stelle trat eine gesteigerte Entschlossenheit, die Kämpfe möglichst erfolgreich durchzustehen. Eine zusammenfassende Untersuchung über Qualität und Umfang dieses Bewußtseinswandels in Truppe und Führung steht noch aus. Besonders gut lassen die Aufzeichnungen des damaligen Majors i. G. Meier-Welcker[252] das Aufkommen der Zweifel erkennen; aber auch die veröffentlichten Tagebücher des Oberstleutnants i. G. Groscurth, des Generalfeldmarschalls Ritter v. Leeb sowie von Generaloberst Halder[253] sind in dieser Hinsicht aufschlußreich.

Für die mehr als 10 Millionen Soldaten der Wehrmacht müßte die sich verändernde Stimmungslage aufgrund der großen Anzahl vorhandener Tagebücher, Nachlässe, Briefsammlungen und sonstigen Aufzeichnungen differenzierend dargestellt werden. Es gab nämlich neben der zunehmenden Kritik und Empörung auch umgekehrt ein Anklammern an das bisherige Vertrauen zu Hitler in der Meinung, Partei und SS seien an Fehlentwicklungen schuld. Die »Erkenntnis von der absoluten Identität Hitlers mit dem Verbrechen« setzte sich nur langsam und begrenzt durch[254]. Häufig fehlten Zeit und Willenskraft zum Überdenken der Lage, abgelenkt von vielfältigen Tagesaufgaben neigte man zum Verdrängen eigener Beobachtungen oder zum Nichthörenwollen der Informationen über eigene Unrechtsmaßnahmen. Die Motivierung richtete sich immer mehr auf das Durchhalten, damit verbunden entwickelte sich eine Art passiven Widerstands gegen die fortgesetzte Ideologisierung.

In dieser Spannungslage waren Soldaten aller Dienstgrade in ihrem traditionellen Verhalten überfordert, es kam zum bewußten oder unbewußten Handeln gegen die gewohnte Beachtung überlieferter Wertvorstellungen – wie es in Krisenlagen naheliegt. Um den Verfall der Auftragstaktik abzuwenden, wurden Falschmeldungen üblich. Es entstand ein Gehorsamskonflikt, »Befehle wider die Tradition«[255] wurden weitergegeben und befolgt. Am schlimmsten waren Übergriffe gegen die Zivilbevölkerung und gegen Gefangene. Es war aber keineswegs so, als habe die gesamte Wehrmacht oder etwa ein hoher Prozentanteil der Soldaten die Bevölkerung in den besetzten Teilen der Sowjetunion nur als »Untermenschen« behandelt und ständig ausgeplündert[256].

Die zusammenfassenden historischen Wertungen in dieser Kernfrage sind bisher höchst unterschiedlich. In einem 1983 erschienenen Band über die Vorbereitung und den Ablauf des Ostfeldzuges 1941[257] wurden in der Auswertung der vorhandenen Aktenbestände und durch Gegenüberstellung des gültigen Kriegsvölkerrechts mit den gegebenen Befehlen auf beiden Seiten erhebliche Fortschritte gemacht, obwohl die fehlende Akteneinsicht auf der sowjetischen Seite schwerwiegende Erkenntnisgrenzen setzt. Die Autoren gelangten dennoch nicht zu einer gemeinsamen, übereinstimmenden Sicht. Die Auseinandersetzung über den Anteil der Sowjetunion an der eskalierten Brutalität oder über eine vorwiegende deutsche Alleinschuld wird noch immer durch Emotionen und durch aktuelle politische Gegensätze behindert. Eine zentrale Rolle kam in der Diskussion während der letzten Jahre einem Band über die Behandlung der sowjetischen Kriegsgefangenen durch die Wehrmacht[258] zu, da die Ergebnisse dieser Arbeit von den Medien aufgegriffen wurden. Dabei waren viele Aussagen des Autors seit den Nürnberger Prozessen unumstritten; die einseitige Quellenauswahl und mangelhafte Quellenkritik durch den Verfasser führte aber zu einer fehlenden Berücksichtigung der damaligen Sachzwänge, zu inneren Widersprüchen der Darstellung und zu nachweisbar überzogenen Zahlen[259].

Dieses Buch hat ebenso wie andere, richtungsgleiche Veröffentlichungen in den letzten Jahren Zustimmung, aber auch Verwunderung und begründeten Widerspruch hervorgerufen. Manche Autoren erwecken den Eindruck, als wollten sie den sowjetischen Anteil an der Eskalation der Gewalttätigkeit übergehen und nur die deutsche Schuld nachweisen, um die gegenwärtig ohnehin gespannten sowjetisch-deutschen Beziehungen nicht durch deutsche historische Aussagen zu belasten. Das ist ein ehrenwertes Motiv, zur Friedenssicherung sollte durchaus auch die Geschichtswissenschaft beitragen. Mit einem einseitigen, auf die Dauer kaum glaubhaften Geschichtsbild ist diesem Ziel jedoch nicht gedient, vor allem dann nicht, wenn gleichzeitig bestimmte Rezepte zur Gegenwartspolitik – insbesondere die grundsätzliche Negierung der Traditionswürdigkeit der Wehrmacht – angeboten werden[260].

Gegenüber derartigen, kaum differenzierenden Betrachtungen gilt es für den hier behandelten Zeitraum festzustellen: Nicht die militärische Tradition als solche hat versagt, sondern Truppe und Stäbe waren durch die oberste Führung in eine Situation gestellt worden, in der viele die Einhaltung traditioneller Wertvorstellungen nicht mehr beachteten. Aber auch unter den schwersten Belastungen hat die Mehrzahl der Soldaten die überlieferte Haltung gewahrt und im Fall des Zweifels am Gehorsam nach dem Sinn der höherstehenden sittlichen Normen zu handeln versucht.

b) Der militärische Widerstand

Im Unterschied zu der Entwicklung im Feldheer ist die seit 1942 einsetzende Wiedererstarkung des militärischen Widerstands mit den Motiven und Zielen seiner wichtigsten Persönlichkeiten ausführlich erforscht[261].

Der Entschluß zum Widerstand war das Ergebnis eines langen Denkprozesses und oft auch eines schweren inneren Konfliktes. Gerade die Soldaten, die sich zum Widerstand entschlossen, waren keine oberflächlichen Befehlsempfänger und »Karrieremacher«, sie gehörten vielmehr zu denen, die in besonderem Maße über ihre soldatischen Pflichten nachdachten und sich an die militärische Tradition gebunden fühlten. Von dieser Haltung des Gehorsams, der Loyalität zum Staatsoberhaupt und vom Willen zum Sieg im Kampf gegen äußere Feinde ausgehend war es ein langer Weg bis zur Auflehnung gegen die eigene oberste Führung im Kriege. Viele, die um ihr Mitwirken angesprochen wurden, sahen wegen ihres geleisteten Eides den Widerstand nicht als Lösungsweg an. Die Überlegungen, daß die Bindung an Volk und Vaterland höher stehe als die an den Führer und daß dessen durch den Grundsatz der gegenseitigen Treue entstandene Verpflichtung nicht eingelöst worden sei, konnten allerdings die Bedenken wegen des Eides aufheben. Aber es ging um mehr als die Sorge um die Zukunft Deutschlands. Letztlich trafen die Männer des Widerstandes eine sittliche, religiöse Entscheidung gegen den Totalitätsanspruch des Nationalsozialismus. Beck, Stauffenberg und Tresckow – um nur einige zu nennen, die in vielen Gesprächen ihren Entschluß begründet haben –, stehen in Abwägen der höheren Werte in der besten Tradition europäischen Soldatentums.

Nach der langen Diskussion über den Widerstand[262] wird heute in der Bundeswehr allgemein anerkannt, daß die Männer des 20. Juli 1944 zu den wichtigsten Vorbildern in der deutschen militärischen Tradition gehören. Darüber hinausgehend ist es immer klarer geworden: gerade ihre Tat hat es erlaubt, in den fünfziger Jahren diese Tradition wieder aufzunehmen, deren unwiderrufliches Ende 1945 gekommen zu sein schien.

Die seit 1944 erhobenen Einwände gibt es stellenweise immer noch. Die auch heute gültigen militärischen Wertvorstellungen sind jedoch durch den deutschen Widerstand in der damaligen Notsituation nicht in Frage gestellt worden. Die Werte soldatischer Pflichterfüllung, Gehorsam und Tapferkeit wurden durch die Aktion des Widerstandes nicht aufgehoben. Es war ja gerade die Voraussetzung für das Gelingen der damaligen Pläne, daß die Fronten gehalten wurden und ein geordnetes Kriegsende herbeigeführt werden konnte. So hat es im Sommer 1944 – entgegen den nationalsozialistischen Zwecklügen – auch keine Sabotage oder Verratshandlungen an der Front gegeben.

Oberst i. G. Claus Graf von Stauffenberg und Oberst i. G. Albrecht Mertz von Quirnheim, hier beide als Majore 1942, zwei Offiziere der jüngeren Generation im militärischen Widerstand

Der Entschluß zum Attentat war im übrigen durch Bedenken mannigfacher Art belastet: Für viele war Tyrannenmord zunächst einmal Mord, und nach den äußeren Umständen war eine Ausschaltung Hitlers und seiner engsten Umgebung nicht möglich, ohne Kameraden zu gefährden, auch solche, die einer Widerstandsgruppe angehörten. Dem kann entgegengehalten werden, daß durch eine rechtzeitige Beendigung des aussichtslos verlorenen Krieges das Leben unzähliger Kameraden gerettet worden wäre. Als Adolf Heusinger, der erste Generalinspekteur der Bundeswehr, einmal gefragt wurde, ob sein Urteil über Stauffenbergs Tat dadurch beeinflußt werde, daß die Bombe auch ihn hätte töten können, antwortete er: bei dieser Tat ging es um eine Entscheidung, bei der das Leben des einzelnen keine Rolle spielte.

Die Legende, der Widerstand habe die Chancen der deutschen Kriegführung verschlechtert, ist so absurd, daß hier nicht darauf eingegangen werden muß. Die Männer des 20. Juli 1944 haben immerhin versucht, in letzter Stunde den Fortbestand Deutschlands zu retten; die seitherige Entwicklung mit der anhaltenden Teilung Deutschlands beweist die Richtigkeit ihrer Voraussicht.

c) Die gescheiterte Ideologisierung und der Zusammenbruch

Mit der verschlechterten Kriegslage begannen 1942 neue Anstrengungen, die »wehrgeistige Führung« im nationalsozialistischen Sinne zu verstärken und die fehlende materielle und personelle Kampfkraft durch fanatisiertes Kämpfertum zu ersetzen. Zunächst kam es im Sommer 1942 zur Einsetzung von sachbearbeitenden Offizieren in den Ic-Abteilungen der Kommandobehörden des Heeres; die entscheidenden Schritte waren jedoch erst Hitlers Befehl über die Einführung von NS-Führungsoffizieren (NSFO) vom 22. Dezember 1943 sowie die von dem daraufhin errichteten NS-Führungsstab im OKW herausgegebenen vorläufigen Richtlinien für die nationalsozialistische Führung in der Wehrmacht vom 2. Februar 1944[263]. So klar die Absichten mit den hauptamtlichen NS-Führungsoffizieren bei den Verbänden von der Divisionsebene aufwärts und mit den nebenamtlich eingeteilten Offizieren bei den übrigen Truppenteilen waren, die Intensität ihres Wirkens war örtlich sehr unterschiedlich. Der praktische Nutzen dieser Einrichtung wird – obwohl nach dem 20. Juli 1944 die indoktrinierenden Maßnahmen vermehrt wurden – allgemein als sehr gering veranschlagt[264]. Die NSFO erreichten nie einen Wirkungsgrad wie die Kommissare der Roten Armee, sie hatten die Ähnlichkeit mit deren Funktion gegen sich, ihr Auftrag war jeglicher deutscher Tradition fremd. Vor allem aber gab es bei den nebenamtlichen NSFO nur wenige, die von der ihnen zugewiesenen Aufgabe überzeugt waren. Meist wurde diese befohlene Tätigkeit nur formell ausgeübt, es gab jedoch auch Befehlshaber wie den Generalfeldmarschall Schörner, die in ein ideologisiertes, gläubiges Kämpfertum hohe Erwartungen setzten. Dem stand aber längst die praxisnahe passive Ablehnung jeder Indoktrination in der Truppe entgegen.

Gerade bei den jüngsten Jahrgängen der Wehrmacht, die unter Einfluß von nationalsozialistisch überwachten Schulen und NS-Jugendorganisationen aufgewachsen waren und ab 1943/44 als 15- bis 17jährige »Flakhelfer« dienten und danach größtenteils noch reguläre Soldaten wurden, blieb die NS-Indoktrination wirkungslos, wie eine Fallstudie über das Entstehen eines politischen Bewußtseins in den Jahrgängen 1926–1928 nachweist. Den »fanatisch kämpfenden Kinder-Soldaten« gab es nur als eine kleine Minderheit. Ihre Mentalität und Motivation entwickelten diese Jahrgänge aus ihrer Gruppe heraus, wobei sich die nachwirkenden Einflüsse der Eltern und der früheren traditionellen Verhaltensweisen als stark erwiesen: Loyalität zur eigenen Nation, Landesverteidigung, Autorität, Gehorsam und militärische Hierarchie wurden anerkannt[265].

Während die unmittelbare Indoktrination auf kein Vorbild in der deutschen militärischen Überlieferung zurückgreifen konnte, versuchte die NS-Propaganda während der letzten Kriegsjahre in Wort und Film an berühmte Beispiele des Durchhaltewillens im Siebenjährigen Krieg oder bei Kolberg 1807 zu erinnern. Aber auch dieser Versuch scheiterte, weil er als unechter Vergleich und als unglaubwürdig erkannt wurde. Zwar fehlte den meisten Zeitgenossen in den Monaten des Zusammenbruchs die Zeit zum Nachdenken; um so mehr wurde später, im nachträglichen Überdenken, die soldatische Tradition für diesen Mißbrauch verantwortlich gemacht.

Die 1945 einsetzende kritische Bewertung der deutschen Militärtradition wurde am nachhaltigsten durch das Verhalten mehrerer höherer Offiziere während der letzten Kriegsmonate beeinflußt. An Stelle einer erwarteten Vorbildhaftigkeit der Offiziere waren damals deutliche Anzeichen des Verfalls der einstigen Gesinnung erkennbar geworden[266]. Einen Tiefpunkt soldatischen Verhaltens zeigten die Generale Burgdorf und Meisel, als sie am 14. Oktober 1944 den Selbstmord des Generalfeldmarschalls Erwin Rommel (1891–1944) in erpresserischer Weise erzwangen und sich dadurch zum Büttel der Rachsucht Hitlers machten. Gegen jegliche deutsche Tradition verstießen auch die Ansätze zu terroristischen Führungsmethoden, die auf höherer Ebene von Schörner, nach seinem Beispiel in den letzten Kriegsmonaten auch auf mittlerer und unterer Ebene, vielerorts ausgeübt wurden. Unfaßbar viele Todesurteile wurden durch die ordentliche Wehrmachtgerichtsbarkeit und durch die von ihr zu unterscheidenden Standgerichte gefällt und größtenteils vollstreckt[267]. Derartige Maßnahmen trugen aber in keiner Weise zur Verbesserung der Lage bei. Es konnte nicht einmal vermieden werden, daß demoralisierte, meist nur zusammengewürfelte Truppenteile auf dem Rückzug zu Plünderungen übergingen[268].

Dennoch: Es überwog auch in der letzten Kriegsphase bei weitem diszipliniertes und ehrenhaftes Verhalten im Offizierkorps und in vielen Verbänden, deren innerer Zusammenhalt unerschüttert geblieben war. Ende Februar 1945 urteilte ein ungarischer General über eine am Plattensee sich zurückkämpfende deutsche Panzerdivision anerkennend: »Wenn das der Rückzug ist, möchte ich wissen, wie der Vormarsch ausgesehen hat[269].« Im Vergleich zu der Situation von 1918 gab es in der Truppe kaum spektakuläre Auflösungserscheinungen. Die Gründe dazu lagen mit Sicherheit weniger bei einer abschreckenden Wirkung der damals unbekannten Anzahl von vollstreckten Todesstrafen. In erster Linie dürfte die vorstehend aufgezeigte Erziehung einer ganzen Generation zum Soldatentum den Grund gelegt haben, auf dem eine solche Haltung in auswegloser Lage möglich war. Dazu kam fraglos das Bewußtsein, den festen Halt zum Überleben am besten in einer bewährten Kameradschaft zu finden. An der Ostfront war – neben manchen Beispielen der Panik – vorwiegend eine echte Motivierung zur Verteidigung von Volk und Vaterland hinzugekommen, weil die Not der Flüchtlinge unmittelbar erlebt wurde. Bis zum 8. Mai 1945 gab es noch einen überzeugenden Grund zur Fortsetzung von Kämpfen: es galt, möglichst viele Truppen und Flüchtlinge in westlichen Gewahrsam zu bringen, ohne daß auf eigener Seite größere zusätzliche Verluste und Zerstörungen entstanden[270].

Gleichzeitig kam es in der Bevölkerung in den Monaten Februar bis April 1945 zu einem Stimmungsumschwung, der die von den Alliierten vorgesehene »Umerziehung« schon vorwegnahm. Bis auf einen Rest von blinden Fanatikern und urteilslosen Mitläufern wandte sich das deutsche Volk von Hitler ab. Dabei wußte man damals noch nicht, wie zynisch und gleichgültig Hitler über die Möglichkeiten des Weiterlebens der Deutschen urteilte[271].

Mit der bedingungslosen Kapitulation der Wehrmacht am 8. Mai 1945 endete nicht nur das Dritte Reich. Die überwiegende Mehrheit der deutschen Bevölkerung wie der Soldaten rechnete mit dem Ende deutschen Soldatentums und seiner Tradition. Auch von der Regierung Dönitz konnten in den wenigen Tagen ihres Wirkens keine wesentlichen Impulse für die Selbstreinigung und Erhaltung einer deutschen bewaffneten Macht kommen. Mit der Gefangennahme dieser Übergangsregierung am 23. Mai 1945[272] verminderte sich auch das Wunschdenken vieler Deutscher, die Westalliierten würden versuchen, die Reste der Wehrmacht zu erhalten[273].

Es dauerte lange, bis in der deutschen Öffentlichkeit neben Stimmen der Verurteilung und Beschuldigung der deutschen Soldaten auch wieder anerkennende Worte über die Wehrmacht zu hören waren. Bemerkenswerte Beispiele solcher Anerkennung kamen seitdem – bis heute – von führenden Persönlichkeiten und Autoren des Auslands[274]. Ein frühes anerkennendes Wort richtete der Bischof von Münster, Kardinal Graf Galen – ein unerschrockener Gegner des NS-Regimes –, am 5. Juni 1945 in einem Hirtenbrief an die Soldaten:

»Wir wollen auch innig danken unseren christlichen Soldaten, jenen, die in gutem Glauben, das Rechte zu tun, ihr Leben eingesetzt haben für Volk und Vaterland und auch im Kriegsgetümmel Herz und Hand rein bewahrt haben von Haß, Plünderung und ungerechter Gewalttat. Gott der Herr, der Herz und Nieren durchforscht, richtet nicht nach dem äußeren Erfolg, sondern nach der inneren Gesinnung und Gewissenhaftigkeit und wird das Gute belohnen und das Böse bestrafen nach Verdienst[275].«

Exkurs: Die Wehrmacht und die künftige deutsche militärische Tradition

In seiner rückblickenden Betrachtung stellte 1946 der angesehene liberale Historiker Friedrich Meinecke fest, die Jahre des Dritten Reiches seien »das größte Unglück« und »die größte Schande« für das deutsche Volk in seiner Geschichte gewesen[276]. Dieses Urteil ist ohne Einschränkung auch heute noch gültig.

Aus dem inzwischen gewonnenen zeitlichen Abstand ist aber anzuerkennen – und wird international anerkannt –, wie bereitwillig, schnell und überzeugt das deutsche Volk sich vom Ungeist des Nationalsozialismus abgewendet hat. Dabei wird die Einflußnahme der Siegermächte nicht mehr überschätzt, viel nachhaltiger wirkte die eigene deutsche Aufarbeitung der jüngsten Vergangenheit auf dem Wege über das gesamte Bildungswesen, über die Medien, Kirchen, Parteien und sonstige gesellschaftliche Gruppen.

Die Bundesrepublik Deutschland bekannte sich von Anfang an zur deutschen Selbstbesinnung und zur Verantwortung für das Geschehene; letztere wurde auch sichtbar an umfangreichen Wiedergutmachungsleistungen. Zugleich war man sich aber bewußt, nicht bei einer »Stunde Null« anfangen zu können. Mit der Präambel des Grundgesetzes erhob man den Anspruch auf einen gesamtdeutschen demokratischen Staat und bekannte sich zur Fortsetzung des bisherigen deutschen Staatswesens. Damit wurde – trotz des Hervorhebens eines Bruches mit der Vergangenheit – eine wesentliche Kontinuität bejaht. Bis heute besteht keine Veranlassung, diesen – seither von der Bevölkerung der Bundesrepublik Deutschland in ihrer überwältigenden Mehrheit getragenen – Weg aufzugeben.

Mit dem Zusammenbruch von 1945 verloren alle nationalsozialistischen Wertvorstellungen und die von ihnen ausgehenden Impulse für Traditionsinhalte, zugleich alle nationalsozialistischen Symbole und Zeremonien ihre Gültigkeit. Der Wiederaufbau und die Aufnahme von Teilkontinuitäten in allen Bereichen der öffentlichen Einrichtungen, Kultur und Wirtschaft machte aber die Mitarbeit der bisherigen Fachkräfte und die Besinnung auf ältere Traditionen notwendig. Dementsprechend wurden auch ältere Symbole aufgewertet: die deutsche Nationalhymne wurde trotz ihrer Verwendung in der NS-Zeit 1952 wieder bestätigt[277], über das Eiserne Kreuz von 1939 wurde 1953 und 1957 entschieden, daß seine Ausführung ohne Hakenkreuz getragen werden könne[278]. Dadurch und durch die Zusammenarbeit der verantwortlichen Politiker aller Parteien mit einer Auswahl ehemaliger Wehrmachtgenerale beim Aufbau der Bundeswehr war eine grundsätzliche Entscheidung gefallen, die auch der erste Traditionserlaß für die Bundeswehr 1965 bestätigte: Die Wehrmacht wurde nicht gänzlich aus der deutschen militärischen Tradition ausgeklammert[279]. Ganz im Sinne der Neubesinnung nach 1945 wurde aber eine offizielle Übernahme der Tradition bestimmter Verbände sowie das Zeigen von militärischen Symbolen mit Hakenkreuz untersagt. Die Gültigkeit und Unentbehrlichkeit von älteren militärischen Wertvorstellungen stand aber außer Frage. Dabei war es seit 1945 unbestritten, daß vom Hitlerregime keinerlei neue militärische Wertvorstellungen mit Gültigkeitsanspruch ausgegangen waren. Die in den zwanziger und dreißiger Jahren verbreiteten Ansätze zu den Wertvorstellungen von Führertum und Gefolgschaft sowie von der Volksgemeinschaft endeten im Strudel ihres Mißbrauchs.

In der Diskussion um die Neufassung eines Erlasses über Tradition und Traditionspflege in der Bundeswehr gab es im Verlauf der letzten Jahre Vorschläge, die Wehrmacht wegen ihrer Verstrickung in Verbrechen des Hitlerregimes und seiner Kriegführung gänzlich oder sehr weitgehend aus der militärischen Tradition für die Bundeswehr auszuklammern. Das würde weit über eine Neuformulierung hinausgehen und die Entscheidungen in der Vorbereitungs- und Aufbauphase der Bundeswehr nachträglich stark verändern. Dazu besteht jedoch keine Veranlassung, die bevorstehende neue Regelung beläßt es deshalb auch bei den bisherigen Grundsätzen und bringt lediglich neugefaßte, klarere Aussagen. Aus historischer Sicht sind für das begrenzte Einbeziehen der Wehrmacht in die militärische Tradition der Bundeswehr u. a. folgende Gründe zu nennen:

☐ Kritik überzeugt nur, wenn differenziert wird, eine pauschale Verurteilung der Soldaten der Wehrmacht ist sachlich nicht glaubhaft und wurde auch von den Siegermächten nach 1945 nicht unternommen.

☐ Wenn man die Wehrmacht als Trägerin der älteren deutschen Militärtradition betrachtet – diese Wertung ist nicht zu bezweifeln – so kann der Mißbrauch dieser Tradition durch Hitler kein Grund zur Verwerfung derjenigen sein, die sich um die Einhaltung der bisherigen Wertvorstellungen bemühten. Schon 1946 warnte Friedrich Meinecke davor, die Tradition wegen ihres Mißbrauchs »in Bausch und Bogen ins Feuer zu werfen«[280]. Außerhalb der militärischen Tradition wurde übrigens in keinem Bereich eine derartige Forderung erhoben.

☐ Ein Überspringen der Jahre vor 1945, wie es in der österreichischen Militärtradition durchaus naheliegend und möglich ist, kommt wegen der Kontinuität für die Bundesrepublik Deutschland nicht in Frage, wenn auch grundsätzlich ein Traditionsbruch anerkannt wird.

☐ Die Verstrickung von deutschen Soldaten in Verbrechen des NS-Regimes ist schon seit den Nürnberger Prozessen offenkundig. Abgesehen von zusätzlichen Details gibt es keine wesentlich neuen Erkenntnisse, die eine veränderte Beurteilung der gesamten Wehrmacht notwendig machen würden. Der jetzige Zeitpunkt, eine solche Neuorientierung zu fordern, legt den Verdacht nahe, daß dabei gegenwartsbezogene Ziele verfolgt werden.

☐ Die hervorragenden Leistungen der Wehrmacht, die Tapferkeit und weitgehend auch das Verhalten der deutschen Soldaten des Zweiten Weltkrieges werden im Ausland anerkannt. Eine allgemeine Distanzierung von solchen Beispielen vorbildlichen Verhaltens würde im In- und Ausland, bei ehemaligen und aktiven Soldaten weitgehende Verständnislosigkeit hervorrufen.

□ Fast vier Jahrzehnte nach Kriegsende sollte es an der Zeit sein, eine Polemik über die Traditionswürdigkeit der Wehrmacht zu beenden. Abgesehen von unseriösen Einzelgängern betrachtet niemand die Verbrechen und die Angriffskriege Hitlers als vorbildlich, ebensowenig gelten mitschuldige führende Soldaten als traditionswürdig. Die historische Verarbeitung dieser Mitschuld und die daraus abzuleitenden Lehren für das Verantwortungsbewußtsein des Soldaten bleiben wichtige Aufgaben. Für die militärische Tradition der Bundeswehr wächst aber mit dem zunehmenden Zeitabstand die Bedeutung der eigenen Tradition.

Anmerkungen

1 Jünger, In Stahlgewittern, S. 1.
2 Zit. bei Mohler, Die konservative Revolution, S. 34. Mohler vermerkt hierzu: »So wird der Krieg zu einem Fegefeuer, das alle Halbheiten und Fälschungen des Wilhelminismus ausglühen soll.«
3 Z. B. Meinecke, Die deutsche Erhebung.
4 Hierzu siehe Bd 3 dieser Reihe: Symbole und Zeremoniell, S. 109 und 58 f.
5 Howard, Der Krieg in der europäischen Geschichte, S. 156 f. Mit Absicht wurde der britische Autor zitiert, um deutlich zu machen, daß es sich bei dieser Rezeption des Kriegserlebnisses keineswegs um eine typisch deutsche Entgleisung handelte.
6 Hierzu Hiller v. Gaertringen, »Dolchstoß«-Diskussion und »Dolchstoßlegende«, S. 25–28.
7 Siehe oben, Beitrag Ottmer, S. 193, und Symbole und Zeremoniell, S. 85.
8 Schulz-Luckau, Soldatentum und Kameradschaft, S. 60 f., 70 und 79. – Außerdem Führer, Der Deutsche Reichskriegerbund Kyffhäuser.
9 Siehe unten, S. 239 ff.
10 Schuster, Der Rote Frontkämpferbund, S. 77.
11 Schwerin v. Krosigk, Es geschah in Deutschland, S. 179, nennt Seldte den »ewigen Frontsoldaten«. Seldte war von 1933 bis 1945 Reichsarbeitsminister.
12 Berghahn, Der Stahlhelm, S. 14, 286.
13 Bennecke, Hitler und die SA, S. 29 f., 154, 213 f.
14 Rohe, Reichsbanner, S. 29 f. Bemerkenswerterweise hatte diese Münchener Organisation – einheitlich mit Windjacke, Skimütze und Armbinde bekleidet – die Abkürzung »SA« erhalten. Aus der Republikanischen Notwehr traten im Krisenherbst 1923 »geringe Kontingente als Zeitfreiwillige in die Reichswehr sowie 1 200 Mann in die preußische Schutzpolizei« über (S. 41).
15 Ebd., S. 53 f., 71, 73 und RT, Bd 381, S. 126. Der erste Bundesvorsitzende Hörsing war ein betont national denkender Sozialdemokrat, im Kriege hatte er als Feldwebel organisatori-

sche Fähigkeiten bewiesen. Der jüngere Höltermann – schon dreißigjährig Chefredakteur einer großen SPD-Zeitung und späterer Vorsitzender des Reichsbanners – stieg im Kriege zum Unteroffizier auf. Nach Begabung und Erscheinung war er besonders geeignet, wehrpolitische Kenntnisse und Erfahrungen des Frontsoldaten zu vermitteln. Ebenso galt Baerensprung, bis 1918 aktiver Oberleutnant und bewährter Kriegsflieger, als Frontkämpfer. Von den später bedeutenden Sozialdemokraten sind im Reichsbanner noch Kurt Schumacher und die Widerstandskämpfer Theodor Haubach und Julius Leber zu nennen. Aus den bürgerlichen Parteien wirkten z. B. die späteren Bundesminister Heinrich Krone, Ernst Lemmer und Thomas Dehler im Reichsbanner mit.

16 Rohe, Reichsbanner, S. 365–377.
17 Schuster, Der Rote Frontkämpferbund, S. 22–26, 41, 239 f.
18 Ebd., S. 55, 82, 87. In der DDR wurde dieser Fehler nicht wiederholt, siehe Tradition und Reform (Beitrag Harder), Exkurs.
19 Schulze, Freikorps und Republik, S. 313.
20 Berghahn, Der Stahlhelm, S. 98.
21 Zu Anfang der fünfziger Jahre blieb die Neugründung des Stahlhelm erfolglos, obwohl sich ein prominenter Soldat wie Generalfeldmarschall Kesselring als Bundesführer zur Verfügung stellte.
22 Flex, Der Wanderer zwischen beiden Welten, Zitate S. 35 und 100.
23 Jünger, Der Kampf als inneres Erlebnis, Zitate S. 3, 11, 33, 51, 77, 93 f. Zum gerechten Verständnis des Autors ist darauf hinzuweisen, daß er über seine Werke aus den zwanziger Jahren weit hinauswuchs, sich vom Nationalsozialismus distanzierte und diesen sogar deutlich kritisierte. In den Jahrzehnten nach 1945 verleugnete Jünger zwar seine frühere Kriegsdichtung nicht, bemühte sich aber um eine Abmilderung einzelner Passagen und erreichte durch seine neueren Betrachtungen einen Rang als Kulturkritiker. Über Ernst Jünger u. a. Schwarz, Der konservative Anarchist.
24 Eine ausführliche Bibliographie über diese Literatur und über ihre Autoren gibt Mohler, Die konservative Revolution.
25 Remarque, Im Westen nichts Neues; Renn, Krieg; Köppen, Heeresbericht.
26 Prümm, Die Literatur des Soldatischen, S. V (Vorwort).
27 Sontheimer, Antidemokratisches Denken, S. 132. Ähnlich zu diesem Sachverhalt: Berghahn, Der Stahlhelm, S. 91–101; Rohe, Reichsbanner, S. 128–147; Kriegserlebnis, und Wette, Ideologien, Propaganda und Innenpolitik, S. 94–99.
28 So bei Prümm, Die Literatur des Soldatischen, S. 82 ff., und bei Wette, Ideologien, Propaganda und Innenpolitik, S. 51. Prümm wird in seiner sehr materialreichen Kritik dem Soldatentum zu wenig gerecht, die Literatur über Reichswehr und Wehrmacht berücksichtigt er nicht.
29 Sontheimer, Antidemokratisches Denken, S. 136, stellt das deutlich fest. Weniger überzeugt seine Meinung, die das Kriegserlebnis glorifizierende Literatur sei eine Antwort auf Remarque gewesen (S. 118). Die ersten Darstellungen Jüngers und anderer erschienen weit früher, andere Bände nahezu gleichzeitig mit Remarque. So auch Wette, Ideologien, Propaganda und Innenpolitik, S. 97.
30 Eine vergleichende Würdigung der deutschen Kriegsliteratur enthält Cysarz, Zur Geistesgeschichte der Weltkriege, S. 174–213.
31 In Kriegserlebnis, S. 13, zitiert Vondung eine Schätzung, nach der allein im August 1914 anderthalb Millionen deutsche Kriegsgedichte entstanden seien, also 50 000 im Tagesdurchschnitt, ebd., S. 331 f., ein Kommentar über George L. Mosse zum deutschen Soldatenlied.
32 Die Nationalsozialisten raubten die Melodie des Arbeiterlieds »Brüder zur Sonne, zur Freiheit« für ein eigenes Lied. Die SA legte dem Rotfrontkämpferlied vom kleinen Trompeter einen eigenen, auf Horst Wessel bezogenen Text unter und grölte zur Melodie des Soldatenlieds »Argonnerwald« den Text »Durch Groß-Berlin marschieren wir, für Adolf Hitler kämpfen wir«.
33 Genannt seien hier nur die Werke des Generalfeldmarschalls Paul v. Hindenburg, des Großadmirals Alfred v. Tirpitz sowie der Generale Erich Ludendorff, Paul v. Lettow-Vorbeck, Otto v. Moser und Max Hoffmann. Kenntnisreich und lesenswert waren besonders die Schriften der beiden letztgenannten Autoren. Die Erinnerungen begannen schon bald nach Kriegsende zu erscheinen, im Unterschied dazu entstand die deutsche Memoirenlitera-

tur über den Zweiten Weltkrieg erst nach längerem zeitlichem Abstand und wurde nur in kleinerer Auflagenhöhe veröffentlicht.

34 Demeter, Das Reichsarchiv, S. 6–8.
35 Weltkrieg 1914–1918. Der letzte Band über das Jahr 1918 wurde 1944 nicht mehr ausgeliefert; seine spätere Publikation besorgte das Bundesarchiv. Dazu neuerdings Hiller v. Gaertringen, Militärgeschichte in Deutschland.
36 Schlachten des Weltkrieges.
37 Der Krieg zur See 1914–1918. Drei der insgesamt 22 Bände erschienen erst 1964/66. Näheres hierzu: Rahn, Reichsmarine und Landesverteidigung, S. 126–128.
38 Beumelburg, Sperrfeuer, Erstauflage 1929. Spätere Auflagen waren »als ein Gelöbnis und Vermächtnis« dem Reichspräsidenten v. Hindenburg gewidmet. Nach Wette, Ideologien, Propaganda und Innenpolitik, S. 96, erreichte dieser Band 1938 eine Auflagenhöhe von 328 000.
39 Wette, Ideologien, Propaganda und Innenpolitik, S. 96 f.
40 Siehe Symbole und Zeremoniell, S. 279; zu den Denkmälern Koselleck, Kriegerdenkmale.
41 Jovy, Jugendbewegung, S. 21, 27, 146.
42 Hierzu auch Mohler, Die konservative Revolution, S. 33.
43 Zitiert bei Jovy, Jugendbewegung, S. 147.
44 Hierzu u. a. Sontheimer, Antidemokratisches Denken, S. 308–317; Berghahn, Der Stahlhelm, S. 97.
45 Heeresverordnungsblatt, 4. Jg. 1922, S. 141.
46 Sontheimer, Antidemokratisches Denken, S. 268–280, für die Jugendbewegung Jovy, Jugendbewegung, S. 142–146.
47 Hierzu u. a. Fest, Hitler, S. 923 ff. Eine besonders unsinnige und traditionswidrige Übertragung des Führerprinzips gab es in Universität und Wissenschaft, siehe Seier, Der Rektor als Führer, S. 105–146.
48 Reichswehrministerium, Chef d. Heeresleitung, Führung und Gefecht der verbundenen Waffen D.V.Pl. Nr. 487, Ziff. 5 bis 9, S. 7–10.
49 Reichswehrministerium, Chef d. Heeresleitung, Ausbildungsvorschrift für die Infanterie (A.V.I.) HDv Nr. 130, H. I, Ziff. 5, S. 11.
50 Eine ausgewogene Bewertung des Ersten Weltkrieges wurde von der deutschen Öffentlichkeit auch nach 1945 nicht nachgeholt. Zutreffend stellt Haffner, Die sieben Todsünden, S. 8, fest: »Deutschland ist mit dem Erlebnis des Ersten Weltkriegs nicht fertig geworden.« Das gilt jedoch nicht für die wissenschaftliche Forschung.
51 Wohlfeil, Heer und Republik (hier besonders die erläuterte Bibliographie S. 347 ff.); außerdem: Carsten, Reichswehr und Politik, sowie Schulze, Freikorps und Republik.
52 Schmidt, Heimatheer und Revolution, Stuttgart 1981, S. 108.
53 Erger, Der Kapp-Lüttwitz-Putsch.
54 Reichsgesetzblatt 1921, S. 329; Heeresverordnungsblatt 1921, S. 115. Außerdem ein kommentierter Abdruck bei Absolon, Die Wehrmacht im Dritten Reich, Bd II, S. 509 ff.
55 Hierzu besonders Carsten, Reichswehr und Politik, S. 82 ff.
56 Rabenau, Seeckt, S. 199, und Meier-Welcker, Seeckt, S. 240.
57 Meier-Welcker, Seeckt, S. 11 f.
58 Ebd., S. 415, »Die Beurteilung des Verhältnisses Ebert–Seeckt leidet unter seiner Abwertung durch Rabenau, die dieser entgegen einer Fülle von Zeugnissen in dem Bestreben vorgenommen hat, Seeckt nachträglich in möglichst starken Gegensatz zur Weimarer Republik zu stellen.« Entsprechendes S. 274 f. und 460.
59 Zit. ebd., S. 540.
60 BA-MA, N 247, Nachlaß Seeckt, Reichswehrgruppenkommando 2, Ia Nr. 1000/664 A 1.
61 Seeckt, Die Reichswehr, S. 47.
62 Zit. bei Meier-Welcker, Seeckt, S. 333.
63 Heeresverordnungsblatt, 3. Jg., 30. 12. 1920, Nr. 79, S. 1041 f. Zit. auch bei Hermann, Deutsche Militärgeschichte, S. 366 f.
64 Trotz mehrfacher Bemühungen konnte dieser Erlaß in den Beständen des BA-MA bisher nicht aufgefunden werden. Das Zitat und weitere Einzelheiten enthält Demeter, Die Pflege der Traditionen. Hierzu auch Wohlfeil, Heer und Republik, S. 157.

65 Die Veränderungen sind aufgeführt bei Demeter, Die Pflege der Traditionen, S. 2 f., sowie S. 11–31.
66 Tradition und Reform (Beitrag Harder), S. 116 f.
67 Demeter, Die Pflege der Traditionen, S. 3 ff., bringt hierzu Details.
68 Meier-Welcker, Seeckt, S. 525.
69 RT, Bd 351, S. 4966.
70 Wohlfeil, Heer und Republik, S. 283 ff., Meier-Welcker, Seeckt, S. 501–523; Geßler, Reichswehrpolitik, S. 303–310.
71 Manstein, Aus einem Soldatenleben, S. 53 f.
72 Dazu Hiller v. Gaertringen, Zur Beurteilung des »Monarchismus«.
73 Zit. bei Geßler, Reichswehrpolitik, S. 321.
74 So der Chef der Marineleitung Admiral Behncke, zit. bei Rahn, Reichsmarine und Landesverteidigung, S. 93.
75 Geßler, Reichswehrpolitik, S. 326 f.
76 Heeresverordnungsblatt, 4. Jg. 1922, S. 141 und 12. Jg. 1930, S. 75.
77 Symbole und Zeremoniell, Text des Eides auf S. 89.
78 Einen ersten Vorschlag dazu brachte der Abg. Stücklen (SPD) im Oktober 1919 in der Nationalversammlung ein (Bd 331, S. 3531).
79 RT, Bd 445, S. 1730 f.
80 Muff, Soldat und Tradition, S. 196.
81 Friedel, Deutsche Staatssymbole, S. 33. Siehe auch: Symbole und Zeremoniell, S. 30 f.
82 Carsten, Reichswehr und Politik, S. 128–133, und Meier-Welcker, Seeckt, S. 304. Die neue Kokarde ist abgebildet in: Symbole und Zeremoniell, S. 169 und 170.
83 Friedel, Deutsche Staatssymbole, S. 34 f., sowie Symbole und Zeremoniell, S. 30 f. und Farbtafel, S. 166.
84 Wohlfeil, Heer und Republik, S. 139 und Carsten, Reichswehr und Politik, S. 284 f.
85 Friedel, Deutsche Staatssymbole, S. 36.
86 Heeresverordnungsblatt, 2. Jg. 1920, S. 1013 ff.
87 RT, Bd 347, S. 2195 f. (27. 1. 1921).
88 Meier-Welcker, Seeckt, S. 448. Seeckt schrieb von einer »Unmenge Menschen bei Manöver und Paraden draußen und große Begeisterung«.
89 Paul, Das Potsdamer Infanterie-Regiment 9, S. 38.
90 Meier-Welcker, Seeckt, S. 311.
91 Bericht des 40. Ausschusses des Reichstags zur Prüfung der Vorwürfe gegen die Reichswehr, BA R 43 I/685, S. 3 f.; außerdem Schulthess' Europäischer Geschichtskalender, S. 68 f., sowie Meier-Welcker, Seeckt, S. 329 und 340 – nach diesen beiden Darstellungen ereignete sich der Zusammenstoß beim Anmarsch der Truppe.
92 Schützinger, Die Gestaltung der Polizei und der Wehrmacht, S. 992.
93 Hierzu ein ungezeichneter Artikel im Militärwochenblatt, 110. Jg. 1925, S. 184 f. Außerdem: RT, Bd 386, S. 2994, Bd 387, S. 3513, und Meier-Welcker, Seeckt, S. 311.
94 Meier-Welcker, Seeckt, S. 447.
95 Mundt, Das 18. Infanterie-Regiment, S. 114 f.
96 Zit. bei Paul, Das Potsdamer Infanterie-Regiment 9, S. 37.
97 Gut informierte und urteilsfähige Offiziere durchschauten schon frühzeitig die Fehlentwicklung der rechtsgerichteten Kreise. Der damalige Major v. Schleicher schrieb am 23. 7. 1919 an seine Mutter: »Die Rechtspresse ist überhaupt das bornierteste und kurzsichtigste Instrument, das man sich denken kann – nichts vergessen und nichts hinzugelernt!« Zit. bei: Vogelsang, Kurt von Schleicher, S. 31.
98 Wohlfeil, Heer und Republik, S. 158.
99 Petter, Deutsche Flottenrüstung, S. 211 ff. Der Band enthält neben der Darstellung ausführliche Literaturhinweise.
100 Symbole und Zeremoniell, S. 81 (Marineschule) sowie S. 38 und 166 (Kriegsflagge).
101 Busch, Traditionshandbuch, S. 202. Das Lied war ursprünglich ein »Song« aus einem populären Musical eines jüdischen Autors. Dieses Beispiel zeigt, wie Traditionen unbewußt entstehen und von Zeitgenossen angenommen werden.
102 Rahn, Reichsmarine und Landesverteidigung, S. 19.
103 Ebd., S. 51 ff.

104 Ebd., S. 76 ff., sowie Dülffer, Die Reichs- und Kriegsmarine, S. 366 ff.
105 Rahn, Reichsmarine und Landesverteidigung, S. 46.
106 Ebd., S. 123 ff., und Dülffer, Die Reichs- und Kriegsmarine, S. 384 ff.
107 Müller, Ich fand das wahre Vaterland, S. 239 f. Die ausführliche, nachträgliche Kritik Müllers an der Traditionspflege in der Reichswehr wäre überzeugender, wenn Müller nachgewiesen hätte, daß er damals mehr unternommen hat, als nur eine rhetorische Frage zu stellen.
108 Als der Militärhistoriker Salewski 1976 im Marineforum einen kritischen Aufsatz zum Thema Skagerrak veröffentlichte, gab es eine lesenswerte, kontroverse aber auch differenzierende Diskussion zu dieser Frage. Abgedr. in: Skagerrak-Fragen, S. 158 ff. und 192 ff.
109 Behncke vor Offizieren und Beamten in Kiel, 11. 1. 1924, zit. nach Rahn, Reichsmarine und Landesverteidigung, S. 272, auch S. 99.
110 Zit. ebd., S. 100.
111 Raeder, Mein Leben, S. 240.
112 Sorge, Reichsmarine, S. 31 f.
113 Dülffer, Die Reichs- und Kriegsmarine, S. 388 ff.
114 Sorge, Reichsmarine, S. 32.
115 Raeder, Mein Leben, S. 262 f.; Busch, Traditionshandbuch, S. 197.
116 Das Merkblatt ist als dienstlicher Nachdruck (1978) über die Marineschule Mürwik verfügbar.
117 Raeder, Mein Leben, S. 243 f.
118 Nationalversammlung, Bd 332, S. 4905/06.
119 RT, Bd 356, S. 8334 ff.
120 RT, Bd 344, S. 924 f.
121 RT, Bd 356, S. 8307. – Der DVP-Abgeordnete Stresemann bezweifelte daraufhin, ob dieser USPD-Sprecher geeignet sei, für den Schutz der Verfassung einzutreten.
122 Besonders scharfe Kritik an der Aufnahme der USPD in die Mehrheits-SPD übte Noske in seinen Erinnerungen. »In der Fraktion setzten sich die früheren Unabhängigen als die rücksichtsloseren durch«, er schrieb sogar von einem »Haufen bankrotter politischer Stänker«. (Noske, Erlebtes, S. 248 u. 227.)
123 RT, Bd 393, S. 10 019.
124 Ebd., S. 10 027 (28. 3. 1927).
125 RT, Bd 445, S. 1731. Leber mußte sich von den Sprechern anderer Parteien jedoch sagen lassen, die deutsche Vergangenheit könne man nicht aufspalten, auch müsse es erst wieder ein Staatsvolk mit einheitlicher Staatsgesinnung geben. S. auch oben, S. 233.
126 So z. B. RT, Bd 425, S. 2561 ff. Abgesehen von Einzelfällen blieben kommunistische Zersetzungsversuche erfolglos. Der spektakuläre Fall des Leutnants Scheringer, der nach seiner Verurteilung wegen nationalsozialistischer Betätigung in Ulm und seinem Ausschluß aus der Reichswehr zum Kommunismus überging, blieb nur eine Episode, da Scheringer später als wiedereingestellter Offizier am Feldzug gegen die Sowjetunion teilnahm.
127 Nationalversammlung, Bd 332, S. 4976.
128 RT, Bd 356, S. 8361 ff.
129 RT, Bd 425, S. 2511, und Bd 445, S. 1763. Külz war später der erste Vorsitzende der 1945 in Berlin und in der SBZ gegründeten Liberaldemokratischen Partei.
130 RT, Bd 445, S. 1764.
131 RT, Bd 428, S. 5275.
132 RT, Bd 425, S. 2574.
133 RT, Bd 445, S. 1757.
134 So z. B. RT, Bd 428, S. 5280.
135 Hitler, Mein Kampf; Picker, Hitlers Tischgepräche.
136 RT, Bd 457, S. 30.
137 Im Auszug zitiert bei Schüddekopf, Das Heer und die Republik, S. 281–287 (Zitat S. 286).
138 Hitler, Reichswehr und deutsche Politik, in: Nationalsozialistische Monatshefte, H. 3/1930, hier zit. nach dem unveränderten Nachdruck in der Militärwissenschaftlichen Rundschau, H. 1/1944, S. 3–8.
139 Siehe Tradition und Reform (Beitrag Wiggershaus).
140 Müller, Ich fand das wahre Vaterland, S. 243.

141 Zit. bei Rohe, Das Reichsbanner, S. 231, aus: »Das Reichsbanner« vom 1. Mai 1926.
142 RT, Bd 428, S. 5230.
143 Der Begriff »Reichswehr« wurde erst im Mai 1935 offiziell durch den Begriff »Deutsche Wehrmacht« ersetzt, andererseits gab es den Begriff »Wehrmacht der Deutschen Republik« schon seit dem Wehrgesetz von 1921. Der überwiegend üblichen Begriffsverwendung in der Literatur folgend, wird hier bereits ab 1933 nur noch von der Wehrmacht gesprochen.
144 Für den Ablauf der Ereignisse bis 1939/40 sind grundlegend: Müller, Heer und Hitler, und Salewski, Die bewaffnete Macht, dort auch ausführliche Literaturhinweise. Außerdem für den gesamten Zeitabschnitt bis 1945, aber nur unter dem Gesichtspunkt der beabsichtigten und durchgeführten Einwirkung des Nationalsozialismus auf die Wehrmacht: Messerschmidt, Die Wehrmacht im NS-Staat.
145 Foertsch, Schuld und Verhängnis.
146 Die Begriffe »Teilidentität der Ziele« und »Loyalitätswettlauf« wurden von Messerschmidt, Die Wehrmacht im NS-Staat, eingeführt, jedoch auch im gleichzeitig entstandenen Band von Müller, Heer und Hitler, sachlich übereinstimmend geschildert. Die Begriffe werden auch von Salewski, Die bewaffnete Macht, benutzt.
147 Salewski, Die bewaffnete Macht, S. 15 f., und Müller, Heer und Hitler, S. 49 ff.
148 Aufzeichnungen von Generalleutnant Liebmann, zit. bei Vogelsang, Neue Dokumente, S. 454.
149 Hierzu u. a. Müller, Heer und Hitler, S. 53 ff.
150 Wenn hier die Tutzinger Formel der sechziger Jahre benutzt wird, bedeutet das keine Gleichsetzung der historischen Situationen. Dennoch sollten nicht gerade diejenigen, die gegenwärtig seit Jahren eine Annäherung an Forderungen des Ostblocks empfehlen, als schärfste Kritiker der Wehrmachtführung hervortreten.
151 Hierzu u. a. die Einführung des Generals a. D. Graf Kielmansegg zu Messerschmidt, Die Wehrmacht im NS-Staat, S. V bis XII.
152 Meinecke, Die deutsche Katastrophe, S. 25, oder der vormalige Reichskanzler Brüning, zit. bei Paul, Das Potsdamer Infanterie-Regiment 9, S. 87.
153 Fest, Hitler, S. 557.
154 Goebbels, Vom Kaiserhof zur Reichskanzlei, S. 283 f.
155 Zit. bei Paul, Das Potsdamer Infanterie-Regiment 9, S. 86.
156 RT, Bd 457: Der Staatsakt in Potsdam, Blätter der Erinnerung an die feierliche Eröffnung des Reichstags am 21. März 1933, S. 3–10.
157 Zit. bei Fest, Hitler, S. 557.
158 Diese Zweckbestimmung von Paraden galt jahrzehntelang auch im kommunistischen Machtbereich.
159 Die Literatur eines »positiven« Kriegserlebnisses hatte sich schon vor 1933 durchgesetzt, s. oben, S. 217 ff.
160 Absolon, Die Wehrmacht im Dritten Reich, Bd IV, S. 29 und 32.
161 Siehe oben, S. 219, 222 und 224 f.
162 Hierzu vor allem: Jäckel, Hitlers Weltanschauung, und die bis heute umfassendste und unübertroffene Hitlerbiographie von Fest. Außerdem die kurze, scharfsinnige Schrift von Haffner, Anmerkungen zu Hitler.
163 Siehe oben, S. 255 f. und 262–264.
164 Ehlers, Gedanken zur Zeit, S. 145. Hierzu auch Karst, Soldatische Tradition, S. 3.
165 Mommsen, Graf von der Schulenburg, S. 238.
166 Haffner, Anmerkungen zu Hitler, S. 156.
167 Ebd., S. 10, 34 f. und 69 sowie stellenweise auch Fest, Hitler, bringen jedoch insgesamt ein zu positives Bild von Hitlers militärischen Sympathien, Fähigkeiten und Denkweisen. Der langjährige Generalstabschef Halder und Generalfeldmarschall v. Manstein sehen sein Verhältnis zum Militär und seine militärischen Fähigkeiten erheblich kritischer.
168 Zum Forschungsstand in dieser Frage: Salewski, Die bewaffnete Macht, S. 120 ff.
169 Es ist nicht die Aufgabe einer historischen Darstellung, früheren Generationen schuldhaftes Handeln oder Versagen aufzurechnen. Vielmehr kommt es darauf an, das Verhalten der damaligen Generation zu erklären. Dazu gehörte eben der gegenüber allen negativen Erscheinungen blinde Optimismus, der wiederum auf der äußerlich – das heißt z. B. wirtschaftlich – günstigen Entwicklung nach 1933 beruhte.

170 Hierzu besonders Fest, Hitler, S. 698–708.
171 Siehe Symbole und Zeremoniell, S. 31, 51 f., 166 und 170, sowie Absolon, Die Wehrmacht im Dritten Reich, Bd I, S. 44 u. 191 f.
172 Symbole und Zeremoniell, S. 46, 169, und Absolon, Die Wehrmacht im Dritten Reich, Bd I, S. 49.
173 Symbole und Zeremoniell, S. 49.
174 Prager, Panzerschiff Deutschland, S. 113 f.
175 Symbole und Zeremoniell, S. 38 f., 166, und Absolon, Die Wehrmacht im Dritten Reich, Bd III, S. 390.
176 Symbole und Zeremoniell, S. 164 (Abbildungen), S. 34 und 36, sowie Absolon, Die Wehrmacht im Dritten Reich, Bd III, S. 400, 462.
177 Absolon, Die Wehrmacht im Dritten Reich, Bd I, S. 82; Bd II, S. 503; Bd III, S. 45.
178 Hoßbach, Zwischen Wehrmacht und Hitler, und Symbole und Zeremoniell, S. 197 f.
179 Zu verweisen ist hierzu nochmals auf die Darstellungen von Müller, Heer und Hitler, S. 35–204; Salewski, Die bewaffnete Macht, S. 34–85, und Messerschmidt, Die Wehrmacht im NS-Staat, S. 1–209.
180 Zit. bei Foertsch, Wehrmacht, S. 9.
181 Ebd., S. 7 und S. 23.
182 Ebd., S. 31.
183 Die Pflichten des deutschen Soldaten v. 25. Mai 1934, zit. bei Absolon, Die Wehrmacht im Dritten Reich, Bd I, S. 173 f., sowie in: Offiziere im Bild von Dokumenten, S. 256 f. Zu den Pflichten von 1922 und 1930 siehe oben, S. 223 und 232.
184 Salewski, Die bewaffnete Macht, S. 57 ff. Dazu auch: Manstein, Aus einem Soldatenleben, S. 209 f.
185 Müller, Heer und Hitler, S. 133, bezeichnet das Gesetz über die Zusammenlegung der Ämter vom Reichspräsident und Reichskanzler als »kalten Staatsstreich«; Salewski, Die bewaffnete Macht, S. 80, weist diesen Begriff zurück und betonte die Konsequenz der Zusammenlegung im Zuge der gesamten Entwicklung seit 1933; Messerschmidt, Die Wehrmacht im NS-Staat, S. 51, hebt die »willfährige Eile« hervor, mit dem dieser »entscheidende Schritt« der Vereidigung unternommen wurde. Aus der Fülle der Memoirenliteratur hierzu besonders wichtig: Röhricht, Pflicht und Gewissen, S. 75–79.
186 Hermann, Deutsche Militärgeschichte, S. 454 ff.
187 Zur Entwicklung der Eidesformel siehe Symbole und Zeremoniell, S. 86–91; auch Absolon, Die Wehrmacht im Dritten Reich, Bd I, S. 163–170.
188 Die Vergrößerung des Offizierkorps ist am Beispiel des Heeres beschrieben bei Schottelius/ Caspar, Die Organisation des Heeres, S. 366–374, zur politischen Einstellung der Neuzugänge insbesondere S. 372.
189 Karst, Bild des Soldaten, S. 249.
190 Güth, Die Organisation der deutschen Marine, S. 327–330.
191 Raeder, Mein Leben, S. 294 f., 306 f.
192 Dienstkenntnis, Abschnitt VII.
193 Sorge, Der Marineoffizier. Außerdem: Sorge, Menschenführung an Bord, S. 183 ff. Sorge hatte das Buch bereits im Winter 1932/33 geschrieben. Nachdem bereits 30 000 Exemplare des Bandes ausgeliefert waren, wurde 1944 ein weiterer Druck des Buches mit der Begründung verboten, es stehe auf humanistischer, nicht auf nationalsozialistischer Grundlage.
194 Busch, Traditionshandbuch, S. 51–146.
195 Symbole und Zeremoniell, S. 78–80; außerdem Salewski, Skagerrak, S. 115.
196 Busch, Traditionshandbuch, S. 212–215. Die bei Busch aufgeführten Namen bis Z 16 betrafen zunächst nur gefallene Offiziere. Die im Kriege gebauten Zerstörer erhielten neben ihrer Nummer keine eigenen Namen.
197 Schmalenbach, Kreuzer Prinz Eugen, S. 29.
198 Köhler/Hummel, Die Organisation der Luftwaffe, S. 501 ff.
199 Boog, Die deutsche Luftwaffenführung, S. 530.
200 Tschoeltsch, Die Tradition der Luftwaffe, S. 104–111.
201 Ebd., S. 105 f. Die übernommenen Geschwader befanden sich vorher im Deutschen Luftsportverband (gegründet im Mai 1933) in Ausbildung.
202 Boog, Die deutsche Luftwaffenführung, S. 364.

203 Text des Erlasses in: Offiziere im Bild von Dokumenten, S. 260–262. Bemerkenswert an dem Erlaß ist neben der politischen Tendenz jedoch auch die Forderung, moderne Methoden der Menschenführung anzuwenden. Allerdings wurden diese Grundsätze von dem Gedankengut der Volksgemeinschaft und Kameradschaft abgeleitet, während ähnliche Grundsätze der Inneren Führung weit umfassender auf den Gedanken von Menschenrecht und Menschenwürde beruhen.

204 Einführung Kielmansegg zu Messerschmidt, Die Wehrmacht im NS-Staat, S. XI.

205 Manstein, Aus einem Soldatenleben, S. 226 ff. Manstein war damals Chef der Operationsabteilung des Generalstabs, seine Ausführungen entsprechen auch den Erkenntnissen aus den Aktenbeständen. Ebenso Schottelius/Caspar, Die Organisation des Heeres, S. 389 ff.

206 Diese Rede und die anderen Ansprachen während der Veranstaltung sind wiedergegeben in: Wissen und Wehr, 15. Jg. 1935, S. 741 ff. Über die Veranstaltung u. a. Müller, Heer und Hitler, S. 222, und Schottelius/Caspar, Die Organisation des Heeres, S. 364.

207 Müller, Heer und Hitler, S. 222 f.

208 Einführung Kielmansegg zu Messerschmidt, Die Wehrmacht im NS-Staat, S. VII und VIII, außerdem bemerkt Messerschmidt selbst (S. 207), das neue Soldatenbild der Blomberg-Ära konnte »auf der unteren Ebene, in den Einheiten [. . .] bei weitem nicht überall Anerkennung finden«, oder (S. 474) ähnliches über den Nutzeffekt des späteren Aufwands der NS-Führungsoffiziere.

209 Messerschmidt, Die Wehrmacht im NS-Staat, S. 281; außerdem: Nittner, Menschenführung im Heer, S. 167 f.

210 So Haffner, Anmerkungen zu Hitler, S. 59.

211 Die Veranstaltung ist dargestellt u. a. bei Müller, Heer und Hitler, S. 158 f.; Messerschmidt, Die Wehrmacht im NS-Staat, S. 81.

212 Die ausführlichste neuere Darstellung hierzu: Deutsch, Komplott. Außerdem Salewski, Die bewaffnete Macht, S. 193–209.

213 Zit. bei Müller, Heer und Hitler, S. 655.

214 Halder, Hitler als Feldherr, S. 63.

215 Deutsch, Komplott, S. 44.

216 Messerschmidt, Die Wehrmacht im NS-Staat, S. 171–199; Messerschmidt, Aspekte der Militärseelsorgepolitik, S. 63–105; Messerschmidt, Zur Militärseelsorgepolitik, S. 37–85; Schübel, 300 Jahre evangelische Soldatenseelsorge. Zur katholischen Militärseelsorge: Missala, Für Volk und Vaterland.

217 Siehe oben, Beitrag Ottmer, S. 175 f.

218 Zit. in: Gott läßt sich nicht spotten, S. 126.

219 Ebd., S. 92; über den katholischen Feldbischof Rarkowski siehe Missala, Für Volk und Vaterland, S. 73–92.

220 Gott läßt sich nicht spotten, S. 26.

221 Ebd., S. 104.

222 Paul, Das Potsdamer Infanterie-Regiment 9, S. 104 f.

223 Manstein, Aus einem Soldatenleben, S. 325 ff. Außerdem zur Übernahme des Bundesheeres: Schottelius/Caspar, Organisation des Heeres, S. 308–311, Literaturangaben S. 611.

224 Absolon, Die Wehrmacht im Dritten Reich, Bd IV, S. 305.

225 Praun, Soldat, S. 100.

226 Schmalenbach, Kreuzer Prinz Eugen, S. 29 f.

227 Deutscher Soldatenkalender, S. 79 f. Dieser jährlich im Schild Verlag München erscheinende Band mit zahlreichen Artikeln und Bildern zur Erinnerung an Jahrestage ist eine Fundgrube für Details über deutsche Militärtradition.

228 Schimak, Die 44. Infanteriedivision.

229 Offiziere im Bild von Dokumenten, S. 274.

230 Ebd., S. 277–282 einige weitere Erlasse, außerdem die Erlasse Brauchitschs im Vorfeld des Ostfeldzuges. Eine Gesamtwertung der Erlasse des Oberbefehlshabers des Heeres steht noch aus, sie müßte aus dem Zusammenhang der erhaltenen Aktenbestände die Entstehung der Texte untersuchen. So handelt es sich bei dem auf S. 281 f. zitierten Text zur weltanschaulichen Erziehung der Soldaten nur um eine Anlage zu einer sehr umfangreichen Ausbildungsanweisung vom 7. 10. 1940.

231 Manstein, Aus einem Soldatenleben, S. 243. Guderian trug gern demonstrativ die besondere schwarze Dienstuniform der Panzertruppe.
232 Spaeter, Die Geschichte des Panzerkorps Großdeutschland.
233 Siehe Zeitschrift »Feldgrau«, Jg. 1955, S. 155 und Jg. 1957, S. 184. Die 13. Panzerdivision erhielt 1944 den Namen »FHH 2«.
234 Köhler/Hummel, Die Organisation der Luftwaffe, S. 543.
235 Schottelius/Caspar, Organisation des Heeres, S. 360–364.
236 Hierzu Höhne, Der Orden unter dem Totenkopf, S. 404 ff.; Wegner, Hitlers politische Soldaten, S. 164 f., 183 f., 192 f., 253.
237 Höhne, Der Orden unter dem Totenkopf, S. 427. Andererseits »hielt« sich der Generalfeldmarschall Model einen SS-Offizier als Adjutanten – eine Besonderheit, die von der Mehrzahl der Heeresoffiziere keineswegs beifällig aufgenommen wurde.
238 So der Titel der Memoiren des SS-Oberstgruppenführers Paul Hausser.
239 Siehe Symbole und Zeremoniell, S. 60 f., 172.
240 Deutschland im Kampf, 1. Septemberlieferung 1939, S. 4.
241 Domarus, Hitler, Bd II, bringt Auszüge aus den Reden und schildert den Ablauf der Veranstaltungen vom 18. 1. 1939; 24. 1., 3. 5. und 18. 12. 1940; 29. 4. 1941; 15. 2., 30. 5., 28. 9. 1942 sowie vom 20. 11. 1943 (S. 1005, 1039, 1447, 1498, 1638, 1694, 1841, 1886, 1912, 1958, 2060). Am 18. 12. 1942 ließ sich Hitler durch Göring vertreten. Auch bei Thies, Architekt, S. 112–128, werden Hitlers Reden vor jungen Offizieren analysiert. Dabei werden jedoch die Reden vor älteren Zielgruppen, z. B. Generalen, einbezogen.
242 Domarus, Hitler, Bd II, S. 1638 (16. 12. 1940).
243 Ebd., S. 1886 f. Diese Rede wurde (allerdings ohne den sprachlich falschen Superlativ) in einer späteren Auflage von Picker, Hitlers Tischgespräche (S. 451 ff.), vollständig veröffentlicht.
244 So Salewski, Die bewaffnete Macht, S. 124. Für die Beurteilung von diesem hier nur angedeuteten Wandel ist selbstverständlich die umfangreiche Literatur über die Kriegslage 1940/41 heranzuziehen.
245 Schreiber, Revisionismus und Weltmachtstreben, S. 381 f., Zitate S. 387 und 389.
246 Speer, Erinnerungen, S. 148. – Zu Hitlers Bauplänen u. a. auch Thieß, Architekt, S. 62–104.
247 Müller, Heer und Hitler, S. 423–470.
248 Messerschmidt, Die Wehrmacht im NS-Staat, S. 394.
249 Müller, Heer und Hitler, S. 439 ff.
250 Ebd., S. 675.
251 BA R 49, Reichskommissar für die Festigung des deutschen Volkstums, Bestand Warthegau.
252 Meier-Welcker, Aufzeichnungen.
253 Groscurth, Tagebücher; Generalfeldmarschall Wilhelm Ritter von Leeb; Halder, Kriegstagebuch.
254 Kielmansegg, Einleitung zu Messerschmidt, Die Wehrmacht im NS-Staat, S. IX.
255 Eine Auswahl von völkerrechtswidrigen oder inhumanen Weisungen wurde von Jacobsen, 1939–1945, veröffentlicht. Dieser benutzte Begriff sagt etwa dasselbe aus, was auch Heinz Karst, Bild des Soldaten (zit. oben, S. 274), feststellte: Es war eben nicht die Tradition, die zur Inhumanität führte.
256 Meier-Welcker, Aufzeichnungen, z. B. S. 151, zeigt seine besondere Hochachtung gegenüber den russischen Menschen auf – eine verbreitete Haltung, die mit zahlreichen Berichten der damaligen Soldaten zu belegen ist.
257 Das Deutsche Reich und der Zweite Weltkrieg, Bd 4. Mit den hier erörterten Fragen befaßten sich vor allem die Beiträge von Joachim Hoffmann und Ernst Klink, deren Erkenntnisse jedoch von anderen beteiligten Autoren wie Jürgen Förster und Rolf-Dieter Müller durch gegenteilige Auffassungen zurückgewiesen wurden.
258 Streit, Keine Kameraden.
259 Eine ähnliche Arbeit von Streim, Die Behandlung sowjetischer Kriegsgefangener, gelangte zu weitaus geringeren Verlustzahlen bei den sowjetischen Kriegsgefangenen in deutschem Gewahrsam. Hoffmann, Die Kriegführung aus der Sicht der Sowjetunion, kam zu nochmals geringeren Zahlen (S. 730). Letztlich geht es aber nicht um eine Diskussion über die nach wie vor ungeheuerliche Anzahl von Todesopfern, sondern um eine gerechte Wertung der Schuldfrage und um Verständnis für die außergewöhnliche militärische Lage im Herbst 1941, in der

Tausende von sowjetischen Soldaten in einem Zustand in deutsche Gefangenschaft gerieten, aus dem sie nur durch sofortige klinische Behandlung zu retten gewesen wären – wie Streit, Keine Kameraden, selbst zugibt (S. 158). Nochmals: Mit dieser Kritik sollen keine deutschen Kriegsverbrechen bemäntelt und völkerrechtswidrige Verhaltensweisen von Soldaten abgestritten werden. Wie die damaligen Ungeheuerlichkeiten geschildert werden können, ohne durch einseitige Aussagen Emotionen bei den früheren Frontsoldaten auszulösen, zeigt die Darstellung von Haffner, Anmerkungen zu Hitler, S. 121–141.

260 Diese pauschale Ablehnung wird u. a. in der Einleitung zu dem Band »Unternehmen Barbarossa«, S. 24, ausgesprochen. Deshalb wird in diesem Zusammenhang hierzu Stellung genommen.

261 Die beiden umfassendsten Darstellungen des deutschen militärischen Widerstandes sind noch immer: Hoffmann, Widerstand, Staatsstreich, Attentat; Zeller, Geist der Freiheit. Außerdem: Aufstand des Gewissens. Einen neuen Überblick über die gesamte Literatur zum Widerstand gibt Altgeld, Zur Geschichte der Widerstandsforschung. Über die positive Beurteilung des Widerstands besteht in der Literatur eine weitgehende Übereinstimmung. Der am häufigsten zu findende Einwand, viele Persönlichkeiten seien keine Demokraten gewesen und hätten eine ständestaatliche Struktur angestrebt, ist historisch irrelevant, da für die Jahre vor 1944 noch eine lebendige Erinnerung an das Nichtfunktionieren der parlamentarischen Demokratie in Deutschland zwischen 1929 und 1933 anerkannt werden muß und ein Umsturz auch bei seinem Gelingen erst nach einer Übergangsperiode zum modernen Verfassungsstaat hätte führen können.

262 Siehe Tradition und Reform, S. 73–76 ff. und 110–115 ff.

263 Eine Erläuterung und Dokumentation hierzu gibt Besson, Zur Geschichte des Nationalsozialistischen Führungsoffiziers, S. 76–116. Außerdem Nittner, Menschenführung im Heer, S. 170 ff., und Messerschmidt, Die Wehrmacht im NS-Staat, S. 329 ff. und 441 ff.

264 Messerschmidt, Die Wehrmacht im NS-Staat, und die Studie von Creveld, Fighting Power, S. 99 ff.

265 Schörken, Luftwaffenhelfer und Drittes Reich, besonders S. 182, 194 f., 219, 230.

266 Nachdenklich stimmende negative Beispiele bringt die sorgfältig erarbeitete Darstellung von Meyer, Zur Situation, S. 584–595, besonders S. 592 und 594.

267 Schweling, Die deutsche Militärjustiz, S. 155, 273 f., sowie Messerschmidt, Deutsche Militärgerichtsbarkeit, S. 113, stimmen trotz vieler kontroverser Auffassungen in der Schätzung von mehr als 10 000 gegen deutsche Soldaten bis Mitte 1944 ausgesprochener Todesurteile überein. Nach Messerschmidt wurden davon 89 Prozent vollstreckt, Schweling vermutet einen geringeren Vollstreckungsanteil.

268 Beispiele dazu bei: Steinert, Hitlers Krieg, S. 546 ff.

269 Meyer, Zur Situation, S. 597; ebd. mehrere andere, entsprechende Beispiele.

270 In diesem Sinn sind die Leistungen der Kriegsmarine bei Evakuierungsfahrten über die Ostsee und die Operationen der Armee Wenck westlich Berlins hervorzuheben.

271 Haffner, Anmerkungen zu Hitler, S. 153 f.; Steinert, Hitlers Krieg, S. 575 ff.

272 Hansen, Das Ende des Dritten Reiches, S. 200. Außerdem: Steinert, Die 23 Tage der Regierung Dönitz.

273 Diese Hoffnung erfüllte sich jedoch nur für die Soldaten, die in alliierte Dienstgruppen eintraten. Zum Sonderfall von Generalmajor Gehlen – Fremde Heere Ost – siehe Meyer, Zur Situation, S. 684.

274 Beispiele hierzu zitiert Schwinge, Bilanz, S. 42–47. Außerdem: Creveld, Fighting Power, u. a. S. 187, und Karst, Kampagne, S. 19 f.

275 Zit. bei Schwinge, Bilanz, S. 19.

276 Meinecke, Die deutsche Katastrophe, S. 127.

277 Tradition und Reform, S. 10, und Symbole und Zeremoniell, S. 67 f.

278 Bundespräsident Heuss bat 1953 den mit ihm befreundeten Otto Geßler – den langjährigen Reichswehrminister – um ein Gutachten über die Kriegsauszeichnungen des Zweiten Weltkriegs (Geßler, Reichswehrpolitik, S. 94 f.). Vgl. Symbole und Zeremoniell, S. 62.

279 Siehe Tradition und Reform, S. 130 f.

280 Meinecke, Die deutsche Katastrophe, S. 156.

Abkürzungen

A.V. I.
Ausbildungsvorschrift für die Infanterie

BA
Bundesarchiv, Koblenz

BA-MA
Bundesarchiv-Militärarchiv, Freiburg

BMVg
Bundesministerium der Verteidigung

BVP
Bayerische Volkspartei

DDP
Deutsche Demokratische Partei

DDR
Deutsche Demokratische Republik

DNVP
Deutschnationale Volkspartei

DVP
Deutsche Volkspartei

F. u. G.
Führung und Gefecht

HDv
Heeresdienstvorschrift

HZ
Historische Zeitschrift

KPD
Kommunistische Partei Deutschlands

KZ
Konzentrationslager

MdR
Mitglied des Reichstages

MGFA
Militärgeschichtliches Forschungsamt,
Freiburg

MGM
Militärgeschichtliche Mitteilungen

N
Nachlaß

NATO
North Atlantic Treaty Organization

NS
Nationalsozialismus

NSDAP
Nationalsozialistische Deutsche
Arbeiterpartei

NSFO
Nationalsozialistischer Führungsoffizier

NVA
Nationale Volksarmee

RFB
Roter Frontkämpferbund

RT
Reichstag
S. auch: Verhandlungen des Reichstags

SA
Sturmabteilung

SAP
Sozialistische Arbeiterpartei

SBZ
Sowjetische Besatzungszone

Schufo
Schutzformationen

SPD
Sozialdemokratische Partei Deutschlands

SS
Schutzstaffel

TF
Truppenführung

USPD
Unabhängige Sozialdemokratische Partei
Deutschlands

VfZG
Vierteljahreshefte für Zeitgeschichte

WWR
Wehrwissenschaftliche Rundschau

Quellen und Literatur

Ungedruckte Quellen

1. Bundesarchiv Koblenz (BA)

R 43 I/685 Bericht des 40. Ausschusses zur Prüfung der Vorwürfe gegen die Reichswehr
R 49   Reichskommissar für die Festigung des deutschen Volkstums, Bestand War-
            thegau

2. Bundesarchiv-Militärarchiv (BA-MA)

Nachlaß Seeckt, N 247, Reichswehrgruppenkommando 2 Ia Nr. 1 000/664 A 1

3. Marineschule Mürwik

Merkblatt für Offiziere »Erziehungsfragen in der Reichsmarine«, Chef der Marineleitung
vom 1. 11. 1929 (unveröffentlichter Nachdruck der MSM 1978)

Literatur

Absolon, Rudolf, Die Wehrmacht im Dritten Reich, Bde I-IV, Boppard 1969–1979 (= Schriften
    des Bundesarchivs, 16, I-IV)
1806. Das preußische Offizierkorps und die Untersuchung der Kriegsereignisse. Hrsg. vom
    Großen Generalstabe, kriegsgeschichtliche Abt. 2, Berlin 1906
Allgemeine Deutsche Biographie, 44 Bde, Leipzig 1875–1898
Allmayer-Beck, Johann Christoph/Erich Lessing, Das Heer unter dem Doppeladler. Habsburgs
    Armeen, 1718–1848, München 1981
Allmayer-Beck, Johann Christoph/Erich Lessing, Die kaiserlichenKriegsvölker. Von Maximilian
    I. bis Prinz Eugen 1479–1718, München 1978
Altgeld, Wolfgang, Zur Geschichte der Widerstandsforschung. Überblick und Auswahlbiblio-
    graphie, in: 20. Juli. Portraits des Widerstandes. Hrsg. von Rudolf Lill und Heinrich
    Oberreuter, Düsseldorf, Wien 1984, S. 377–392
Angeli, Moritz Edlen v., siehe Erzherzog Carl
Archenholtz, Johann Wilhelm v., Geschichte des Siebenjährigen Krieges, Halle a. d. S. 1889
Arndt, Ernst Moritz, Katechismus für den deutschen Kriegs- und Wehrmann. Die deutsche
    Wehrmannschaft, Leipzig 1914
Aufsätze aus der Kriegskunst. Hrsg. von Friedrich Meinert, Halle 1800
Aufstand des Gewissens. Der militärische Widerstand gegen Hitler und das NS-Regime 1933–
    1945. Im Auftrag des Bundesministeriums der Verteidigung zur Wanderausstellung hrsg.
    vom Militärgeschichtlichen Forschungsamt, Herford 1984

Bayern 1813. Vaterländisches Gedenkbuch, München 1913

Bennecke, Heinrich, Hitler und die SA, München/Wien 1962

Berenhorst, Georg Heinrich v., Betrachtungen über die Kriegskunst, über ihre Fortschritte, ihre Widersprüche und ihre Zuverlässigkeit. Neudruck der 3. Auflage Leipzig 1827. Mit einer Einleitung von Eckardt Opitz, Osnabrück 1978 (= Bibliotheca rerum militarium, Bd 38)

Berghahn, Volker R., Der Stahlhelm. Bund der Frontsoldaten 1918–1935, Düsseldorf 1966 (= Beiträge zur Geschichte des Parlamentarismus und der politischen Parteien, Bd 33)

Besson, Waldemar, Zur Geschichte des Nationalsozialistischen Führungsoffiziers (NSFO), in: VfZG, 9. Jg 1961, S. 76–116

Beumelburg, Werner, Sperrfeuer um Deutschland, Oldenburg/Berlin 1929

Beyerlein, Franz Adam, Jedan oder Sedan?, Berlin ³1903

Bleckwenn, Hans, Brandenburg-Preußens Heer 1640–1807, Osnabrück 1978 (= Das Altpreußische Heer, Teil 8, Bd 2)

Boog, Horst, Die deutsche Luftwaffenführung 1935–1945. Führungsprobleme, Spitzengliederung, Generalstabsausbildung, Stuttgart 1982 (= Beiträge zur Militär- und Kriegsgeschichte, Bd 21)

Bosl, Karl, Die Grundlagen der modernen Gesellschaft im Mittelalter. Eine deutsche Gesellschaftsgeschichte des Mittelalters, 2 Teile, Stuttgart 1972

Bradley, Dermot, Generaloberst Heinz Guderian und die Entstehungsgeschichte des modernen Blitzkrieges, Osnabrück 1978 (= Studien zur Militärgeschichte, Militärwissenschaft und Konfliktforschung, Bd 16)

Braubach, Max, Von der Französischen Revolution bis zum Wiener Kongreß, in: B. Gebhardt, Handbuch der Deutschen Geschichte, Bd 3, Stuttgart ⁹1973, S. 2–96

Broucek, Peter, Der Geburtstag der Monarchie. Die Schlacht bei Kolin, Wien 1982

Bülow, Heinrich Dietrich Frhr v., Geist des neuern Kriegssystems hergeleitet aus dem Grundsatz einer Basis der Operationen, auch für die Laien in der Kriegskunst. Faßlich vorgetragen von einem ehemaligen Preußischen Offizier, Hamburg 1799 (damals anonym erschienen)

Bülow, Heinrich Dietrich v., Militärische und vermischte Schriften, siehe: Militärische und verm. Schriften

Büsch, Otto, Militärsystem und Sozialleben im alten Preußen 1713–1807. Die Anfänge der sozialen Militarisierung der preußisch-deutschen Gesellschaft, Frankfurt 1981 (= Ullstein-Buch Nr. 35082)

Busch, Fritz Otto, Traditionshandbuch der Kriegsmarine, München 1937

Carl von Clausewitz. Schriften – Aufsätze – Studien – Briefe. Dokumente aus dem Clausewitz-Scharnhorst- und Gneisenau-Nachlaß sowie aus öffentlichen und privaten Sammlungen. Hrsg. von Werner Hahlweg. Mit einem Vorwort von Karl Dietrich Erdmann. Erster Band, Göttingen 1966 (= Deutsche Geschichtsquellen des 19. und 20. Jahrhunderts, Bd 45)

Carsten, Francis L., Reichswehr und Politik 1918–1933, Köln 1964

Churbaierische Infanterie-Instruction und Dienstreglements. Erster und fünfter Theil, München 1774

Creveld, Martin Levi van, Fighting Power. German and U. S. Army performance, 1939–1945, Westport, Conn. 1982 (= Contributions in military history. 32)

Criste, Oskar, Erzherzog Carl von Österreich. Ein Lebensbild im Auftrage seiner Enkel, der Herren Erzherzoge Friedrich und Eugen, 3 Bde, Wien/Leipzig 1912

Cysarz, Herbert, Zur Geistesgeschichte der Weltkriege, Bern–Frankfurt 1973

Delbrück, Hans, siehe: Das Leben des Feldmarschalls Grafen Neithardt von Gneisenau

Demeter, Hanns, Die Pflege der Traditionen der alten Armee im Reichsheer und in der Wehrmacht, in: Feldgrau, Mitteilungen einer Arbeitsgemeinschaft, Sonderheft 7, Celle 1956

Demeter, Karl, Das deutsche Offizierkorps in Gesellschaft und Staat 1650–1945, Berlin 1953

Demeter, Karl, Das Reichsarchiv. Tatsachen und Personen, Frankfurt 1969

Denkwürdigkeiten aus dem Leben des General-Feldmarschalls Kriegsministers Grafen von Roon. Sammlungen von Briefen, Schriftstücken und Erinnerungen, 3 Bde, 4. ber. und verm. Aufl. Breslau 1897

Deutsch, Harold C., Das Komplott oder die Entmachtung der Generale. Blomberg- und Fritsch-Krise, Hitlers Weg zum Krieg, Eichstädt 1974

Deutsche Heeresgeschichte. Hrsg. von Karl Linnebach, Hamburg 1935

Das Deutsche Reich und der Zweite Weltkrieg. Hrsg. vom Militärgeschichtlichen Forschungs-
  amt:
  Bd 1: Ursachen und Voraussetzungen der deutschen Kriegspolitik. Von Wilhelm Deist,
  Manfred Messerschmidt, Hans-Erich Volkmann, Wolfram Wette, Stuttgart 1979;
  Bd 4: Der Angriff auf die Sowjetunion. Von Horst Boog, Jürgen Förster, Joachim Hoff-
  mann, Ernst Klink, Rolf-Dieter Müller, Gerd R. Ueberschär, Stuttgart 1983
Deutscher Soldatenkalender 1961, 9. Jahrbuch, München 1960
Deutschland im Kampf. Hrsg. von A. J. Berndt und Hasso v. Wedel, Bd 1, Berlin 1939
Dienstkenntnis. Leitfaden für den Unterricht an der Marineschule. Bearbeitet an der Marine-
  schule Mürwik, Berlin 1938–1941
Domarus, Max, Hitler. Reden und Proklamationen 1932–1945, kommentiert von einem deut-
  schen Zeitgenossen, Bd 2: Untergang (1939–1945), Würzburg 1963
Droysen, Johann Gustav, Das Leben des Feldmarschalls Grafen York von Wartenburg, 3 Bde,
  Berlin 1851/52
Duby, Georges, Krieger und Bauern. Die Entwicklung von Wirtschaft und Gesellschaft im
  frühen Mittelalter, Frankfurt a. M. 1977
Dülffer, Jost, Die Reichs- und Kriegsmarine 1918–1939, in: Handbuch zur deutschen Militärge-
  schichte, Bd 5, Abschn. VIII, S. 337–488
Eckert, Georg, Von Valmy bis Leipzig. Quellen und Dokumente zur Geschichte der preußischen
  Heeresreform, Hannover/Frankfurt a. M. 1955
Ehlers, Hermann, Gedanken zur Zeit, Stuttgart ²1955
Endres, Franz Carl, Soziologische Struktur und ihre entsprechenden Ideologien des deutschen
  Offizierkorps vor dem Weltkriege, in: Archiv für Sozialwissenschaften und Sozialpolitik,
  Bd 58 (1927)
Endres, K., Ritter v., Abriß der Bayerischen Heeresgeschichte von 907–1902, München 1903
Erfurth, Waldemar, Die Geschichte des deutschen Generalstabes 1918 bis 1945, Göttingen 1957
  (= Studien zur Geschichte des zweiten Weltkrieges, Bd 1)
Erger, Johannes, Der Kapp-Lüttwitz-Putsch. Ein Beitrag zur deutschen Innenpolitik 1919/20,
  Düsseldorf 1967 (= Beiträge zur Geschichte des Parlamentarismus und der politischen
  Parteien, Bd 35)
Erzherzog Carl von Österreich als Feldherr und Heeresorganisator. Nach österreichischen Ori-
  ginalacten dargestellt von Moritz Edlen von Angeli, 5 Bde, Wien und Leipzig 1896–97
Felddienst-Ordnung, Berlin 1887
Fest, Joachim, Hitler. Eine Biographie, Frankfurt, Berlin, Wien ⁴1973
Flemming, Hannß Friedrich v., Der vollkommene Teutsche Soldat. Faksimiledruck der Ausgabe
  1726 mit einer Einleitung von W. Hummelberger, Osnabrück 1967 (= Bibliotheca rerum
  militarium, Bd 1)
Flex, Walter, Der Wanderer zwischen beiden Welten. Ein Kriegserlebnis, München ⁵1917
Foertsch, Hermann, Schuld und Verhängnis. Die Fritsch-Krise im Frühjahr 1938 als Wende-
  punkt in der nationalsozialistischen Zeit, Stuttgart 1951
Foertsch, Hermann, Die Wehrmacht im nationalsozialistischen Staat, Hamburg 1935
Franz, Eugen, Das bayerische Heer von Kurfürst Maximilian I. bis zum Jahre 1866, in: Deutsche
  Heeresgeschichte, S. 193–245
Frauenholz, Eugen v., Die Eingliederung von Heer und Volk in den Staat Bayern 1597–1815, in:
  Münchner Historische Abhandlungen, Zweite Reihe, H. 14 (1940)
Frauenholz, Eugen v., Entwicklungsgeschichte des deutschen Heerwesens, 5 Bde, München
  1935–1941; Bd 4: Das Heerwesen in der Zeit des Absolutismus; Bd 5: Das Heerwesen des
  XIX. Jahrhunderts
Frauenholz, Eugen v., Prinz Eugen und die Kaiserliche Armee, in: Münchener Historische
  Abhandlungen, Zweite Reihe, H. 1 (1952), S. 3–15
Führer, Karl, Der Deutsche Reichskriegerbund Kyffhäuser, 1930–1934. Politik, Ideologie und
  Funktion eines »unpolitischen« Verbandes, in: MGM 2/84, S. 57–76
Fricdcl, Alois, Dcutschc Staatssymbolc, Hcrkunft und Bcdcutung dcr politischcn Symbolik in
  Deutschland, Frankfurt 1968
Gembruch, Werner, Menschenführung im preußischen Heer von Friedrich dem Großen bis 1806,
  in: Menschenführung im Heer, S. 41–61
Generalfeldmarschall Wilhelm Ritter von Leeb. Tagebuchaufzeichnungen und Lagebeurteilun-

gen aus zwei Weltkriegen. Hrsg. von Georg Meyer, Stuttgart 1976 (= Beiträge zur Militär-
und Kriegsgeschichte, Bd 16)

Geßler, Otto, Reichswehrpolitik in der Weimarer Zeit, Stuttgart 1958

Goebbels, Joseph, Vom Kaiserhof zur Reichskanzlei. Historische Darstellung in Tagebuchblättern, München ⁸1934

Goltz, Colmar v. d., Von Roßbach bis Jena und Auerstedt. Ein Beitrag zur Geschichte des
preußischen Heeres, Berlin 1901

Gott läßt sich nicht spotten. Franz Dohrmann, Feldbischof unter Hitler. Hrsg. von Hermann
Kunst, Hannover 1983

Granier, Hermann, Die Franzosen in Berlin 1806–1808 in: Hohenzollernjahrbuch. Forschungen
und Abbildungen zur Geschichte der Hohenzollern in Brandenburg-Preußen. Hrsg. von
Paul Seidel, 9. Jg. Berlin, Leipzig 1905, S. 1–43

Graus, Frantisek, Lebendige Vergangenheit, Überlieferung im Mittelalter und in den Vorstellungen vom Mittelalter, Köln 1975

Graus, Frantisek, Über die sogenannte germanische Treue, in: Historica I, Praha 1959, S. 71 bis
121

Groscurth, Helmuth, Tagebücher eines Abwehroffiziers 1938–1940. Mit weiteren Dokumenten
zur Militäropposition gegen Hitler. Hrsg. von Helmut Krausnick und Harold C. Deutsch
unter Mitarbeit von Hildegard v. Kotze, Stuttgart 1970 (= Quellen und Darstellungen zur
Zeitgeschichte, Bd 19)

Gruber, Johann Sebastian, Die heutige, neue, vollkommene Kriegs-Disziplin . . ., Frankfurt und
Leipzig 1702

Güth, Rolf, Die Organisation der deutschen Marine in Krieg und Frieden 1913–1933, in:
Handbuch zur deutschen Militärgeschichte, Bd 5, Abschn. VIII, S. 263–336

Haffner, Sebastian, Anmerkungen zu Hitler, Hamburg 1981 (= Fischer Taschenbuch)

Haffner, Sebastian, Preußen ohne Legende, Hamburg ³1979

Haffner, Sebastian, Die sieben Todsünden des Deutschen Reiches im Ersten Weltkrieg, Bergisch
Gladbach ²1981

Halder, Franz, Hitler als Feldherr, München 1949

Halder, Franz, Kriegstagebuch. Tägliche Aufzeichnungen des Chefs des Generalstabes des
Heeres, 1939 bis 1942. Hrsg. vom Arbeitskreis für Wehrforschung, Bd III: Der Rußlandfeldzug bis zum Marsch auf Stalingrad, Stuttgart 1964

Handbuch der deutschen Wirtschafts- und Sozialgeschichte, Hrsg. von Hermann Aubin und
Wolfgang Zorn, Bd 2: Das 19. und 20. Jahrhundert, Stuttgart 1976

Handbuch für den Generalstabsdienst im Kriege, Teil I, Berlin 1939 (= H. D. v. g 92)

Handbuch für Heer und Flotte. Enzyklopädie der Kriegswissenschaften und verwandten Gebiete. Hrsg. von Georg Alten, Bd 2, Berlin, Leipzig, Wien, Stuttgart 1909

Handbuch zur deutschen Militärgeschichte 1648–1939. Hrsg. vom Militärgeschichtlichen Forschungsamt, 6 Bde, München 1964–1981; Studienausgabe Herrsching 1983

Hansen, Ernst Willi, Zur Problematik einer Sozialgeschichte des Deutschen Militärs im 17. und
18. Jahrhundert, in: Zeitschrift für historische Forschung, H. 4 (1979), S. 425–460

Hansen, Reimer, Das Ende des Dritten Reiches. Die deutsche Kapitulation 1945, Stuttgart 1966
(= Kieler Historische Studien, Bd 2)

Harder, Hans-Joachim, Traditionspflege in der Bundeswehr 1956-1972, in: Tradition und Reform, S. 97–151

Hartung, Fritz, Deutsche Verfassungsgeschichte vom 15. Jahrhundert bis zur Gegenwart, Stuttgart ⁶1950

Hausser, Paul, Soldaten wie andere auch. Der Weg der Waffen-SS, Osnabrück 1966

Haußherr, Hans, Hardenbergs Reformdenkschrift Riga 1807, in: HZ 157 (1938), S. 267–308

Hecker, Gerhard, Walther Rathenau und sein Verhältnis zu Militär und Krieg, Boppard a. R.
1983 (= Wehrwissenschaftliche Forschungen. Abt. Militärgeschichtliche Studien, Bd 30)

Heeresverordnungsblatt. Hrsg vom Reichswehrministerium, Berlin, 2. Jg. 1920; 3. Jg. 1921; 4. Jg.
1922; 12. Jg. 1930

Hehl, Ernst Dieter, Kirche und Krieg im 12. Jahrhundert. Studien zu kanonischem Recht und
politischer Wirklichkeit, Stuttgart 1980 (= Monographien zur Geschichte des Mittelalters,
Bd 19)

Hermann, Karl Hans, Deutsche Militärgeschichte. Eine Einführung. Hrsg. im Auftrag des Arbeitskreises für Wehrforschung, Frankfurt ²1968

Herzfeld, Hans, Der Militarismus als Problem der neuen Geschichte, in: Schola, Jg. 1 (1946), H. 1, S. 41 f.

Herzfeld, Hans, Die moderne Welt 1789–1945, 1. Teil: Die Epoche der bürgerlichen Nationalstaaten 1789–1890, 2. neubearb. Aufl. Braunschweig 1957

Hesse, Kurt, Die soldatische Tradition. Zeugnisse deutschen Soldatentums aus fünf Jahrhunderten, Frankfurt a. M. 1940

Hiller v. Gaertringen, Friedrich Frhr., »Dolchstoß«-Diskussion und »Dolchstoßlegende« im Wandel von vier Jahrzehnten, in: Aus Politik und Zeitgeschichte, Beilage der Wochenzeitung Das Parlament, 1963, 16, S. 25–28

Hiller v. Gaertringen, Friedrich Frhr., Militärgeschichte in Deutschland von 1918 bis 1945, in: Militärgeschichte in Deutschland und Österreich, S. 108–133

Hiller v. Gaertringen, Friedrich Frhr., Zur Beurteilung des »Monarchismus« in der Weimarer Republik, in: Tradition und Reform in der deutschen Politik. Gedenkschrift für Waldemar Besson, Frankfurt 1976, S. 138–186

Hitler, Adolf, Mein Kampf, München 1925

Hitler, Adolf, Reichswehr und deutsche Politik, in: Militärwissenschaftliche Rundschau. Hrsg. vom OKW, H. 1/1944, S. 3–8

Höhn, Reinhard, Die Armee als Erziehungsschule der Nation. Das Ende einer Idee, Bad Harburg 1963

Höhn, Reinhard, Revolution. Heer. Kriegsbild, Darmstadt 1944

Höhn, Reinhard, Scharnhorsts Vermächtnis, Bonn 1952

Höhne, Heinz, Der Orden unter dem Totenkopf. Die Geschichte der SS, Gütersloh 1967

Hoffmann, Joachim, Die Kriegführung aus der Sicht der Sowjetunion, in: Das Deutsche Reich und der Zweite Weltkrieg, Bd 4, S. 713–809

Hoffmann, Peter, Widerstand, Staatsstreich Attentat. Der Kampf der Opposition gegen Hitler, München ³1979

Hoßbach, Friedrich, Zwischen Wehrmacht und Hitler 1934–1938, Göttingen ²1965

Howard, Michael, Der Krieg in der europäischen Geschichte. Vom Ritterheer zur Atomstreitmacht, München 1981

Hubatsch, Walther, Tradition und Neuordnung in der politischen Selbstbesinnung in Deutschland nach dem Dreißigjährigen Kriege, in: Mensch und Staat in Recht und Geschichte. Festschrift für Herbert Kraus, Kitzingen 1954

Huber, Ernst Rudolf, Deutsche Verfassungsgeschichte seit 1789, Bd 1: Reform und Restauration 1789 bis 1830, Stuttgart 1957

Huber, Ernst Rudolf, Dokumente zur deutschen Verfassungsgeschichte, Bd 1: Deutsche Verfassungsdokumente 1803–1850, Stuttgart 1961 (= Quellen zum Staatsrecht der Neuzeit)

Huizinga, Johan, Herbst des Mittelalters. Studien über Lebens- und Geistesformen des 14. und 15. Jahrhunderts in Frankreich und in den Niederlanden. Hrsg. von Kurt Köster, Stuttgart 1965

Jacobsen, Hans-Adolf, 1939–1945. Der Zweite Weltkrieg in Chronik und Dokumenten, Darmstadt 1959

Jäckel, Eberhard, Hitlers Weltanschauung. Entwurf einer Herrschaft, Tübingen 1969

Jähns, Max, Geschichte der Kriegswissenschaften vornehmlich in Deutschland. Hrsg. durch die historische Kommission bei der Königlichen Akademie der Wissenschaften, Bd 2: 17. und 18. Jahrhundert bis zum Auftreten Friedrichs des Großen 1740, München, Oldenbourg 1890 (= Geschichte der Wissenschaften in Deutschland. Neuere Zeit, Bd 21)

Jähns, Max, Zur Geschichte der Kriegsverfassung des Deutschen Reiches, in: Preußische Jahrbücher, 1877, Bd 39, H. 5, S. 443–490

Jovy, Michael, Jugendbewegung und Nationalsozialismus. Zusammenhänge und Gegensätze. Versuch einer Klärung, Münster 1984 (= Geschichte der Jugend, Bd 6)

Jünger, Ernst, In Stahlgewittern. Aus dem Tagebuch eines Stoßtruppführers, Berlin ¹¹1929

Jünger, Ernst, Der Kampf als inneres Erlebnis, Berlin ⁵1933 (1. Aufl. 1922)

Das Kaiserliche Deutschland. Politik und Gesellschaft 1879–1918. Hrsg. von Michael Stürmer, Düsseldorf 1970

Karst, Heinz, Das Bild des Soldaten. Versuch eines Umrisses, Boppard ²1964

316

Karst, Heinz, Kampagne gegen die Wehrmacht. Eine zweite Welle der »Entmilitarisierung« in: Criticón, Zweimonatsschrift, Nr. 87 Januar/Februar 1985, S. 19 f.

Karst, Heinz, Soldatische Tradition in geschichtsferner Gesellschaft? (= H. 6 der Schriften der Hermann-Ehlers-Gesellschaft, Kiel 1977)

Kayser, Walther, Marwitz. Ein Schicksalsbericht aus der Zeit der unvollendeten preußisch-deutschen Erhebung, Hamburg 1936

Kessel, Eberhard, Der deutsche Soldat in den stehenden Heeren des Absolutismus, in: Die deutsche Soldatenkunde, hrsg. von Bernhard Schwertfeger und Erich Otto Volkmann, Bd 1, Berlin 1937

Kessel, Eberhard, Moltke, Stuttgart 1957

Khevenhiller, Graf Ludwig v., Observations-Puncten. Worinnen im Ersten Theil gantz klärlich gezeigt wird, was ein jeder von Dragoner an, . . . zu verrichten habe. Dann im Zweyten Theil von Subordination, Gehorsam und Respect . . . gehandelt wird, Wienn 1734

Kielmansegg, Johann Adolf Graf v., Einführung des Herausgebers, in: Messerschmidt, Die Wehrmacht im NS-Staat, S. V-XII

Kirchhof, Hans Wilhelm, Militaris Disciplina. Kritische Ausgabe. Hrsg. von Bodo Gotzkowsky, Stuttgart 1976

Köhler, Karl/Karl-Heinz Hummel, Die Organisation der Luftwaffe 1933-1939, in: Handbuch zur deutschen Militärgeschichte, Bd 4, Abschn. VII, S. 501–579

Köppen, Edlef, Heeresbericht, Berlin 1930

Kompendium über Militärrecht. Hrsg. vom Königlich Preußischen Kriegsministerium, Berlin 1910

Konferenzen und Verträge. Vertrags-Ploetz. Ein Handbuch geschichtlich bedeutsamer Zusammenkünfte und Vereinbarungen, Teil II, Bd 3: Neuere Zeit 1492–1914. Bearb. von Helmut K. G. Rönnefarth, 2. erw. und veränderte Aufl. Würzburg 1958

Koselleck, Reinhart, Kriegerdenkmale als Identitätsstiftungen der Überlebenden, in: Identität. Hrsg. von Odo Marquard und Karlheinz Stierle, München 1979, S. 255–276 (= Poetik und Hermeneutik, VIII)

Koser, Reinhold, Geschichte Friedrichs des Großen, Bd 2, 6. und 7. Auflage, Berlin 1925

Krafft, Karl (Major), Dienst und Leben des jungen Infanterie-Offiziers. Ein Lern- und Lesebuch, Berlin 1914

Krieg 1809. Nach den Feldakten und anderen authentischen Quellen bearbeitet in der kriegsgeschichtlichen Abteilung des k. und k. Kriegsarchivs, 4 Bde, Wien 1908–1910

Der Krieg zur See 1914–1918. Hrsg. vom Marinearchiv, später kriegswissenschaftliche Abteilung der Marine, Berlin 1920–1938

Kriegserlebnis. Der Erste Weltkrieg in der literarischen Gestaltung und symbolischen Deutung der Nationen. Hrsg. von Klaus Vondung, Göttingen 1980

Die Kriegsgesetze oder Verhaltungen für die sämmtliche Kayserliche Königliche Armee, in den Feldzügen des letzten Dezenniums des 18. Jahrhunderts, Frankfurt u. Leipzig 1794 (= Das Österreichische Militär betreffende Schriften, Bd 4)

Krüger, Norbert, Adolf Hitlers Clausewitzkenntnis, in: WWR, 18. Jg. (1968), H. 8, S. 467–471

Kühn, Hugo, Das Wartburgfest am 18. Oktober 1817. Zeitgenössische Darstellungen, archivalische Akten und Urkunden, Weimar 1913

Das Leben des Feldmarschalls Grafen Neithardt von Gneisenau, Bd 1: G. H. Pertz: 1760–1810, Berlin 1864; Bd 3: G. H. Pertz: 8. Juni–31. December 1913, Berlin 1865; Bd 4: Hans Delbrück: 1814–1815, Berlin 1880

Lehmann, Max, Werbung, Wehrpflicht und Beurlaubung im Heere Friedrich Wilhelms I, in: HZ 67 (1891), S. 254–289

Lehmann, Max, Scharnhorst, Zweiter Teil: Seit dem Tilsiter Frieden, Leipzig 1887

Leyh, Max, Die Feldzüge des königlich bayerischen Heeres unter Max I. Joseph von 1805 bis 1815, München 1935 (= Geschichte des Bayerischen Heeres. Hrsg. vom Bayerischen Kriegsarchiv, Bd 6, 2. Teil, München 1935)

Linnebach, Karl, Karl und Maria Clausewitz. Ein Lebensbild in Briefen und Tagebuchblättern, Berlin 1917

Linnebach, Karl, König Friedrich Wilhelm I und Fürst Leopold I zu Anhalt-Dessau, Berlin 1907 (= Erzieher des Preußischen Heeres, Bd 2)

Lossow, Daniel Friedrich v., Denkwürdigkeiten zur Charakteristik der preußischen Armee, unter dem großen König Friedrich dem Zweiten. Aus dem Nachlasse eines alten preußischen Offiziers, Glogau 1826

Mann, Golo, Deutsche Geschichte des neunzehnten und zwanzigsten Jahrunderts, Frankfurt a. M. 1959

Manstein, Erich v., Aus einem Soldatenleben 1887–1939, Bonn 1958

Maria-Theresia, Beiträge zur Geschichte des Heerwesens ihrer Zeit, Graz Wien 1967 (= Schriften des Heeresgeschichtlichen Museums in Wien, Bd 3)

Marwitz, Friedrich August v. d., Aus dem Nachlasse Friedrich August Ludwigs von der Marwitz auf Friedersdorf, Bd 1: Lebensbeschreibung, Berlin 1852

Meier-Welcker, Hans, Aufzeichnungen eines Generalstabsoffiziers 1939–1942, Freiburg 1982 (= Einzelschriften zur militärischen Geschichte des Zweiten Weltkrieges, Bd 26)

Meier-Welcker, Hans, Seeckt, Frankfurt 1967

Meinecke, Friedrich, Die deutsche Katastrophe. Betrachtungen und Erinnerungen, Wiesbaden 1946, ³1947

Meinecke, Friedrich, Das Leben des Generalfeldmarschalls Hermann von Boyen, 2 Bde, Stuttgart 1896 und 1899

Meinert, Friedrich, Über den Krieg, die Kriegswissenschaften und die Kriegskunst. Für das Militär und solche, welche vom Kriegswesen unterrichtet sein wollen, Halle 1798

Menschenführung im Heer. Mit Beiträgen von Johann Christoph Allmayer-Beck, Werner Gembruch, Gunter Holzweißig, Manfred Messerschmidt, Georg Meyer, Ernst Nittner, Manfried Rauchensteiner, Hans Senn, Bruno Thoß, Herford, Bonn 1982 (= Vorträge zur Militärgeschichte, Bd 3)

Messerschmidt, Manfred, Aspekte der Militärseelsorgepolitik in nationalsozialistischer Zeit, in: MGM 1/1968, S. 63–105

Messerschmidt, Manfred, Deutsche Militärgerichtsbarkeit im Zweiten Weltkrieg, in: Die Freiheit des Anderen, Festschrift für Martin Hirsch. Hrsg. v. Hans Jochen Vogel, Helmut Simon, Adalbert Podlech, Baden-Baden 1981, S. 111–142

Messerschmidt, Manfred, Einführung in: Offiziere im Bild von Dokumenten, S. 11–104

Messerschmidt, Manfred, Die politische Geschichte der preußisch-deutschen Armee, in: Handbuch zur deutschen Militärgeschichte, Bd 2, Abschn. IV, S. 9–380

Messerschmidt, Manfred, Die Wehrmacht im NS-Staat. Zeit der Indoktrination, Hamburg 1969 (= Truppe und Verwaltung, Bd 16)

Messerschmidt, Manfred, Zur Militärseelsorgepolitik im Zweiten Weltkrieg, in: MGM 1/1969, S. 37–85

Meyer, Georg, Zur Situation der deutschen militärischen Führungsschicht im Vorfeld des westdeutschen Verteidigungsbeitrages 1945–1950/51, in: Anfänge westdeutscher Sicherheitspolitik 1945–1956. Bd 1: Von der Kapitulation bis zum Pleven-Plan. Von Roland G. Foerster, Christian Greiner, Georg Meyer, Hans-Jürgen Rautenberg und Norbert Wiggershaus, München 1982, S. 577–735

Meyer, Heinz, Geschichte der Reiterkrieger. Pferdebogner, Ritter und Kavalleristen, Mainz 1982

Militärgeschichte in Deutschland und Österreich vom 18. Jahrhundert bis in die Gegenwart. Mit Beiträgen von Johann Christoph Allmayer-Beck, Peter Broucek, Gerhard Heyl, Friedrich Frhr. Hiller v. Gaertringen, Friedhelm Klein, Manfried Rauchensteiner, Walter Rehm, Michael Salewski, Herford, Bonn 1985 (= Vorträge zur Militärgeschichte, Bd 6)

Militärische Schriften weiland Kaiser Wilhelms des Großen Majestät. Hrsg. vom Königlich Preußischen Kriegsministerium, 2 Bde, Berlin 1897

Militärische und vermischte Schriften von Heinrich Dietrich von Bülow. In einer Auswahl mit Bülow's Leben und einer kritischen Einleitung hrsg. von Eduard Bülow und Wilhelm Rüstow, Leipzig 1853

Militärwochenblatt, 110. Jahrgang, 1925, ungezeichneter Artikel, S. 184 f.

Missalla, Heinrich, Für Volk und Vaterland. Die kirchliche Kriegshilfe im Zweiten Weltkrieg, Königstein/Ts. 1978

Mohler, Armin, Die konservative Revolution in Deutschland 1918–1932, Darmstadt ²1972

Moltke, Helmuth Graf v., Gesammelte Schriften und Denkwürdigkeiten, 8 Bde, Berlin 1891–1893, Bd 4: Briefe an seine Mutter und an seine Brüder Adolf und Ludwig, Berlin ²1891

Mommsen, Hans, Fritz-Dietlof Graf von der Schulenburg und die preußische Tradition, in: VfZG 32 (1984), H. 2, S. 213–239

318

Mosse, Werner E., Die Krise der europäischen Bourgeoisie und das deutsche Judentum, in: Ders. (Hrsg.), Deutsches Judentum in Krieg und Revolution 1916–1923, Tübingen 1971 (= Schriftenreihe wissenschaftlicher Abhandlungen des Leo Baeck-Instituts, Bd 25)

Moulin Eckart, Richard Graf du, München und Wien. Eine Studie zur bayerischen Aufklärungspolitik (1800–1805), Ansbach u. Leipzig 1896 (= Forschungen zur Literaturgeschichte Bayerns, 4. Buch (4), Sonderabdruck aus dem 4. Buch. Hrsg. von Karl v. Reinhardstöttner)

Müller, George Friedrich, Königlich-Preußisches Kriegs-Recht oder vollständiger Innbegriff aller derjenigen publicirten Gesetze, Observantzen und Gewohnheiten, . . ., Berlin 1760

Müller, Klaus-Jürgen, Das Heer und Hitler. Armee und nationalsozialistisches Regime 1933–1940, Stuttgart 1969 (= Beiträge zur Militär- und Kriegsgeschichte, Bd 10)

Müller, Vincenz, Ich fand das wahre Vaterland. Hrsg. von Klaus Mammach, Berlin (Ost) 1963

Muff, Wolfgang, Soldat und Tradition, in: Wissen und Wehr, 10 (1929), S. 193–199

Mundt, Das 18. Infanterie-Regiment von 1921–1932, Detmold 1932

Neuestes Reglement für die sämmtliche Kaiserlich Königliche Kavallerie entworfen unter Aufsicht des Kaiserlich Königlichen General-Feldmarschall Grafen von Lascy, Frankfurt und Leipzig 1796 (= Das österreichische Militär betreffende Schriften, Bd 6)

Neustes Reglement für die sämmtliche Kaiserlich Königliche Kavallerie entworfen unter der Aufsicht des Kaiserlich-Königlichen General-Feldmarschalls Graf v. Lascy, Berlin 1786

Nicolai, Ferdinand Friedrich v., Versuch eines Grundrisses zur Bildung des Officiers, Ulm 1775

Nittner, Ernst, Menschenführung im Heer der Wehrmacht und im Zweiten Weltkrieg, in: Menschenführung im Heer, S. 139–182

Noske, Gustav, Erlebtes aus Aufstieg und Niedergang einer Demokratie, Offenbach 1947

O'Cahill, Der vollkommene Officier nach vorgeschlagenen Grundsätzen von . . . Frankenthal [2]1787

Oestreich, Gerhard, Soldatsbild, Heeresreform und Heeresgestaltung im Zeitalter des Absolutismus, in: Schicksalsfragen der Gegenwart. Handbuch politisch-historischer Bildung. Hrsg. vom Bundesministerium für Verteidigung. Innere Führung, Bd 1, Tübingen 1957, S. 295–321

Offiziere im Bild von Dokumenten aus drei Jahrhunderten. Hrsg. von Hans Meier-Welcker, Stuttgart 1964 (= Beiträge zur Militär- und Kriegsgeschichte, Bd 6)

Ortenburg, Georg, Mit Gott für König und Vaterland, München 1979 (= Das preußische Heer 1807–1914)

Paul, Wolfgang, Das Potsdamer Infanterie-Regiment 9 1918 bis 1945. Preußische Tradition in Krieg und Frieden, Osnabrück 1983

Papke, Gerhard, Von der Miliz zum Stehenden Heer. Wehrwesen im Absolutismus (= Handbuch zur deutschen Militärgeschichte, Bd 1, Abschn. I)

Pertz, H. G., siehe: Das Leben des Feldmarschalls Grafen Neithardt von Gneisenau

Pertz, H. G., Das Leben des Ministers Freiherr vom Stein, Bd 2, Berlin 1850

Petter, Wolfgang, Deutsche Flottenrüstung von Wallenstein bis Tirpitz, in: Handbuch zur deutschen Militärgeschichte, Bd 5, Abschn. VIII, S. 13–262

Picker, Henry, Hitlers Tischgespräche im Führerhauptquartier 1941–42, Bonn 1951

Picker, Henry, Hitlers Tischgespräche im Führerhauptquartier, Stuttgart 1977

Ploetz, A. G. (Hrsg.), Konferenzen und Verträge, siehe: Konferenzen und Verträge.

Politische Testamente der Hohenzollern. Hrsg. von Richard Dietrich, München 1981 (= dtv Dokumente 2929)

[Porbeck], Über die Ursachen der vielen Siege und des Kriegsglücks der Franzosen auf dem festen Lande in diesem Revolutionskriege . . ., in: Neue Belonna, Bd 1, Leipzig 1801, S. 385–406

Prager, Hans-Georg, Panzerschiff Deutschland. Schwerer Kreuzer Lützow. Ein Schiffs-Schicksal vor den Hintergründen seiner Zeit, Herford 1981

Praun, Albert, Soldat in der Telegraphen- und Nachrichtentruppe, Würzburg 1965

Preußische Militär-Gesetz-Sammlung bis zum Jahre 1835, Berlin und Elbing 1836

Prümm, Karl, Die Literatur des Soldatischen Nationalismus der 20er Jahre (1918–1933), Gruppenideologie und Epochenproblematik, Kronberg 1974 (= Theorie, Kritik, Geschichte, Bde 3/1, 3/2)

Publikationen aus den Preußischen Staatsarchiven, Bd 30, Leipzig 1887

Pütter, Johann Stephan, Historische Entwicklung der Verfassung des deutschen Reiches, zit. in: Jähns, Geschichte der Kriegsverfassung, S. 474

Rabenau, Friedrich v., Seeckt. Aus seinem Leben 1918–1936, Leipzig 1940

Raeder, Erich, Mein Leben, Bd 1: Bis zum Flottenabkommen mit England 1935, Tübingen 1956

Rahn, Werner, Reichsmarine und Landesverteidigung 1919–1928, Konzeption und Führung der Marine in der Weimarer Republik, München 1976

Reglement für die Kürassier- und Dragoner-Regimenter der Königlich-Preußischen Armee, Berlin 1796

Reglement für die Truppen von den Fürsten und Ständen des schwäbischen Kreises, Rastatt 1795

Reglement vor die Königl. Preußische Infanterie von 1726. Faksimiledruck der Ausgabe 1726. Einleitung von H. Bleckwenn, Osnabrück 1968 (= Bibliotheca rerum militarium, Bd 4)

Regulament und Ordnung des gesammten Kaiserlich-Königlichen Fuß-Volcks von 1749. Faksimiledruck der Originalausgabe. Mit einer Einleitung von Georg Ortenburg, Osnabrück 1969 (= Bibliotheca rerum militarium, Bd 17)

Reichsgesetzblatt. Hrsg. vom Reichsminister des Innern, Teil II, Berlin 1922 ff.

Reichswehrministerium, Chef der Heeresleitung, Ausbildungsvorschrift für die Infanterie (A. V. I.), HDv Nr. 130, H. I, Berlin 1922

Reichswehrministerium, Chef der Heeresleitung, Führung und Gefecht der verbundenen Waffen D. V. PC. Nr. 487, Berlin 1921

Reinhard, Marcel, Le Grand Carnot, Bd 2: L'organisateur de la Victoire 1792–1823, Paris 1950

Reizenstein, v. (Hauptmann), Über den wichtigen Einfluß des militärischen Geistes, der Disziplin und Subordination auf stehende Heere, in: Denkwürdigkeiten der militärischen Gesellschaft zu Berlin, Bd 2, Berlin 1803, S. 329–358; Neudruck der Ausgabe 1802–1805. Mit einer Einleitung von Joachim Niemeyer, 5 Bde, Osnabrück 1985 (= Bibliotheca rerum militarium, Bd 37)

Remarque, Erich Maria, Im Westen nichts Neues, Berlin 1929

Renn, Ludwig, Krieg, Frankfurt a. M. 1929

Ritter, Gerhard, Staatskunst und Kriegshandwerk. Das Problem des »Militarismus« in Deutschland, Bd 1: Die altpreußische Tradition (1740–1890), 2. neu durchges. Aufl., München 1959

Röhricht, Edgar, Pflicht und Gewissen. Erinnerungen eines deutschen Generals 1932 bis 1943, Stuttgart 1965

Rohe, Karl, Das Reichsbanner Schwarz Rot Gold. Ein Beitrag zur Geschichte und Struktur der politischen Kampfverbände zur Zeit der Weimarer Republik, Düsseldorf 1966 (= Beiträge zur Geschichte des Parlamentarismus und der politischen Parteien, Bd 34)

Rosinski, Herbert, Die Deutsche Armee. Eine Analyse, Düsseldorf 1970

Rothfels, Hans, Carl von Clausewitz. Politik und Krieg. Eine ideengeschichtliche Studie. Reprint der ersten Auflage mit einem Nachwort von Joachim Niemeyer, Bonn 1980

Rotteck, Karl v., Über stehende Heere und Nationalmiliz, Freyburg 1816

Salewski, Michael, Skagerrak! Sechzig Jahre Rückblick. Warum erinnern wir uns immer wieder? in: Marineforum, 51 (1976), H. 5, S. 115–118 und H. 7: Skagerrak-Fragen, die sich uns aufdrängen, S. 192 f.

Salewski, Michael, Die bewaffnete Macht im Dritten Reich 1933–1939, in: Handbuch zur deutschen Militärgeschichte, Bd 4, Abschn. VII, S. 13–287

Scharfenort, Louis v., Kulturbilder aus der Vergangenheit des altpreußischen Heeres, Berlin 1914

Scharnhorsts Briefe. Hrsg. von Karl Linnebach, München 1914

Schenk, Erwin, Der Fall Zabern, Stuttgart 1927 (= Beiträge zur Geschichte der nachbismarckischen Zeit und des Weltkrieges. Hrsg. von Hans Hallmann und Fritz Kern, H. 2)

Schieder, Theodor, Friedrich der Große. Ein Königtum der Widersprüche, Berlin 1983

Schimak, Anton u. a., Die 44. Infanteriedivision. Tagebuch der Hoch- und Deutschmeister, Wien 1969

Schlachten des Weltkrieges in Einzeldarstellungen, bearbeitet und hrsg. im Auftrag des Reichsarchivs, Oldenburg/Berlin 1921–1930

Schlesinger, Walter, Herrschaft und Gefolgschaft in der germanisch-deutschen Verfassungsgeschichte, in: HZ 176 (1953), S. 225–275

Schmalenbach, Paul, Kreuzer Prinz Eugen . . . unter 3 Flaggen, Herford 1978

Schmidt, Ernst-Heinrich, Heimatheer und Revolution 1918. Die militärischen Gewalten im Heimatgebiet zwischen Oktoberreform und Novemberrevolution, Stuttgart 1981 (= Beiträge zur Militär- und Kriegsgeschichte, Bd 23)

320

Schmoller, Gustav, Die Entstehung des preußischen Heeres 1640–1740, in: ders.: Umrisse und Untersuchungen zur Verfassungs-, Verwaltungs- und Wirtschaftsgeschichte besonders des Preußischen Staates im 17. und 18. Jahrhundert, Leipzig 1898, S. 247–288

Schoenaich, Paul Frhr. v., Mein Damaskus. Erlebnisse und Bekenntnisse, Berlin-Hessenwinkel 1926

Schoenbaum, David, Zabern 1913. Consensus Politics in Imperial Germany, London, Boston, Sidney 1982

Schoeps, Hans-Joachim, Preußen. Bilder und Zeugnisse, Frankfurt a. M. u. Berlin 1967

Schoeps, Hans Joachim, Preußen. Geschichte eines Staates, Berlin ⁶1967

Schörken, Rolf, Luftwaffenhelfer und Drittes Reich. Die Entstehung eines politischen Bewußtseins, Stuttgart 1984

Schottelius, Herbert/Gustav-Adolf Caspar, Die Organisation des Heeres 1933–1939, in: Handbuch zur deutschen Militärgeschichte, Bd 4, Abschn. VII, S. 289-399

Schreiber, Gerhard, Revisionismus und Weltmachtstreben. Marineführung und deutsch-italienische Beziehungen 1919 bis 1944, Stuttgart 1978 (= Beiträge zur Militär- und Kriegsgeschichte, Bd 20)

Schübel, Albrecht, 300 Jahre evangelische Soldatenseelsorge, München 1964

Schüddekopf, Otto-Ernst, Das Heer und die Republik, Quellen zur Politik der Reichswehrführung 1918 bis 1933, Hannover 1955

Schützinger, Hermann, Die Gestaltung der Polizei und der Wehrmacht in der deutschen Republik, in: Sozialistische Monatshefte, Bd 59, 1922, S. 986–992

Schulthess' Europäischer Geschichtskalender, 38. Jg. 1922, München 1927

Schulte, Bernd F., Die deutsche Armee 1900–1914. Zwischen Beharren und Verändern, Düsseldorf 1977

Schulz-Luckau, Karl, Soldatentum und Kameradschaft. Anderthalb Jahrhunderte Deutscher Reichskriegerbund, Berlin 1936

Schulze, Hagen, Freikorps und Republik 1918–1920, Boppard 1969 (= Wehrwissenschaftliche Forschungen, Abt. Militärgeschichtliche Studien, Bd 8)

Schuster, Kurt P. G., Der Rote Frontkämpferbund 1924–1929. Beiträge zur Geschichte und Organisationsstruktur eines politischen Kampfbundes, Düsseldorf 1975 (= Beiträge zur Geschichte des Parlamentarismus und der politischen Parteien, Bd 55)

Schwarz, Hans-Peter, Der konservative Anarchist. Politik und Zeitkritik Ernst Jüngers, Freiburg 1962 (= Freiburger Studien zu Politik und Soziologie)

Scheweling, Otto Peter, Die deutsche Militärjustiz in der Zeit des Nationalsozialismus, Marburg 1977

Schwerin von Krosigk, Lutz Graf, Es geschah in Deutschland. Menschenbilder unseres Jahrhunderts, Tübingen 1951

Schwinge, Erich, Bilanz der Kriegsgeneration. Ein Beitrag zur Geschichte unserer Zeit, Marburg ⁴1980

Seeckt, Hans v., Aus meinem Leben. Unter Verwendung des schriftlichen Nachlasses im Auftrage von Frau Dorothee von Seeckt hrsg. von Friedrich v. Rabenau, Bd 2, Leipzig 1940

Seeckt, Hans v., Die Reichswehr, Leipzig 1933

Seier, Helmut, Der Rektor als Führer. Zur Hochschulpolitik des Reichserziehungsministeriums 1934–1945, in: VfZG, 12. Jg, S. 105–146

Seyfrat, Johann Gottfried, Vollständige Geschichte aller königlichen preußischen Regimenter . . . Erstes–Fünftes Stück, Halle 1767

Soldatisches Führertum. Hrsg. von Kurt v. Priesdorff, Bd 7, Hamburg 1939

Sontheimer, Kurt, Antidemokratisches Denken in der Weimarer Republik. Die politischen Ideen des deutschen Nationalismus zwischen 1918 und 1933, München 1962

Sorge, Siegfried, Der Marineoffizier als Führer und Erzieher, Berlin 1937

Sorge, Siegfried, Menschenführung an Bord. Erkenntnisse aus drei Marinen, in: Marineforum 56 (1981), H. 6, S. 183–187

Sorge, Siegfried, Die Reichsmarine der Weimarer Zeit, Bremen 1972 (= Sonderdruck der Zeitschrift Marine)

Spaeter, Helmuth, Die Geschichte des Panzerkorps Großdeutschland, in 3 Bänden, Duisburg 1958

Speer, Albert, Erinnerungen, Berlin 1969

Staudinger, Karl, Geschichte des kurbayerischen Heeres insbesondere unter Kurfürst Ferdinand Maria 1651–1679, München 1901 (= Geschichte des Bayerischen Heeres, Bd 1)

Staudinger, Karl, Geschichte des kurbayerischen Heeres unter Kurfürst Karl Albrecht – Kaiser Karl VII – und Kurfürst Max III. Joseph 1726–1777, Erster und Zweiter Halbband, München 1908/1909 (= Geschichte des Bayerischen Heeres, Bd 3)

Staudinger, Karl, Geschichte des kurbayerischen Heeres unter Kurfürst Max II. Emanuel 1680–1726, Erster und Zweiter Halbband, München 1904/1905 (= Geschichte des Bayerischen Heeres, Bd 2)

Stein, Hans-Peter, Die Entwicklung der Gefechtsart Verteidigung seit dem 18. Jahrhundert (unveröffentlichtes Manuskript, MGFA)

Steinert, Marlis, Die 23 Tage der Regierung Dönitz, Düsseldorf 1967

Steinert, Marlis, Hitlers Krieg und die Deutschen. Stimmung und Haltung der deutschen Bevölkerung im Zweiten Weltkrieg, Düsseldorf 1970 (= Veröffentlichungen des Institut Universitaire de Hautes Etudes Internationales, Genf)

Stolberg-Wernigerode, Otto Graf zu, Die unentschiedene Generation. Deutschlands konservative Führungsschichten am Vorabend des Ersten Weltkrieges, München/Wien 1968

Streim, Alfred, Die Behandlungen sowjetischer Kriegsgefangener im Fall »Barbarossa«. Eine Dokumentation, Heidelberg, Karlsruhe 1981

Streit, Christian, Keine Kameraden. Die Wehrmacht und die sowjetischen Kriegsgefangenen 1941–1945, Stuttgart 1978 (= Studien zur Zeitgeschichte, Bd 13)

Stürmer, Michael, Das ruhelose Reich. Deutschland 1866–1918, Berlin 1983 (= Die Deutschen und ihre Nation, Bd 3)

Symbole und Zeremoniell in deutschen Streitkräften vom 18. bis zum 20. Jahrhundert, von Hans-Peter Stein mit einem Beitrag von Hans-Martin Ottmer, Herford, Bonn 1984 (= Entwicklung deutscher militärischer Tradition, Bd 3)

Tempelhof, Georg Friedrich v., Geschichte des Siebenjährigen Krieges in Deutschland. Neudruck der Ausgabe 1783–1901. Mit einer Einleitung von Kurt Peball, 6 Bde, Osnabrück 1977 (= Bibliotheca rerum militarium, Bd 29)

Thies, Jochen, Architekt der Weltherrschaft. Die Endziele Hitlers, Düsseldorf 1976

Tradition und Reform in den Aufbaujahren der Bundeswehr. Von Hans-Joachim Harder und Norbert Wiggershaus, Herford, Bonn 1985 (= Entwicklung deutscher militärischer Tradition, Bd 2)

Treitschke, Heinrich v., Deutsche Geschichte im neunzehnten Jahrhundert. Staatengeschichte der neuesten Zeit, Bd 2: Bis zu den Karlsbader Beschlüssen, Leipzig 1922

Tschoeltsch (Oberst), Die Tradition der Luftwaffe, in: Jahrbuch der deutschen Luftwaffe, Leipzig 5 (1940), S. 104–111

Tümmler, Hans, Wartburg, Weimar und Wien. Der Staat Carl Augusts in der Auseinandersetzung mit den Folgen des Studentenfestes von 1817, in: HZ, 215 (1972), S. 49–106

Der Übergang zur Neuzeit und die Wirkung von Traditionen. Vorträge gehalten auf der Tagung der Joachim-Jungius-Gesellschaft der Wissenschaften Hamburg am 13. und 14. Oktober 1977, Göttingen 1978

»Unternehmen Barbarossa«. Der deutsche Überfall auf die Sowjetunion 1941. Berichte, Analysen, Dokumente. Hrsg. von Gerd R. Ueberschär und Wolfram Wette, Paderborn 1984 (= Sammlung Schöningh zur Geschichte und Gegenwart)

Vaupel, Rudolf, Die Reorganisation des Preußischen Staates unter Stein und Hardenberg, Leipzig 1938 (= Publikationen aus den Preußischen Staatsarchiven, Bd 94, Abt. 1)

Verhandlungen der verfassunggebenden Deutschen Nationalversammlung. Stenographische Berichte bzw. Anlagen, Bde 331, 332, Berlin 1919–20

Verhandlungen des Reichstags. Stenographische Berichte bzw. Anlagen, Bde 344, 347, 351, 356, 381, 386, 387, 393, 425, 428, 445, 457, Berlin 1920–1933

Vogelsang, Thilo, Kurt von Schleicher. Ein General als Politiker, Göttingen 1965 (= Persönlichkeit und Geschichte, Bd 39)

Vogelsang, Thilo, Neue Dokumente zur Geschichte der Reichswehr 1930–1933, in: VfZG, 2. Jg. (1954), S. 397–456

Wallhausen, Johann Jacob, Ritterkunst. Vorwort von W. Hummelberger, Nachdruck Graz 1969

Wang, Andreas, Der »Miles Christanus« im 16. und 17. Jahrhundert und seine mittelalterliche Tradition, Bern–Frankfurt 1975

Wehler, Hans-Ulrich, Das deutsche Kaiserreich 1871–1918, Göttingen 1973 (= Deutsche Geschichte, Bd 9)

Weltkrieg 1914–1918. Die militärischen Operationen zu Lande, bearbeitet im Reichsarchiv, ab 1935/37 in der Kriegsgeschichtlichen Forschungsanstalt des Heeres, Berlin 1925–1944

Die Werke Friedrichs des Großen. Hrsg. von Gustav Berthold Volz. Bd 1: Denkwürdigkeiten zur Geschichte des Hauses Brandenburg, Berlin 1913

Werner, Bernd, Hitlers politische Soldaten. Die Waffen-SS 1933–1945. Studien zu Leitbild, Struktur und Funktion einer nationalsozialistischen Elite, Paderborn 1982 (= Sammlungen Schöningh zur Geschichte und Gegenwart)

Westphal, Alfred, Das Deutsche Kriegervereinswesen, seine Ziele und seine Bedeutung für den Staat, Berlin 1903

Westphal, Alfred, Handbuch für die Kriegervereine des Preußischen Landes-Kriegerverbandes, Berlin [4]1909

Wette, Wolfram, Ideologien, Propaganda und Innenpolitik als Voraussetzungen der Kriegspolitik des Dritten Reiches, in: Das Deutsche Reich und der Zweite Weltkrieg, Bd 1, S. 25–173

Wiggershaus, Norbert, Zur Debatte um die Tradition künftiger Streitkräfte 1950–1955/56, in: Tradition und Reform, S. 7–96

Winter, Georg, Die Reorganisation des Preußischen Staates unter Stein und Hardenberg, Erster Teil: Allgemeine Verwaltungs- und Behördenreform, Bd 1: Vom Beginn des Kampfes gegen die Kabinettsregierung bis zum Wiedereintritt des Ministers vom Stein, Leipzig 1931 (= Publikationen aus den preußischen Staatsarchiven, N. F., Bd 93)

Wohlfeil, Rainer, Heer und Republik, in: Handbuch zur deutschen Militärgeschichte, Bd 3, Abschn. VI, S. 11–303

Wohlfeil, Rainer, Vom Stehenden Heer des Absolutismus zur Allgemeinen Wehrpflicht (1789–1814) (= Handbuch zur deutschen Militärgeschichte, Bd 1, Abschn. II)

Zechlin, Egmont, Die Entstehung der schwarz-weiß-roten Fahne und das Problem der schwarz-rot-goldenen Farben, in: Archiv für Politik und Geschichte, 3. Jg. (1925), H. 10, S. 345–367

Zeller, Eberhard, Geist der Freiheit. Der zwanzigste Juli 1944, München [4]1963

Zimmer, Hasko, Auf dem Altar des Vaterlandes. Religion und Patriotismus in der deutschen Kriegslyrik des 19. Jahrhunderts, Frankfurt a. M. 1971

Zimmermann, Jürg, Militärverwaltung und Heeresaufbringung in Österreich bis 1806 (= Handbuch zur deutschen Militärgeschichte, Bd 1, Abschn. III)

Personenregister

Adam, Wilhelm, Generaloberst (1877–1949) 260

Adenauer, Konrad, Kölner Oberbürgermeister, Bundeskanzler (1876–1967) 248

Albert, Herzog von Sachsen-Teschen (1738 bis 1822) 204

Albrecht I. von Habsburg, deutscher König (um 1250–1308) 205

Alexander I., Zar von Rußland (1777 bis 1815) 79 f., 96, 107, 110, 119, 156, 205

Altenstein, siehe: Frhr. von Stein zum A.

Amanullah, König von Afghanistan (1892 bis 1960) 237

Fürst von Anhalt-Dessau, siehe Leopold I. von A.

Arndt, Ernst Moritz, deutscher Dichter und Politiker (1769–1860) 98, 121 ff., 146, 159, 162, 252

König Artus, sagenhafter brit. König (um 500 n. Chr.) 23

Baerensprung, Horst, Polizeipräsident, Mitbegründer des »Reichsbanners« (*1893; verschollen in China) 213, 302

Frhr. v. Baldacci, Anton, österr. Staatsrat (1762–1841) 135

Barlach, Ernst, Bildhauer (1870–1938) 220, 222

Beck, Ludwig, Generaloberst (1880–1944) 260, 279, 281 ff., 287, 294

Behncke, Paul, Admiral, Chef der Marineleitung (1866–1937) 246 f., 250, 304 f.

v. Beneckendorf und v. Hindenburg, Paul, Generalfeldmarschall und Reichspräsident (1847–1934) 120, 179, 210 f., 223, 231 f., 237–241, 248, 251, 259 f., 262 f., 265, 269 f., 272, 284, 302 f.

Benn, Gottfried, Dichter (1886–1956) 292

Graf v. Bennigsen, Lewin Leontjewitsch, russ. General (1745–1826) 84

v. Berenhorst, Georg Heinrich, Militärschriftsteller (1733–1814) 71–78, 94, 200 f.

Bernadotte, Jean Baptiste, franz. Marschall, später König Karl XIV. Johann von Schweden (1763–1844) 80, 116

v. Bethmann Hollweg, Theobald, deutscher Reichskanzler (1856–1921) 179

Beumelburg, Werner, Schriftsteller (1899 bis 1963) 216 f., 219

Beyerlein, Franz Adam, Schriftsteller (1871–1949) 189 f.

v. Beyme, Karl Friedrich, preuß. Minister (1765–1838) 152

Bilse, Oswald (d. i. Fritz von der Kyrburg), Schriftsteller (1879–?) 190 f.

Fürst v. Bismarck, Otto, Reichskanzler (1815–1898) 154, 166, 169, 173, 180, 200, 255, 262, 268

Blaskowitz, Johannes, Generaloberst (1883–1948) 291

v. Blomberg, Werner, Generalfeldmarschall, Reichskriegsminister (1878–1946) 259, 261, 271 f., 274 f., 279 f., 282, 284, 286

Fürst Blücher v. Wahlstatt, Gebhard Leberecht, preuß. Generalfeldmarschall (1742 bis 1819) 80, 82, 116–119, 129, 203

Frhr. v. Böhm-Ermolli, Eduard, österr. Feldmarschall (1856–1941) 286

Boelcke, Oswald, Kampfflieger (1891–1916) 278

v. Bouillon, Gottfried IV., Herzog, Kreuzritterführer (um 1060–1100) 23

v. Boyen, Leopold Hermann Ludwig, preuß. General u. Kriegsminister (1771–1848) 74, 88, 98, 107, 123, 147 ff., 150 ff.

v. Brauchitsch, Walther, Generalfeldmarschall, Oberbefehlshaber des Heeres (1881–1948) 282, 285 ff., 292, 308

Herzog zu Braunschweig, siehe Karl Wilhelm Ferdinand, Herzog zu B.

v. Bredow, Ferdinand, Generalmajor, ab 1932 Chef des Ministeramtes im Reichswehrministerium (1884–1934) 259

Brüning, Heinrich, Reichskanzler (1885 bis 1970) 248, 306

Frhr. v. Bülow, Dietrich Heinrich, Militärschriftsteller (1757–1808) 71, 75, 78

324

Die übrigen Titel
der Reihe »Entwicklung deutscher militärischer Tradition«

Band 2:

Band 3:

Hans-Joachim Harder und
Norbert Wiggershaus

Tradition und Reform in den Aufbaujahren der Bundeswehr

176 Seiten, 16×24 cm. Mit 33
Abbildungen, polyleinenkaschierter
fester Einband.

Dieses Buch zeigt die Entwicklung der
Tradition und der traditionsbildenden
Kraft der demokratischen Reformen
in den Aufbaujahren der Bundeswehr
zwischen 1950 und 1972.
Die Frage, ob und inwieweit neu
entstehende Streitkräfte auf ältere
deutsche soldatische Traditionen und
Symbole zurückgreifen sollten, wurde
damals kontrovers in den Entscheidungs-
gremien, der Truppe sowie in der
Öffentlichkeit diskutiert. Eng damit
verknüpft war die unerläßliche
Eingliederung der Bundeswehr in den
demokratischen Rechtsstaat, die
Aufgabe der Streitkräfte, Frieden zu
sichern, und schließlich die Abwendung
von allem »Militaristischen«.

Hans-Peter Stein

Symbole und Zeremoniell

in deutschen Streitkräften
vom 18. bis zum 20. Jahrhundert

Mit einem Beitrag
von Hans-Martin Ottmer

2. Auflage. 320 Seiten im Format
16×24 cm. Mit 95 farbigen Bildern auf
Tafeln sowie 178 Schwarzweiß-Fotos,
Gemäldereproduktionen, Skizzen und
Graphiken. 5 Notenbeispiele im Text,
polyleinenkaschierter fester Einband.

Jede Armee — auch revolutionäre
Streitkräfte — besitzt und begründet
Tradition. In diesem Buch werden die
Erscheinungsformen militärischer
Symbole und Zeremonielle in Deutschland dargestellt, und zwar von den
Anfängen bis heute, also bis hinein in
die Bundeswehr der Bundesrepublik
Deutschland und in die Nationale Volksarmee der DDR. Darüber hinaus werden
zum Vergleich auch Beispiele aus
einigen anderen nationalen Armeen
angeführt. Für die Neuauflage sind die
Informationen noch einmal aktualisiert
worden.

Verlag E. S. Mittler & Sohn · 4900 Herford und 5300 Bonn 2